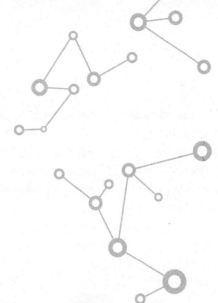

未来供应链：
产业互联网时代的供应链之道

白光利　马　岗 / 编著

FUTURE
SUPPLY
CHAIN

清华大学出版社
北 京

内 容 简 介

当前，世界正面临百年未遇之大变局，新一轮科技革命与产业变革是变局的关键。我国拥有全球规模最大、体系最完整的工业体系，是全球第二大消费市场、第二大经济体。我国供应链是否安全可控，能否支撑产业变革，帮助中国制造成为世界骄傲呢？只有认清现状，正视问题，才能在未来道路上进行前瞻性布局，把握先机。本书是国内为数不多以产业供应链为研究对象的图书，内容从供应链热点入手，对供应链自主可控和供应链在产业变革中扮演的角色进行全面阐述和理论提炼，是系统地认知产业供应链的不可多得的图书。

本书适合企业供应链规划者和管理者、政府产业链和供应链规划者、供应链从业人员、在校供应链专业学生等读者阅读。本书将产业趋势与企业实践相结合，解读从传统供应链向数字供应链转型，从企业供应链向产业供应链升级，从链式结构向网状生态演进，以及供应链发展与变化带来的机遇与挑战。

本书封面贴有清华大学出版社防伪标签，无标签者不得销售。
版权所有，侵权必究。举报：010-62782989，beiqinquan@tup.tsinghua.edu.cn。

图书在版编目（CIP）数据

未来供应链：产业互联网时代的供应链之道 / 白光利，马岗编著. —北京：清华大学出版社，2023.3（2024.4重印）
ISBN 978-7-302-62816-3

Ⅰ.①未… Ⅱ.①白… ②马… Ⅲ.①供应链管理 Ⅳ.① F252.1

中国国家版本馆 CIP 数据核字（2023）第 032131 号

责任编辑：贾小红
封面设计：姜　龙
版式设计：文森时代
责任校对：马军令
责任印制：曹婉颖

出版发行：清华大学出版社
网　　址：https://www.tup.com.cn，https://www.wqxuetang.com
地　　址：北京清华大学学研大厦 A 座　　邮　编：100084
社 总 机：010-83470000　　邮　购：010-62786544
投稿与读者服务：010-62776969，c-service@tup.tsinghua.edu.cn
质量反馈：010-62772015，zhiliang@tup.tsinghua.edu.cn

印 装 者：三河市人民印务有限公司
经　　销：全国新华书店
开　　本：185mm×260mm　　印　张：20　　字　数：433 千字
版　　次：2023 年 5 月第 1 版　　印　次：2024 年 4 月第 2 次印刷
定　　价：89.80 元

产品编号：093502-01

序

在以5G、人工智能、大数据、云计算、物联网、区块链为技术特点的"数智"时代，我国人口结构、资源结构、产业结构、区域结构等都在发生深刻的变化。

我国的整体经济在从高速增长转向高质量发展的过程中，经济总量基数越来越大，同时受劳动生产率增速下降和人口结构变化等影响，潜在经济增长率也会降低；人口结构变化也会对经济供给和需求产生影响。在人口老龄化趋势下，以资本和劳动投入来拉动经济的增长模式难以为继，未来主要靠提高全要素生产率，并通过一系列改革措施释放经济增长潜力。

所谓全要素生产率的提高，主要是指通过技术、数据等新兴生产要素提高劳动生产率，以及通过供应链、产业链、生态链的组织结构调整，使得生产关系和谐顺畅，从而获得劳动生产率的提高。在当前技术创新的前提下，各产业供应链变革都已经拉开序幕，同时，在新经济思维的引导下，个别产业或行业的供应链改革甚至已经进入深水区。

现在的很多人对供应链的理解依然不清晰，甚至还存在很多误区，这不利于各产业供应链管理真正有效地推进并获得改善。

可以说，供应链是近10年来在中国最火爆的名词之一。但客观地说，国内在该领域的理论研究并不深刻，更多基于表象进行探讨。我还记得自己在25年前开始学习物流的时候，和别人解释什么叫作"物流"，解释半天最后人家说："不就是看仓库的吗？"那个时候在企业内部还叫作储运部，后来改名叫物流部，再后来就叫供应链部或者供应链中心了，再细研究就是一个采购的订货或续订部门。当然，后来，我再和别人说自己是看仓库的，大家都说是"做物流的"；到了现在，则更显得高大上——原来是"做供应链的"啊！这也许就是时代发展带来的变化吧！

我从当初企业物流的基层管理到物流企业、消费零售的管理工作，再到电子商务、新零售业务的高级管理，后来又与人合伙创业从事生鲜供应链的数字化优化工作等，一路走来，既见证了中国物流与供应链的崛起，也看到了太多"其兴也勃焉，其亡也忽焉"的案例。回首间，已经毕业20多年了，从我此前的最后一本合著出版到现在已经10多年过去了，这10多年是中国新物流、新零售、新技术、新经济蓬勃发展的10年。希望能够将这么多年的运营经验、研究成果、观察心得汇聚成《未来供应链：产业互联网时代的供应链之道》与大家分享。

本书的出版，首先要感谢我的朋友马岗先生，如果没有马岗的邀请，我也不会沉下心来梳理这些年的运营经验、研究成果和观察心得，并与他一起完成该书的撰写。马岗曾服务于安踏、管家婆、美团点评等企业，参与了多个供应链平台的建设；他在校园O2O领域拥有创业经验，是S2B2C平台的早期实践者之一；他也是零售业独立评论人，多年来跟踪产业发展趋势，在众多媒体上为国货崛起和供应链自主可控而呐喊。

其次要感谢我的母亲许凤霞女士，虽然她已经逝去，但一直在我心中，我依然清晰地记得我考上大学时，她听我念通知书时那种欣慰的笑容；再次，要感谢我的岳母宗月蓉女士，唯愿时光慢些走，希望我们能够陪她走过更长的路；特别要感谢的是我的妻子杨春明，她的支持和包容是我能够静心写作的基础，这么多年来做物流一直在外面打拼，感谢她为我、为家庭所做的无私奉献，我们携手走过了19个春夏秋冬，特将本书作为我们即将结婚20周年的礼物送给她；也要感谢我的儿子白祥天对于平台经济"六星模型"的建立所奉献的智慧以及对中英文遣词造句的建议。

在组织和教育领域，要感谢：北京市东城区政协委员、民进东城区委会副主委、中国船级社质量认证有限公司信息化项目总监王立真女士，她是我的组织领路人；北京物资学院教授王之泰先生，我的老师，他是将"物流"这个词语引入中国的第一人，是"中国物流之父"，没有他或许就没有北京物资学院"物流"这个核心专业，同时也是在他的推动下，中国物流开始进入现代化进程的探索，谨以本书向他老人家致敬；北京物资学院教授邬跃先生，我的老师，他对精益物流、城市物流、物流园区规划与建设有深刻研究；中美物流联合会秘书长，同时也是全球供应链课堂联盟的发起人李茜女士，她对中国乃至全球物流与供应链教育的深刻认知，并且为提升中国物流与供应链教育水平一直不懈努力和奉献，值得敬佩；北京乐思门咨询有限公司总经理胡珉先生，中国最早的外企采购供应链职业经理人之一，为推动中国采购与供应链实战化人才培养而奔走四方。

在政府与行业组织方面，要感谢：原成都市口岸与物流办公室党组书记、主任陈仲维大哥，他是政府部门最懂物流的人之一，对城市物流研究、实践都做出了极大的贡献；济南市口岸与物流办公室何元女士，她对济南物流，乃至山东省物流的发展做出了自己的贡献；中国仓储与配送协会副会长王继祥先生，他是中国物流政策解读第一人，其理论与思想都非常深刻；中国信息学会智慧物流分会秘书长尚尔斌先生，亲切如隔壁大哥，可谓"物流老兵焕发新春"，愿为中国物流的腾飞插上智慧的翅膀；中国物流与采购联合会研究室副主任杨达卿先生，其对产业供应链研究深入，可谓"一颗赤子心，解与行业知"；汉森供应链总裁黄刚先生，其创立的《物流指闻》是中国物流自媒体当之无愧的王者，为普及中国物流知识做出了自己的贡献。

在实务与理论创新方面，要感谢：中通研究院院长金任群先生，他是中国快递第一人，也是中国物流界思想最深刻的人之一；隐山资本合伙人董中浪先生，他横跨中国物流与投资界，推动中国物流装备产业整合、升级；翟学魂，G7创始人，号称中国数字物流第一人,他努力推动中国物流信息化水平提升;安能物流董事长王拥军,他从知名咨询外企转变身份,到国内物流创业,人狠话不多,干出成绩再说;万汇链智能科技(苏州)有限公司创始人于汇先生,我的师兄,其对于数字化对海关、政府政务提升的研究和实践成果卓然,在跨境电商以及推动中国海关数字化进程方面成绩斐然;熊猫智联CEO刘忻,我们会时不时交换最新的行业热点知识,从嘉里大通到钟鼎投资再到自己创业,是国内为数不多的有自己独特观点的青年专家。

在软硬件创新方面,要感谢:旷视副总裁王银学先生,他是真正意义上的实战规划专家,京东亚一的操盘手;协同天下罗辉林先生,他是中国物流界研究区块链技术的高手;物流搜索创始人徐军先生,其设立的LT物流技术大奖推动了中国智能装备的发展;邗曦(上海)智能物流科技总裁付长理先生,我们从认识到现在交往已经达18年之久,为特种行业物流装备智能化改造做出了自己的贡献;上海胜模仓储设备有限公司创始人孔军先生,他低头前行,默默研发,四向穿梭车终于横空出世。

在宏观经济把握和人文思想方面,要感谢:北京寰海通达科技发展有限公司总经理李宇光先生,他对中国快消品牌建立了自己独特的认知并形成了系统的流通理论与人文思想,可以说是中国流通界对历史、文化、思想研究较为深刻的人;深圳安居集团李景辉先生——我的老哥,他对宏观经济和深圳精神理解深刻,且具有浓厚的社会人文思想;中国国务院港澳办李杨先生,他对于全球政经和国内政策认知较为深刻,让我更好地把握宏观供应链发展脉络。

在创业与创新的道路上,要感谢:原赛澳递(当初上海最好的落地配公司,没有之一)创始人、众简信息技术CEO刘建华,他是真正意义上的中国物流连续创业成功者;原全峰快递创始人、365企服CEO陈家海,时也命也,虽屡次失败但依然挡不住的是他对中国物流与快递的热情;湖北普罗劳格股份科技有限公司总裁周志刚先生,他是真正的博士创业成功者、上得厅堂下得库房的代表;锐特科技创始人陈丽园女士,她走出成功的舒适圈勇闯禁区,再造晶链通,令须眉汗颜;中储京科总经理高啸宇,他对企业大宗商品交易平台的建立做出了自己的贡献。

乔懿、昌铁钢、王明磊、朱宗良、丁俊、林忠鑫、张瀚宇、郭斌、刘保书、成士余,他们在物流与供应链运营、数据建模、BI等方面做出了很好的成绩,并对我这么多年的工作给予了很大支持;深圳远识文化有限公司CEO江鹏先生,该公司将中国传统文化和研学结合,作为清华大学理工男,他的人文情怀令人感动;原百度华南客服总经理刘敏,一切以客户为中心;众良鲜生总经理陈中强、众良物供联席总裁张春宝、芈农安选随乾(从中医到生鲜供应链的跨界传奇),他们在生鲜零售、末端配送方面经验丰富,力争在各自的领域做出相应的成绩。

要感谢:伴随行业的发展,虽有起落却一直前行的原北京如风达快递有限公司总经理李红义先生;深圳诚和通物流有限公司总经理郭栋先生,虽有苦闷,但对行业模式的探索却矢志不渝；号称中国仓配实战专家之一的广西途比供应链有限公司 CEO 郭保卫先生；年轻却是物流老兵的广州顺亿物流有限公司总经理王军先生。

要感谢：百米汇的递易智能创始人邹建华；为中国产业扶贫付出身心的中国市场学会文旅产业振兴专委会主任何健；口头禅非常符合物流形象的来画视频全国渠道运营总经理戴洲洋；创业与激情完美结合的唯捷城配创始人王琦；一直打拼只为全国有房的原北京小红帽配送有限公司总经理王耀弘；为提升第三世界幸福指数而拼搏的原快服务创始人、Nanobank 合伙人冯勇；名牌大学毕业却不怕苦不怕累干物流的上海网鱼信息科技有限公司副总裁蔡志勇；充分证明"技术才是王道"的美团外卖高级副总裁王莆中；精耕物流地产的深圳松成实业副总经理肖波。

更要感谢我的母校——北京物资学院，作为中国物流与供应链教育领域的航母之一，一直在理论研究、教育模式创新等方面探索前行，我也为自己能成为北京物资学院物流与供应链校友会的会长而感到自豪！在北京物资学院校友总会秘书长余茜老师的支持和推动下，物流与供应链校友分会才得以成立，非常感谢！深圳市易达恒通供应链管理有限公司总经理孙志民先生对供应链金融及生鲜农产品供应链理解深刻，实践卓有成效；厦门海铂物流有限公司总经理赵宏巍，北京物流与供应链管理协会常务副秘书长黄少阳，北京中物汇智科技有限公司总经理陈星浩（在数字孪生和工业软件方面的研究非常到位）和首席运营官赵光，泡泡玛特物流负责人兰昊，铵泰运通国际物流有限公司总经理金鹏，拓扑冷链创始人韩跃胜，北京京远物流股份有限公司总经理孙世强等众多学长、学弟一直都在为物流与供应链校友会的活动组织付出自己的力量。

此外，感谢清华大学出版社的杨璐女士及出版社的同事，感谢他们在本书出版过程中的各种付出与努力。

他们都是我的师长、友人，相交多年。我与他们在行业发展、模式探索、技术创新、人文思想以及具体的物流运营、落地配、城配创新、社区团购、外卖等方面多有交流，受益匪浅，这些都是我实践经验的重要来源。要感谢的朋友还有很多，在此不再一一介绍，也一并予以感谢！

本书并没有过多地介绍各个行业的传统供应链模型，也没有用更多的篇幅介绍大家耳熟能详的企业，如阿里巴巴、京东等。主要着力点放在新模式、新技术、新经济、新理念等方面，尤其是在牵涉国家宏观经济层面，针对一些热点问题、痛点问题，以及影响供应链的核心问题，如棉花、制造回流、产业转移、芯片恐慌、工业软件、智能装备、智能技术、社区团购、医药供应链、跨境电商等进行深度展开，梳理整体产业链、供应链发展优劣，主要是为了让大家更加了解当前乃至于影响未来的新技术、热点行业供应链发展状况和趋势。此外，我希望与更多人探讨供应链与平台经济的结合，即产业供应链，这是供应链创新和发展的一个方向，也是我国提升产业整体竞争力不可或缺的部分。

在技术和思想高速发展，不断催生、裂变新机遇、新模式的今天，供应链的发展虽然依然保持着基本的内核，但是在一些更宏观或者一些更细微的地方都发生了很大的变化。尤其是新技术、新思维导致产业链、供应链相互融合、相互促进的现状使得供应链的内涵和外延不断扩展，并将随着经济、技术、思想、模式的发展而产生不同的变化。由此，我们希望能够加强供应链理论的深度研究和对行业发展的深度观察，提炼更加有意义的观点。如果能够在未来对各行业供应链理论和实践的发展做出一些贡献，也算本书的一点小成绩。

在编写本书的同时，社会政治、经济和行业都在发生着许多变化，我们力求呈现事实，但是我们自己受思考角度以及认知模式的限制，难免存在不足。但我还是希望所有的内容能够对读者有一定的帮助或者哪怕只是一点点触动！正如彼得·德鲁克所言："新的陌生时代已经明确到来，而我们曾经很熟悉的现代世界已经成为与现实无关的过往。"

最后，向所有在抗击新型冠状病毒肺炎（以下简称新冠肺炎）疫情中做出贡献的人们致敬，除了那些医生、护士、志愿者等，还有许多忙碌的背影：快递员、外卖员、物流人员等，他们都是值得我们尊敬的人！唯愿新冠肺炎疫情不再为祸人间，愿安康与和平永驻！

白光利

前　言

2019年年底新冠肺炎疫情暴发，成为人类的一场巨大灾难。受新冠肺炎疫情的冲击，多个国家和地区的多个产业供应链中断，透过这只"黑天鹅"，照见了全球供应链的脆弱性。在突发事件发生之后，如何快速有效地组织现有资源，快速响应并形成应急供给能力以应对灾难，成为所有供应链从业者不得不思考的问题。

2021年3月，台湾长荣海运集团的"长赐"号货轮在苏伊士运河搁浅，导致大量船舶无法通过，堵船事件影响通过供应链网络的上下游快速波及全球，引发一系列连锁反应，全球航运供应链一时中断，进一步印证了全球供应链分工的精细化和相互依赖性。很多风险可能无法预测，但在风险来临之前，供应链能做什么准备以应对不时之需，成为所有供应链从业者不得不思考的问题。

过去，关注供应链的更多是企业生产资料采购人员、生产线的生产人员和仓储物流人员。现在，供应链已经成为大国博弈的焦点，成为确保经济安全和社会稳定的生命线。

2018年，美国以威胁国家安全之名打压中国科技企业中兴和华为，随后将更多企业列入其"实体清单"，试图通过出口管制措施限制芯片等高端材料和技术流入中国科技企业，以阻挡中国科技企业崛起的步伐。受此影响，华为手机无芯片可用，全球市场占有率从高峰时的全球第一跌落到3%（市场调研机构Omdia 2021年第二季度的数据）。

2021年年初，瑞士良好棉花发展协会（Better Cotton Initiative，BCI）及其部分会员企业以"强制劳动"为借口禁用新疆棉花，试图在供应链上排斥中国纺织供应链。美国商务部以"涉嫌侵犯人权"为借口，将新疆光伏企业列入"实体清单"，破坏中国光伏参与全球光伏产业价值链，打压中国光伏产业。

当前，世界正面临百年未有之大变局，新一轮科技革命与产业变革是变局的关键。我国拥有全球规模最大、体系最完整的工业体系，是全球第二大消费市场、第二大经济体。我们的供应链是否安全可控，能否支撑产业变革，使中国制造成为世界骄傲呢？

2018年，中国制造业增加值在全球制造业占比高达30%，但中国制造占全球制造的利润率仅为2.59%。中国制造大而不强，中国制造在产业链中无法掌握定价权，在产业分工中更多扮演低附加值输出方的角色，企业与企业无序竞争，导致产品利润率低。

中国工业软件亦亟待突破。国产工业软件起步迟，面临标准相对缺失、关键技术缺失、人才短缺等问题。数据显示，中国工业软件非嵌入式软件仅占全球份额的6%左右，很多高端软件都依赖国外厂商，国产工业软件的自给率并不高。

只有认清现状，正视问题，才能在未来的道路上进行前瞻布局，把握先机。

2021年，中央将"增强产业链供应链自主可控能力"列入2021年经济工作会议的8项重点工作任务中，产业链与供应链上升到国家战略高度。

中国制造从基础薄弱品类单一到"上天入地"门类齐全，为产业全面崛起打下了坚实基础。

中国互联网从无到有，消费互联网浸透了生活的方方面面，这为产业互联网崛起奠定了基础，而产业互联网的崛起将为工业软件的突破创造机遇。

从供应链发展视角看，供应链作为产业精细分工的产物，经历了以产定销和以销定产的发展阶段，正跃迁为以消费者为中心的供应链。这要求供应链能够适应个性化、小批量生产、高频次供应的新消费需求，这是一个全新的挑战，也是产业变革的机会。

从产业发展视角看，供应链从以企业为中心的链式协同向产业为中心的网状协同进行演进。这场演进，正是供应链拥抱产业变革的结果。只有摒弃强调供需分工和供需博弈的企业供应链，才能迎接供需协同、共创共生的产业供应链，才能重构价值链分工，提升产业竞争力。

从业务实践角度看，采购商、供应商、仓储物流企业、金融企业、数字科技企业等各个主导方从不同的领域切入产业互联网，各类企业线上贸易平台（business to business to business，B2B2B）、线上分销零售平台（business to business to consumer，B2B2C）、线上供应链整合平台（supplier to business to customer，S2B2C）纷纷涌现。各个行业的龙头企业正在以产业为核心，整合产业上下游企业，构建产业供应链，优化产业资源配置，提升产业链条效率。

本书是国内为数不多以产业供应链为研究对象的图书，重点探讨生产资料采购的产业供应链。

本书从供应链热点问题入手，分析供应链演进历程，解析产业供应链与供应链金融的建设关键，阐述平台经济运营特点，对供应链自主可控和供应链在产业变革中扮演的角色进行全面阐述和理论提炼。

本书结合不同行业现状，引入了工业互联网平台、产业供应链平台、供应链金融平台的多个应用场景，建立了"产业+数字科技+金融"的知识体系。

本书还对未来供应链形态进行展望，系统性地探讨了柔性供应链、供应链多边平台经济、全球协同的供应链、产业融合的全产业链和未来供应链人才需求等内容。

开卷有益，掩卷有思，闭卷有得。

本书从顶层规划到问题剖析均有涉猎，作为企业的掌舵者或者首席供应链官，当你在理想供应链与供应链现实之间不知从何下手时，可借鉴此书。

本书内容在供应链与新技术融合、供应链大数据方面均有涉猎，作为企业首席信息官或者首席数据官，当你在供应链数字化方面举棋未定、在海量数据面前思绪纷杂时，可借鉴此书。

  作为供应链从业人士、企业风控岗位，在产业互联网时代，你需要深刻认识企业供应链向产业供应链的演进，将业务实践与产业变革进行结合，重新梳理知识结构，迎接数据经济的大潮。

  作为刚刚踏进大学校门的你，或者即将步入社会的你，如果有志于投身供应链，你需要培养对新鲜事物的敏锐性，由表及里追溯其内在关联，独立思考，有所学，有所思。

  供应链兴则产业兴，供应链强则产业强；产业兴则国必富，产业强则国必强。与诸君共勉。

目 录

第1章 "增强产业链供应链自主可控能力"有何深意 / 1

1.1 禁用新疆棉花背后的真相 / 1

1.2 抢购马桶盖等倒逼产业升级 / 5

1.3 贸易战和疫情加速供应链的重构 / 8

1.4 正视差距,提升中国供应链的竞争力 / 11

1.5 数字化浪潮之巅——产业数字化时代来临 / 15

第2章 推拉之术——供应链的敏捷之路 / 21

2.1 供应链脱胎于社会分工的精细化 / 21

2.2 供应链控货三级跳:MTS、MTO、BTO / 23

2.3 直面消费者,推动式供应链发展 / 28

2.4 供应链标杆们做对了什么 / 31

第3章 聚合共建、开放共享的产业供应链 / 36

3.1 产业联盟和产业生态方兴未艾 / 36

3.2 产业供应链崛起,打造产业链基础设施 / 39

3.3 传统供应商变身产业电商平台 / 43

3.4 采购商合纵，从生产资料切入产业供应链 / 46

3.5 数字科技公司从行业工具到产业平台 / 49

第4章 纲举目张——产业供应链的构建之路 / 52

4.1 采购商想改变现状又无能为力 / 52

4.2 自我能力输出与平台开放共享 / 55

4.3 凝练标准——建立统一的平台档案 / 59

4.4 共享供应商和平台服务体系的建立 / 64

4.5 从采购联盟到产业共同体 / 68

4.6 产业供应链数据平台的建设 / 70

第5章 产业+金融+数科——供应链金融趋势 / 74

5.1 物流金融向供应链金融的演进 / 74

5.2 金融供给改革，供应链金融的新机遇 / 77

5.3 百舸争流——各主体争相布局供应链金融 / 82

5.4 供应链金融常见的3种模式 / 87

5.5 防患于未然——供应链金融避雷指南 / 95

第6章 做店家难，做平台更难——产业平台的运营 / 98

6.1 平台经济，点石成金的法宝 / 98

6.2 "六星模型"让平台经济成功具有复制性 / 100

6.3 连接、开放、利他，认识多边平台 / 104

6.4 用户运营：种子用户、社群运营 / 108

6.5 平台推广，打造高效"推广五力模型" / 112

6.6 数据运营：数字控制塔的建立与案例分析 / 122

第7章 供应链的智慧化——多技术融合应用 / 135

7.1 区块链+供应链——双链融合安全可信 / 135

7.2 物联网+供应链——可视化智能化 / 139

7.3 RFID植入供应链使应用场景丰富 / 142

7.4 图文识别、电子签章和智能化技术 / 146

7.5 数字孪生——虚拟与现实的共生 / 148

7.6 产业大脑，大数据在产业供应链中的应用 / 151

7.7 数字管理体系（DMS）应用势在必行 / 154

7.8 构建基于区块链的大宗商品数字生态 / 160

第8章 解码各产业供应链现状并探寻未来路径 / 166

8.1 建筑业 / 166

8.2 制造业"缺芯少智"何时休 / 170

8.3 纺织业：资源整合与快速反应并重 / 181

8.4 餐饮赛道：谁是中国的Sysco / 187

8.5 生鲜困局：万马齐奔还是万马齐喑 / 203

8.6　社区团购：生鲜新零售还是资本投机 / 214

8.7　家居行业：巨头入局，S2B2C 泛滥 / 225

8.8　医药行业：两票缩链与一码通天下 / 229

8.9　跨境电商：进来的是幸福，出去的是富裕 / 243

第 9 章　未来供应链——产业融合共生共赢 / 261

9.1　柔性供应链，以消费者为中心的价值链重构 / 261

9.2　虚实结合，一站式服务与平台经济 / 264

9.3　货通天下，供应链的全球协同 / 268

9.4　产业融合提升全产业链竞争力 / 274

9.5　业以才兴——未来供应链的人才需求 / 279

名词解释 / 293

参考文献 / 301

第 1 章
"增强产业链供应链自主可控能力"有何深意

"你所看到的只是别人想让你看到的。""我们只相信自己所相信的。"繁华乱了双眼,掀开盖子一团乱絮。新疆棉花被禁,日本马桶盖是内产外销却被国人疯抢,贸易战下核心元件被卡,几多激情、几多哀号、几多哭呛、几多自怜,都抵不过暗下彻底强大自我的决心,否则今天的苦难、心酸和那种无可名状的悲哀在未来依然会重现!

1.1 禁用新疆棉花背后的真相

在北纬38度、年日照时间长达2500～3500小时的新疆,生长着一种长绒棉。这种棉花纤维长、色泽好、品级高、产量大。采用长绒棉织造的纺织品透气性和吸汗性较普通棉花更胜一筹。因此,这种棉花被誉为"世界上最好的棉花"。

2021年3月,H&M官网的一则有关禁用新疆棉花的声明引起全社会的关注。

早在2020年9月,H&M就宣布中断与新疆华孚(A股上市公司,以纱线制造和销售为主)的合作,理由是"强迫劳动"。

同样禁用新疆棉花的还有Nike、Gap、ZARA、优衣库、宜家、无印良品等品牌。它们背后的主导者,是一个名为BCI的组织。

在各类媒体的报导中,不乏有人声讨H&M、笔伐BCI,这些当然没问题。然而,禁用新疆棉花背后的原因是什么,恐怕很多人没有深究。

事实上,新疆棉花被禁用的背后是对供应链主导权的争夺,争夺的是棉花的定价权和棉花供应的标准。

1. BCI是棉花产业的掌控者

我们先来说说BCI。BCI拥有5个不同类别的会员,这5个类别组成了完整的产业链,它们分别如下。

（1）零售品牌会员，也就是采购商，比如 H&M、Nike 等。

（2）供应商、制造商，以棉商、纱线厂为主。

（3）种植者组织。

（4）其他类别，主要是为供应链提供技术的公司。

（5）社会团体，主要是棉花相关的非营利性组织。

BCI 公布的数据显示，2019 年，其零售品牌会员的棉花用量超过 300 万吨，占全球用量的 10%。BCI 的供应量则占全球的 30% 左右。从数据上看，BCI 组织的采购量和供应量在全球首屈一指，是产业链的掌控者，自然能够掌控棉花供应的标准和定价权。

2. 为什么中国没有棉花定价权

2018 年，中国纤维加工总量约占 5460 万吨，超过全球纤维加工总量的 50%；中国纺织品服装出口额达 2767.3 亿美元，占全球的 35%。

中国是最大的棉花生产国，也是最大的棉花消费国，为什么无法掌控棉花的定价权呢？

答案有点残酷，中国在全球纺织产业链的分工中，更多的是扮演制造商这一角色。国际上知名服装类消费品牌都是 BCI 的第 1 类会员，而中国的更多纺织企业是 BCI 的第 2 类会员，也是第 1 类会员的供应商。中国出口的纺织品在国际品牌时装店里贴上合作品牌 logo，可卖出更高的价格。在纺织产业链的分工中，订单量巨大的服装品牌厂商是整个链条的主导者，这也是更多类似新疆华孚的纺织企业被轻易排斥的重要原因。

3. 禁用新疆棉花对谁更有利

禁用新疆棉花，本质上是排斥中国供应链。中国产棉量约占全球产棉量的 22%，新疆棉花产量占中国棉花产量的 80%，显然，BCI 此举瞄准的正是中国纺织供应链。

我们看一组棉花的产、销进出口数据。

2019 年，全球棉花总产量为 1.22 亿包。棉花主产区印度占比为 24.3%，中国占比为 22.4%，美国占比为 16.3%，巴西占比为 10.7%，巴基斯坦占比为 5.4%。

2019 年，全球棉花消费量为 1.18 亿包。其中中国 3650 万包占比为 30.9%，印度 2450 万包占比为 20.7%，巴基斯坦 1080 万包占比为 9.1%，美国 300 万包占比为 2.5%，巴西 340 万包占比为 2.9%。

从总产量和总消费量来看，中国自产棉花还无法供应中国棉花的消费，这和中国拥有大量的纺织企业有关。这些纺织企业是国外消费品牌的供应商，而提供制造服务需要消耗大量棉花。

再看看棉花出口国和进口国。棉花出口国主要有美国、巴西、澳大利亚及印度。

2019年，美国产量的80%以上、澳大利亚产量的80%左右、巴西产量的60%左右、印度产量的10%以上都用于出口，四国的棉花出口量占世界棉花出口量的80%以上。进口国主要集中在亚洲，中国、土耳其、越南、孟加拉国、巴基斯坦棉花年均进口量都在400万包以上，合计占全球进口总量的70%以上。

显然，禁用新疆棉花，受益者是美国、澳大利亚等大量出口棉花的国家。供应链博弈，最终追求的还是利益最大化。

4．叫嚣供应链撤出中国的本质还是逐利

2020年，以美国和日本为首的一些国家发布供应链撤出中国计划。它们鼓吹国家安全和经济安全，促使企业构建多元化的供应链，甚至以补贴吸引企业退出中国。

事实上，早在几年前，就有国际品牌开始把工厂从中国迁移到制造成本更低的东南亚国家。

2012年，阿迪达斯关闭中国（不包括港澳台地区）的自有工厂，这家工厂曾在苏州投产15年之久。撤出苏州之后，阿迪达斯选择把工厂建立在制造成本更低的东南亚国家。

2017年，希捷公司（硬盘制造商）关闭苏州工厂。有媒体报道显示，希捷撤出苏州的原因是，希捷把在江苏赚取的利润转移到税率更低或可以免税的其他国家的分公司进行避税，而苏州当地税务部门要求希捷补缴税款。也有部分媒体分析，希捷撤出苏州的原因是平衡各区域工厂的产能。

撤出中国的工厂一方面是对供应链核心企业成本的考量，另一方面则是中国产业升级的选择，我们要从低附加值的生产向高附加值、高创造性的产业和产业配套升级。

5．改变中国在全球产业的分工非一日之功

再说国货崛起。我关注国货崛起现象多年，曾是商界杂志《国货崛起》的特邀作者。

国力的日益强大、经济崛起、大量高素质人才的涌现造就了一批优秀的企业。同时，经济崛起造就了大量消费能力不俗的消费者。这些要素成为国货崛起的土壤。

我们关注到，家电品牌、手机品牌、电动汽车品牌等国货的销售量和销售价格都不逊于国际品牌，其美誉度也不输国际品牌。同样，还有更多的中国服装品牌，以中华文化为设计元素登上国际舞台，向世界展示中华文化的魅力。

但是，从消费品牌的知名度和消费品牌的经营规模看，在中国市场拥有绝对优势的品牌还不够多。世界品牌实验室（World Brand Lab）的统计数据显示，中国入选2020年世界品牌500强的品牌有43个，全球排名第4，值得一提的是，在排名前10的品牌中，美国入选8个，日本和德国各1个，这与中国第二大经济体的地位并不相符，国货崛起还需努力。要改变中国在全球产业的分工，同样非一日之功。表1-1为世界

品牌实验室2020年世界品牌500强入选最多的前10个国家。

表1-1 世界品牌实验室2020年世界品牌500强入选最多的前10个国家

排 名	国 家	品牌数量/个	代表性品牌
1	美国	204	谷歌、苹果公司、亚马逊、可口可乐、通用电气
2	法国	45	欧莱雅、路易威登、香奈儿、卡地亚、迪奥
3	日本	44	佳能、索尼、丰田、松下、日本电报电话
4	中国	43	国家电网、腾讯、海尔、中国工商银行、五粮液
5	英国	40	沃达丰、英国石油、联合利华、汇丰
6	德国	27	宝马、奔驰、大众、思爱普、奥迪
7	瑞士	18	雀巢、瑞信、劳力士、欧米茄、瑞银集团
8	意大利	15	古驰、普拉达、法拉利、菲亚特、葆蝶家
9	荷兰	9	壳牌、飞利浦、喜力、荷兰国际集团、毕马威
10	加拿大	7	庞巴迪、加拿大皇家银行、丰业银行
10	韩国	7	三星、现代、起亚、乐金、乐天

需要强调的是，国货崛起与大国复兴一样，是一场伟大的转折，是综合国力的提升，是民族自信心的恢复，是中华文化魅力的绽放。国货崛起，我们除了要有更多的耐心，还要给予更多力所能及的支持。

国货崛起是从制造到创造的过程，是从产品到品牌的过程，也是中国商品从产业链的低端向更高价值部分进击的过程，是改变产业链分工最有效的途径。

6. 产业链的自主可控是国货崛起的强力支撑

国货崛起的同时，还有一项重要任务就是中国标准的国际化。

据报道，华为加入了400多个标准组织、产业联盟、开源社区，担任超过400个重要职位。2018年，华为提交的标准提案超过5000篇，累计提交近60 000篇。

2020年，华为自供应链断供危机之后，又被多家国际联盟排挤。据不完全统计，华为退出的国际组织有WIFI联盟、SD记忆卡协会、固态存储和闪存技术标准组织JEDEC、USB认证组织USB-IF、制定PCI规范的组织PCI-SIG。

国际联盟组织是一个更大的利益共同体，它们集体排挤华为，排挤新疆棉花，无非是披着国际联盟的外衣假公济私罢了。

中国崛起势不可挡，中国品牌崛起和中国品牌国际化同样势不可挡。面对种种挑衅，我们不但要有"中国人不吃这一套"的自信，还要有用硬实力说话的底气。我们自主可控的产业链，我们主导的国际化标准，都是使我们变得更大、更强的必不可少的支撑。

1.2 抢购马桶盖等倒逼产业升级

2016年，中国游客在日本抢购电饭锅、马桶盖；在澳大利亚和中国香港地区排队抢购奶粉；在欧洲抢购时尚用品。这一现象，受到全社会的关注，并成为消费变革的前兆。

"人民日益增长的美好生活需要和不平衡、不充分的发展之间的矛盾"成为中央层面供给侧改革的大背景。这种现象被诸多媒体和学者们解读为消费升级的代表。而这些变化也促进了中国进行供给改革和产业升级。

中国的消费趋势有以下几个变化：从拥有更多走向拥有更好；从功能满足走向情感满足；从物理高价消费走向心理溢价消费。

消费趋势的变化则反向影响着供给的升级。这就要求供应链从大批量、少批次向小批量、多批次高频次转变，从规模化生产向响应个性化定制转变，更具柔性和弹性，从低附加值向高附加值和高创新能力演进。

1. VUCA时代供应链安全尤为重要

2020年，受新冠肺炎疫情全球蔓延的影响，多家企业的供应链受到考验。某国内电气制造龙头企业，向欧洲供应商订购的核心元器件，货期从14天延长至60天，多个订单的交付时间整体逾期。广东汕头澄海区是全世界最大的玩具产业带，产品外销比例达70%以上，受疫情影响多个客户取消了订单，导致玩具企业陷入困境。类似的案例还有很多。

在充满挑战的VUCA（V代表波动性，U代表不确定性，C代表复杂性，A代表模糊性）时代，在疫情席卷"黑天鹅"事件频发的时代、在供应链全球协同的时代，产业链和供应链的安全成为前所未有的考验。

从"保产业链供应链的稳定"，到"提高产业链供应链的稳定性和竞争力"，再到"增强产业链供应链的自主可控能力"，足以看出国家对供应链的重视。

2. 供应链地位影响产业竞争力

谁掌握供应链的主导权，谁就是价值的分配者、价格的制定者、规则的掌控者。

苹果公司一度是全球市值最高的上市公司。苹果公司的手机产品毛利率接近60%，更多的供应商加入苹果公司生态链，赚取微薄的利润却承担更高的经营风险。

2021年3月，苹果公司供应商欧菲光称，苹果公司终止向欧菲光继续采购摄像头模组，受此事件影响，欧菲光2020年亏损高达19.4亿。苹果公司订单约占欧菲光营收的22%，而此前欧菲光投资33亿元专门为苹果公司打造生产线设备，由此将面临资产巨额减值。

在全球产业链中，我们更多的时候处于微笑曲线底部，获得的利润最少。

下面来看一组工信部披露的数据。

"工信部对全国30多家大型企业130多种关键基础材料调研结果显示，32%的关键材料在中国仍为空白，52%依赖进口，绝大多数计算机和服务器通用处理器95%的高端专用芯片、70%以上智能终端处理器以及绝大多数存储芯片依赖进口。在装备制造领域，高档数控机床、高档装备仪器、运载火箭、大飞机、航空发动机、汽车等关键件精加工生产线上逾95%制造及检测设备依赖进口。"这组数据是在2018年国家制造强国建设专家论坛上，时任工信部副部长、国家制造强国建设领导小组办公室主任辛国斌披露的数据。

我们再来看一组农产品相关的数据。

2021年5月14日，央视财经频道《经济半小时》栏目，以《保护本土"二师兄"》为题，介绍了生猪"芯片"问题。2020年，中国种猪进口总量约3万头，创历史新高。除了进口种猪，中国每年还进口猪精液高达数亿元。中国的猪种市场，中国本地猪的市场占有率已经由20世纪的90%以上降至目前的2%，丹麦长白猪、英国大约克夏猪、美国杜洛克猪3大猪种在中国的市场占有率达98%。据中国种子贸易协会的数据，2019年，我国进口农作物种子6.6万吨，进口额4.35亿美元，出口额2.11亿美元。全球10大种业营收榜，中国仅隆平高科一家入选，中国5800家种子公司的营收约与孟山都一家公司相当。

3．对内提升供给质量和供给效率

中国的产业结构不合理、产品附加值低、资源配置效率不高、供应链不协调、创新能力不足等正成为产业发展过程中无法忽视的问题。

供给侧改革是提升供应链质量的驱动力。

从宏观层面来看，国家全面推动去产能、去库存、去杠杆、降成本、补短板和"破""立""降"重点任务，供给侧改革取得重要成果。"地条钢""小煤窑"等顽疾得到有效治理，钢铁和煤炭的产能利用率明显提升。此外，地产的去库存化，使金融的负债率得到降低。这些都是"十三五"期间国家供给侧改革的成果。

从微观层面来看，各地针对产业特点，引导性地规划产业资源聚集区，形成产业集群，提升供应链效率。合肥的战略新兴产业聚集区得到全国关注；上海则整合人流、物流、技术流、资金流、信息流等各种要素资源，吸引全球范围的产业链、供应链落户上海。

同时，通过互联网平台整合资源，形成线上的产业供应链平台，既能优化产业资源配置，也能提升产业竞争力。这也是本书要重点探讨的内容。企业数字化要放到产业数字化的大环境里，让供应链上下游从强调分工变成强调协同，让上下游的供需关系从利益博弈变成共生共赢，这样产业的整体竞争力才能提升。

4. 对外掌握核心技术，摆脱"卡脖子"

2018年，美国商务部禁止中兴通讯向美国企业采购"敏感产品"，直接导致中兴通讯主要经营活动无法进行，最后中兴通讯以10亿美元罚款和4亿美元保证金，换来禁令的解除。

2019年，华为被列为美国实体清单，随后华为供应链受到全面打压，无法获得手机芯片。这导致华为手机市场份额从全球第一跌落到4%的市场份额（市场调研机构Counterpoin Research的数据显示，在2020年4月份，全球智能手机出货量共计6937万台，其中华为手机市场占有率达到21.4%，登顶全球第一）。

据海关统计数据显示，2020年我国进口的芯片总数量约为5435亿个，进口总金额约为3500.4亿美元，位居进口金额榜第一；石油进口额约为1763.21亿美元，位列第二；铁矿石进口总额约为1189.44亿美元，位列第三。也就是说，芯片进口金额比石油进口额和铁矿石进口额加起来还多。

上游的核心物料和关键技术，是供应链的重要组成部分。2020年中国半导体行业投资金额超过1400亿元人民币，比2019年增长近4倍，创下最高纪录。在解决"卡脖子"问题上，最好的方式是开始行动。

5. 提升价值，在全球产业分工中谋求更大利益

在过去的40多年里，中国通过改革开放、加入WTO等方式，不断地融入全球经济，并且在全球经济的产业链分工中，扮演的角色越来越重要。

早期，中国在全球产业链的分工中，更多的是充当加工和制造的角色。过去，靠着稳定的经济和政治环境，以及劳动力资源丰富的优势，中国进口了大量原材料，完成加工后出口到全球各地，这让中国成为世界工厂，使得中国拥有世界上规模最大、门类最全、配套最完备的制造业体系。完整产业链的优势，造就了中国供应链在全球独有的竞争力。

随着经济水平的提升，中国老百姓开始大量消费国内外的高品质商品。海淘商品高速增长现象的背后是消费能力的升级，同时也给国货崛起提出了更高要求。

随着产业结构的调整，中国制造要从低端制造向精细制造升级，要从低附加值向高附加值升级，要从单产业经营向多产业融合发展，这样才能完成中国制造向中国创造的过渡。

在国家层面，在顶层规划供给改革，优化供给效率，同时鼓励企业走出去，依托"一带一路"机遇，全球贸易生态已经发生变化，东盟成为中国第一大贸易伙伴。在企业层面，则不仅要从产业视角规划供应链，利用新一代信息技术驱动供应链变革，以迎接消费升级带来的供应链挑战和机会，还要考虑被别人"卡脖子"或者"断订单"时有更多的备选策略，以及时补足短板。

1.3 贸易战和疫情加速供应链的重构

古代兵家讲：兵马未动，粮草先行。现代有武装到牙齿之称的美军，拥有强大的单兵作战能力，据军事学者测算美军每个单兵装备价值约为3.6万美元。

如此看来，不论是古代战争还是现代战争，归根结底是一场资源消耗的较量。同理，国家之间的竞争、企业之间的竞争，也是资源战，供应链则是资源的载体。

早期企业以纵向一体化为主，外部协同较少。随着社会大分工的出现，企业不再推崇重资产投入的纵向一体化模式，更多企业选择轻资产模式，只做自己擅长的部分或者高价值的部分，上下游环节则由多个企业参与协同，供应链管理的重要性就变得尤为重要，从而成为现代社会中竞争的焦点。

1. 中美贸易战背后是供应链的较量

2018年3月，特朗普政府签署了新的关税法令，限制中国对美投资和并购的同时，对中国一些出口产品加征关税。由此，中美贸易战开启，供应链安全问题被两国政府重视。

2019年，新冠肺炎疫情在全球暴发，暴露了全球供应链的脆弱性，供应链的安全问题被进一步拔高。

2021年2月，拜登签署了《美国供应链行政命令》（*Executive Orderon America's Supple Chains*）。这项行政命令从美国国家安全和经济繁荣的视角，要求构建弹性、多样化且安全的供应链体系。命令对4种关键产品（半导体、关键矿物和材料，如稀土、药品及其成分、先进电池）开展为期100天的供应链审查；要求6个部门开展供应链评估工作，针对评估结果总结并提出加强供应链的政策建议。

这项行政令，要求美国的国家安全顾问和经济政策顾问协调所有相关行政部门，全面审查美国制造业、供应链和国防工业基础的弹性与能力。

审查分3个阶段，第一阶段为期100天，针对半导体制造和先进封装、高容量电池、包括稀土在内的关键矿产和其他战略材料，以及医疗用品等产业，目的是确认相关产业供应链的风险，并由国家安全顾问和经济政策顾问汇总各部门意见后，向总统陈述结果，提出整体的政策建议。

第二阶段是命令发布 1 年内，相关部门负责人要通过国家安全顾问和经济顾问，向总统提交评估报告。内容包括各重要产业的关键商品和必需材料、制造能力和新兴技术、可能对供应链产生破坏或增加负担的各种涉及国防、情报、人权、地缘、政治等情况，以及供应链应变能力和美国盟友在供应链上的协调行动。

第三阶段是建立每 4 年一次的供应链审查机制，包括持续开展数据收集和供应链监控的流程和时间表。

和奥巴马执政时期的供应链全球化不同，拜登对美国供应链的政策重心从全球转为本土。总之，拜登行政令的基本宗旨是：不能让关键商品和必需材料被非盟友垄断或成为主要供应国。

与特朗普政府强调贸易和关税不同，拜登政府更加强调供应链安全。拜登政府不仅禁止关键技术和科技出口，还试图逐步摆脱在关键商品和必需材料上对中国的依赖，寻找替代品，联合盟友共同压缩中国在全球市场中的份额，通过升级版的《跨太平洋伙伴关系协定》（*Trans-Pacific Partnership Agreemen*，TPP）对中国实行经济围堵。

2021 年年初，美国半导体工业协会致函美国商务部和拜登总统，针对高科技供应链问题提出建议，认为特朗普时期的单边限制，无法实现对中国的技术封锁，而应联合荷兰、德国、英国、日本和韩国等半导体技术相对领先的国家，共同合作，联合制定限制半导体技术输出中国的共同目标，称之为多边管控（multi-lateral controls）。

《美国供应链行政命令》的出台，意味着中美经济从贸易战阶段转向产业链供应链安全阶段，将在全球范围内引起广泛影响。

在我国"十四五"规划第三篇"加快发展现代产业体系"中专门提出"提升产业链供应链现代化水平"，强调产业链供应链要"坚持经济性和安全性相结合"。中央经济工作会议部署了 2021 年 8 项重点任务，"增强产业链供应链自主可控能力"位列其中。

产业链和供应链是一个国家经济运行的底盘。当前，全球产业链和供应链面临重构，原有的产业链供应链跨国布局现象，可能会因国际局势的变化而变化。

一方面，我们要以高水平开放继续推进产业链供应链的国际合作，与一切友好国家的产业链供应链合作，化解以美国为首的西方国家的打压限制；另一方面，只有增强国内产业链供应链的自主可控能力，才能做到国内生产和供给不会在关键时刻受影响，化解我国产业链供应链安全稳定运行可能面临的重大威胁。

2. 贸易战倒逼中国提升供应链能力和强化协同

中国加大对半导体类为代表的高科技投资。

自 2018 年以来，在美国对华进口商品征税的清单中，高科技产品是其重点打击对象。与此同时，中国在替代美国产品方面正在加紧布局，当前，中国 70% 以上的半导体需求已经有了稳定的非美国替代供应商。根据半导体市场研究数据——IC Insights 数据，2021 年，中国集成电路的产量金额达 1865 亿美元，占集成电路市场的 16.7%，高于 2011 年的 12.7%。据 IC Insights 预测，2025 年，中国制造的集成电路将仅占国内整体集成电路市场的 19.4%；2030 年，该比例有望提升至 30%。

贸易战促进中国供应链与全球协同与互补。

自中美贸易战爆发以来，外媒分析中国供应链将会大规模向外转移，从而导致中国产业空心化。从当前现状来看，部分中国企业向外转移是事实，但并没有出现中国产业空心化现象，这种转移是中国产业与东南业产业的协同与互补，而非东南亚替代中国供应链。在经济深度转型的推动下，中国正在逐渐摆脱全球供应链低端角色，我们不能一直做"初级工业品的输出方"，我们要向上延伸，做高附加值产品的制造中心和新消费中心。比如，国内多家造纸企业在马来西亚建设新厂，主要原因是马来西亚的原料供给优势，同时法律允许进口废纸，东南亚工厂将废纸做成纸浆，运回中国加工，国内与海外完成产业协同。

商务部数据显示，中国与东盟互为第一大贸易伙伴。2021 年，中国与东盟贸易额达 8782 亿美元，同比增长了 28.1%。其中，中国对东盟出口额为 4836.9 亿美元，同比增长了 26.1%；自东盟进口额为 3945.1 亿美元，同比增长了 30.8%。

3. 疫情加速全球供应链的重构

自 2011 年日本海啸之后，一家全球半导体巨头曾试图确定第三、第四层级供应商给自己带来的风险，但 100 多名高管花了一年多的时间，才弄清楚自家庞大的供应商网络中到底有哪些公司。

日本发生海啸和地震时全球半导体全线涨价，美国德州雪灾导致半导体价格波动，核心原因是供应链的不均衡性和应对外部风险的能力弱。日本在全球半导体材料市场的份额超过 50%，美国占全球半导体材料市场的份额超过 30%。

供应链越长，空间跨度就越大，管理复杂性就越高。但是，供应链是在产业分工过程中自然形成的。目前，全球产业链的大体格局是以北美和欧洲为主要消费市场，以中国、越南、马来西亚、印度尼西亚等亚洲国家为主要制造基地，以中东、南美、非洲、俄罗斯和澳大利亚等为主要资源供给地。然而，受贸易政策、新冠肺炎疫情的影响，全球供应链正在重构。

在 2020 年中国发展高层论坛上，工业和信息化部副部长刘烈宏表示：新冠肺炎疫情导致全球一定范围内生产中断、物流阻滞、需求下跌，全球供应链遭受重创。疫情对产业链、供应链的影响或从暂时性、局部性，逐渐演变为长期性、系统性。此次疫情持续时间之长、波及范围之广、冲击强度之大，充分暴露了全球产业链供应链的脆弱性。

"近30年来，全球经贸格局已由最初的市场分工、产业分工走向价值链分工。在此过程中，分工越细，链条越紧密，资源的配置效率就越高。但与此同时，供应链也会变得越脆弱，任何一个环节出现卡顿，整个链条都将陷入梗阻。"刘烈宏称，以汽车、电子、机械等行业为例，因供应链长且复杂，高度依赖专业化生产和全球范围内的分工合作，在疫情暴发前期，停工停产现象时有发生，整个产业链面临停摆。

全球供应链的重构，一方面基于各国安全性的考量，另一方面基于供应链的成本维度考虑。缩短供应链，在本土采购或者就近采购，从表面上看更安全，但会导致制造成本上升。有数据表明，其他海外市场的电子产品制造成本明显高于中国内地，如果美国舍弃中国制造，将导致其电子产品的制造成本上升28%。综合正负两方面影响，如果将部分采购和制造环节从中国市场转移出去，各行业总成本都会出现不同程度的上升。其中，服装行业总成本将增加11%，汽车行业将增加4%，电子行业将增加2%。

受全球供应链重构，以及各地人力成本、厂房租金、环保政策、税务政策的影响，中国内部的产业链同样在进一步分化和转移。部分生产制造从沿海地区向东南部地区转移，部分生产制造向中西部地区迁移。比如，富士康将新的工厂选址在河南，纬创将笔记本制造基地落于重庆，三星则将芯片厂设立在西安。新疆依托优质产棉区这一优势，引进了浙江洁丽雅、山东如意、江苏华芳、浙江雄峰、浙江雅戈尔、安徽华茂、河南新野、台湾飞龙、沙特阿齐兰等企业，布局纺纱、印染、织布、家纺、服装全产业链。

应对美国贸易战和供应链排华计划，我们除了自强，还要"把朋友搞得多多的，把敌人搞得少少的"，建立中国朋友圈。中国要召集利益相关国家，组建跨国产业联盟，投资互补性产业与关键材料和技术领域，建立利益共同体。此外，中国供应链要结合中国产业优势、地域优势、技术能力和资本能力，融入全球供应链体系中，参与供应链的标准建设，逐步在全球供应链中拥有更多话语权。

1.4　正视差距，提升中国供应链的竞争力

1992年，供应链专家马丁·克里斯托弗（Martin Christopher）对供应链有一段高屋建瓴又洞悉未来的论述，他说："21世纪的竞争不再是企业和企业之间的竞争，而是供应链和供应链之间的竞争。"

2001年，知名财经杂志 *Fortune* 将供应链管理列为21世纪最重要的4大战略资源之一。

2012年，美国发布《全球供应链安全国家战略》，将供应链上升到国家战略层面。

2021年，我国将"增强产业链供应链自主可控能力"列入2021年经济工作8项重点任务。

1. 我国工业品库存率高、物流成本高、企业综合融资成本高

我们来看一组数据，数据来自《第一财经》对 2017 年全国人大代表徐冠巨的采访稿：

主要发达国家工业和流通企业流动资产年周转率在 10 次以上，而中国只有 3 次左右。

主要发达国家工业企业产品库存率不超过 5%，而中国工业企业产品库存率达到 9.4%。

中国全社会物流费用占 GDP 比值高于发达国家，某些产品的物流成本占比高达 30%～40%。中国制造企业综合融资成本往往是发达国家的 3 倍以上。

埃森哲的研究显示，通过实施供应链管理，能够降低运输成本的 5%～15%，降低整个供应链运作费用的 10%～25%，缩短企业订单处理周期的 35%，减少库存的 10%～30%，缩短现金循环周期的 20% 左右。

徐冠巨称，与发达国家相比，目前我国企业供应链管理水平还不高，企业生产什么、为谁生产、向谁采购、生产多少、库存多少等依靠经验决策，容易导致供需错配、库存高，浪费资源，增加成本。如果能够通过提升供应链管理，把工业企业产品库存率降低 4 个百分点，当年即可减少 3.6 万亿元资金的占用；把历年库存占当年 GDP 的比例降低 10 个百分点，则能盘活 7.4 万亿元的社会资源，这将有力推动企业效益提升和国民经济转型升级。

2. 我国供应链起步迟，缺乏全面规划与人才

其一，社会普遍对供应链不够重视。

供应链对我国传统企业管理而言，是新鲜事物。尽管 20 世纪 80 年代就出现了供应链（supplychain）的概念，但供应链一直都被当作后勤保障类服务，未得到管理者的足够重视。而在发达国家，供应链管理和财务管理、营销服务、法律服务等企业内外部活动相似，能得到管理者的足够重视。

国内一些企业管理者对供应链的重视不够，从而使供应链管理流于表面，供应链管理人员成为供应商的监督者，不断地给供应商提要求，供应商与采购商成为利益博弈者，而非理想的命运共同体。

其二，供应链管理粗放，缺乏全面规划。

很多企业将注意力盯在供应链的某个点上，供应链整体信息割裂，导致供应链整体低效。采购部门为提升经济效益，要逐一对比供应商的材料报价，却忽略了售后成本；物流部门为高效组织运输，要花费更多的精力匹配物流资源，车到工厂了发现成品还没交付质检；生产部门和销售部门的计划都不够精确，为了提升弹性交付能力，不得不设置冗余的备料库存和成品仓库，降低了资产周转率。

企业缺乏对供应链的全面统筹。上游以及上游的关联企业是否可控，企业内部如何与上下游协同，供应商的储备量能否匹配企业未来的增长规模，产品售后的成本与原始供应商物料质量有无关系等，这些供应链数据的分析被大多数企业忽略。

其三，供应链体系缺乏协同和共享。

在供应链体系的建设上缺乏统筹。采购部门和其他部门通常相互独立，供应链缺乏整体协调性，从而导致供应商要与采购部门、设计部门、使用部门多头沟通，信息层层衰减，致使设计变更而原料采购错误，生产计划变更而超量采购，进而大大增加了仓储和物流成本，超预算和超期交付时有发生。

企业以 ERP 协同为主，信息流、物流、资金流的互通和整合共享不理想，内外联动不够。企业内部构建了多个以部门为中心的信息单元，生产系统、库存系统、财务系统、销售系统彼此之间信息整合度不够，业务流程长，各个部门的数据口径不同，成为内部协同障碍。外部协同缺少平台性的工具支撑，供应链分散的主体之间无法有效地连接，商流、物流、资金流没有打通，各类供应商无法紧密联动。供应商有时加班加点抢时间，有时陷入某个流程确认环节，导致整体产能利用率低。物流商要么等待成品交付，要么物流满载率低，导致物流费用升高。

其四，供应链人才短缺。

2017 年，国内本科院校开设供应链管理专业并开始招生。《国民经济行业分类》（GB/T4754—2017）发布，首次将供应链管理服务作为商务服务业的一个子类别，纳入国民经济统计序列。2017 年 10 月，出台了《国务院办公厅关于积极推进供应链创新与应用的指导意见》，这是国务院首次对供应链创新发展的部署，对于供应链具有里程碑意义。

2021 年 1 月 22 日，CCTV2 在"开局'十四五'"供应链专题报道中，采访了中国物流与采购联合会副会长任豪祥。在采访中，任豪祥指出，今后 3 年我国供应链人才需求存在 430 万人的缺口，目前我们的供应链人才培养还处于启动阶段，需要发挥社会方方面面的力量来尽快解决我国供应链人才短缺的问题。

3. 互联网给供应链装上加速引擎

近 20 年，以电子商务为代表的中国互联网得到快速发展，成就了中国互联网在全球领先的地位，其中以网络购物和扫码支付为代表的零售创新，更占据了中国新四大发明的两项。2020 年，网络零售占社会零售的总额超过 20%，全渠道零售、新零售、无界零售、社交电商、社区团购等新鲜词令人应接不暇。

中国信息通信研究院发布的《中国数字经济发展白皮书》显示，2020 年中国数字经济规模达到 39.2 万亿元，占 GDP 比重的 38.6%。此外，2020 年中国数字产业化占数字经济比重的 19.1%，产业数字化占数字经济比重的 80.9%，产业数字化进一步巩固了数字经济的主导地位。

互联网的全面普及应用,给企业的生产、营销、物流都带来了变化,也促进了商流、信息流、物流、资金流的融合,进而带来了供应链管理的变化。

电子商务的预售模式,促进了供应链"以销定产"和"反向定制"的发展;电子商务的拼购和团购,促进了供应链对"超级大单品"的快速响应;电子商务的"社交电商"模式,促进了供应链对分散小件的"一件代发"响应;"6·18""11·11"大促,则全面考验了信息系统、仓储系统、物流系统的瓶颈;新零售的线上、线下全渠道销售,促进了供应链对分布式库存的管理;家具家装电商,促进了装修公司与家具公司的协同,也促进了大件物流的发展。

互联网的普及,加快了全社会的数字化速度,也加速了供应链的主要要素发展,比如,促进了营销供应链的普及,以及物流和仓储能力的提升,对生产供应链的敏捷性提出了更高的要求。

同时,互联网的发展,让以阿里巴巴为代表的电子商务企业供应链成为全球供应链管理者关注的对象。阿里巴巴入选 Gartner 全球供应链 25 强就是例证。

互联网的高速发展,虽然暴露了我国供应链的不足,但也促进了我国供应链的创新和发展,加速了供应链数字化进程。

4. 供应链的竞争力将来自产业数字化

企业数字化是有边界的,产业数字化是没有边界的。企业供应链建设是有边界的,产业供应链的建设是星辰大海。

供应链本身具有协同属性,将供应链建设束缚在企业数字化层面,必然会束手束脚,但如果将供应链的建设放入产业数字化的大背景中,你将会推开未来世界的大门。

其一,着眼产业数字化,打造线上协同的供应链。

第二产业——制造业和建筑业有大量生产资料需要采购。一家大型企业管理的物料至少 10 万个最小存货单位(stock keeping unit,SKU)起步,供应商少则百家多则千家。繁多的物料和物料属性、数量庞大的供应商库,从采购到结算要经过几十个流程,需要多个岗位的合作,才能形成闭环。

在常规情况下,采购商通过互联网建立线上供应链平台,并制定标准的物料规范、供应商规范和供应协同流程,供应商通过线上进行协同,能减少线下信息断点的形成和数据孤岛的产生。线上寻源、采购、电子合同、下单、沟通、客服,整个供应链流程全部线上化,实现信息流、商流、物流、资金流的四流合一,这个过程就是企业资源的集中过程,是企业供应链标准的建立过程。

但是,供应商往往需要为多个采购商提供服务,多个采购商的物料标准、供应商规范和协同流程各不相同。采购商的企业级供应链平台方便了自身,但对供应商信息的分散和管理的割裂于事无补。把多个采购商的供应链平台进行整合，形成产业供应链平台，这个问题就迎刃而解了。一个平台、多个采购商和多个供应商平台化协同，利用数字化能力，还可以根据采购方紧急度、供应商位置远近、原材料获取难易程度和物流综合成本等因素综合分析成本，优化供应商网络拓扑结构，优化产业资源配置。

其二，着眼全局，打造多赢的产业共同体。

传统的采购商与供应商的关系，是供需的利益博弈关系，需要升级到合作双赢的命运共同体。

采购商应选择长期可持续发展的供应伙伴，从源头规范物料标准、工艺流程、优化库存、改进质量，从而提高供应链效率。

采购商应重视全链路的库存管理。传统采购商会占用供应商的资金或库存，导致占用部分无法周转，而供应商则会将这部分成本转嫁到采购商身上。

采购商应重视全局的物流协同。物流服务是连接原材料到生产、成品到销售的重要节点。在传统模式下，物流采取点对点服务，表面上看省心省事，实则物流成本高、效率低。站在产业全局的角度，将分散的供应商、销售伙伴的物流信息进行集中规划，优化生产、仓储、物流网络，进而提升物流效率，对整个供应链效率的提升至关重要。

其三，高度协同，提升产业链竞争力。

建立线上协同，会强化采购方和供应商之间的合作。比如有些产品和服务，供应商在采购商对甲方客户的商务阶段就开始紧密配合，以匹配原料的供应范围、产品的环境适应性、产品的售后服务。不少供应商从原始设备制造商（original equipment manufacturer，OEM）变身为原始设计制造商（original design manufacturer，ODM），为采购方提供更多前瞻性服务，这也需要双方建立长期紧密、高度互信的关系。

此外，在高度的协同过程中，供应商和采购商的角色会发生变化。

比如知名鞋类制造商宝成集团，旗下的裕元工业是耐克和阿迪达斯等品牌的制造商，全球运动鞋每5双中有1双就来自裕元，旗下的宝胜国际则是耐克和阿迪达斯的零售商，遍布国内的胜道体育就是宝胜国际的零售渠道品牌。又比如利丰集团早期做贸易业务，组织了大量的供应商合作伙伴，随着业务的扩张，形成了贸易、物流、分销和零售的产业链布局，供应商不仅为利丰集团的合作伙伴提供服务，还为利丰集团的零售品牌服务。这种多重角色的合作，使双方协作更加紧密，形成利益共同体后产业的竞争力自然得到提升。

1.5 数字化浪潮之巅——产业数字化时代来临

数字化就像火炬，点燃了新经济的发展引擎。

"我们所处的行业并不推崇传统，它只是尊重创新。"这是微软CEO纳德拉在

2014年刚刚执掌微软时就职演说中的一句。随后几年，纳德拉开始对微软实施大刀阔斧的改革，开启"云为先"的战略。据Gartner公布的2020年全球云计算市场的调查数据显示，微软Azure以19.7%的占有率占据全球云计算前2的位置，微软重回巅峰。

作为高科技公司的代表，如果不创新，连微软都难逃衰落的命运。PC时代，微软的辉煌有目共睹，在移动互联网时代，微软却错失手机操作系统先机。如果纳德拉带领微软团队遵循传统、因循守旧、沿袭老路，那么微软将一步步走向衰落。

数字化水平正成为企业的核心竞争力。有学者对全球市值排前10的上市公司进行跟踪研究，发现一个很有价值的成果，2010年是技术驱动型企业，而2020年全球市值排前10的公司是价值网络驱动型企业，它们具有明显的数字化特征，排名前7位的是全球互联网公司的代表，如表1-2所示。

表1-2 市值排前10的上市公司

2010年		2020年	
排名	公司	排名	公司
1	中国石油	1	苹果公司
2	埃克森美孚	2	微软
3	微软	3	亚马逊
4	中国工商银行	4	Alphabet（谷歌母公司）
5	沃尔玛	5	脸书
6	中国建设银行	6	腾讯
7	必和必拓	7	阿里巴巴
8	汇丰银行	8	台积电
9	巴西国家石油	9	伯克希尔
10	苹果公司	10	VISA

1996年，尼葛洛庞帝的《数字化生存》中文版出版，"预测未来的最好办法就是把它创造出来""计算不再只和计算机有关，它决定我们的生存"，这些观点启迪了无数人奔向互联网，成为无数互联网人的启蒙者，大量的互联网公司开始涌现，从而推动了互联网的大繁荣和数字经济的发展。

1. 消费互联网已经进入生活的方方面面

放眼当下，目之所及之处已经被数字化深刻改变。

20世纪从凭票证消费到百货超市开架消费，再到打开手机足不出户淘遍全球，消费领域发生了巨大变化。从粮票、布票、肉票等和老百姓生活息息相关的票证，到融合化妆品、珠宝、服装、家居用品、家电、餐饮、电子游戏、美容美发、电影院等业态为一体的城市综合体，再到打开手机App，衣食住行，吃穿用度，通通都能完成。逛天猫、上京东、到美团团购一下、在拼多多砍一刀、打滴滴已成为生活中使用的高频词汇。

从满足人民生活需求出发，消费互联网从无到有，强势崛起并取得巨大成就。2020年，网络零售在社会零售的总额中占比超过了20%，这是消费互联网高速发展的成果。经过20余年的发展，消费互联网已经形成完整的生态体系。

从早期的门户网站、搜索引擎、电子商务、社交应用，到移动互联网时代的影音娱乐、O2O生活服务、社交电商、社群经济，中国互联网已经形成了围绕消费领域的完整布局。《中国互联网发展报告（2020）》显示截至2019年年底，中国移动互联网用户规模达13.19亿人，占据全球网民总规模的32.17%；电子商务交易规模达34.81万亿元，已连续多年占据全球电子商务市场首位；网络支付交易额达249.88万亿元，移动支付普及率位于世界领先水平；全国数字经济增加值规模达35.8万亿元，已稳居世界第二位。

互联网浸透消费生活的每个场景，这意味着面向后向营销的线上部分整合已经基本完成。事实同样如此，当前电商领域的京东、拼多多和阿里巴巴已经占据了线上零售的大部分GMV（gross merchandise volume，成交额）。据网经社"电数宝"电商大数据库显示，2019年，网络零售B2C市场（包括开放平台式与自营销售式，不含品牌电商）以GMV统计显示，前3名占网络零售市场份额近90%，其中天猫占50.1%、京东占26.51%、拼多多占12.8%。

2．产业互联网开启数字经济的下半场

消费互联网是开端，产业互联网是接力，其共同推动全要素的数字化，最终形成产销协同的数字社会。

2016年，美团点评创始人王兴提出互联网下半场的概念，随后互联网下半场的概念被新华社纳入官方话语，互联网下半场的概念从业界快速普及到全社会。王兴认为："数字经济分需求侧的数字化和供给侧的数字化，在过去20年，需求侧的数字化逐渐完成了，但是供给侧的数字化才刚刚开始。供给侧数字化和需求侧数字化相结合，数字经济才完整。"

2018年4月，习近平总书记在《自主创新推进网络强国建设》的讲话中强调，要推动产业数字化，利用互联网新技术、新应用对传统产业进行全方位、全角度、全链条的改造，提高全要素生产率，释放数字对经济发展的放大、叠加、倍增作用。要推动互联网、大数据、人工智能和实体经济深度融合，加快制造业、农业、服务业数字化、

网络化、智能化。

2019年3月,国务院发展研究中心研究员魏际刚公开撰文《产业互联网是新产业革命的战略支撑》,文中指出:"加快推进产业互联网发展,有利于推动产业升级。产业互联网使企业能够统揽全局,畅通供应链,打通上下游,做大生态圈,降低生产流通成本,提高运作效率,实现个性化智能定制。通过数字化、网络化、智能化手段对价值链不同环节、生产体系与组织方式、产业链条、企业与产业间合作等进行全方位赋能,推动产业效率变革。"

在国家层面,已经将产业互联网与新一轮产业革命紧密连接,希望产业互联网打通产业全链条价值,推动产业升级。互联网巨头们在产业互联网方面已经开始行动。

3. 互联网企业的产业数字化

在消费侧的数字化方面,美团解决了消费者从吃得上到吃得好的问题。到达陌生城市,为选择吃什么而困惑时,打开美团大众点评App,这种潜移默化的行为,改变了人们消费选择的心智模型。面向吃、住、行、游、购、娱一站式生活消费,美团大众点评从不同的场景切入,为消费者呈现更丰富多样的选择,这是过去10年美团大众点评在消费互联网取得的成果。

在供给侧的数字化方面,美团的布局正在关联餐饮商家的每个经营活动。在美团大众点评平台为商家提供品牌形象推广、座位预订、营销活动、评价管理等服务。在美团餐饮学院,为餐饮经营者提供线下、线上一体化的经营指导、技能提升和咨询服务。在美团快驴,为商家提供食材、一次性用品、酒水饮料等进货服务,帮助餐饮经营者高效地管理餐饮供应链。在美团餐饮收银系统,为商家提供收银、会员、库存、扫码点餐、外卖自动接单等门店管理服务,让餐饮经营者能一站式地管理线上、线下业务。除此以外,美团还为餐饮经营者提供金融、保险等增值服务。

2019年1月,阿里巴巴ONE商业大会在杭州举行,阿里巴巴发布其商业操作系统。通过这个操作系统,为企业提供品牌、商品、销售、营销、渠道、制造、服务、金融、物流供应链、组织、信息管理系统11大商业要素的服务,帮助企业实现在线化和数字化。2019年阿里巴巴ONE商业大会还发布了"A100计划",阿里巴巴将为各个领域的合作伙伴提供数字化转型服务。"A100计划"的合作伙伴阵容豪华,有家具企业林氏木业和TATA木门、时尚服饰品牌太平鸟、运动服饰品牌李宁和特步、鞋业品牌红蜻蜓、羽绒服品牌波司登、日化品牌立白、休闲零食品牌良品铺子、家电品牌创维等企业。

2019年5月,阿里巴巴打造躺平系列数字化平台上线,包含躺平App、淘宝躺平频道、躺平设计家、躺平供应链等产品。这是阿里巴巴在家居领域的数字化布局,形成了集设计、供应链服务、线上与线下零售为一体的产业数字化平台。

2020年9月,在阿里巴巴内部藏了3年的秘密,全球首个新制造平台"犀牛智造"

终于揭开神秘面纱，"犀牛智造工厂"也正式投产。此前3年，犀牛智造工厂和淘宝200多个中小商家进行试点合作，跑通了小单起订、快速反应的柔性制造模式，帮助商家做到了按需生产。这是阿里巴巴在产业互联网的又一布局。

4．产业数字化进入井喷时代

除了美团大众点评、阿里巴巴等互联网企业在产业互联网的布局，还有更多行业龙头企业在产业数字化方面发力，给产业链和供应链带来新的变化。

海尔推出COSMOPlat平台，将用户需求和制造体系连接起来，用户可以全流程参与产品设计研发、生产制造、物流配送、迭代升级等环节，真正做到用户价值驱动。通过COSMOPlat平台，企业可以整合生产、物流、服务、交互、研发、营销、采购等各个环节，帮助企业从大规模制造向大规模定制转型。在COSMOPlat平台，连接的互联工厂生产的产品不入库率达到69%，订单交付周期缩短了50%。

工业富联在全国已改造8座熄灯工厂，改造后生产线从318个工作人员降低到38个工作人员，生产效率提升了30%，库存周期降低了15%。在熄灯工厂里，富士康工业云平台（FiiCloud）将海量设备连接至边缘计算及云端，应用到表面贴装、数控加工、机器人、组装测试、环境数据采集等场景，同时使用机器人＋传感器的模式，开发机器人AI的自感知、自诊断、自修复、自优化、自适应功能，从而提高产品良率，降低成本浪费。工业富联的科技团队将对外输出其熄灯工厂，包括灯塔工厂整体解决方案、运营系统的导入及人才培养、1+N工业互联网平台的供应链服务。

在本土市场，国内休闲服装品牌被国际快时尚品牌打得停滞不前、业绩不振。以Shein（中文名希音，一家国际B2C快时尚电子商务公司，中国跨境电商巨头）为代表的跨境电商平台却反向包抄，把中国制造输出给全球消费者，成为互联网方法论改造传统行业的典型代表。Shein先后在西班牙、法国、俄罗斯、德国、意大利、阿拉伯都布局了自己的本地网站，覆盖了200多个国家和地区。2017年，营收破100亿元，2020年，营收超过700亿元，收入规模达到ZARA的60%、H&M的50%，Shein在北美成为仅次于Amazon的购物App。

由老牌地产信息化厂商明源集团推出的明源云采购平台，这是地产行业的独立第三方供应链平台。明源云采购平台始于2014年，经过数年的持续运营，明源云采购平台入驻开发商超过2600家、供应商超过20万家，2020年，发布采购信息22 000多条。

由东鹏和新明珠等陶瓷企业发起的众陶联，已吸引8000余家陶瓷相关企业入驻，占中国陶瓷行业的62%，在众陶联的采购企业有563家，占中国陶瓷采购量的53%。其平台制定了108项原材料标准、36项检验标准、6项付款标准，已发布11项团体标准，由此成为国家服务业标准化试点单位。

由四川华西集团建立的建造云，吸引了50余家建筑采购企业入驻，平台连接供应商近 10 万家，与平台合作的金融机构 10 家，平台提供 47 万种产品和服务，年交易规模超过 700 亿元。平台推出多项供应商共享、物料共享标准，大大提升了同业企业的采购标准化程度，同时引入供应链金融，为资金周转困难的供应商提供了融资支持。

在《价值共生：数字化时代的组织管理》一书中，陈春花教授认为，数字化有一个重要的特征，就是把过去和未来都压缩在当下。商品预售就是把过去和未来都压缩在当下的例证。试想一下，通过追溯历史数据，探寻其本质规律并建立模型，在未来的演进做出预测并呈现到消费者面前时，对当下的决策参考作用何等重要。

数据成为继土地、劳动力、资本、技术之后的第五类生产要素。2020 年 4 月 10 日，《中共中央国务院关于构建更加完善的要素市场化配置体制机制的意见》发布，数据作为一种新型生产要素写入文件。从消费互联网到产业互联网，数据经济时代的到来是数据成为生产要素的重要原因。同时，从产品和营销导向的供应链，演变为消费者导向的供应链，个性化消费需求得到释放，只有通过充分的数字化，才能让大批量制造转变成小批量定制，这也促进了数据成为生产要素。

产业数字化也给整个社会管理带来新的课题。比如，定义"大企业"的方法，过去一个重要的指标就是人员规模。人是重要的生产力，统计单位认定大型企业的标准，很重要的一项指标就是用人，大型建筑企业认定的标准之一就是用工超过 3000 人，大型工业企业的用工标准是超过 2000 人。面向 CAD 的自动审图机器人，审图的效率是人工的数倍，发现错误的数量也是人工的数倍以上。又比如银行自动柜员机，客户在智能柜台插入身份证或银行卡，可以自助录入交易信息，自助办理新开卡、持卡签约、打印流水、密码挂失等多种非现金业务，通过视频连接远程客服，还能实现更多复杂场景功能，减少客户等待时间，提升满意度。放眼未来，大量的企业不再是人员密集型组织，而变成"数智"化密集型组织。

我们身处数字化时代，抱残守缺只能走向没落，只有勇于创新，拥抱产业数字化的浪潮，才能引领时代。个体如此，企业如此，产业链和供应链同样如此。我们的产业链要拥有自主可控的能力，同样不是守旧，而是开放，要借助产业数字化的机遇，盘点全链路资源，将更多志同道合者纳入产业生态形成中国产业联盟，用数字化能力提升生产要素，最终提升产业竞争力。

第 2 章
推拉之术——供应链的敏捷之路

太极高手,推拉之间!太极推崇"以柔克刚",而柔性化、敏捷化恰恰是供应链要义的两个方面。在产能与市场之间,订单的位置决定了企业库存、客户交付的平衡性,如何实现快反和最大程度的牛鞭效应,是考验企业经营者智慧的重要内容。我们从敏捷之路出发,探索供应链的未来之路。

2.1 供应链脱胎于社会分工的精细化

汽车有着"现代工业的明珠"之美誉,一辆汽车约有 3 万个零部件,这些部件的供应商少则数百个,多则上千个。德国、日本、美国的汽车品牌,在全球拥有非常广泛的知名度,它们成功的背后,离不开高度协同的供应商。据统计,全球 10 大汽车零部件供应商,前 3 名的都是德国企业,而日本和美国则分别有 2 家上榜,这些上榜的企业,不乏世界 500 强企业和行业龙头。

尽管早期供应链概念并未被提出,但并不影响我们对早期供应链的研究。以汽车工业为例,早期福特汽车基于全产业链布局的纵向一体化模式,通用汽车基于品牌导向的轻资产模式,这些都促进了供应链思想的诞生。后来,丰田汽车和蒙牛乳业则在自身利益与供应伙伴利益之间找到平衡,共生共赢关系确保了产业链条的利益最大化,这进一步帮助产业链伙伴协同场景。

1. 纵向一体化适合市场成熟的大单品

在美国的福特胭脂河工厂,工厂运入的铁矿石、石英、橡胶和塑料,经过各个工厂的零部件加工和组装,最后开出一台台汽车。在这里从铁矿矿山到炼钢炉和轧钢厂,从石英矿到玻璃工厂,从橡胶种植园到橡胶工厂,从煤矿到发电站,配套齐全。此外为了物流方便,还组建了运输团队,管理货轮、铁路和人工运河,福特 T 型汽车所有零件几乎都能够在胭脂河工厂完成生产。

早期，福特并没有刻意布局纵向一体化的模式。1908年，福特推出T型车，这款车以低廉的价格将汽车推向寻常平民消费阶层，销售大好，此后福特持续增加产能，但总是受限于原材料和零部件的供不应求，导致产能受限，老福特决定自给自足，胭脂河工厂正是在此背景下诞生的，大批量生产也成为当时汽车工业之最。值得一提的是，1910年前后，美国人年收入在2000美元左右，T型车早期的售价是950美元，胭脂河工厂大规模的生产让这款车成本大幅降低，售价最终降至260美元。

显然，纵向一体化能够让企业全面掌控供应链，体现产品的成本优势，适应市场成熟的大单品。

2. 轻资产模式更适合创新类产品

如果说福特T型车的成功是汽车交通工具的时代，那么通用汽车的成功是给汽车赋予了尊贵或者时尚的身份。彼时通用的产值不及福特的四分之一，通用掌门人斯隆决定将目标用户锁定到中产阶层和富人。通用注重品牌建设和产品设计，由各事业部分散经营5大品牌。此外，通用汽车推动各车型零部件的标准化（福特零部件专车专用），方便多款车型共享零件，减轻供应链的压力，这样就可以招募市场化供应商伙伴来协同供给和生产，而通用公司则有更多的资金来拓展销售。

轻资产供应链模式可以使企业轻量灵活生产，降低风险，关注品牌和营销。这种模式似乎适合新产品或者市场周期变化快的产品。

3. 忽略个体的供应链将自食苦果

蒙牛乳业是国内最大的乳品类企业之一，其供应链模式值得思考。1999年，牛根生离开伊利创立蒙牛，其以轻资产运营的模式和出手凌厉的营销方式，赞助了神舟飞船、超级女声等知名IP，快速崛起成为行业老大。在供给方面，为了解决乳源问题，蒙牛建立了"公司+奶站+奶农"的模式，对独家供奶的奶农，蒙牛为他们提供贷款担保来帮助他们购买更多奶牛。另外，蒙牛与奶站之间还有35天左右的应付账款期限。这种模式在扩大产能的同时，还为蒙牛带来了更多的周转资金。

蒙牛的"公司+奶站+奶农"供应模式，很快被更多同行效仿，优势奶源的竞争变得异常激烈，这让奶站成为奶源供应的主导者。

在销售方面，各乳业公司为了抢占市场份额，进行了价格战，2005年甚至出现了一瓶矿泉水比一袋牛奶还便宜的现象。在供应方面，受饲料价格波动的影响，奶农的收益下降，奶农既没有能力改善饲养技术以提升产奶量，也没有资金引入优质奶牛，因而部分地区出现奶农屠牛现象。奶农为了谋求更大的利益，向原奶中添加三聚氰胺，这就直接导致2008年中国奶制品污染事件的爆发，全国有22家婴幼儿奶粉生产企业的69批次产品检出三聚氰胺，受此事件的影响，2008年蒙牛亏损高达9.49亿元，2007年其盈利9.34亿元。之后，中粮入主蒙牛，蒙牛进入新的发展轨道。

从奶业案例来看，如果从企业自身的利益最大化出发，最终会导致利益分配失衡，伤害的是整个产业。三聚氰胺事件的根源在于产业链的利益分配机制，这也直接影响了此后中国奶业的发展。全产业链如何协同发展，各协同方如何利益共享和风险共担，成为中国奶业产业变大变强不得不思考的问题。

4．与伙伴双赢，供应链才有竞争力

说到汽车工业，自然少不了丰田模式。丰田汽车是后起之秀，其供应链模式也是对福特和通用供应链的改良。

1935年，丰田的第一辆车刚刚下线。1950年，丰田公司的工程师丰田英二到美国进行了为期3个月的考察，全面了解了美国底特律的汽车工业。尽管丰田英二被以福特为代表的大批量生产震撼，但丰田团队分析后认为，日本国内市场小但所需汽车种类多，所以大批量生产不适合丰田，丰田需要的是小批量、多品种的汽车生产模式。

要实现小批量和多品种的生产模式，显然不能自给自足地组建纵向一体化供应链，通用的轻资产模式似乎不错。但是，通用式的供应商伙伴管理是一个挑战，一方面要保证供应质量和交货的及时性，另一方面还要保证成本的合理性。丰田则与供应商建立双赢的战略伙伴关系，一边通过共享信息，增加信息透明度以帮助供应商提升材料周转率，一边派遣工程师优化生产流程和工艺，降低质量检查花费的成本，提升整体链条效率。在此基础上，丰田形成了闻名于世的准时生产方式（just in time，JIT），也让丰田成为OEM基准调查中最受零部件供应商欢迎的企业。

类似通用汽车以企业为中心建立的供应链，都以企业利益最大化为出发点，采购方不断提升采购规模，向供应商削减采购预算，压榨供应商利润空间，从而导致供需之间不断博弈。丰田供应链的模式则以产业链条的效率最大化为出发点，共享信息，优化流程，减少质量检查等，这些都是产业供应链的思想。

供应链的模式没有绝对的好坏之分。选择不同的供应链模式，与企业的战略、资金、资源、产品特性以及商业模式的选择都有关系。此外，供应链的模式并不是一成不变的，还要随着市场环境的变化进行调整。

2.2 供应链控货三级跳：MTS、MTO、BTO

控制库存（控货）历来是供应链管理者的工作重心，既要充分满足销售，又不能形成库存积压，这就犹如行走在万丈峡谷的钢丝上，一旦失去平衡，就会跌落峡谷。

在个人消费领域，会经历功能消费、品牌消费和个性消费3个发展阶段。与之相应的供应方式也会经历现货供应组货、期货订货组货和"期货+快速反应（以下简称快反）"综合组货几个阶段；这几个阶段分别对应存货生产（make to stock，MTS）、订单生产（make to order，MTO）和存货与订单混合生产（build to order，BTO）。

接下来,我们将您先带入服装产业,再带入消费电子手机领域,透过此为您解开产业各链条之间的暗战。在剖析这些暗战之后,相信您对企业供应链向产业供应链演进的认识就会更深刻。

2.2.1 服装产业

1. 现货供应——让销售终端无风险经营

20世纪90年代初是国内主要服装企业的早期发展阶段。彼时,市场经济的活力开始释放,不少企业的品牌意识开始觉醒,他们以现货供应的形式广泛寻找合作伙伴开拓市场。

从供应端看,分布在沿海地区的开放城市宁波、温州、东莞、泉州等地的服装企业正从生产导向型企业向销售导向型企业转型。凭借早期的海外订单和政策红利,沿海开放城市已经形成了产业聚集地,企业主们不满足于赚简单代加工费,占据日渐壮大的国内市场和构建自主品牌成为他们的新目标。

从流通渠道看,服装还处于分级批发型销售,即由服装生产企业的销售办事处向各级代理商进行批发,代理商通过自营门店销售,或者批发给终端门店。在北京秀水街、上海七浦路、广州十三行、杭州四季青、成都荷花池这些大型专业市场里,活跃着大大小小的服装批发商、厂家办事处。为了打开销售,他们通过现款现货、现货赊销、现货代销等多种销售合作形式,最大限度地吸引销售终端售卖。批发商上连生产厂商,下接销售终端门店,成为服装销售的关键环节。

从销售终端看,服装零售店还处于散货销售阶段。最初,上游的批发商给门店铺一手货,或者由门店到批发商的仓库或者展厅自己选货,卖了再补,持续循环。终端门店尚没有建立标准化的品牌形象和管理体系,往往是一个门店组合销售多个厂商的商品,相互搭配。直至数年之后,服装零售的品牌专卖店和买手组货店两大形态才正式清晰化,此是后话。

从消费需求端看,商品消费尚处于商品的功能消费到商品溢价消费(品牌消费)的转化阶段,购物首先关注的是商品的性价比和功能价值,其次才会关注商品的款式设计和产地品牌等信息。

在现货模式下,供应链的上游生产厂商要对商品的库存承担主要的风险。彼时销售伙伴主要采用现款进货,甚至采用赊销制或者寄存代销制,只有商品形成最终销售才能触发下一次的补货行为,一旦商品滞销,就会导致库存积压,引发资金周转困难。平衡销量和库存的关系对生产厂商而言是一个巨大的考验。

在现货模式下,供应链的下游终端门店销售奉行"有啥就卖啥"的原则,畅销货卖完后,如果上游渠道无法继续补货,那就意味着断货,只能销售其他替代款,或者销售其他厂商的产品。

"以产定销"直接导致生产与销售脱节，上游形成了库存积压，下游的销售资源则无法被充分满足，因此，市场需要一种更先进的组货模式来替代现货补配组货。

2. 期货订货——让熟悉市场的人决定生产什么

随着品牌时代的到来，服装产业的供应体系进入期货阶段，MTO模式全面开花。

品牌厂商的目标是把现货制的"以产定销"变为期货制的"以销定产"。换句话说，过去厂家生产啥终端就卖啥，演变为生产由熟悉市场的销售商说了算。

订货会被引入。通常品牌厂商每季举办一次服装订货会，设计师提前对设计的样品进行打样，集中陈列在订货会现场，甚至请模特对重点款式进行走秀展示，由全国各地的经销商来下订单，厂商汇总订单进行排期生产和供货。为了约束经销商，所有期货须交纳一定比例的期货订金，以确保订单的有效性。订货会的好处是将商品的款式生产权从厂商转移到更懂市场的销售商，让市场需求能传导到生产端，实现"以销定产"。

期货订货让每个区域的商品能个性化地匹配市场需求，极大地满足市场需求度。同时，期货制度的弊端也显现出来。

2012年，国内6大运动服装品牌李宁、安踏、Kappa、361、特步、匹克库存高达33.23亿件，单李宁公司亏损就达到19.79亿元，导致亏损的主要原因是渠道库存产生的坏账。当年，休闲服装品牌美特斯·邦威库存高达20.1亿元，女装品牌朗姿库存为5.48亿元，而这年朗姿品牌年销售额为11.17亿元，库存占其资产比值超过20%。之后，波司登、七匹狼、红豆等诸多品牌也陆续爆发库存高企的消息。

库存之殇固然令人遗憾，但是导致库存高企的"罪魁祸首"是什么呢？

其一，交货周期长，让经销商应对市场波动能力变弱。期货制事实上完成了品牌厂商对经销商的预售，降低了品牌厂商的库存积压风险，但从提交订单到完成交货，间隔通常为90天以上，市场发生波动时让经销商失去机动能力。

其二，高额的销售任务，让经销商应对市场波动能力变弱。彼时服装产业的主导权已经从负责销售的渠道方转移到品牌方，品牌方为了抢占市场占有率，为经销商制定了高额的销售任务，这让经销商应对市场波动的能力变得更弱。

在市场正常的情况下，期货对品牌商和经销商都比较有利。当市场发生波动时，经销商无力执行期货，这些期货就会上升为品牌商库存。2012年，中国服装行业的库存雪崩就由此而来。

3. "期货+快反"——风险共担、利润共享

期货模式已然无法适应服装产业的发展，需要有更先进的供给方式来平衡品牌方和经销商的利益。"期货+快反"成为新的供应链模式，此外，品牌商还对零售管理

进行了更精细化的升级。

以李宁为例。2012年10月，李宁建立了大数据中心，收集了80%的李宁门店数据，并建立了全国各地具有代表性的试验门店。接着，李宁将商品供应模式从期货订货调整为有指导的"期货订单+快速补货+快反"的商品供应模式。李宁的快反商品组合先在门店试销，如果销售反应好，马上补单推向市场，如果销售不好，则中止生产。

对于期货商品，李宁则一方面调低期货占比，另一方面要求供应工厂进行分段生产，常规基础款则通过滚动补货来预见性地降低终端库存。这样，期货的常规基础款与快反的应季潮流款结合，形成了市场的快速反应机制，满足了消费者的需求，增加了零售机会把控，同时很好地弥补了以前期货制周期长和风险下沉到终端门店的缺陷。据李宁披露的信息称，快反商品占门店的销售额在20%左右，而毛利却远高于期货批量订货的商品，零售的折扣率控制得更好。

安踏除了引入期货+快反的供应模式，还对零售进行精细管理。过去，在品牌批发模式下，品牌商很难真正了解消费者的需求，宏观经济一旦不景气，就很容易出现库存问题，因为终端商品卖不出去，经销商手上没钱，没法进货，导致品牌货物积压。安踏将销售渠道管理人员下沉到销售一线，直接掌握零售商的销售表现和店内库存水平，辅助零售商制定零售策略并指导订货。这样将品牌方和经销商更紧密地连接在一起，形成利益共同体。以前安踏更多地关注订货指标，现在更多地关注零售商的健康度。

有"女鞋之王"之称的百丽集团，库存周转率一度超过170多天，大量的库存积压让百丽不堪重负。私有化之后，高瓴团队对百丽进行数字化改造，门店实时把试穿信息共享给制造工厂以辅助生产决策，改掉了过去工厂只管生产，门店只管零售，卖不掉季末清库存的供销协作方式。百丽集团供应链最重要的变化就是快速响应消费的变化，也就是快反商品。

从现货的少款式、小批次进货，到期货订货的多款式、大批量进货，再到期货快反的多款式、多批次、小批量的进货，变的是供应链协作方式和库存风险承担方式，目的是更好地优化效率和追逐消费者的需求。

表2-1列示了各类供货方式的特点。

表2-1 各类供货方式的特点

阶 段	供货方式	供货特点	弊 端
2005年前	现货供应	品牌商承担库存风险，先铺货后结款	有什么货就卖什么，不能最大化满足消费者需要
2005—2012年	期货订货	零售商买断期货，先付订金后拿货	零售商订货，市场波动时库存积压风险须零售商承担
2012年后	期货+快反	70%期货、30%快反商品	对制造方的备料和产能管理有很强要求

随着产业发展的需要,MTO 除了演化为"期货+快反"模式,还演化出更多模式。

(1)按订单配置模式(configure to order,CTO),先备料并生产至加工完成状态,待接到客户订单再装配生产入库出货。

(2)以单定产模式(build to order,BTO),先备料,待接客户订单,进行生产加工及装配入库出货。

(3)按订单研发模式(design to order,DTO),接客户订单后,开始设计→生产计划→备料→生产→出货,也就是 ODM 的方式,为客户提供设计和制造。

2.2.2 电子手机领域——戴尔和小米的 BTO

20 世纪 90 年代,全球主流的计算机公司都采用三商制经销模式(品牌厂商、分销商和经销商的三级销售模式),采用先生产再销售的模式,即 MTS。美国 Dell 则反其道而行。Dell 在销售上采用直销模式,在供应链上构建了虚拟 BTO 模式。Dell 的虚拟 BTO,基于信息技术构建,让供应链合作伙伴实时收到销售预测信息和实际的订单情况,确保了生产信息和需求信息的一致性,这把传统计算机的库存周转从几十天降低到几天,形成自己独特的优势,成为多个商学院研究的案例。

2010 年,小米公司成立。这家以手机为主业的科技公司,对 Dell 的直销+虚拟 BOT 模式进行改良。小米的产品以性价比为卖点,前期在营销充分预热,营造一种未售先火的产品氛围,然后推出小批量现货在电商渠道直销,快速脱销形成第一批传播者,引发更多消费者进行预订,接下来供应链组织生产和发货。小米的供应链模式可总结为小批量现货+期货。这样能降低库存积压的风险,提升库存的周转速度,这也是小米能短期快速崛起的重要原因。

图 2-1 为手机营销节奏与供应节奏。

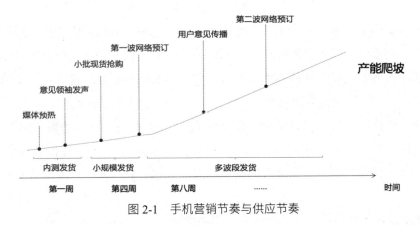

图 2-1 手机营销节奏与供应节奏

无论是基于现货的 MTS,还是基于期货的 MTO,或者是虚拟 BTO、期货+反快、现货+期货,其核心都是趋利避害,在满足供应的同时预防库存积压。如果单纯从核心企业自身的利益出发,短期内核心企业也许会尝到甜头,但是一旦合作伙伴利益受损必然反噬核心企业利益。所以,最终的方向都是以产业链整体利益为出发点,才能保持供应链竞争力,这也是建设产业供应链的必要性。

2.3 直面消费者,推动式供应链发展

零售业一直在持续演进,从早期的以渠道为王到以品牌商为主导,再到当下热门的直面消费者,零售商业的演进,推动了供应链的发展。

在早期的以渠道为王和品牌主导时代,供应链以推动式供应链为主,MTS 就是推动式供应链的代表,即由核心企业(通常是制造商或品牌商)根据自身的库存和生产能力,有计划性地把商品推销给渠道伙伴或者终端消费者。简而言之,能生产什么就卖什么,或者有什么货就卖什么。这个时代的早期,物资紧缺,属于卖方市场,供应链的运营成本较低,在供大于求时,由于核心企业无法掌握终端销售数据,自身生产的商品与市场需求匹配度低,导致库存积压。

推动式供应链开始向拉式供应链演进,MTO 模式被引入,即由零售商向品牌商下订单,让离消费者更近的人来定义生产什么。

MTO 是供应链敏捷化发展的一个过渡,因为下订单的人是零售商,最终买单的人是消费者,仍然不够精准,市场波动时零售商会形成库存积压。

1. 拉式供应链直面消费者成为新兴商业策略

近几年,以千禧宝宝为代表的新兴消费势力崛起,掀起新消费主义的浪潮。同时,以互联网为代表的新技术植入零售业,新零售的落地正在重构人货场。直面消费者(direct to customer,D2C)成为新兴的商业策略之一,受到众多企业的追捧。

消费趋势的变化与价值链从传统价值链向现代价值链转变同步。

在传统价值链方面,以内部资源和能力为导向,通过品牌营销的势能将产品营销给消费者,或者通过强大的销售渠道包围消费者的消费视线。在传统价值链中,作为最终买单的消费者几乎无法参与到价值链当中,这也使得企业制造的产品与消费者之间的偏差变大,导致企业资源浪费及库存高企,最终被消费者抛弃。

在现代价值链方面,以消费者需求为导向,消费者高度参与到价值链的协同当中,甚至基于消费者需求可以进行产品定制,这使得消费者的满意度变高,价值链完成重构。从传统价值链到现代价值链,供应链的变化同样从推式到拉式,以响应消费者需求为导向。

图 2-2 展示了传统价值链转向现代价值链的概貌。

图 2-2　传统价值链转向现代价值链

消费者拉动式供应链，成为直面消费者计划的重要支撑。与推动式供应链的大规模生产不同，拉动式供应链顾客的需求周期短，个性化要求更高，对供应链的数据共享和快速反应要求也很高。以 7-11 便利店为例，他们根据顾客消费变化，一天进行多次商品的配送，最大程度地满足顾客需求，同时提升商品周转率，根据周边人口的标签，对店铺的商品进行个性化的规划，实现千店千面。

2015 年，耐克公司将 D2C 作为公司战略。2017 年，耐克又将此模式进行升级，即更贴近消费者需求。耐克 D2C 业务包含销售渠道和消费者互动。销售渠道有线下直营店、线上官网、Nike App、电商平台；消费者互动是以 Nike App、Nike Training、Nike Run Club 为主的数字化生态。2021 年 2 月，耐克收购了数据分析平台 Datalogue，耐克总裁兼首席执行官 John Donahoe 称："收购案有助于增强耐克将数据转化为用户洞察的能力，和公司战略'用户驱动'相一致，通过加深和用户的链接，提供个性化服务。"

2020 年 8 月，安踏集团推出数字化转型和直面消费者战略。安踏集团 CEO 丁世忠指出："以消费者为导向是我们始终坚持的'安踏之道'。启动数字化转型、直面消费者，抓住快速变化的消费趋势、满足消费者多元化的需求、保持品牌与消费者的深度链接是安踏集团价值零售的关键。'千禧一代'和'Z 世代'的消费习惯在快速改变，需要品牌以更积极主动的转型变革来应对外部环境的不确定性。"

在 2019 年进博会上，SAP 展台上展示了其为客户 CoffeeNow 提供的数字化胶囊饮品机。这款饮品机最大的亮点就是内嵌芯片，可以把每台机器出品的数据上传到 SAP 云端服务器，顾客还可以与厂商互动，把对饮品的体验告诉对方。每一颗胶囊是通过什么渠道销售出去的，用户的反馈是什么，这些信息和数据都会被厂商收集，上传到云端。云端的交易数据和客户反馈意见，在经过数据处理后，可以指导厂商根据顾客的需求、喜好生产胶囊，然后更加精准地定位市场和渠道。这样就形成以顾客为起点，根据需求来进行研发，驱动生产，从客户到制造的 C2M（customer to manufacturer）模式。

2. 直面消费者，对供应链的敏捷性提出更高要求

无论是耐克的 App，安踏直营店的 POS 机，还是 CoffeeNow 的数字化胶囊饮品机，都是通过数字化技术直接收集消费数据和消费者反馈，推动产品的设计、制造、售后以及营销的改进的。直面消费者群体的扩大，为供应链管理带来了新变化。

其一，数据洞见需求，敏捷供应链。

2006 年前后，H&M、ZARA、UR 等快时尚品牌先后进入中国市场。快时尚品牌们大多数采用 SPA 模式（specialty retailer of private label apparel，自有品牌专业零售商经营模式），通过 POS 系统（point of sales，终端销售系统）快速地把门店销售反馈给供应链，快速补货，降低库存滞留天数，提升零售利润水平。这种快速补货的能力，被本土品牌李宁称为快反商品模式。值得一提的是，与传统便利店的三天补货一次相比较，7-11 门店采用一天补货三次同样能够通过 POS 系统和敏捷供应链能力响应消费需求变化，并且被很多零售企业借鉴学习。无论是 ZARA，还是 7-11，它们带给国内同业零售企业的是重视消费需求，并快速响应消费者。

其二，通过电商直接触达消费者，成为众多品牌商的必选项。

线下渠道不利于新品试错，无论是供应链还是数据收集反馈都不及电商平台。线下推广新品类，需要多地域、多样本才有代表性，在重点店铺铺货，库存分散，供应链成本高，此外数据的实时性和用户画像精细度都不及电商平台。电商平台流量集中化＋四通八达的分布式物流，天然具有全域覆盖的优势，能快速聚集全国各地需求，适时反馈新品试销效果，及时改进，这些在线下店铺的可操作性更难，成本更高。特别是创业型品牌商，只需运营一家网店，就能直接掌握消费者的"画像"，包括地域分布、品类喜好、购买频次、购买习惯、客单价、价格敏感度等。

日化品牌蓝月亮通过京东超市大数据洞察，推出 C2M 款，在 2020 年"6·18"促销中创下销售记录，促销日成交额超过 5 月日均的 100 倍。从洞察消费者需求出发，关注用户体验，研发更适合中国家庭清洁习惯的产品，这是蓝月亮成为洗衣液领导品牌的密码。

其三，线上社区、社群以及自媒体的形成，打开与消费者互动的通道。

互联网的发展，形成了电脑 web、手机 App 等形式的线上社群。消费者无处不在，可能在浏览天猫店的某个评论，可能在微信的某个群里畅聊，可能集结于微博或豆瓣的某个话题小组，可能在分享小红书的某个笔记，可能正在撰写值得买的某个测评，可能流连于拼小圈的好友分享，也可能在快手抖音里直播，形式多样，不一而足。消费者发声和互动的渠道，成为品牌商营销的关注方向。各类 MCN（multi channel network，可简单理解为网红经纪人机构）、KOL（key opinion leader，意见领袖）、KOC（key opinion consumer，关键意见消费者）成为营销机构的新宠。2021 年 3 月，值得买旗下有助科技与南极电商合作，南极电商授权有助科技在抖音渠道运营和销售

南极电商相关商品，第一年授权费不超过 8000 万元，从内容聚合流量，再到流量精准分发变现，这个链条的闭环，释放出线上社区的能量。

其四，直面消费者，要求供应链管理更加精细化。

一年 109 次微博热搜，平均 3.3 天"刷屏"一次，有 41 次跻身当日热搜榜前三，这是北京故宫 2019 年取得的成绩。同样，故宫的网红冰棍、网红胶带、网红糕点，都成为热议内容。互联网时代，人人都是自媒体，一个有影响力的好评，或者一个正能量的公益行动，都会带动产品的销售。同样，一个负面新闻，或者一条差评，也会成为键盘侠们口诛笔伐的对象。这些消息带来的波动，都会经过互联网的放大，叠加到消费者的购买情绪里。

交货期被压缩，消费者的需求随时都可能发生变化。直面消费者，意味着供应链能力既要具备爆款大单品的快速出货能力，也要具备常销款小批量、多批次出货的能力。企业要从消费者的点击、评价、收藏、搜索等行为中，匹配供应链的精细化能力，从中优化设计、生产和物流。应对挑战的方法是打通设计、生产、物流到售后全部环节，实时共享信息，对供应链进行精细化管理。

诸多企业以自身资源为依托，以内部价值为导向，建立以品牌为中心，通过营销吸引消费者的商业模式已经过去。现在，新兴企业以消费者为中心，以消费者价值为出发点构建产品，构建供应链，这是新消费主义引领的直面消费者时代。我们有必要对直面消费者时代的供应链保持长期的关注，这代表的是新兴商业策略的力量。

2.4 供应链标杆们做对了什么

Gartner 从全球 500 强以及福布斯 2000 强的名单中选取年收入超过 120 亿美元的企业，同时排除主营业务与供应链关联度不大的企业，然后形成提名名单。对于进入提名名单的企业，根据"主观指标"和"客观指标"进行评比，然后产生全球 25 强。主观指标占比 25%，由各行业的专家基于供应链成熟度模型（DDVN 模型，demand-driven value network）进行投票；客观指标占比 80%，主要由 3 年加权平均资产收益率、年库存周转率、3 年加权平均营收增长率、企业社会责任 CSR 评分 4 项组成。

2021 年全球供应链 25 强榜单如表 2-2 所示。

表 2-2 2021 年全球供应链 TOP25

排　名	公　　司	总部所在地	综 合 得 分
1	思科	美国	6.37
2	高露洁棕榄	美国	5.58
3	强生	美国	5.22
4	施耐德电气	法国	5.07

续表

排名	公司	总部所在地	综合得分
5	雀巢	瑞士	4.41
6	英特尔	美国	4.4
7	百事公司	美国	4.37
8	沃尔玛	美国	4.23
9	欧莱雅	法国	4.05
10	阿里巴巴	中国	3.9
11	艾伯维	美国	3.78
12	耐克	美国	3.6
13	Inditex	西班牙	3.51
14	戴尔	美国	3.47
15	惠普	中国	3.46
16	联想	美国	3.4
17	帝亚吉欧	英国	3.36
18	可口可乐	美国	3.34
19	英美烟草	英国	3.13
20	宝马	德国	3.13
21	辉瑞	美国	2.97
22	星巴克	美国	2.87
23	通用磨坊	美国	2.83
24	百时美施贵宝	美国	2.8
25	3M	美国	2.78

除了全球供应链25强榜单，Gartner还推出供应链大师（masters），授予在过去10年里至少有7年综合得分达到前5名的企业，亚马逊、苹果、宝洁、麦当劳和联合利华等企业获得2021年供应链大师荣誉。

1. 思科的数字化供应链

思科每做成的100笔生意中，有93笔是通过cisco.com网站的在线交易完成的。从查询产品价格、下订单、确认仓库存货数量、通知制造商生产、付款，到交货等所有过程，全是利用网络完成的。

思科的数字化供应链管理与合作伙伴们建立了紧密的协同关系。在销售方面，一旦客户登录cisco.com网站，网站会主动关联客户的地域属性，并根据客户类型推荐相应产品。在生产方面，思科将"推动式"制造升级为"拉动式"制造，不再根据主观预测来生产产品并上市销售，而是根据客户及渠道伙伴的反馈进行生产。在物流方面，思科开放接口给第三方物流伙伴，共享订单数据、物流状态，让全球物流伙伴可以无缝协作。

2. Inditex 效率导向，以快制胜

Inditex 的供应链用 8 个字形容：天下武功，唯快不破。其一款产品从设计理念到成品上架仅需十几天，这得益于供应链管理。

三位一体的产品策划团队。Inditex 在总部设立了一个由设计专家、市场分析专家和采购人员组成"三位一体"的协作团队，他们共同决定被设计出来的产品是否投产。他们决策的信息包含最新的市场动态、顾客信息反馈、现有成品库存、半成品布料库存、半成品饰品库存。有了这些，设计师可以根据市场的最新动态，结合现有库存来设计产品，而不必纠结于原料的到货周期。

以效率导向的生产管理。Inditex 拥有自己的工厂，自产能到 50%，剩余的产能由外协工厂来完成。Inditex 对所有自营工厂采用利润独立考核制。订单是自产还是外包，取决于以下几个因素：交付时间、成本原则、工厂产能、市场专家的意见。当自营工厂的价格、质量、物流速度无法保证时，订单将被分配给外包商。值得一提的是，Inditex 集团还拥有自有的布料厂，约有 50% 的布料是未染色的，这样可以迅速应对潮流的快速变化。

按到货时间来考核物流。产品交付经抽检合格后，通过 Inditex 物流中心进行分配。Inditex 在西班牙设立总部物流中心，还在巴西、阿根廷和墨西哥等地建有区域仓储中心，以应对当地需求。物流中心由软件系统进行调度和管理，每个连锁店的订单都会独立包装，方便配送。值得一提的是，Inditex 对物流考核的不是距离，而是到货时间和到货准确率。此外，为了提升效率，Inditex 不仅引入了机器分拣来代替人工分拣，以提升效率，还引入了射频识别技术（radio frequency identification，RFID）以提升库存管理效率。

3. 食品、饮料 4 大巨头，智能化和贴近消费者

雀巢的私人定制。食品和饮料巨头雀巢公司允许消费者定制自己的产品，已将个性化概念提升到令人印象深刻的水平。作为实现全面供应链透明计划的一部分，该公司还采取了不寻常的举措，披露其供应商名单及与其 15 种优先商品相关的各种数据。披露内容包括一级供应商、上游地点、原产国以及每种商品的总采购量。

百事可乐的智能化。供应链技术是食品和饮料巨头百事可乐成功的秘诀。该公司已经采用数字需求感应和机器学习来提高整个供应链网络中直营店配送绩效的预测。百事公司正在投资机器人卸货和智能包装，使用信标跟踪资产，并衡量消费者参与度。

可口可乐的口味分析。饮料巨头可口可乐对其供应链采取了非常独特的分析方法。例如，公司从其自动售货机收集了大量的客户数据，为可口可乐提供了消费者口味偏好和购买新产品倾向的相关数据。该公司还致力于提高其运输和物流能力，专注于降低费率、优化负载和提高交付绩效。

星巴克的透明供应链。星巴克与微软合作，通过基于机器学习的强化学习技术开

发下一代移动应用程序，不仅可以让消费者准确订购他们想要的食品或饮料，还可以根据他们的喜好推荐其他产品。例如，如果消费者患有乳糖不耐受症，App 将不会推荐含有任何乳制品的产品。星巴克还使用区块链和实时可追溯技术，确保全球供应链的透明度，有助于维护咖啡豆种植户的利益。强大的第三方物流（third-party logistic，3PL）合作伙伴网络也是该公司在全球持续增长的重要保障。

4. 工业三剑客的智能工厂

施耐德的智能工厂正成为业界标杆。此前，施耐德电气在美国推出了第一家智能工厂，以展示物联网和其他技术如何推动流程优化。智能工厂是公司"定制化、可持续和互联互通的 4.0 供应链战略"的一部分，旨在利用施耐德供应链运营的数字化，实现端到端的集成和可视化，以提高其绩效。公司还在部署区块链、机器人、数据分析、数字化物流和人工智能等一系列新技术。

宝马公司让机器人接管工厂。宝马公司正在使用物联网技术连接 3000 台机器、机器人和自动驾驶搬运车（automated guided vehicle，AGV），以推动定制化车辆的生产。

3M 公司利用物联网提升智慧能力。工业产品制造商 3M 是采用颠覆性创新技术的重要用户，公司特别关注用于推进供应链管理的技术部署。3M 正在利用物联网技术开发基于 AI 的应用程序，包括供应链分析、库存优化、欺诈检测和预测性医疗保健。这是其整个企业数字化转型的一部分。

5. 阿里巴巴的数字经济，平台 + 商业 + 物流 + 金融

阿里巴巴是一家多元化发展的数字经济体。其电商业务占线上 GMV 近 50%，市场份额国内第一；其入股的蚂蚁科技旗下的支付宝国内市场份额超过 55%，是行业龙头；对于物流业务，阿里系已投资中通、圆通、申通、韵达 4 家快递企业，旗下的菜鸟驿站网点超过 4 万个，覆盖全国主要城市的最后 1 公里（1 公里 =1 km）。阿里旗下的阿里云平台，国内市场占有率排名第一。在阿里巴巴体系，已经完成了交易、金融、物流、信息的全闭环覆盖。

阿里巴巴在新零售事业群设立了新零售供应链平台事业部，这个部门的职能覆盖了选品、计划、采购、库存、销售、履约、结算等供应链的全链路业务。目前为天猫超市、天猫进口直营、村淘、零售通、银泰、淘宝心选等阿里零售业务提供供应链管理服务，后续将面向全社会进行供应链能力的输出。

此外，阿里巴巴在供应链金融方面也进行了多轮实践。从早期与银行合作的联保贷款，由银行提供资金为较大规模商户融资到成立自营的小贷公司，推出"阿里小贷""淘宝小贷"和"合营贷款"等产品，为平台上的商家发放贷款，再到推出菜鸟供应链金融服务，为商家提供存货融资、预付融资、信用融资、车辆融资、保理等服务，菜鸟宣布所有商家"入仓即可获得贷款"。

与前面讲的服务企业自身经营的供应链不同，阿里巴巴是平台型经济体，其供应

链能力通过电商平台沉淀而来，供应链及供应链金融本身就具有平台属性，可以面向全社会进行输出。

6. 领先供应链的几个启发

其一，将智能化技术运用于制造过程。比如施耐德、宝马的智能工厂，大量使用了物联网、机器人、人工智能等先进技术，提升生产过程中的可视化、自动化和智能化，进而提升生产的效率。

其二，以经营为中心进行供应链构建。比如 Inditex 等，他们在全球拥有供应商，根据订单的交付时间、生产成本、供应商产能等指标，选择合适的供应商，以提升产品的竞争力。此外，为了追逐供应链的敏捷性，Inditex 还配备了未染色的布料，并在各区域设立仓储中心，引入自动化技术来提升资产的周转率。

其三，利用数字化技术提升供应链的协同。以思科为代表的企业构建数字化供应链，并开放接口给协同方，让全球的伙伴可以在一个虚拟的网络中进行资源共享，让客户、分销商、物流商、制造商的资源能得到优化配置。

其四，面向消费者收集数据，提供个性化的产品。比如雀巢、可口可乐、星巴克、Inditex 等，它们采用自动售货机、App、POS 机等收集消费者的喜好，根据消费者数据为其提供个性化的商品服务，进而提升顾客的忠诚度。

其五，构建供应链平台，向社会进行输出。以阿里巴巴为代表的平台经济体建立了自身的商业操作系统，可以向各个合作伙伴提供供应链能力、供应链金融服务等。

传统供应链管理将销售数据和管理经验作为决策依据，在数字化时代，决策将依赖数据。供应链将贯通产品、客户、供应商、技术、服务、订单、物料、工厂、产能、库存、仓库、门店、计划等数据。这些环节引入人工智能、机器人、物联网、VR/AR、区块链等新技术，产生大量数据，帮助管理者把控风险，提升决策效率。

随着消费者主权意识的觉醒，品牌商通过直面消费者计划贴近消费者，这要求供应链对个性化、定制化的商品提供充分的响应能力。几乎所有供应链从业者都开始评估小批量、高频次、定制化对供应链的影响，敏捷与否成为供应链竞争力的重要组成部分。比如，时尚界的独角兽 Shein，通过组织大量供应商进行小单快反，实现每周上新 1 万多款 SKU，而每个 SKU 控制在 100～200 件，以此实现商品的快速周转。我们来看 Shein 的 组上新数据，从 2020 年 10 月 16 日到 2020 年 10 月 19 日，Shein 分别上新 2798 款、1809 款、1029 款和 3614 款。而每款 100～200 件的 SKU 能将库存积压的风险降到很低，有爆款商品出现时能快速补单。这种做法比传统的服装企业的款少、量深、补单周期长具有更明显的优势。再比如，同为电商企业，京东商城库存周转为 30 天左右，而苏宁易购超过 100 天，这意味着在同等营收规模下，京东商城所需的商品采购资金仅为苏宁易购的三分之一。这些是苏宁易购在竞争中输给京东商城的重要原因。

第 3 章
聚合共建、开放共享的产业供应链

互联网像一幅徐徐展开的瑰丽画卷,每段都风景独特。数字经济的主战场已从消费互联网转向产业互联网。产业供应链成为产业互联网的重要战场,扮演完成供给侧数字化和提升产业竞争力的双重使命。供应商、采购商、科技服务公司纷纷入局,试图从不同角度切入产业供应链,每个读者都能在这里找到自己熟悉的影子。

3.1 产业联盟和产业生态方兴未艾

2021年4月,工业和信息化部批复支持四川省和重庆市建设成渝地区工业互联网一体化发展示范区(以下简称成渝示范区),成渝地区成为继长三角之后第二个跨省级行政区域的国家级工业互联网一体化发展示范区。

据悉,成渝示范区将围绕四川省16个重点产业领域和重庆市8大产业集群开展深度合作,着力推进区域、产业、企业、要素资源4个方面协同,打造网络、平台、安全、产业、应用、生态6大体系,开展公共服务平台共建、工业软件攻关、产融对接等19项任务,尽快形成经验,赋能成渝地区制造业数字化转型。

按照成渝示范区建设方案,到2022年年底,成渝地区工业互联网标识解析服务网络基本形成,新建20个二级节点;培育20个具有影响力和竞争力的工业互联网平台,"上云"企业累计达35万户;推动建设500个智能化制造、网络化协同、个性化定制、服务化延伸、数字化管理的新模式项目,工业互联网相关服务企业达1000家。

在国家层面,立足产业聚集区进行规划布局,引导产业联盟的形成,这样有利于培育产业的竞争力,也有利于产业互联网、产业供应链的形成和发展。产业集群优势如图3-1所示。

第 3 章 聚合共建、开放共享的产业供应链 | 37

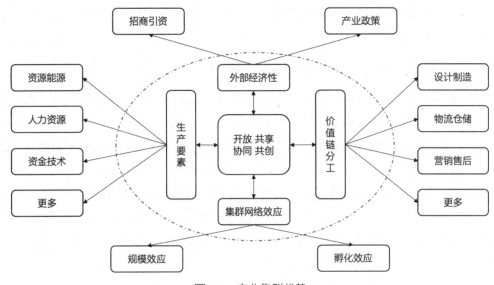

图 3-1 产业集群优势

1. 医联体，促进医疗资源共享

从需求侧看，群众"看病难，看病贵"是中国医疗之痛；从供应侧看，优质医疗资源总量不足、结构不合理、分布不均衡，基层人才缺乏，已成为保障人民健康和深化医改的重要制约。医共体和医联体则是破解医疗资源不匹配难题的重要抓手。

2017 年 4 月 26 日，国务院办公厅出台了《关于推进医疗联合体建设和发展的指导意见》，明确要求全面启动多种形式的医联体建设试点，三级公立医院要全部参与并发挥引领作用，到 2020 年，在总结试点经验的基础上，全面推进医联体建设，形成较为完善的医联体政策体系。所有二级公立医院和政府办基层医疗卫生机构全部参与医联体，使得基层服务能力进一步提升，有力推动形成基层首诊、双向转诊、急慢分治、上下联动的分级诊疗模式。

国家卫生健康委披露的数据显示："十三五"期间，医联体建设实现跨越式发展，截至 2020 年 12 月，全国共组建城市医疗集团 1666 个，县域医疗共同体 4028 个，跨区域专科联盟 5900 个，面向边远贫困地区的远程医疗协作网 4075 个。全国范围内与二、三级医院建立稳定帮扶、协作关系的社区卫生服务中心、乡镇卫生院占比达 87.5%，较 2015 年增长了 39.5%。全国双向转诊人次数由 2015 年的 1058 万人次增长到 2020 年的 2507.5 万人次，年均增长 19.5%。其中，下转患者占双向转诊患者比例由 2015 年的 13.9% 提升到 2020 年的 28%。2020 年上转患者人次数首次出现下降，同比下降 3.4%。

医联体通过信息共享打破了物理世界的围墙，提升了医疗效率。通过在线会诊系统可以帮扶基层医院进行视频音频会诊、写会诊病历、开处方。通过远程查房功能，医生可以查看已经转诊到下级医院的病人的康复情况。通过双向转诊功能可以调出和导入转诊到本医院的病人,以便集中进行审核和分配。通过电子处方功能,可将电子处方流转到第三方药房。

2. 政采云,构建阳光透明政企采购平台

2016年,浙江省财政厅与阿里巴巴集团合作成立政采云有限公司,搭建了全国首个专注服务于"互联网+政企采购"的云服务平台——政采云平台。

与传统的政府采购平台各自开发系统的模式相比,政采云借助云技术搭建开放性平台,做到了统一规划,减少重复建设,降低开发使用成本和实施推广难度。以浙江全省为例,各级政府采购应用系统向云平台迁移,实现了互联互通和信息资源共享,解决了重复建设、资源浪费、信息孤岛等问题,同时有助于实现跨部门的信息资源共享与业务协同,基础设施利用率由原来的30%提升到85%以上,信息系统建设周期缩短一半以上,大幅减少机房用地面积,促进节能减排。此外,政采云平台在提高政府采购效率、提升财政资金绩效、增强透明度等方面也有明显优势。

为了提升采购效率,政采云还发布了"政采云App"和"政采云商家版App",强化移动端处理事务的便捷性,提升用户的操作效率。

另外,支付、结算、对账是传统采购的难点和痛点。政采云推出综合性支付结算产品——采云付。采云付聚合多种线上支付渠道,具有"一站式签约、一站式支付、一站式对账、一站式数据服务、一站式监控资金"等特点,为采购单位和供应商节约结算和对账时间。

截至2020年,政采云平台全年交易额为3343亿元,交易订单为374万笔。政采云平台在全国887个市(县、区)的全国税务系统、国家体育总局等中央单位使用,平台入驻采购单位超过21万家、采购代理机构5234家、供应商59万家,上架商品近3000万件。

3. 中城联盟,地产商们的联合采购平台

1999年,68家地产商发起成立中城联盟,建立地产联合采购平台,自2011年启动至今,10批联采总金额超414亿元。

成立之初,联盟就有力推行"联合采购",但各成员单位由于采购流程难以统一、产品差异化大、信息不对称等多种原因,一直未能实现。

经过联盟各成员企业的紧密沟通,慢慢建立信任基础,其间各成员相互学习借鉴,逐步统一采购流程和评标过程,联合采购计划得以推行。2011年9月15日,联盟本着"有人受益,无人受损"的原则,"中城联盟联合采购首届战略供应商签约大会"在西安举办,9家成员企业参与联合采购,采购额为2.2亿元。此次联合采购被誉为"中国房地产联采第一单"。

之后，中城联盟的联合采购逐步制度化、规范化，走向正轨，由轮值主任单位牵头、各参与单位派驻采购经理人组成联合采购小组，负责有关采购的一切事务。同时，中城联盟成立了监督委员会，对联采全流程进行监督管控，保证联合采购在公开、公正、透明的前提下举行，同时维护供应商利益。此外，中城联盟还引入了线上采购平台，进行线上采购，提升各参与方的协同效率。

4．央采联，推动供应链生态化发展

国务院国资委发布的数据显示，2015—2018 年，中央企业上网采购率平均值由 55.4% 提升至 77.1%，目前已有 35 家企业上网采购率在 95%（含）以上。这意味着央企的企业级采购平台已经完成线上化布局，接下来的任务是平台与平台的供应商共享，数据共享，形成供应链生态。

2020 年 12 月，2020 年（首届）中国产业供应链大会暨第三届中央企业集采共享年会在北京举行，来自中铁建、中交建、中建材、中能建、中石化、中国华能等央企相关负责人和工程建设、信息技术、物流等产业链相关环节的企业代表共 800 余人出席了本次盛会。

这是 CPCF 中央企业集采共享平台（简称"央采联"）为数不多的一次亮相。央采联是由数十家中央企业集采平台共同发起成立的产业链、供应链协同共享服务组织，中国国际商会产业供应链委员会是其运营主体。

黄云飞是华能智链首席运营官、CPCF 集采供应链企业联盟联席会长。在中国产业供应链大会中，黄云飞表示："现代的供应链创新不是单打独斗的孤军作战，而是开放协作共赢的组织形态，是生态化的命运共同体，团结就是力量，协同创造价值，无论是央企还是其他各类企业，都应该秉承现代供应链创新的宗旨，发现新场景，打造新模式，培育新功能，共同协作形成完整高效的产业链和供应链。"

从黄云飞的发言中不难看出，央采联的核心是将单打独斗的供应链进行连接，促进资源共享和链条上下游协同，形成供应链生态。

不管是医联体、政府采购共享平台、地产采购联盟、央企集采共享平台，还是政府支持成立的工业互联网一体化发展示范区，这背后既有市场之手的促进，又有政策之手的推动。它们的目的是相同的，都是促进产业的联盟化，促进资源的共享，促进生态的开放，促进链条上各企业的紧密协同，抱团提升整个产业的竞争力。这一点大家已经形成共识。

3.2　产业供应链崛起，打造产业链基础设施

伴随消费品从以品牌营销为导向转向以消费者中心为导向，供应链从福特时代的大规模批量生产转向个性化的小批量生产，价值链开始重构。

以企业为中心的供应链显现出其不足之处，产业供应链开始崛起，将成为产业链的基础设施，在促进产业协同、助推产业转型升级、提升产业竞争力中发挥重要作用。

1. 企业供应链的不足之处

其一，以企业为中心的供应链，在多数情况下供应商的话语权较弱。

供应链的核心控制权往往掌握在核心企业手上，失去核心企业的订单将带来巨大损失，甚至决定供应商的生死，比如欧菲光失去苹果的订单带来巨额的资产减值。供应商的可替代性强，话语权较弱，这也是在利益博弈中核心企业压榨供应商的重要原因。

其二，以企业为中心的供应链，效率优化的空间受限。

国内像汽车行业这类市场高度集中的行业并不多，更多的行业集中度更低，标准化程度也不理想。比如输配电设备制造业，存在大量半定制和定制程度较高的元器件。为了满足企业的半定制和定制化产品的生产，企业要长期储备大量的生产原料，以确保生产的准时性。要减少企业库存储备，采用供应商管理企业库存的合作性策略模式（vendor managed inventory，VMI），前提是统一各个成套设备厂商的物料标准和设计标准，甚至是生产工艺，然后向供应商共享采购信息，这需要提升行业集中度或者成套设备企业加入产业联盟才能实施。

其三，以企业为中心的供应链，抵御不确定性风险能力不足。

2019年12月，新冠肺炎疫情暴发，一"罩"难求，不少口罩生产商面临面料短缺无法投产的问题，微信社群里、朋友圈里时不时充斥着面料的求购信息。彼时，把各口罩生产商的物料清单和库存量进行匹配，能大大提升口罩物料的齐套率，就能让更多口罩提前生产出来。

企业供应链以企业生产资料的管理进行构建，通常采用在ERP软件或者供应链软件进行管理，供应商与核心企业是一对一链式协同。在面临"黑天鹅"事件时，供应链的自我修复能力弱。

产业供应链从产业价值链进行构建，涵盖价值链的各类型企业，通常以互联网为载体，供应商可以通过互联网与多个采购方同时互动。采购方和供应方都是多对多网状协同，应对突发事件时，供应链的自我修复能力强。

从宏观层面来看，企业供应链的数据价值更多的是支撑企业经营和决策，而优化全社会的资源配置，升级产业竞争力，则离不开产业互联和产业供应链。

表 3-1 列示了企业供应链与产业供应链的对比情况。

表 3-1 企业供应链与产业供应链对比

供应链类型	使用对象	使用载体	协同方式
企业供应链	单个采购方、多个供应商	ERP 或 SCM	链式协同
产业供应链	多个采购方、多个供应商	互联网平台	网状协同

2. 产业供应链服务产业、重构产业

产业供应链聚合了更多产业链资源，本身具有规模效应，通过规模化能够促进产业标准建设、优化资源配置、优化资金效率、提升产业数字化水平，并服务产业。

产业供应链聚合了全链路的生产资料、物流仓储资源、产业资金流、产业大数据，通过开放共享，吸引更多产业成员加入，引入各数智技术，最终沉淀为产业链的基础设施，重构产业。

产业供应链主要有以下几个价值。

其一，推动产业标准化建设。

在诸多集中度较低的行业中，因为不同企业间的标准不统一，从而导致企业自身库存增加，供应商库存增加，产品的可维护性增加，变相削弱了这个产业的整体竞争力。以手机充电器为例，2006年前后，各手机厂商的充电器五花八门，60%以上的手机充电器不兼容，给用户带来不便，带给充电器生产厂商的则是更多的库存成本。西部的5家电气设备制造厂商列出自己的采购计划，共同召集了几十家核心供应商，举办过一次联合采购，试图通过规模效应降低采购成本，但是汇总的结果并没有达到预期。其主要原因有两个：其一，物料的规范性不够，同一个物料，不同的采购方使用名称不同，降低了采购规模；其二，物料的标准化程度低，各厂商的半定制和定制件占比超过30%，分散了采购规模。

其二，优化产业资源配置。

我国产业种类多，地域分布广，企业的产能利用率并不均衡，导致产业效率不高。比如四川在丰水期弃水，而东部沿海城市却购买大量煤炭发电，从沿海城市引入更多的高载能产业就能缓解这一矛盾。"智布互联"是一家纺织供应链服务商，其通过物联网技术链接织机，通过云工厂平衡产能利用率，缩短整体的订单交付期。产业供应链可以聚合更多采购方在平台联合采购，统一标准，降低社会成本，对供应商而言，也能接到更多采购方订单，提升备料的精准度。

其三，优化资金周转，助力金融供给侧改革。

在企业供应链，核心企业对供应商的采购，应付款账期通常超过半年，加上票据核对、内部流程等环节，账期超过9个月的不在少数。延期账期给作为供应商的中小企业资金周转带来巨大的挑战。统计数据显示，中小企业创造了70%的GDP，提供了80%的就业岗位，获得的融资比例却不到30%，这也是中央推出金融供给侧改革的重要原因，让资金流向实业，流向中小企业。中小企业的可抵押物少，风控难，这导致商业银行资金贷给中小企业的意愿不强。与企业供应链的数据相比，产业供应链的数据更齐全，各环节可以交叉循证，为供应链金融的开展提供了方便。

其四，帮助企业实现数字化转型，提升产业数字化能力。

在企业供应链，一个供应商的数据被割裂到多个企业供应链的系统中，并且不同企业的物料规格不同，这加大了供应商的管理难度。在产业供应链平台，采购商和供应商采用共同的物料体系，这让供应商和采购的交流、交易、客服等活动全程云化，提升了整个产业的数字化能力。以美团点评为例，其通过 POS 收银系统、快驴食材供应平台、美团的团购和外卖平台提升了食材供应商、餐饮商家、外卖配送站等上下游链条的数字化水平。

其五，提高产业数据价值，提升产业发展质量。

传统供应链的数据滞后、分散，数据可利用价值低。传统供应链数据分布在各个企业，要进行统计汇总的时间周期长，数据场景单一，数据与其他关联业务无法建立关系，可利用价值低。产业供应链会形成产业大数据，比如产业就业人员数据、物料的价格指数、采购指数、供应商履约能力、采购商诚信评价等，这些数据对企业的经营决策、对产业的规划和发展都具有重要的指导作用。猪肉价格的大幅度波动，从供应链角度来看，与产业供给侧数据不共享导致供需失衡有关，建设产业大数据就能规避风险并提升产业发展质量。

3. 产业供应链的崛起是未来发展的需要

产业供应链是从产业链的视角出发，以产业为核心，利用以互联网为代表的新兴技术，结合供应链管理的思想，增加产业间的协同共享，优化产业利益分配机制，提升产业效率和产业竞争力，最终推动整个社会的数字经济发展。

产业供应链的崛起一方面源于产业协同的变化。供应链的跨地域协同、多环节协同，需要各个参与方从围绕核心企业的协同，变成围绕消费者进行协同。以前，很多品牌企业拥有自营工厂，或者大包大揽了协同工厂的设计、面料采购，试图把链条牢牢掌握在自己手上。但是，掌控越多，意味着承担的责任和风险越多，当品牌企业的拉力不够时，消费者就会离品牌而去，留给品牌商的是库存和闲置的产能。现在，大量的品牌企业剥离了生产和采购，甚至剥离了设计，让供应商深度参与产业链条的分工，双方风险共担，利益共享，这需要双方的协同变得更紧密。

产业供应链的崛起，另一方面源于社会转型的需求。过去经济增长以增量增长为主，要求企业效率最大化，对供应链精细化、数字化的程度要求不高。当下经济增长变成存量增长，国家层面要求产业效率最大化，这对供给结构、供应链的数字化、产业资源和效率优化提出了更高的要求。国家层面在有目的性地淘汰落后的产能、高污染的企业，提倡绿色供应链和高质量发展，这同样对全产业链的协同提出了更高的要求。

3.3 传统供应商变身产业电商平台

在采购管理中,成本管理是重要的环节,对制造型企业来说,采购成本能占到总成本的 70% 以上。

我们来看一下某制造企业的主要成本:生产资料成本占比为 60%,MRO(maintenance、repair、operation,维护、维修、运行)占比为 10%,包装及物流成本占比为 10%,人力成本占比为 15%,差旅及交通占比为 5%,以上未计入固定资产投入。

1. 生产资料采购和非生产资料采购的特点

按照采购管理原则,重要性高且金额占比大的生产资料,企业由专门部门管理。

生产资料的采购,行业属性强,内部需要多级审核,同时需要招标采购或者多个供应商比价,履约的周期也长,往往签订一次合同,需要多次履约,多次结算,这就衍生出各行业采购商联盟建立的供应链平台。比如东鹏陶瓷、明珠集团等陶瓷企业联合发起的众陶联,南通二建、南通四建等建筑企业联合发起的筑材网,这类都是以生产资料采购为核心的产业供应链平台。

非生产资料的采购种类繁多且管理成本高,通常由行政部门管理或者外包管理。这类物资和服务以即需即采为主,采购短平快,履约简单。以前,线下的供应商定期服务,电商平台的普及便于大量的企业通过 B2B 平台进行直采。比如,主打 MRO 的西域网、主打办公文具的晨光科力普、主打差旅采购的携程商旅都是非生产资料采购平台。

从产业供应链平台运营的主体方来看,主要有 3 种类型:供应商运营的产业供应链平台、采购方运营的产业供应链平台和科技公司运营的产业供应链平台,它们的特点如表 3-2 所示。

表 3-2 不同运营主体构建的供应链平台

运营主体	主营类目	特点
供应商	非生产资料为主	商品种类多,适用的行业通用性强,平均单价偏低;即需即采,履约时间短
采购商	生产资料为主	采购种类集中,行业属性强,单价高或者使用量大;采购流程长,履约时间长
数科公司	生产资料与非生产资料兼有	兼有以上二者的特点

本节,我们主要探讨供应商运营的供应链平台。

对非生产资料的采购可以进一步细分为物流服务采购、MRO 采购、差旅交通服务采购、日常办公采购等几个类别。

从目前产业供应链的形态看，供应商建立的产业供应链平台以 MRO 类别的采购为主。

有数据显示，MRO 物料占制造类企业采购总额的约 10%，但是需要采购相关人员投入 80% 的管理精力。根本原因为 MRO 产品种类众多，采购分散，质量难把控；受供应商供货类别的影响，供应商的管理难度大；此外，MRO 库存管理难度也大，如何精确预测需求、把控订货周期、提升库存周转率，也是一个管理挑战。

传统 MRO 的供应商大都从代理或经销多个品牌的商品起家。过去们的成长路径为：从单个城市出发，代理某个品牌产品，向周边城市辐射，从区域逐步走向全国，完成全国的布局。电子商务的诞生改变了它们的扩张路径。它们利用 B2B 电商平台快速完成了全国销售网络的覆盖。

2. B2B2B 平台案例

近几年，以产业互联网为代表的震坤行、西域网都是以传统 MRO 的线下代理商为起点，形成平台方、采购商、供应商三者协同的 B2B2B 平台。

2020 年 10 月，震坤行获得云峰基金领投 3.15 亿元的 E 轮融资，截至 E 轮，这家工业品电商平台累计获得融资超过 45 亿元人民币，受到业界的广泛关注。震坤行创始人 CEO 陈龙表示："本轮融资（E 轮）将主要用于持续的市场、品类和服务拓展，技术研发和团队建设。基于提升纵深产业链的服务能力，拓展上下游及服务场景，不断筑高竞争壁垒，打造'自营＋第三方'的平台型组织。"

震坤行成立于 1998 年，最初从事胶粘剂和润滑剂等化学品代理销售，主要的销售对象是工厂采购。2011 年，震坤行从传统贸易型企业向电子商务平台转型，经营的品类逐步从 MRO 拓展到全品类工业品。2013 年，震坤行在工业区附近建立仓储物流，利用分布式仓储解决过去工厂由于供应不足导致冗余采购造成的库存积压的问题。之后，其引入第三方供应商，扩充 SKU 品类覆盖范围，另外推出第三方服务平台，引入租赁等服务，由标品向服务进一步扩充。

震坤行从线下供应商变身为自营电商平台，再进一步演进为工业品的"自营＋开放平台"，为工厂提供丰富的产品和服务，让工业用品可以在网上一站购齐全，降低了采购人员的管理成本。

A 股上市企业众业达电气或可为震坤行的扩张提供参照。

从成长路径来看，众业达与震坤行极为相似。从服务行业看，众业达更聚焦在电气设备制造行业，而震坤行则是泛工业品。从切入的类别看，众业达提供部分生产资料、部分 MRO。

众业达是施耐德、ABB、西门子、常熟开关、上海人民电器等品牌的分销商，为国内多家输配电设备厂商供货，是典型的贸易商。1984 年，众业达从几名销售人员起步,在广东汕头分销电气元器件,随后不断扩充销售网络,截至目前在国内外拥有55家分公司、120家办事处。同时,众业达还建立自营电商平台,并引入第三方供应商,通过线上、线下对销售渠道进行双重覆盖。

此外,众业达还推出工业维保服务App——工控速派,为各工业企业提供设备的维保服务。工控速派是共享经济模式,一边是需要维修的工业企业,另一边是拥有工程师的各大维修服务站,平台提供认证和交易撮合服务。

3. B2B2B平台带来的变化

供应商运营的B2B2B平台的出现,为采购带来以下几个改变。

其一,降低采购成本。

过去,传统非生产类物资的销售网点分散,分布不均衡,导致供应商招募和管理难度大,采购成本高。集中化的采购电商平台的出现、互联网长尾聚合器的优势,以及互联网预订、拼团采购、多供应商比价等方式,有效地降低了采购成本。

其二,提升库存周转率。

过去,传统物料供应分散,一批物料采购往往多批次到货,给验收和出入库带来更多工作量,导致整体效率低。集中化的采购电商平台出现后,平台方可以规模化地建设物流和仓储中心,进行资源的集中调度管理,能有效提升库存周转率和物流配送效率,减少需求方断货或库存积压的风险。

其三,分工精细化和共享经济。

过去,采购方除了采购物料,还会采购配套的服务,比如设备租赁、设备安装、设备维保等,这些需求,过去只能通过线下来匹配,或者企业自己建立专门的团队,成本较高。电商平台衍生的服务类目,通过平台可以提升社会服务资源的利用效率,同时让采购方有更多精力投入核心业务的生产和制造。

其四,兼顾能力范围,并非什么都做。

生产资料,特别是大宗生产资料的采购,不适合简单的履约,所以很少有供应商运营的B2B2B平台涉及此类业务。

其五,共享信息,对接采购方系统。

供应商运营的B2B2B平台除了拥有官方下单渠道(网页版商城、小程序商城等),通常还具有与采购方办公、财务系统等互通互联的能力,方便企业用户无缝使用,也方便平台与企业之间的结算。

供应商运营的B2B2B平台以非生产类的采购为主,单企业本身的非生产物资的采购量并不高。为了提升规模效应,要求供应商运营的B2B2B电商平台拓展更多的行业,涉足更多的行业,所以其销售的商品种类具有泛行业特性,这是其一个重要的特点。

此外,重资源整合的B2B2B平台更适合科技公司运营,比如主打企业差旅服务的携程商旅、出行易、阿里商旅等平台；主打物流服务的满帮、货拉拉、福佑卡车等平台。这些将在后面进行探讨。

3.4 采购商合纵，从生产资料切入产业供应链

生产资料的采购会涵盖大宗商品和定制物资或定制服务的采购。这类采购通常金额大、履约周期长、采购管理难度大、采购过程需要沟通的内容多，采购方希望自主把控采购履约的全过程。采购方运营的产业供应链平台就在此背景下产生。

采购商运营的产业供应链平台主要服务于生产物资的采购，其采购量大，具有典型的行业属性，为了拓展平台的规模，采购商需要吸引更多的同业企业，共同建设产业供应链平台。

1. 产业供应链形成的3个背景

其一，产业集群化发展的需要。

2020年，安徽合肥的"产业链招商"模式备受关注，有关产业集群化的布局成为焦点。围绕产业链进行布局，提升产业链的完整度，形成规模效应，提升产业整体竞争力，这是产业集群化的重要价值。广东佛山除了黄飞鸿的佛山无影脚，知名度最高的应该是家电和陶瓷，美的、格兰仕、东鹏、新明珠等品牌均出自佛山。

2016年，东鹏陶瓷、佛山陶联、新明珠陶瓷、佛山中国陶瓷城、蓝源资本等34家企业抱团建立了陶瓷产业供应链平台，帮助陶瓷企业建立采购、物流、金融等资源的对接。2020年9月披露的数据显示，加盟众陶联的企业有8436个，占中国陶瓷行业的62%，加盟众陶联的采购企业有563家，占中国采购企业的53%。此外，众陶联还注重行业标准化的建立，制定出108项原材物料标准、36项检验标准、6项付款标准，已发布11项团体标准，其已成为国家服务业标准化试点单位。

其二，龙头企业能力的输出。

四川华西集团当属建筑类的龙头企业之一，在国内外拥有广泛的知名度。其历时5年，梳理供应链和供应链金融的管理特点，总结出物料管理标准、供应商招募管理办法，研发了基于区块链的招投标系统、仓储系统、订单履约等多个系统，共同构成"建造云"供应链生态平台，在国内建筑供应链具有标杆效应，入选2020年国务院国资委国有企业数字化转型典型案例。从2019年开始，其向雅安发展、雅安城投、泸州工投、成都市政、核西南建设等企业进行供应链资源、供应链管理能力的输出，在为合作伙伴创造经济效益的同时产生了积极的社会效益。

其三，企业抱团发展的选择。

江苏南通是中国建筑之乡，在2020年中国民营500强中，就有南通的12家建筑企业。2015年，中建集采电商平台云筑网上线，同年，南通三建发起的集采电商平台

筑集采上线。2016年6月，南通四建集团、南通二建集团等企业联合成立的筑材网正式上线。筑材网由多家建筑施工企业和金融机构共同打造建筑供应链平台，帮助建筑施工企业降低采购成本，利用供应链金融提升产业链企业的资金周转率。

2. 产业供应链的1个使命

同业企业之间无序竞争、恶性竞争，导致整个行业无法赚到合理的利润；企业创新少，产品同质化严重，只顾眼前利益，无法着眼未来，最后大家同归于尽，产业衰落。这样的例子屡见不鲜。

2019年前11个月，全国规模以上工业企业总收入达95万亿元，利润总额为5.61万亿元，净利润率仅为5.9%。家电巨头海尔、TCL、海信常年净利润率保持在2%～4%。长城、比亚迪、江淮等知名国产车企2017年净利润分别为4.97%、3.84%、0.8%。我国汽车、机床以及家电等制造行业的净利润率超过5%的寥寥无几，超过10%的更是凤毛麟角。

中国工信部的数据显示，全球500强中的中国制造业企业利润率为4.37%，而同类世界500强企业的利润率则达到6.57%。

数据显示，2018年，中国的制造业增加值大约已经占全球总额的30%，傲视德国、日本等传统制造业大国。然而，从利润率来看，中国的占比却仅有2.59%，不到增加值的十分之一。

产业供应链当以提升产业竞争力为使命，通过虚拟化的形式整合产业资源，优化资源配置和产业效率，进行有规划的产业创新，对内增加协同共享，对外增强竞争力和自主可控性。

3. 产业供应链的3个价值

其一，从生产资料采购切入，优化成本。

产业供应链平台以制造业或建筑类企业发起居多，这类企业生产资料的采购成本高，联合采购具有规模化的优势，利于优化成本。以单企业为中心的供应链供应商资源有限，采购规模受限，优化采购成本的能力有限。以互联网为中心的产业供应链则不同，各企业可以联合采购，提升采购规模，优化采购成本，另外，对供应商而言，拓展生意范围、提升规模利于提升产能利用率。

其二，资源共享，预防供应链断裂。

产业供应链的供应商资源共享，可以互为备份，预防断裂。以单企业为中心的供应链，储备的供应商数量相对较少，遇到"黑天鹅"事件时，供应链存在断裂风险。以互联网为中心的产业供应链，各企业之间共享供应商形成公共资源池，各企业的供应商认证和评价可以共享，以节约企业考察供应商的支出，另外也可以预防供应链断裂。

其三，产业链上下游协同紧密。

以单企业为中心的供应链，一个供应商要在不同采购企业的供应链平台切换，信息的聚合度低，还容易出差错，造成商机流失或经济损失。

生产资料的采购，金额大、流程长、履约成本高，甚至还存在定制产品，对供应商的选择更为严格，与供应商的沟通更为频繁。通过产业供应链，可以实现多采购方、多供应商协同，消除过去供应商的信息割裂现象。

此外，产业供应链平台可以整合产业链各环节的资源和数字并进行共享，能减少大量低技术含量和重复的工作。比如，供应商以前需要一对一向采购商发公司资料、产品资料、物流和仓储情况等，现在只需开放权限进行共享即可。

4. 合纵连横是不是最好的选择

战国时代的六国合纵，成在共同利益的选择，败同样源于利益的选择。

产业供应链是以采购商联盟进行生产资料采购的形式形成的，也就是说，以单企业为中心的链主变成采购商联盟的链主，这个链主如何进行利益分配，关乎产业供应链的规模是否够大。

常规而言，合纵的方式有以下两种。

其一，单一龙头＋同业企业。这类联盟，龙头企业要有足够的影响力，才能将同业企业聚集到一个平台进行采购。在这种模式中，同业企业如果自行采购，则无法享受平台规模采购的优势。所以，单一龙头和同业企业联盟形成的平台，在供应商的数量、质量、结算周期、供货价格方面都可以吸引同业企业入驻，促进规模效应的形成。

海尔集团推出卡奥斯工业互联网平台；三一重工联合伙伴推出根云工业互联网平台；宗申集团推出忽米云工业互联网平台；徐工集团推出汉云工业互联网平台。它们都从各自擅长的场景出发，对外输出智能工厂、智能生产、智慧供应链等解决方案。这类是龙头＋同业模式的代表。

其二，强强联合成立平台，再吸引同业企业加入平台。在这种模式下，实力接近的几家采购商要共同持股，捆绑利益，注入自身供应链资源，形成规模效应，是供应链走向产业化的重要一步。

湖北《楚天都市报》、湖北工建集团下属湖北国际经济技术合作有限公司、湖北路桥集团下属湖北省路桥集团桥盛工贸有限公司、武汉市市政建设集团有限公司、武汉市汉阳市政建设集团有限公司等多家企业联合成立生材网，为建筑企业提供大宗物资招标、建材直采、金融服务、物流服务等多项服务。这类是强强联合的代表。

中国的强大，不光要在科技和研发上创新，还要在供应链上创新，只有多方形成合力，才能提升中国综合竞争力，在全球产业分工上掌握更多的议价权和定价权。这也是构建产业供应链的重要价值。

3.5 数字科技公司从行业工具到产业平台

前面我们讲的是供应商和采购商主导建设的供应链，它们代表的是产业方发起的产业数字化行动。

数字科技公司（简称"数科企业"）则用互联网、物联网、区块链、云计算等新兴技术赋能产业，主导的是数字产业化行动。

为了方便大家理解本书，我们先讲三化，即信息化、数字化和智能化。

信息化。通常以某工作或生活场景为出发点，把软件、硬件、网络等技术与场景结合，把手工作业变为计算机软件辅助作业，以提升生产效率。比如，将手工画设计图变成用 CAD 画图，手工统计成本和利润变成用财务软件记账，等等，这些都是信息化的代表。

数字化。是信息化的下一个阶段，把信息化做到极致，让整个业务场景在数字世界形成完整映射，用数据优化资源配置、控制风险、提升效率，让数据在经营中发挥重要作用。

智能化。在数字化完成后一定时期积累了海量的大数据，通过数据建立模型、训练模型，形成具备感知、思考和行为决策的智慧能力，进而减少人工的工作量，或者代替人力。比如无人驾驶、千人千面的商品推荐，都是智能化的应用。

数科企业的数字产业化发轫于信息化，从工具软件开始，与产业进行深度联结，参与产业数字化建设，构建产业平台，推动产业从数字化到智能化进行演进。

1. 明源的地产供应链平台

2003 年，明源软件在深圳成立，自成立以来明源一直专注房地产行业的信息化服务，是国内最大的房地产管理软件提供商。早期，明源是地产企业的 ERP 供应商，后期，明源推出 SaaS 产品以满足地产企业的更多场景需求。

明源的 ERP 产品主要立足于帮助房地产开发商优化内部管理。ERP 产品功能包括销售、营销、采购、成本管理、项目管理、预算以及房地产资产管理等，是企业资源的整合平台，用户对内部数据和业务流程的核心数据更加敏感，通常采用本地化方式进行部署（私有云），通过一次性许可买断＋后续服务费的方式向用户收费。

2014 年，明源推出 SaaS 产品——明源云，产品包括云客（面向售楼管理）、云链（面向工地管理）、云采购（面向采购）、云空间（面向资产管理）等，帮助房地产开发商与销售伙伴、供应商伙伴、建筑伙伴等进行协同。这类业务更偏向前端管理，不涉及企业内部核心流程，产品标准化程度高。明源就将这类产品进行云端部署，采用实施费用＋每年订阅费的方式向用户收费。

房地产行业是典型的资源整合性行业，从项目规划、设计、施工，到园林景观、装饰、物业等，采购活动贯穿业务全流程，采购的重要性不言而喻，同样供应商成为房地产价值链必不可少的部分。供应链能力是决定房地产企业综合实力的一个重要指标。2014年，明源推出云采购平台，这是地产行业的一个独立第三方供应链平台。经过数年的持续运营，明源云采购平台入驻开发商超过2600家、供应商超过20万家，2020年，发布采购信息22 000多条。

2. 百布的纺织供应链平台

2014年，百布网成立。早期，这家企业构建纺织品B2B平台，为布料的批发商与下游的中小服装制造厂提供成品布交易平台。后期，百布向上延伸，增加了云工厂平台，为上游的坯布厂提供坯布生产的云工厂。

百布网在广州、绍兴等地建立供应链中心，链接数千家布料供应商，帮助布料供应商建立了面料信息数据库，并通过图像检索技术解决花型面料的搜索匹配问题，完成了布料商的数字化。此外，百布在华东、华南、华中等地设立智能仓储体系，业务范围已拓展至广州、佛山、东莞、杭州、湖州、绍兴、武汉、成都、郑州、常熟等服装生产重镇，服务超过10万家服装生产企业。同时，百布还与银行合作，建立供应链金融体系，为产业链上下游企业提供融资服务。

百布网还通过物联网技术连接织机，实时掌握织机的产能利用率，通过云工厂平衡各工厂的产能。披露数据显示，其已经连接织机30万张，占全国织机规模的20%。

连接坯布生产、布料批发、服装制造厂，百布的纺织产业供应链平台已经颇具规模，在业内拥有一定影响力。

3. 福佑卡车的承运交易平台

数据显示，中国整车运输市场规模达3万多亿元人民币。早期，货运市场面临经营秩序混乱、货源与司机双边极度分散、物流运输效率低下、经营成本居高不下、运输服务体系不够标准化等问题。在以滴滴为代表的共享经济带动下，货运服务平台受到资本的热捧。

2011年，货车帮成立；2013年，运满满和货拉拉先后成立；2014年，58速运成立（即后来的快狗打车）；2015年，福佑卡车成立。

从成立时间上看，福佑卡车是后来者，但是它们的商业模式不同。以满帮、货拉拉为代表的物流平台以交易撮合为主，平台负责提供信息，具体的履约环节由线下完成。福佑卡车则建立以承运交易为核心的全履约标准化服务模式，凭借此展开差异化竞争。

在报价方面，福佑卡车是承运的交易平台，系统围绕市场价直接给货主自动报价，然后司机从平台接单。这与运满满只匹配资源不管议价，价格由货主和司机电话商定不同。福佑卡车的市场价是系统根据车型、车长、距离、货物类型、市场车辆数量、天气等影响因素实时计算而来。

在结算方面，福佑卡车是平台给司机结款，无论货主有没有付钱，只要司机把货送到了，平台就要把钱结给司机。这与运满满的货主与车主直接结算不同。

运满满扮演了车主和货主交易中介方，福佑卡车与车主和货主是三方交易关系，这是二者的核心区别。正因为交易的连接，造就了福佑卡车供应链的属性，也带来更丰富的商业空间。

4. 携程的差旅服务平台

艾瑞咨询数据显示，2019 年中国大中型企业差旅支出规模达 2.1 万亿元，差旅管理服务的市场交易规模达 2481.8 亿元，庞大的市场规模引发多家差旅服务平台竞逐。

携程商旅是差旅服务平台的开创者之一。2014 年 5 月，携程商旅正式上线"企业差旅自助平台"，在这个平台，企业可自行注册、预订、审核、管理、结算，完成一站式的自助式差旅管理，满足中小型企业客户高效率、低成本的差旅管理需求。

在传统的商旅管理服务中，企业与商旅服务商点对点洽谈、签约、账户开通、结算，流程烦琐，周期较长，效率低。差旅服务平台的自助化模式扩大了企业的合作可选范围，简化了企业与各个差旅服务商的合作流程，同时也帮差旅服务商扩大了生意半径，形成平台、企业和差旅服务商的多赢局面。

携程商旅还为企业提供预存、月结、现付等多种灵活的结算方式，不仅满足了客户公对公统一支付的需求，还简化了企业内部的报销流程：员工不用经历收集发票、填写费用报销单、出纳报销等烦琐流程，财务不用再为发票的真伪、报销金额的真实性犯愁，只需定期核对差旅公司的对账单即可，工作量大大减轻。

数科企业主导的供应链平台或从具有行业属性的生产资料切入，比如明源云服务地产采购、百布网服务纺织产业供应链；或从通用的服务切入，比如福佑卡车的货物承运平台、携程的差旅服务平台。

数科企业主导的供应链平台是商业模式从行业工具演化为产业平台的过程，是从单一服务向多重服务的延伸，它们都是数字产业化的代表。

第 4 章
纲举目张——产业供应链的构建之路

无数个日夜,想让供应链有所变革,却无从下手?纲举目张,本固末茂。面向生产资料采购的产业供应链,从建立标准物料档案开始,再到联合采购伙伴形成共生经济体,扩大生态圈,对外进行能力输出,产业供应链平台从此起航。

4.1 采购商想改变现状又无能为力

创蒲集团是国内某设备制造细分领域的龙头企业,在新冠肺炎疫情期间,它的供应链断裂,在常规经营中,它面临库存周转率低、呆滞库存大、内部与外部协同度低等挑战。

创蒲集团拟实践供应链变革,以提升供应链效率,我对创蒲集团进行了两轮调研。先介绍一下创蒲集团的基本情况。

创蒲集团的信息化程度较为完善,其使用的是国产 OA 系统、某品牌的 ERP 系统、某品牌的制造软件、某品牌的仓储软件和某品牌的物料系统。

创蒲集团供应链管理建制相对齐全,其拥有独立的采购部门,并在制造业务群设立了供应链部门。采购部门负责全部供应商的管理、物流采购、非生产资料采购、生产资料的年度战略采购和常规生产资料的寻源。供应链部门拥有计划专员、产线专员、仓储管理员等。计划专员负责与设计部门、销售部门以及产线专员进行沟通,确定常规生产资料的采购。产线专员负责产线物料清单的齐套率汇总并制订产线采购计划。仓储管理员负责验收供应商的发料、各产线的领料以及仓库的日常管理,成品交付时由仓储人员对接物流专员安排装车发运。

在调研中,我发现了创蒲集团的几个典型问题。

1. 物流超支的原因居然是产线无法领料

我首先与采购部门的物流采购专员沟通,问他当前业务的主要痛点是什么。

物流采购专员回答:现在的主要痛点是运输费用经常超支,超支就需要项目负责人找业务群的领导来签单。运输超支的主要原因是车辆到达仓库时产品还没有完成生产，所以需要压车（占用车辆而不能正常运输），从而产生额外的压车费。物流采购专员说，在常规情况下，仓储部门会提前通知他需要运输，他会在物流平台上发单给供应商，由供应商承接订单，车辆到达仓库后装车发运，但在运输方到达仓库时经常不能准时发车。

针对压车问题，我采访了供应链的仓储小组，问为什么会出现压车现象。

供应链的仓储小组说，他们是按照销售给的发货时间来通知物流的，如果通知迟了是他们小组的责任，而产线不能按时交付，有可能是包装没有到齐，也有可能是产品说明书没有到齐，还有可能是某个非关键配件没完成加工。

针对压车问题，我还采访了供应链的计划专员，问怎么看压车原因。

供应链计划专员说压车主要有两个原因：一个是设计部门经常修改图纸，导致工期变短；另一个是由仓库管理混乱引起的，经常在系统里看到物料清单已经齐套，但产线专员在仓库根本领不到料。

一个压车问题最后变成无法领物料，这令我始料不及。于是，我采访了供应链的产线专员，问系统显示物料清单已经齐套，为什么在仓库根本领不到物料。

产线负责人说仓库库存不准确，账上有库存但实际上没有库存。产线产能压力大，库存盘存不及时，库存准确度低，经常会出现已经使用物料但系统还没下单，或者供应商已经发送到仓库了，但仓库人员不去检验入库导致产线产能上不去，这就造成了账面库存不准确，而库存不准确就会影响交付，进而产生压车现象。为了不压车或者为了不影响产能，采购在下单时通常有一定冗余量，但这导致了大量吊滞库存的产生。

2. 人手不够，不重视系统库存准确度

我又转回来采访供应链部门的仓储小组，问怎么看吊滞库存问题和供应商发运并且显示已经收货，但产线领不到物料的问题。

仓储小组说，因为小组人员紧张，库存管理采用"手工+系统"的方式一年盘点一次，所以库存不准确，加上员工流动频繁，有的员工不熟悉库位以为没货就申请计划员购买，导致库存多了放不下。另外，因为人手紧张，定时到待检区收取物料并检验，有时产线专员提前把物料拿走会导致他们入不了库。矛盾变成产线人员追求产能越权，仓储小组履职不到位的问题，尽管实施了信息系统，但各岗位对系统库存准确率重视度不够，并且还依赖手工管理和传统作业方式。

聊完一波内部协同，我转向采访采购部门的供应商管理员，问平时公司都是谁与供应商协同，并采用什么工具进行协同的。

采购部门供应商管理员说，设计人员、采购人员、供应链计划专员等都会与供应商进行协同。设计人员主要与供应商沟通图纸的变动情况，采购人员则与供应商沟通

商务条款，供应链计划专员则主要向供应商下销售订单。基本上是通过 QQ 与供应商协同的，不论是公司还是供应商的人员变动，都会给供应链协同带来较大的磨合成本。

我追问：公司的信息化工具，大家为什么不用呢？供应商专员说，公司多个系统的基础档案没有打通，还经常会有一物多码，或者一码多物的现象存在，这导致库存不准确，也导致销售部门获取的数据和计划专员的数据不一致，所以常规合同和订单都是通过系统生成后发给供应商的，平时供应商不会用系统进行协同。

3. 库存周转低，供应商资金周转难

最后，我采访了创蒲集团的供应链负责人，问他对供应链的预期是什么，集团信息化系统建立起来了为什么用不好。

他说公司人员流动大，同时大家习惯过去的协同方式，对采用系统进行协同的工作方式还不适应。在他看来，公司现在最需要改变的是如何提升库存周转率，特别是原材料和半成品，公司常备库存为 6000 万元，呆滞库存为 3700 万元，这些都是供应链管理低效的表现，他想引入供应商管理库存（vendor managed inventory，VMI）模式，来降低公司自有库存，同时还想引入供应链金融以解决供应商因为账期长而缺少资金的问题。

创蒲集团的供应链问题涉及内部多个部门，公司内部协同不畅通，而内部与外部协同也不畅通。一方面，物品编码体系存在问题，一物多码或一码多物现象的存在，对系统库存准确率不重视，都会导致库存出现问题；另一方面，内部资料共享不畅通，有时仓库漏发产品手册时要找设计部门要，一些老款的产品，客户要求补发产品手册，但却连设计部门都没有资料。此外，产线与计划员、计划与仓储小组内部的信息共享不够，导致部门产品无法按时入库影响生产进度。另外，公司与外部的协同，特别是与供应商的协同过于松散，供应商要多头对接，而对接以 QQ 群或者以电话口头沟通为主，很多信息没有固化沉淀，人员变动或者发生纠纷时手足无措，这也加剧了供应链的损耗。

创蒲集团希望引入 VMI 和供应链金融本身是好事，其希望通过这些举措改善库存周转、供应商资金周转等问题。但是，要建立 VMI 的大前提是信息的标准化程度够高，这样供应商才能响应。创蒲集团之前与同业的多家企业进行联合采购，效果并不理想，各个企业的物料编码都不相同，供应商很难合并进行报价，规模采购的优势无法体现。在这种背景下，引入 VMI 难度不小，供应商积极性不高，引入供应链金融的时机更不成熟，供应商当前都没有标准化地参与到企业的协同过程中，金融机构如何进行风险控制呢？

创蒲集团也尝试与同业企业联合，建立采购联盟，统一物料标准，建立供应商共

享机制，引入 VMI 和供应链金融共享产能，在自身产能瓶颈期能引入更多上游伙伴以提升交付能力。但是，他们正受困于如何迈出第一步。

和谁一起建立采购联盟，是先吸引头部企业入驻平台还是先吸引腰部企业入驻平台呢？供应链平台是采用撮合模式还是采用交易模式呢？为了推广平台，如何设置采购联盟的自治框架呢？

创蒲集团的供应链现状是制造企业的一个缩影，它们不安于现状又焦虑于从何处下手。

4.2 自我能力输出与平台开放共享

做产业供应链平台很难一蹴而就。

产业供应链平台是平台建设方自身对产业深刻理解之后的能力外溢输出，往往采取自用向他用的输出过程，这是企业标准向产业标准演进的过程，也是商业模式从单边平台向双边平台转变的过程，切忌盲目平台化、大跃进。

1. 能力建设——综合成本最低

采购是企业价值链的出发点，没有采购后续的生产、仓储、物流、销售都无法进行，企业的经营也将无法推进。制造业和建筑业采购成本一般占产品总成本的 50%～70%，若采购环节节约 1% 的成本，企业利润相当于增加 5%～10%。采购的重要性由此可见。

从供应商参与方式和范围来看，采购分为公开招标、多供应商比价和单供应商采购 3 种类型，这 3 种类型可以衍生出邀请招标、询价采购、竞争性谈判、反向竞价等方式。从履约方式来看，采购又分为一次性履约和多次性履约两种形式。从到货方式来看，采购分为现货采购和期货采购。从结算方式来看，采购可以分为现金结算、商票结算等形式。采购的复杂性由此可见。

在企业初创阶段，采购的目标是确保供应稳定。在这个阶段，企业还处于产品的试错期，对市场未进行大规模拓展，采购规模小，标准化程度也低，采购企业对供应商议价能力有限，甚至可选择的供应商也比较少，供应商往往掌握更多的主动权。

企业从初创阶段进入规模化阶段，采购的核心工作从确保供应转向价格管理。在这个阶段，企业的采购规模变大，企业对供应商的议价权在提升，企业可以进行系统性的价格管理。比如，对同一批次的物料采购，既可以选择多个供应商进行价格对比，也可以对同一个物料的价格进行不同时间段的对比，以优化采购的成本管理，如图 4-1 所示。

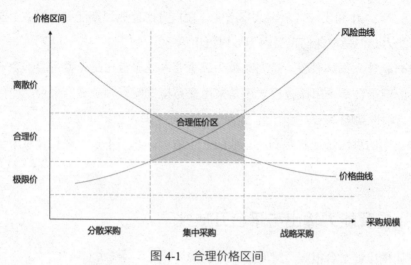

图 4-1　合理价格区间

采购进一步精细化，从追求物料的低价格转为追求综合成本最低。

常规采购比价对比的是物料报价，对履约成本、售后成本等成本的测算并不精细。要做到总成本最优就需要进行精细化采购，拆解成物流成本、仓储成本、资金成本、质量成本、时间成本等多个维度，然后进行对比。另外，对于大宗商品通常以期货的方式进行交割，期货价格的波动还需要引入相应的金融产品对风险进行对冲。存在外币结算的商品还要考虑汇率波动风险，引入相应金融产品对风险进行对冲。

2. 能力建设——集中与分散采购

采购的进一步精细化管理还要考虑采购的集中化和分散化。

企业的规模变大会跨地区设立分支机构，如何对采购进行管理，哪类商品适合集中化采购，哪类商品适合属地化分散采购，这些同样需要采购团队制定策略。

集中采购和当地分散采购策略的应用与商品的特性和综合成本最优策略有关。

比如永辉超市对食品和用品通常使用集中采购方式，以发挥规模优势降低采购成本。对生鲜及农产品等周转速度快、保鲜要求高的产品，由永辉各门店在当地直接采购，不通过物流中心。

与集中采购和分散采购匹配的是中心仓直配和供应商配送。永辉超市的物流中心一般备有一周左右的库存来响应门店补货，除生鲜及农产品外的大部分商品由物流中心集中配送。供应商直送由供应商将商品直接送到门店，这类商品由永辉超市的农产品采购基地签约供应商进行配送。集中配送门店密度增加时，会提升规模优势，降低配送成本。供应商直送可保持生鲜及农产品的新鲜度，减少中转损耗。

3. 能力建设——采购的组织与管理

一般而言，在企业内部由各个业务部门先制订预算，根据预算和生产计划提出采购申请，由采购部门牵头实施采购，交业务单元进行履约验收，财务部门进行支付结算。

业务单元是采购物资或者采购服务的直接使用方，他们负责定义采购标准和交期，以及对供应商的具体要求。

采购部门对内负责采购信息的收集和采购的组织实施，对外负责寻找供应商，组织供应商的考察和评价。通常而言，采购合同及合同签订前的工作由采购部门负责，合同履约的工作由业务单元负责。

采购部门对采购流程合规性的把控，对显性采购成本负责，业务部门要综合评估采购带来的质量成本、检验成本、仓储成本、售后成本等，采购部门与业务单元协作，对总采购成本负责。

对于需求频次高、采购金额大、重要性高的物资，采购企业向多个供应商签订年度战略采购合同，然后根据实际需求进度分批次向供应商分配订单。

对于需求频次高、采购金额小的物资，采购的管理复杂度较高，可以引入专门品类的供应商，与供应商保持数据共享，减少与供应商沟通的成本，降低物资供应商断供风险，降低物资采购管理成本。

对于需求频次低、采购金额大的物资，采购企业可以整合内部需求，与外部同类企业一起进行联合采购，从而提升采购的规模，通过需求驱动订单的方式，降低供应商的成本，进而降低采购总成本。

4. 能力建设——全过程信息共享

一个中型的采购流程要持续 30 天以上，大型采购流程要经历数月之久。一个完整的采购流程至少包括以下几个部分：提交采购申请、编制采购计划、选择供应商、签订合同、采购订单、验收货物、支付货款、供应商评价。采用公开招标采购，还要加上招标、投标、评标、保证金管理等环节。若采购商品是非标准件，还需要增加设计图纸、沟通确认、试样检验等环节。

把采购全过程数据共享给相关方，能够降低企业内外部的沟通成本。

库存数据共享同样重要。库存分为成品库存和原材料库存。成品库存要与销售及下游进行联动管理，而原材料库存则与供应商进行联动管理。在滚动生产、滚动交付和滚动销售时，则需要滚动进行采购管理，预防市场发生变化而产生库存积压。在批量定制的背景下，还要考虑各物料的采购货期、供应商最大供应能力、协同工厂产能、物流效率等因素，涉及海外采购时，还要考虑通关速度、全球贸易政策的变化，甚至运河卡船的特殊情况等因素。通过多个维度信息分析，匹配出最佳供应方式。这些都是采购能力的建设部分。

5. 采购能力输出——代购服务和生态开放

大采购方通常会与供应商签订战略采购协议，这样可以让采购方享受更优质的供应服务。通常，团购比散客购买能享受更低的供应价和更快捷的服务。大采购方在此基础上就衍生出一项能力——代购服务，帮同类企业采购收取采购服务费。部分企业的采购部门，从成本中心变成利润中心，很重要的一项增值能力就是代购服务。

代购服务既是采购能力的输出过程，也是采购的代运营过程。代购方扮演了供应链服务商的角色，为采购方提供一条龙的采购服务，涉及采购的组织、采购商的筛选、采购谈判、合同签订、履约过程跟进以及结算支付。

代购服务用在大宗商品的采购上颇为多见，如钢材、有色金属等。一方面，大宗商品的采购和履约过程复杂，委托给专业的机构能帮助采购方提升采购效率，降低自身组织的复杂度；另一方面，大宗商品具有金融属性，采购方在资金紧张时，可以通过委托机构进行金融业务的植入，以缓解资金问题。

采购方拥有采购代运营能力时，接下来可以引入更多采购商入驻平台，开放平台生态将自身沉淀的能力进行输出。输出可以分为撮合服务、交易服务、仓储物流服务、金融服务等多种形式。

撮合服务是指平台将采购商需求和供应商的能力进行匹配，完成匹配后双方进行线下履约。只有平台拥有更多的采购商和供应商，才能帮助双方高效精准地达成匹配。

交易服务是指平台除了要完成供需双方交易匹配本身，供需双方的履约还要通过线上进行完成，即供需双方的合同签订、订单下单、采购交付的验收和支付结算都在线上完成。

仓储物流服务是指平台为供应商和采购方提供仓储服务与物流服务，方便双方更高效地履约，同时降低供应链风险。

金融服务是指平台为供应商和采购方提供融资服务，提升供应链的资金周转效率。

除此之外，产业供应链平台还可以提供产业人力资源服务、设计共享服务、产能共享服务、维保共享服务等。需要说明的是，平台提供的服务种类，与平台自身的能力、平台的商业模式有关。

撮合服务是多边平台较为普遍的商业模式，平台结构简单，但供需双方的黏性低，对平台的规模要求高。交易服务增加了更多软件即服务（software-as-a-service，SaaS）的履约系统，要求平台对所在行业的应用场景、行业管理特性等有深刻的理解，只有解决了用户痛点并为其创造价值，平台才会获得用户认可。比如，帮助供应商增加销量，帮助采购商减少人力或者降低库存等。仓储物流服务、金融服务、设计共享、车间产能共享等都属于专业服务，平台既可以和第三方共建，也可以直接引入成熟的服务商，平台要做的是互联互通和风险控制。

4.3 凝练标准——建立统一的平台档案

当自身能力建设完成准备对外输出时,产业供应链平台的标准化建设首当其冲。基础档案的统一和共享,尤其是物料档案的统一是产业供应链平台标准化建设的开始。

基础档案的范围比较广,按照档案规范的边界可以将档案划分为企业私有档案和平台共享档案两种类型。企业私有档案是指企业可以按照规范进行自行管理,信息交换主要在企业内部。平台共享档案主要涉及物品档案在全产业平台进行共享,所以要么由平台建立档案共享给企业,要么由企业建立档案提交给平台审核后进行全平台共享,如图4-2所示。

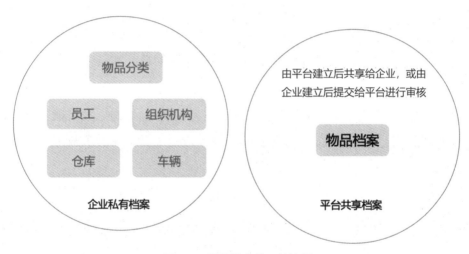

图 4-2 基础档案统一的边界

企业私有档案的管理规范可以参照物料档案的管理思路建立规范,以方便数据的交换和共享,相对而言,私有档案在全产业平台共享得较少,对此不做重点探讨,我们重点讨论物品分类和物品的档案管理。

1. 物品分类的规则是允许各企业保持个性化

我们先来说物品分类。物品分类是指对物品进行归类以方便寻找和分类统计。对于把物品分类归于企业私有档案,很多朋友可能有疑问,以下通过举例来为你解答。

以××品牌的智能手表为例,如图4-3所示:企业A将手表划归为奢侈品和智能设备类别;企业B将手表划归为数码产品和钟表珠宝类别;平台将手表划归为奢侈品和钟表珠宝类别。不论是平台,还是企业,尽管它们的分类规则不同,但只要物品的编码是唯一的,就不会影响后期的数据交换。

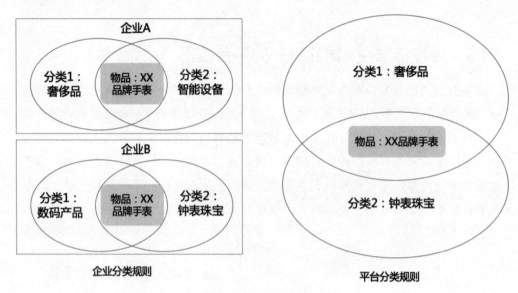

图 4-3 将物品分类的选择权交给企业

在平台建设中，物品分类的管理只要保持足够的灵活性，允许企业自建物品分类，然后将平台的物品与企业自建的分类进行映射或关联即可。此外，要考虑一个物品归属不同类别的现象，对物品而言，只是贴上不同的分类标签，在分类规划上做好扩展性规划。

2. 物品的档案是建立平台的唯一标准

物品管理标准化建设的成败取决于产业平台推广应用的成本和适应性。所以，建立物品库要广泛征求意见，同时要考虑行业现状，比如行业是否有国际标准、国家标准、行业标准以及各企业的标准，在此基础上拟定标准。

此外，在企业级的实际应用中，一物多码、一码多物的情况并不少见，这导致物料编码与实物无法唯一对应，给采购管理、库存管理造成困扰。物品管理标准的建设要纠正一物多码、一码多物的现象，遵循"一物一码、一数一源、一源多用"的原则来管理物品档案。

具体来说：一物一码是指同一个物品，只能有唯一一个标识码；一数一源是指所有的物品档案归属到唯一一个主数据源；一源多用是指所有外部使用的物品标识码都归属到相同的一个主数据源。遵循这个原则建立的物品库为后续数据的交换、交易、结算、分析打好了基础。

在实际运营中，如果平台的物品档案采取企业编码平台审核共享的机制，可以设立物品编码审核的专门委员会，由这个组织来评议编码及其档案的合规性，然后裁决物品是否要纳入平台物品库。如果平台的物品档案由平台统一提供，则前期要对各企业和行业标准进行充分调研,以确保物品档案和编码的表义性、可读性和兼容性。

在国家层面,国家市场监督总局的中国物品编码中心和工信部的工业互联网标识解析服务平台都对物品编码制定了不同维度的管理规范。中国物品编码中心主要管理流通领域、公共服务、公用领域的物品编码,可以简单理解为更偏向于消费互联网的应用。工业互联网标识解析服务平台主要管理工业领域的机器和物品的数字身份证,可以简单理解为更偏向于面向产业互联网的应用。市场监督总局和工信部都是国家层面对物品管理的权威机构。

3. 成品管理可参照中国物品编码中心要求

中国物品编码中心(http://www.ancc.org.cn)隶属中国市场监督总局,负责推广国际通用的、开放的、跨行业的全球统一编码标识系统和供应链管理标准,向社会提供公共服务平台和标准化解决方案。流通领域常用的条码69码就是由中国物品编码中心管理和颁布的。

图4-4展示了国家物品编码中心商品查询的页面。

图4-4　国家物品编码中心商品查询页面

目前,中国物品编码中心管理物品编码以流通领域、公共服务和公用领域为主。2012年8月7日,国务院下发《国务院关于深化流通体制改革加快流通产业发展的意见》国发〔2012〕39号文,提出"推动商品条码在流通领域的广泛应用,健全全国统一的物品编码体系",对建设我国统一的物品编码体系提出了明确要求。

响应《国务院关于深化流通体制改革加快流通产业发展的意见》的要求,中国物品编码中心建立了国家物品编码体系,以确保各物品编码系统的兼容性,保证各行业、各领域物品编码系统彼此协同,促进全社会的信息交换、资源共享。国家物品编码体系框架由物品基础编码系统和物品应用编码系统两大部分构成,如图4-5所示。

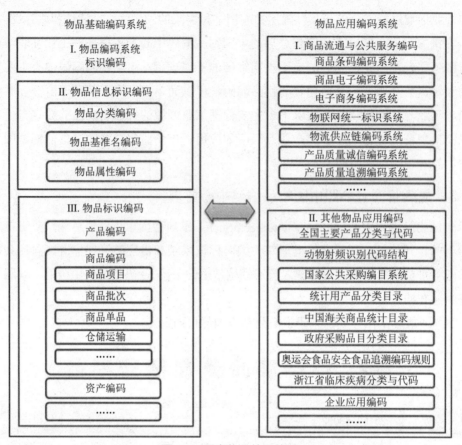

图 4-5 国家物品编码体系

4. 工业品管理可参照工业互联网标识解析要求

为了推动工业互联网的建设，促进工业体系的数据流通和共享，工信部设立了工业互联网标识解析国家顶级节点服务平台，同时在 2020 年印发了《工业互联网标识管理办法》的通知，对工业互联网应用的物理对象或者数字对象的标识进行规范。

工业互联网标识解析体系在物的数字化方面具有重要作用。通过标识解析体系为机器和物品赋予唯一的"数字身份证"（类比二维码），并透过标识解析系统（类比二维码解析软件），对机器和物品进行唯一性的定位和信息查询。一方面，标识解析体系可以打通产品、机器、车间、工厂等全要素，实现底层标识数据规模化采集、信息系统间数据共享；另一方面，利用标识可以打通企业设计、制造、物流、销售、售后等全生命周期，实现物的全生命周期管理。建设工业互联网标识解析体系，对探索更多工业物联应用场景，提升制造业国际竞争力，推动制造业数字化转型升级具有重要作用。

工业互联网标识解析体系分为根节点、国家顶级节点、二级节点、企业节点、公共递归节点 5 个层级，具体如图 4-6 所示。

第 4 章 纲举目张——产业供应链的构建之路

图 4-6 工业互联网标识解析架构

根节点由国际组织进行管理，目前全球一共有 9+1 个公共管理硕士（master of public administration，MPA）负责整个标识解析体系（DOA/Handle）根区的共同管理，面向全球范围不同国家、不同地区提供根区数据管理和根解析服务。国家顶级节点方面，已建成北京、上海、广州、武汉、重庆 5 大国家顶级节点，南京、贵阳两个灾备节点在加速建设中，形成"东南西北中"布局，并与标识解析体系实现对接，面向全球范围提供解析服务。

二级节点面向行业提供标识注册和解析服务，是工业互联网标识解析体系的中间环节，直接面向行业和企业提供服务。截至 2020 年 4 月 23 日，全国已上线二级节点 125 个，累计标识注册总量为 172 亿个，涵盖 45 个行业，服务 1.3 万家企业。图 4-7 展示了工业互联网二级节点解析效果。

图 4-7 工业互联网二级节点解析效果

简而言之，物品编码根据实际应用场景可以参考中国物品编码中心、工业互联网标识解析服务平台对物品编码的要求，形成满足自身需求的编码规则，同时后续便于与国家系统进行数据交换。

5. 物品档案的富媒体价值

除了物品编码、物品命名，物品还包括常规档案，即物品的成分、规格、单位、产地、品牌、生产日期、保养维护信息等。此外，在物料的数字化时代，信息存储变得更加方便，也不再局限于卡片或者铭牌，可以考虑为物品建立更丰富的档案，方便物品的数字化引用。

物品的图片信息、3D 模型、视频、设计图纸、装配图纸等信息都可以数字化，成为物品档案的一部分。物品档案的丰富化能拓展更多应用场景。比如，工业品的命名生僻，非专业人士很难根据名字找到对应物料，通过图片就能直观地认识物品，拉近专业和非专业人士的界限。比如电气元件的装配需要知道元件的 3D 模型和相应尺寸，只有这样才能更合理地进行装配设计，如果物品档案没有 3D 模型和相应尺寸，电气设计师的工作量将大大增加。此外，物品档案的数字化是物品数字孪生、工业数字孪生的一部分。

截至 2021 年 4 月，其已经建立 200 万个产品三维模型。在徐工集团的三维数字化产品工艺系统中，构建了产品工艺知识、工艺流程和工艺参数等基础信息库，研发了三维标注、三维工艺快速设计、模型轻量化及可视化发布等多项功能，实现基于 MBD（model based definition，即用三维模型标注产品信息，方便制造协同）的产品与工艺协同设计、模型规范性自动审查、基于模型的工艺快速设计以及面向制造的三维可视化发布。通过产品的三维化实现设计制造链条数据源统一、模型规范化、设计协同化、生产无图化，提高了研发质量，缩短了研发周期。

4.4　共享供应商和平台服务体系的建立

供应商同样是产业供应链平台不可或缺的组成部分。

与单企业采购相比，平台化采购对供应商和采购商都具有更多的选择空间。特别是供应商，加入采购平台相当于拥有了更多潜在的采购合作方，提升了生意合作的范围，同时提升了服务的规模，利于供应商优化资源配置，比如用更合理的原材料储备、更合理的产能安排、更优化的物流路径等。所以，入驻采购平台受到更多供应商的欢迎。总之，企业采购供应商为采购商服务，而平台化采购供应商可同时服务多个采购商，商机和效率都大大提升，如图 4-8 所示。

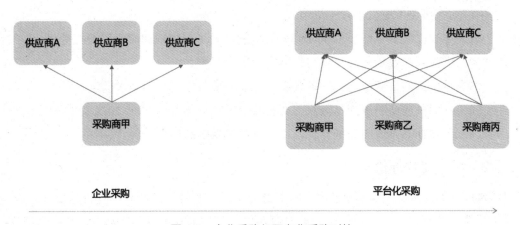

图 4-8　企业采购与平台化采购对比

1. 供应商的招募和共享

平台根据各采购方需要进行供应商招募。通常，采购联盟的第一批供应商来自平台发起的采购方共享的存量供应商，后续的增量供应商则由平台招募而来。

平台招募和开发供应商要有独立的供应商入库的标准体系，在标准体系下，对供应商做出全面、具体、客观的评价，以确认供应商是否符合入库标准。常规的供应商评价指标有供应商企业工商资料、供应商资产规模、供应商历史业绩、人力资源、产品和质量控制、售后体系、设计和研发能力、交付能力等。

平台招募和开发供应商会纳入平台的供应商库，而各个采购方可以制定自己的供应商入驻标准，对已入驻平台的供应商发起招募邀请。平台的供应商库相当于一个公海，每个采购商都可以将公海的供应商招募到私有的供应商池中。平台建立的是供应商准入规则，帮助各个采购商提升招募供应商的效率。平台的优势是规模经济，供应商看重的更多的是商机，采购商则拥有更丰富的选择空间，如图 4-9 所示。

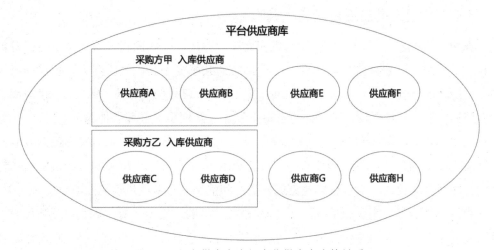

图 4-9　平台供应商库与企业供应商库的关系

供应商招募要考虑以下几个细节。

（1）要建立线上+线下的供应商考察机制，由平台和采购商代表参与考察。

（2）供应商的数量和质量要与采购商的需求匹配。

（3）供应商的供应能力、商务条款接受能力要与采购商的需求匹配。

（4）考虑供应商的更新与淘汰，要有冗余供应商储备。

（5）不定期举办供应商推荐会，以吸引更多供应商加入平台。

2. 供应商的评价管理

供应商的评价分为二级评价体系，即采购方的评价体系和平台的评价体系。

采购方的评价体系可以结合企业自身对供应商的要求进行制定，通常包括供应商的验收合格率、交付准时性、售后响应速度，以及采购方人员定期对供应商现场考察打分等几个维度。对于评分高的供应商应提升供应商等级或者增加供应额度；对于评分低的供应商应进行降级或者淘汰；对于违约或者违规的供应商，需要进行处罚或者纳入黑名单。供应商的评价时间点可以分为两个类型：一类是不定期地按订单履约情况进行评价；另一类是固定时段对供应商进行评价，比如按季度或者按年度对供应商进行例行评价。

平台对供应商的评价要对各个采购方具有参考价值，可提升采购方筛选供应商的效率。

平台对供应商的评价：一方面，要综合多个采购方对供应商进行评价，根据采购的规模建立相应权重；另一方面，平台方可以对合作过的采购方相关人员进行问卷调查，获得采购方对供应商的评价。另外，平台方还可以对重点企业进行实地考察，对其客观实力进行评价。此外，对于供应商的违规情况，平台要建立适当的信息共享机制，帮助采购方规避风险。

3. VMI模式是包治百病的良药吗

在供应链的早期阶段，采购商与供应商库存分离。采购商自己管理企业内部备料库存，供应商管理自身的原料库存，二者信息的共享度不高。供应商为了把握商机，储备一定量的冗余库存以响应采购商的需求，而受牛鞭效应的影响，采购方、供应商、供应商的上游企业库存层层放大，导致库存积压，从而引发产业恶性循环。

为了尽可能消除牛鞭效应，VMI模式被引入。VMI模式以采购方和供应商双方都获得最低成本为目的，由供应商管理库存。VMI模式打破了传统采购方和供应商各自为政的库存管理模式，通过供应链集成、资源和信息共享来改进供应效率。

电子制造领域有不少企业采用了VMI模式，美的、格力、海尔等企业就是代表。披露数据显示，在实施VMI模式后，美的零部件库存周转率上升到70～80次，零部件库存也由原来平均的 5～7 天存货水平降低为 3 天左右。库存周转率提高后，资金占用率降低、资金利用效率提高、资金风险下降、库存成本下降。

VMI 模式并非包治百病的良药，同样存在弊端。

海澜之家是国内知名的男装品牌，其库存管理采用类 VMI 模式。由海澜之家向供应商共享信息，供应商根据共享的信息安排生产、供货和补货，海澜之家门店承担销售任务，无法销售的商品退回给供应商。这个模式与传统服装店的采购商与供应商买断式供应相比，双方形成了更紧密的协同，供应商想让商品卖得更高就要优化生产和供应节奏；海澜之家的店铺需要有稳定的商品供应才能支撑销售。但是，当门店滞销时，就会有大量的商品退回给供应商，供应商将海澜之家的 logo 剪掉，再卖给专门的库存清理公司。这样供应商的利润变低，库存清理公司的折扣销售又反向影响海澜之家的门店正价销售。

采购商和供应商有协同，同样也有博弈。

供应商负担库存，采购商自然想把库存水位调得很高以消除断料之患。同时，采购商还会推出更多新产品来分散滞销风险，而新产品的物料增加供应商的供应管理成本，也会增加老款产品的积压风险。供应商库存增加，资金成本就高，就会转嫁到采购方。此外，采购商在同款物料上，供应商越多备份越安全。供应商则相反，它们希望得到更大的采购订单提升规模以降低成本。

4. 平台方的服务体系

平台方除了招募公共的供应商，还要承接争议仲裁和平台客服工作。

仲裁工作是指供需双方就某项交易产生分歧时，需要平台介入就双方争议进行仲裁。比如，对货品质量或者品牌真伪的争议、对履约内容的争议、对合同条款的争议等。这些仲裁工作对多方来讲都会产生巨大的成本投入，作为平台运营方要完善平台的标准化建设，从源头规范，进而减少双方争议事项的发生。此外，平台也可以引入供应商和采购商，共同建立仲裁组织，对争议事项进行众包决策，以提升仲裁的公开性和透明性，提升平台的公信力。

客服工作是指平台要解答各类用户群体在使用过程中的问题。比如，解答平台的各类使用问题，组织线上、线下的各类培训，普及平台的使用知识和应用技巧，收集各类用户的产品功能反馈，提升用户效率和使用体验。

除了常规的服务，平台还可以引入新技术以提升服务的效率，减少各参与方的争议。比如，平台可以引入电子合同和电子签章，将数据提交互联网法院进行存证，提升平台的公信力，出现争议时互联网法院可以快速调取电子证据链进行仲裁。平台还可以将人工智能与客服系统结合，通过人工智能深度学习用户咨询问题，为用户提供 7×24 小时不间断服务，同时大大降低平台人工客服的工作量。

4.5　从采购联盟到产业共同体

前面讲到，采购联盟的形成主要有以下 3 种类型。

其一，产业集群中的企业自发成立采购联盟。

其二，龙头企业向同业输出采购经验和标准，形成采购联盟。

其三，为应对外部竞争，企业抱团发展，形成采购联盟。

不论以哪种原因形成的采购联盟，都要建立在利益共同体的基础上，这样才能持续发展，最终进一步从采购联盟发展成整合产业链资源的产业共同体。所以，采购联合体的稳固性是产业供应链平台成功的重要支撑。

1. 从竞争到共生——同业企业的关系演进

自古同行是冤家，在同一个行业的采购商往往竞争大于合作。企业与企业之间明争暗斗，抢夺市场份额，最后拼得两败俱伤。

随着市场经济的发展，企业会进行差异化的发展，树立自身独特的优势，这种优势会支撑企业获取更多市场，同样其短板就成为了制约发展的主要原因，同时不同企业之间的合作就能形成优势互补，企业与企业的关系就会从无序竞争变成抱团合作。

企业的发展通常会经历独立发展、收并购发展和抱团发展几个阶段。当所处行业已经处于存量竞争，处于行业领先的几家企业进入竞争僵持阶段，这些企业要么并购要么抱团才能打破格局突破市场。

比如，在房地产行业，企业与企业联合拿地、联合开发销售，实现 1+1＞2 的效果。在汽车制造行业，企业之间交叉持股，实现技术互补、资源共享、提升供应链的效能等优势，进而获得单企业不具备的能力。

抱团合作是指企业与企业相互补位形成良性发展之后变成共生关系。共生关系源于共生经济，是重新对企业关系的定义，指企业之间从利益矛盾走向利益趋同，二者相互依存才能使价值最大化。共生经济里有三共，即共生、共享、共赢，"共生"是合作基础，"共享"是发展手段，"共赢"是发展结果。

在地产经纪行业，链家与德佑、21 世纪不动产、住商是竞争对手，多家经纪机构多次交火被媒体报道。之后，链家推出经济人合作网（agent cooperate network，ACN），以房源信息共享为前提，让不同机构的经纪人共同参与交易，成交后按比例进行分佣，形成共生经济。脱胎于链家的贝壳找房，通过 ACN 模式吸引了 21 世纪不动产等同业企业入驻，成为产业联盟平台。贝壳找房还创立了"店东委员会制度"，由各驻平台的品牌店民主选举，成立店东管理委员会，进行自治自理。店东委员会设会长、副会长及秘书长职务，他们监督平台运营，处理品牌间的纠纷，完善行业信用体系。

2. 从采购联盟到产业共同体

采购联盟是产业共同体的早期形态，采购商之间的合作程度浅，限于联合采购、共享供应商和共享物流。采购联盟的各个采购商之间缺乏直接协同，采购商与采购商更多的是共享供应商，通过共同的地域、相近的时间段、相近的物料种类、相近的物流要求提升供应商的订单规模和产能利用率，从而降低采购成本，提升采购效率，降低供应商自身成本，实现各参与方的多赢。

采购联盟形成之后，经过持续的运营形成一定规模，会吸引更多采购商和供应商的入驻，形成虹吸效应，即资源趋向于流向资源更集中的一方。众陶联、生材网、筑材网等产业平台的形成都采用了类似的方式。

采购联盟形成之后，参与企业的互信度变高，不仅采购商与供应商会进行协作，而且采购商与采购商也会进行协作。在产业供应链中，部分腰部企业既是头部企业的供应商，又面向常规供应商进行物料采购。产业分工的精细化会进一步强化采购商与采购商之间的协同。比如，基于设计的协同、车间产能利用的协同和工艺的联合改造等，这些协同通过沉淀会形成产业供应链的样板，形成产业协同的标准和规范，约束双方以保障共同的利益，由此，产业共同体悄然形成。

产业共同体是聚焦细分行业的平台经济。产业的各个相关方利用一个平台进行协同，协同的范围广泛，可以是共享标准、共享采购、共享人力、共享仓储、共享物流、共享制造、共享研发、共享库存，其核心是对资源的聚合和价值的重构，从而实现"业务共生，生态共建，利益共享"的发展模式。

3. 采购商的约束和评价

从商业模式上看，平台经济是一种新型的经济模式。要形成平台就要完善平台运行秩序、监督机制，形成平台的标准和规则，以保障平台各参与方的利益。

所有的平台经济体都建立了评价体系。比如，美团外卖建立了骑手的评价体验，建立了店铺的评价体系，依靠评价体系对各参与方的服务能力和服务效率进行约束。比如，滴滴对车主和乘客都建立了评价体系，约束双方的履约效率。

除了评价体系，还要与经济效益结合。比如，美团外卖配送超时，骑手的收入就会受到影响；再如滴滴打车，如果乘客超时就会被收取额外的等待费用。

此外，对于采购商的违规情况，平台要建立适当的信息共享机制，帮助供应商规避风险。对大宗商品的采购商而言，要规范采购商的保证金收退时效性，要规范订单履约的支付结算准时性。这些规范以保障平台大多数参与者的利益为前提，预防劣币驱逐良币的现象出现。

除了客观的评价体系，平台也可以建立诸如"最受欢迎的采购商""十佳采购商"等活动，由供应商通过问卷、访谈、投票等方式对采购商进行主观性的评比，通过评比来促进采购商改进自身服务流程和服务体系，提升供应商的满意程度，增加平台的活跃度。

4．平台的安全与风控体系

平台除了要保障各参与方的利益，还要建立风险控制体系，建立好"防火墙"保障平台和各参与方的数据、交易、财产安全。

风控体系要具备异常行为识别能力。异常行为主要有以下几个方面。

（1）发布带敏感词汇或违禁词汇的内容、物料或商品。

（2）同一 IP 地址或同一账户高频次访问、高频次交易。

（3）尝试平台的侵入性动作，比如账号与密码探嗅、平台商品和内容被非法爬取等。

（4）平台发布的优惠活动或促销活动被某类特征账户（网络黑产群体）抢购等。

（5）平台的链接被拦截重定向等。

（6）平台流量异常，比如促销时突然涌入大量访问量导致访问时间过长，或者在非工作时间有大量访问量和交易量（如 0:00—5:00）。

对于这类异常行为，平台既要安排监控的人员采取相应的技术手段进行防范，又要收集数据日志方便排查。

互联网进步的过程是与"黑色产业"斗智斗勇的过程。拼多多之前出现程序错误，推出了无门槛 100 元券就引发大量黑产薅羊毛。美团点评的安全事务部每年都要起诉大量薅羊毛的黑产群体。腾讯安全数据显示，在哔哩哔哩网站刷量的黑产团队，2020 年给广告主带来近 100 亿元的损失。在人人喊打的 P2P 平台，同样有大量的 P2P 公司深受黑产之害，伪造身份信息骗贷让 P2P 公司损失巨大。

可见，做平台不光是业务的修炼，还是技术的同步迭代。

当然，如果平台的构建选择成熟的云计算服务平台，那么云计算平台自身能够防范常规的攻击行为，但在业务风险识别上需要平台方与采购商、供应商共同建立规则和秩序。

4.6　产业供应链数据平台的建设

供应链的建设可以分为两个层面，一个是业务操作层面，另一个是平台运营层面。操作层面主要涉及服务采购商与供应商达成采购与履约。平台运营层面则涉及为供应商和采购方提供客服、异议仲裁等，同时对供应链过程的数据进行分析，提升平台运营效率并控制风险。

对产业供应链本身，从操作层面来看，是信息化的范畴，把供应链的全链条数据打通，用数据优化资源配置，提升产业效率，就是供应链的数字化。在产业供应链的基础上，引入机器学习，代替部分人工作业，就是智能化。

客服、异议仲裁，这类运营事务与业务场景结合紧密，要根据业务进行完善，在此不做重点介绍，我们把重点放在数据平台的建设上。

供应链的数据平台可以分为供应链本身运行的指标展示、供应链风险管控和产业效率优化3个大的类别数据。供应链数据是对供应链的运行现状的可视化展示，对供应链存在风险和潜在风险的预警和预测，对产业效率瓶颈的洞察和优化。

1. 数据监控供应链运行

运行指标视图主要展示供应链运行现状，包括参考运营的需求，参考监控整个平台的采购和履约情况、采购商业务的健康度、供应商业务的健康度等内容。

运行指标可以由汇总指标和明细指标组成。总指标可以穿透、钻取到明细指标，比如按地理区域、时间区间、各个分类等进行分项展示。

采购视图可以展示各地理区域的采购分布情况，展示各历史时间段的采购（订单数量维度与订单金额维度）、展示前10名采购商、展示前10名供应商、展示采购的履约进度等。

物料视图可以汇总展示各类物资的金额占比，进一步可以分析重点库存量单位SKU的价格变动指数、不同供应商的供应价、SKU的质量合格率、售后成本分析等，还可以根据SKU的分散程度优化各产品线的设计，提升产品的标准化，提升备件的通用程度，降低售后成本，甚至优化生产流程、装配工艺和产线分工。图4-10所示是某供应链的物资看板。

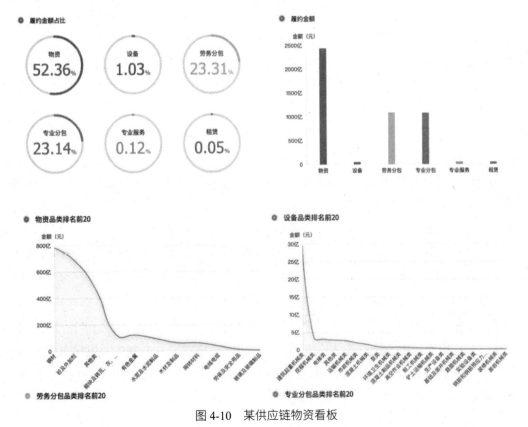

图4-10 某供应链物资看板

供应商视图可展示供应商总量、分类别展示供应商数量、分等级展示供应商数量、展示供应商所在地、供应商订单均价、供应商订单数量、供应商金额占总采购金额的比例、供应商平均交货周期、供应商评价等。通过供应商分析，对战略供应商、常规供应商有足够的认识，评估出供应商储备是否足够，下一步是需要储备供应商还是加大考核淘汰力度。

物流视图可展示物流车辆状态、仓库状态、物流交付效率、物流费用占比等，也可以按发货地、中转仓、目的地等维度展示物流运行状态。

除了整体分析，还可以针对某个项目或者某个物料进行分析。

比如采购项目分析，对比各采购项目的采购周期、合同履约进度、交付周期等指标进行分析。根据采购周期、交付周期优化采购流程，为采购人员绩效评价、供应商评价提供依据。

再如库存分析，分析各物料的库存周转情况、物料占库存金额比重，为采购计划的制订提供依据。

2. 数据降低供应链风险

供应链的风险包括缺货、货期延长、库存滞留天数过长、供应质量风险等。供应链的风险既可以由系统进行主动预警发现，也可以通过数据的分析进行趋势预测。

产业信息共享可以更精确地预测需求。需求预测是供应链的源头，销售预测的灵敏与否直接关系到库存策略、生产安排以及对终端客户的订单交付率。产品的缺货和积压都会给企业带来巨大损失。不论是用指数平滑法、一元回归法，还是各类定性定量的预测分析手段，结合历史需求和当前库存水平建立的预测模型都存在不确定性。企业自身的预测模型数据量少，样本偏差大，把需求预测放在产业维度，数据的模型准确度会得到很大提升。我们来看国内的生猪产业，中国饲料行业信息网显示，2021年6月30日，全国生猪均价为14.49元/千克，2020年6月18日全国生猪价格则为34.45元/千克。价格大幅波动的其中一个原因就是单个生猪企业对需求预测的准确度太低，国内9大猪企市场占有率约为8%，9大猪企内部进行数据共享，预测需求的准确性就会得到提升，也在一定程度上能预防价格的大幅度波动。

供需信息共享可预防库存积压。供需关系既有采购的价格博弈，也有产业的上下游分工与协作，合作既有短期合作，也有长期合作，供需关系成为影响供应链效率和产生供应链风险的重要原因。在产业供应链中，供应商可以对多个采购方开放库存信息，反之，采购方也可以提前共享采购计划给供应商，信息共享能为供需双方的协同提供最直接的应用场景，改善供需关系，降低产业库存，提升物资的周转速度。

引入传感器和自动化管理共享物流仓储信息，提升产业协同效率。物流仓储同样是供应链的重要组成部分，运输货物是否安全、交期是否准确，影响整个供应链的正常运转。通过物联网技术、自动化管理技术，引入物流和仓储管理，并实时将信息共享给上游的发货方和下游的收货方，能够提前洞察风险并形成预案。中储与京东合作推出的"货兑宝"就开放了仓储和物流信息给相关方，将大宗商品流通过程中的仓储、物流、交割、交易、金融、风险管理等环节实现数字化、线上化和智能化，提升产业效率。

3. 数据优化产业效率

供需资源不匹配是产业低效、产业竞争力不强的重要原因。

在相当长的时间里，供应链以线下匹配为主，以企业为中心，数据离散度高，信息失真导致需求错配，形成较大的社会资源浪费。

数据收集消费需求，减少产业浪费。通过直播对商品进行预售，通过智能试衣间收集消费者订单，在第一时间从原始需求方获得订单能减少信息失真，精准进行生产，减少不良库存的形成，缩短交付周期，同时能够预测同类消费者的需求，提升供应链的敏捷能力。

数据精准匹配供给可提升产业效率。我国的消费互联网已浸透到生活的方方面面，形成相对完整的消费大数据，并应用在商品的精准营销、出行趋势预测、内容的精准推送等方面。将消费数据开放给供给侧能够指导供给的品类数量和质量。网约车、共享单车的普及大大缓解了出行难问题，同时带动了约2000万人口就业。

数据全链流转可带动产业升级。数据从割裂在不同的产业段到在产业间流通，能从全产业链的视角优化原材料、需求预测、资源配置、产能分布、生产排程、生产工序、物流仓储方式、销售形式等。这样产业的数据成型就会产生巨大威力。中国的光伏产业、无人机、新能源等产业在全球处于领先地位，核心是我们的产业完整度高，聚集度高，如果能够完成产业数字化，让产业供应链之间的协同更进一步，那么我们的产业竞争力将进一步得到提升。

总之，产业供应链数据将成为产业大脑，在提升产业链竞争力上发挥巨大作用。

第 5 章
产业 + 金融 + 数科——供应链金融趋势

供应链就如同产业的神经系统，金融则被称为产业的血液。供应链与金融相遇会发生什么呢？掌握信息流的科技公司、掌握商品动态的物流公司、掌握商流的核心企业、掌握资金流的金融机构，以及拥有全链交易数据的平台经济体，它们的供应链金融之路有什么差异呢？

5.1 物流金融向供应链金融的演进

在西方发达国家，供应链金融的发展与其他金融业务基本同步。

在 19 世纪中期前，供应链金融业务单一，主要对存货进行质押获得贷款。1905 年，俄国谷物的价格较低时，农民就将收获的谷物抵押给银行，用银行贷款的资金投入后续的生产和生活中。当谷物价格回升时，农民再卖出谷物归还银行本金利息。在期货市场还未完全成型前，当时的农民就通过这种方式获得利润。

到 20 世纪上半叶，供应链金融的种类开始增加，除了库存质押，基于应收账款的保理业务开始出现。和现在保理不同的是，在发展初期相关的法规制度并不完善，部分金融机构与资产评估机构合谋压低应收账款和存货的估值，然后高价出售给第三方中介机构，导致供应链金融市场混乱。1954 年，美国出台了《统一商法典》，明确了金融机构开展存货质押的规则，供应链金融开始步入健康发展的时期。

到 20 世纪下半叶，出现了预付款融资和保险等供应链金融产品，业务呈现全球化、多方化趋势，供应链金融进入了快速发展时期。物流企业深度参与到供应链金融中，除了提供产品仓储、运输等基础性物流服务，还为银行和中小型企业提供了质物评估、监管、处置以及信用担保等附加服务，供应链金融为物流企业拓展了新的业绩增长点。

供应链金融的发展还促进了产业的融合。1998 年，美国联合包裹运送服务公司（United Parcel Service，UPS）收购美国第一国际银行，将其改造成为 UPS 的一个部门，用来提供物流金融服务，转型为供应链金融服务提供商。2005 年，摩根大通银行收购物流公司 Vastera，并在亚洲组建了一支新的物流团队，专门为供应链及分销链提供金融服务和支持，此举被誉为金融供应链与实体供应链的联合。

在国内，虽然供应链金融起步较晚，但是经过不断演进和创新形成了独有的模式。

1. 早期国内的供应链金融以动产及货权质押为主并且业务主要在线下开展

20 世纪 90 年代末，物流金融业务兴起，由国内外资银行与国际物流企业的中国机构合作，为跨国公司和部分中资企业提供仓单融资业务。

2000 年，中信银行与神龙汽车合作搭建神龙汽车经销网络，同时开展厂商、经销商和银行的三方金融业务，这是国内最早的汽车供应链金融业务之一。

2001 年，深圳发展银行在广州和佛山两家分行开始试点动产及货权质押授信业务。广州分行以广州石化为突破口，提供全链条贴现融资，覆盖原油进口、炼油、销售多个环节，当年贴现额达到 60 亿元，利润达到 2400 万元。

物流与供应链金融的结合是大趋势。2004 年，在中国物流创新大会上，物流行业推选出了未来中国物流行业的四大创新领域和十大物流创新模式，其中，"物流与资金流整合的商机"位居四大创新领域之首，而"库存商品抵押融资运作模式""物资银行运作模式""融通仓运作模式及其系列关键技术创新"分别位居十大物流创新模式的第一位、第三位和第四位。如图 5-1 所示，供应链金融包含物流金融。

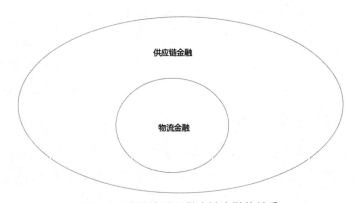

图 5-1　物流金融与供应链金融的关系

2005 年，深圳发展银行推出"1+N"供应链金融模式，其与 3 大物流企业——中国对外贸易运输总公司、中国物资储运总公司和中国远洋物流有限公司签署战略合作协议，为 3 大物流企业的数百家合作企业提供融资，当年创造了 2500 亿元的授信额度，贡献约 25％的业务利润，不良贷款率仅有 0.57％。

2006年，深圳发展银行不仅推出了出口应收账款池融资业务，还推出了国内信用证等供应链金融产品，成为国内首家拥有齐全贸易融资体系的银行。同时，其加入了国际保理商联合会（Factors Chain International，FCI），参加深圳市第二届金融创新奖选拔、出席经济论坛等，扩大其"供应链金融"的影响力。

同样在2006年，浦发银行在大连正式推出企业供应链融资解决方案。企业供应链融资解决方案包括在线账款管理方案、采购商支持方案、供应商支持方案、保税区企业贸易融资方案、船舶出口服务方案、工程承包信用支持方案等。该方案覆盖原材料采购、制造中间过程、产品销售全过程，将供应商、制造商、分销商、零售商、最终用户连成完整的供应链链条，为链条上的多个企业提供融资服务，实现整个供应链的不断增值。

彼时，由于受制于技术发展，各种商业信息难以互通，虚假库存时有发生，各个环节之间仍存在猜疑链，制约了供应链金融的发展。

2. 互联网的发展让商业信息互联互通并加速了供应链金融的发展

2011年，阿里成立重庆阿里小贷，经特批后开始向全国各地的商户发放贷款，同年，阿里不再和任何银行合作供应链金融服务，其推出了独立的供应链金融产品。阿里小贷供应链金融相继开发出阿里信用贷款、淘宝（天猫）信用贷款、淘宝（天猫）订单贷款等微贷产品。

2012年，京东与银行合作试水供应链金融。2013年，京东开始独立做供应链金融，首款产品"京保贝"是具有互联网特点的供应链保理融资业务，京东供应商可以凭借采购、销售等财务数据直接获得融资，放款周期短至3分钟。

2012年，平安银行与深圳发展银行合并。2013年，新平安银行成立了网络金融事业部，将供应链金融模式搬到线上推出橙e网。橙e网金融平台不再是以融资为核心，而是以企业的交易流程为核心，集成了物流、保险、供应链管理等商务服务和综合金融服务，优化全产业链的协同。平安的橙e网给股份银行们开展供应链金融提供了样板。

3. 供应链金融发展伴生的风控和监管难题

2012年，上海钢贸诈骗案爆发。钢贸企业勾结仓库利用虚假仓单质押、空单质押套取银行资金，而银行存在对于钢贸行业冲动放贷、贷前审查不严、抵押品检查与管理不严等问题。银行在钢铁价格大幅下跌时缩贷，最终导致钢贸企业资金链断裂。诈骗案共涉及上百起重复质押、空单质押，导致坏账金额高达100亿美元。

2014年广东纸浆案、青岛港有色金属融资骗贷事件，2018年金银岛爆雷和重庆恒韵医药合同诈骗，2019年承兴控股供应链爆雷，透过这一系列案件，如何建立相应的供应链金融风控体系，促进供应链金融的良性和健康发展，成为大家需要关注的问题。

4. 产业融合使供应链金融的发展呈现多样化

除了早期物流方和金融方主导的供应链金融，更多核心企业、产业平台和科技公司等也参与到供应链金融的建设和运营中。

（1）核心企业推出的供应链金融，比如永辉推出的惠商超、攀钢推出的智慧供应链金融。

（2）产业平台推出的供应链金融，比如筑材网的筑材云链、众陶联的供应链金融。

（3）电商平台推出的供应链金融，比如京东的京保贝、网盛生意宝的网盛e商贷。

（4）软件企业推出的供应链金融，比如用友应收贷和订货贷、联易融供应链金融。

（5）专业的供应链平台推出的供应链金融，比如怡亚通供应链金融、利丰供应链金融。

5. 新技术延伸应用场景使金融科技公司成为新物种

随着新一代信息技术的不断进步，云计算、物联网、区块链、大数据、人工智能等新技术在各行业的落地应用将进一步促进供应链的可信、可视，也会促进供应链金融的进一步创新和发展。

在传统信息技术中，数据以中心数据库进行存储，在数据安全方面存在隐患。区块链技术从最早的比特币应用场景被引入更多行业应用中。IBM推出基于区块链的供应链平台，同时推出开源的Hyperledger Fabric区块链架构，让更多有开发能力的企业能够加入区块链生态当中，推动区块链的商业应用。

在仓储物流中，机器人、物联网和更多技术融合到了仓储和物业的作业中。基于仓储的智能化管理，能大大提升仓储进出效率、分拣速度和盘存精度。基于运输的智能化管理，能实时跟踪货物、运输工具的状态，实现过程的可视化管理。

区块链、物联网、供应链管理、金融科技等多项技术的融合，大大丰富了供应链金融的应用场景。以联易融、蚂蚁科技、京东数科、平安金科为代表的金融科技类公司成为新物种。

5.2 金融供给改革，供应链金融的新机遇

供应链被称为产业的神经系统，金融则被称为产业的血液。

供应链与金融的结合对产业的重要性不言而喻。谈供应链金融，我们先从金融的供给改革说起。

1. 金融供给侧改革为实体经济引流

金融供给侧改革最早可追溯到2015年"十三五"规划，当时规划提出的"金融要素供给侧结构性改革"是金融供给侧改革的雏形。

2017年全国金融工作会议对金融工作提出了两大重要原则："第一，回归本源，服从服务于经济社会发展。第二，优化结构，完善金融市场、金融机构、金融产品体系。"人民银行、工业和信息化部、财政部、商务部、国资委、银监会、外汇局多部门联合下发《小微企业应收账款融资专项行动工作方案（2017—2019年）》鼓励开展应收款融资服务。

2019年2月22日，习近平总书记在中共中央政治局第十三次集体学习时强调深化金融供给侧结构性改革和增强金融服务实体经济能力，此后中国人民银行、中国银行保险监督管理委员会也频频提及金融供给侧改革和服务实体经济，金融供给侧改革推进加快。

中小微企业融资难、融资成本高同样是供给改革直面的问题。

"中小微企业（含个体工商户）占全部市场主体的比重超过90%，贡献了全国80%以上的就业、70%以上的发明专利、60%以上的GDP和50%以上的税收"，然而，小微企业获得的贷款支持仅占1/3。以上这组数据是中国人民银行易纲行长在《第十届陆家嘴论坛（2018）》上的演讲。

2019年4月25日，中华人民共和国国务院新闻办公室（以下简称"国新办"）在降低小微企业融资成本政策例行会议上披露的数据显示，全国银行业金融机构贷款的平均利率为6.87%，现在银行机构之外的放贷机构包括小贷公司、典当行，它们的贷款利率一般在18%以上。由于银行贷款难以获得，小微企业会寻求银行机构之外的融资来源，这也是小微企业利率高的重要原因。

金融供给侧改革本质上是通过金融结构的调整，抑制企业金融化，防范和化解经济脱实向虚的风险，让金融更好地服务实业。

在宏观经济层面上，脱实向虚表现为资金不断流入虚拟经济，引起影子银行体系膨胀、资产价格繁荣，以及实体经济有效投资不足。在微观经济层面上，脱实向虚主要指企业金融化，即非金融企业增加金融资产投资而减少生产性投资的现象。

金融的供给侧改革推出了多项举措，比如发展直接融资、金融业数字化。2020年，我国直接融资存量约占社融规模存量的29%，与美国的80%差距巨大。国家层面，正在筹划全面实行股票发行注册制，建立常态化退市机制，提高直接融资比重。在金融业的数字化和监管风控数字化方面，我国银行业的离柜交易率已接近90%，通过金融数字化可以将小微企业的贷款审批周期从20～30天缩短到"秒申秒贷""立等可到"。

2. 供应链金融是金融供给改革的重要抓手

我们来看国家统计局发布的一组数据。

2020年，规模以上工业企业（即年主营收入在2000万元及以上的工业企业）实现营业收入为106.14万亿元，比2019年增长0.8%。2020年，规模以上工业企业应收账款为 16.41 万亿元，比 2019 年增长了 15.1%；产成品存货 4.60 万亿元，增长了 7.5%。2020 年年末，规模以上工业企业产成品存货周转天数为 17.9 天，比 2019 年增加了 1.2 天；应收账款平均回收期为 51.2 天，比 2019 年增加了 5.8 天。

规模企业的应收账款足够大，平均账期为 51 天，这给供应链金融的开展提供了舞台。传统信贷与供应链金融对比如图 5-2 所示。

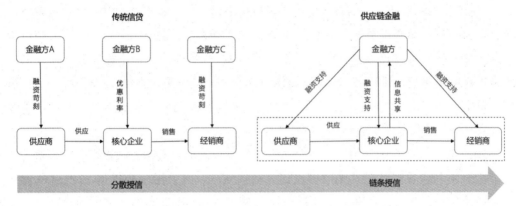

图 5-2　传统信贷与供应链金融对比

业界将 2016 年称为供应链金融苏醒之年。

2016 年 2 月，中国人民银行等八部委印发《关于金融支持工业稳增长调结构增效益的若干意见》（以下简称《若干意见》）。在《若干意见》中，提到了两点与供应链金融有关的内容。

第一，大力发展应收账款融资。推动更多供应链加入应收账款质押融资服务平台，支持商业银行进一步扩大应收账款质押融资规模。

第二，探索推进产融对接融合。探索开展企业集团财务公司延伸产业链金融服务试点。支持大企业设立产业创投基金，为产业链上下游创业者提供资金支持。

供应链金融是通过供应链的核心企业将其信用通过供应链传导给上下游的中小企业，让中小企业获得融资。核心企业为上下游企业提供供应链金融服务，可以在一定程度上加强对供应链上下游的掌握，稳定自身供应链，在与其上下游企业协同的过程中还可以逐步建立行业生态，形成行业生态圈。中小企业可以获得成本较低的融资，账期虽然依然存在，却不会再过度影响中小企业的生产经营，减少了账期存在对中小企业造成的风险。

3. 供应链金融野蛮生长的风险

2018 年 10 月 8 日，华业资本公告称关联方重庆恒韵医药有限公司涉嫌伪造印章，虚构与医院的应收账款债权交易，可能导致公司遭受重大资产损失。华业资本从 2015 年开始引入医疗金融供应链业务，其通过资管计划、合伙企业、信托计划等金融产品以折扣价收购供应商向三甲医院提供药品、设备、耗材等产生的应收账款,三甲医院会于到期日将按应收账款原值归还资金,从而实现投资收益。华业资本截至2018年10月的应收账款为101.89亿元,全部为从重庆恒韵医药有限公司受让取得。

2019年,承兴控股供应链爆雷搅动了国内财富管理圈。承兴控股先从上游企业A采购一批3C产品(主要是苹果系列产品),再以较低价格出售给大型电商平台,以此"换取"大量应收账款凭证与采购合同并向金融机构申请基于应收账款的供应链金融融资,在融资完成后,承兴控股找关联机构B以高价"回购"这批3C产品。通过关联机构的高卖低买进行刷单循环操作,将价值百万的3C产品刷量到千万贸易额,以此形成千万应收账款额度,进而获得供应链融资。承兴的供应链金融服务方为美股上市公司诺亚财富,金额高达34亿元人民币,同时将3C电商平台京东和苏宁卷入其中,引发财经媒体和整体财富圈的关注。

2019年,福建省闽兴医药有限公司涉嫌伪造福建医科大学附属协和医院公章,自行虚构材料和应收账款等,骗取多家信托公司款项,涉及融资规模逾22亿元。2019年7月,关联方福建协和医院称,其与闽兴医药之间不存在高达亿元的应收账款,实际在闽兴医药的采购总额仅为147.2万元,现在仅仅欠闽兴医药21 620元。

从以上3个供应链金融爆雷的案例不难看出,应收款转让方通过伪造合同、供货凭证、发票等信息,给资金提供方带来了巨大的经济损失。

在供应链金融中的风险主要集中在以下几个方面。

(1)核心企业的信用风险。核心企业是供应链金融的主体,受宏观政策、全球贸易环境、大宗商品价格波动等影响,核心企业的信用随之变化会影响整个供应链金融的风险控制。

(2)交易的真实性风险。要预防虚构交易和虚构物流,或者通过虚假仓单、重复质押骗取资金。过往的金融爆雷案例大多数与交易造假有关联。

(3)质押物安全风险。要预防融资方通过资产的转移,或者一单多押,获得更多融资,这也是过往金融爆雷案例中重要的风险点之一。

(4)自保自融风险。要预防融资企业通过关联方担保或者实施动产监管骗取资金。

4. 国家层面开始规范供应链金融的管理

2019年,银保监会向各大银行、保险公司下发《中国银保监会办公厅关于推动供应链金融服务实体经济的指导意见》(以下简称《意见》)。《意见》强调要坚持交易背景真实,严防虚假交易、虚构融资、非法获利现象;坚持交易信息可得,确保直接获取第一手的原始交易信息和数据;坚持全面管控风险,既要关注核心企业的风险变化,也要检测上下游链条企业的风险。

2020年,中国人民银行等八部委联合下发《关于规范发展供应链金融支持供应链产业链稳定循环和优化升级的意见》(银发〔2020〕226号,以下简称"226号文")。"226号文"首次明确了供应链金融的内涵是指从供应链产业链整体出发,运用金融科技手段,整合物流、资金流、信息流等信息,在真实交易背景下,构建供应链中占主导地位的核心企业与上下游企业一体化的金融供给体系和风险评估体系,提供系统性的金融解决方案,以快速响应产业链上企业的结算、融资、财务管理等综合需求,降低企业成本,提升产业链各方价值。"226号文"被业界称为供应链金融的纲领性文件。

5. 供应链金融的多个场景应用被开发

线上化的供应链金融要结合不同行业和不同应用场景,推出针对性的解决方案。每个行业的供应链模式、行业特性、物资周转周期都不相同,应区别对待、差异化处理,这将促使供应链金融形成不同行业的精准化、精细化的解决方案。

以农业供应链金融为例,如图5-3所示。

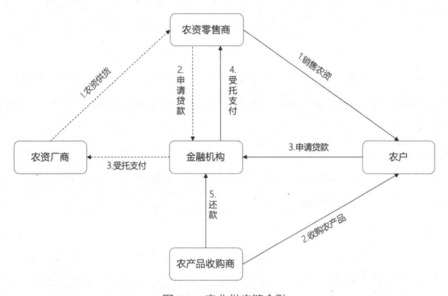

图5-3 农业供应链金融

在农业产业链中,农资厂商、农资零售商、农户、农产品收购商构成了农业产业链主体,各参与主体将产品或服务提供给上下游企业,形成了物流服务流和资金流的双向循环,从而形成了农业供应链。农业供应链各环节的资金需求就是农业供应链金融的基础。

农业供应链金融改变了传统农村授信业务单户考察、单笔监测、自上而下的点对点模式,站在农业供应链全局的角度,根据当地优势农业和特色农产品,以供应链的核心企业为中心,捆绑上下游中小企业,提供支持农业供应链的系统性金融解决方案。这种运作方式通过供应链的信用转移作用来支持供应链各个成员,既有助于解决处于相对弱势的上下游配套中小企业和农户的融资难问题,也有助于提升整个供应链的运行效率和竞争能力。

以建筑业供应链金融为例，如图5-4所示。

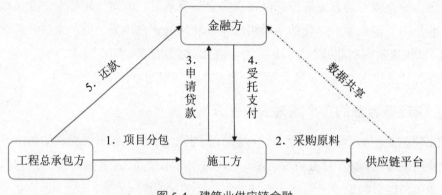

图5-4 建筑业供应链金融

大型建筑企业承接工程基建类项目，通常采用工程总承包（engineering procurement construction，EPC）模式，负责工程的设计、采购、建设的一条龙服务。大型建筑企业接到工程总承包之后，又会将项目拆分成多个标段，交由设计单位、土建施工单位、建筑安装单位、装饰单位等机构进行分包。大型建筑企业可以得到银行的授信和融资支持，而小型的供应商则面临融资困难和融资成本高等问题，通过供应链金融则能解决这个问题。

工程总承包方将项目分包给施工方，施工方正常开始施工，引入金融方为其提供资金支持。当施工方根据施工需求提出材料购买、设备租赁、劳务工资发放等借款申请的时候，由施工方在供应链平台采购，金融方支付所需资金，金融方支付的资金由工程总承包方进行还款。

供应链金融还能促进产业和金融的深度结合，这也是金融供给改革的重要目标。金融方通过供应链金融的平台，与实体企业深度连接和紧密协同，能帮助资金更精准地流向实体经济。

5.3 百舸争流——各主体争相布局供应链金融

"金融是社会经济发展的血液。"这是2017年5月14日，习近平主席在"一带一路"国际合作高峰论坛开幕式演讲时指出的。

供应链金融整合的是产业链的商流、信息流、物流、资金流，这决定了供应链金融建设的主导方，要么是掌握商流的核心企业，要么是掌握信息流的软件企业或产业平台，要么是掌握物流的物流服务企业，要么是掌握资金的金融服务企业。

根据万联供应链金融研究院和中国人民大学中国供应链战略管理研究中心联合发

布的《2019 中国供应链金融调研报告》的数据显示：供应链管理公司、B2B 平台和商业银行规模占据市场前三，合计占比为 56.86%，如图 5-5 所示。

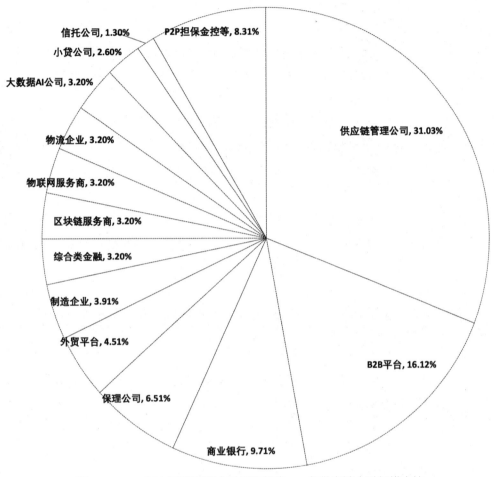

图 5-5　2019 年中国供应链金融调研报告——各供应链金融规模占比

1. 核心企业主导的供应链金融

在供应链中，居于优势地位的核心企业，通过长期经营形成了稳定的供应链体系，它们要么引入金融机构，要么取得相应金融牌照，建设供应链金融，为产业链的上下游关联企业提供金融服务。这类供应链金融服务脱胎于核心企业所在行业，具有明显的行业特征，可以根据行业的周期规律、企业资金需求特点提供更灵活的金融服务。

核心企业在供应链上能获得采购、销售、运输、仓储等全链条的数据，这使得其提供的供应链金融服务内容更丰富，比金融机构或物流机构打造的供应链金融服务更多元化。与金融机构和物流机构的单业务属性不同，核心企业需要维系上下游伙伴关系，要兼顾产业、金融双重收益，实现多方参与、协同多赢的目标。同样，核心企业对产业链的商流、信息流和物流都具备一定的掌控力，其风控方式更灵活多样，除了金融机构常规手段，还可以采取如订单抵押、融资租赁等措施，也可依据其融资人的信用水平适当简化风控方式。

永辉的供应链金融就是核心企业主导的供应链金融的代表。

永辉是国内知名的零售企业，其拥有近千家供应商，永辉对供应商的应付账期在55天左右。结算周期长加大了供应商对资金周转的需求；另外，当永辉新开门店或者进行节假日促销时，供应商铺货量变大，同样会增加供应商的资金需求，针对此类需求，永辉推出供应链金融服务。

"惠商超"是永辉金融应收账款融资模式的代表产品，其基于零售业上下游产业链的真实贸易行为，以贸易合同产生的应收账款为基础为中小微企业提供融资。"惠商超"产品的注册、融资、放款、还款等，全部通过线上完成，为融资方提供应收账款质押模式和保理模式两种融资选择。

永辉的供应链金融除了服务自身经营，还进行对外输出。2017年3月6日，永辉金融和中粮福临门食品营销有限公司签订"总对总"经销商融资服务合作协议，采取应收账款质押融资的方式解决中粮经销商、零售商、直销粮油店、团购合作伙伴等中小企业及个人的融资难、资金周转不畅等问题。由中粮提供优质财务数据、合作往来记录、进货量等多维度信用数据，永辉金融基于数据进行融资额度测算。

2. 信息化厂商撬动的供应链金融

随着企业信息化程度的提升，为企业提供信息化系统的服务商掌握企业经营信息，它们引入金融机构，为企业提供金融服务。

比如，用友、金蝶、管家婆等管理软件厂商，通过多年积累沉淀大量的商家信息、商品信息、会员信息、交易信息等数据，基于这些数据构建为企业提供金融服务。比如，早期京东、天猫提供的商家贷，同样以电商平台对企业经营数据的掌控提供金融服务。

单个企业的 ERP 软件记录的是企业的商品、会员、库存、订单、合同等商业数据和经营数据。交易平台则由多方联动交易，数据的流转节点更多更真实可信，甚至可以用数据追溯来证伪，确保交易的真实性。这些数据可以降低风险控制的难度，也可以为开展供应链金融提供便利。

3. 物流企业主导的供应链金融

物流是供应链闭环的重要组成，从原材料采购到成品交付都离不开物流的支持。物流企业推出的供应链金融，掌握了货的流动过程，连接了上下游的关联企业，这是它的优势所在，也是供应链金融早期都以物流金融为主的重要原因。

物流企业主导的供应链金融有以下优点。首先，物流企业有完整的控货能力，尤其是在以存货抵押为主要形式的供应链金融中具有绝对的优势。其次，物流企业切入供应链金融领域，开辟了新的增值业务，如价值评估、质押物担保授信等，为企业增加了新的利润空间，同时也促进了金融机构与企业之间的合作。

同样，物流企业开展供应链金融也存在局限性。首先，中国大多数物流企业的配送网络不完善，智能化适度低，物流企业的资信不够高，对实物的实时监管能力差。其次，物流企业对资金流、信息流的掌控能力小，能开展供应链金融的服务种类受到制约。

顺丰金融是物流企业主导的供应链金融的代表。2015年年初，顺丰集团组建了金融服务事业部，提供基于货权的仓储融资、基于应收账款的保理融资、基于客户经营条件与合约的订单融资和基于客户信用的"顺小贷"。

4. 金融企业主导的供应链金融

金融企业主导的供应链金融主要围绕大型核心企业展开服务。

商业银行和股份银行有着资本体量、融资成本、网点布局、资金管控等方面的优势，可以为核心企业上下游提供多元化的融资服务。服务内容侧重于金融服务，包括应收账款质押融资、反向保理、流动资金贷款、开立信用证、支付结算等。由于存在信息不对称壁垒，金融机构习惯为信用较高的买方企业提供供应链金融业务，并采用应收账款质押、仓单质押、对授信企业实施准入等措施来控制风险。

商业银行和股份银行的关系相当于左手消费金融拥抱消费互联网，右手供应链金融拥抱产业互联网。

工行的工银e信、农行的e账通、建行的善融链通、中行的融易达、交行的票据大掌柜，都是供应链金融类产品。股份制银行则各显其能。比如浦发银行致力于打造具有特色的供应链金融平台，并与中国移动、神龙汽车、中远物流等多家核心企业和物流公司合作，实现信息流、物流和资金流的整合。光大银行推出阳光供应链云平台，专门针对龙头企业及其供应商打造全流程在线供应链金融综合服务平台。渤海银行与中交建合作开展供应链融资业务。兴业银行打造了兴享票据池、U+保理、兴财通3大交易平台，构建供应链金融生态。

足够体量的应收账款市场支撑着实体经济的资金需求，这让供应链金融成为各商业银行重点发力的方向。

5. 金融科技公司主导的供应链金融

金融科技公司是一种新物种，要定义它们的形态似乎还比较难，但我们可以先从现象出发。

2018年，北京京东金融科技控股有限公司更名为京东数字科技控股有限公司（现名为京东科技控股股份有限公司）。

2019年，深圳前海联易融金融服务有限公司更名为联易融数字科技集团有限公司。

2020年,浙江蚂蚁小微金融服务集团股份有限公司更名为蚂蚁科技集团股份有限公司。同年,360集团将其旗下的360金融品牌升级为360数科。

众多企业在名称上去金融化,但主营业务仍然离不开金融,这类企业我们不妨仍然称其为金融科技公司。

联易融招股书显示,国内四大供应链金融解决方案的市场占有率分别是联易融20.6%、蚂蚁集团19.8%、京东数科15.9%和平安一账通6.9%。如表5-1所示为联易融招股书供应链金融市场占有率。

表5-1 联易融招股书供应链金融市场占有率

排名	公司	交易量/人民币十亿元	市场份额/%
1	本公司	164	20.6
2	A公司	158	19.8
3	B公司	127	15.9
4	C公司	55	6.9
5	D公司	45	5.7
	小计	549	68.9
	其他	247	31.1
	总计	796	100.0

联易融通过与龙头企业合作来提供供应链金融解决方案,核心企业客户主要来自房地产行业、能源业、建筑业、医药业和制造业,代表客户有采筑、国家能源集团、河南投资集团等。其中采筑是由万科、中城投资、中天集团等企业共同发起成立的建材B2B采购交易平台,联易融为其提供供应链金融服务。

蚂蚁集团和京东科技主要依托其关联公司的电商和物流生态发展供应链金融,其关联的生态平台可以将物流、资金流、信息流打通,帮助供应链金融业务进行风险控制。

比如,蚂蚁金服与易果生鲜合作,整合农村淘宝、天猫超市、菜鸟物流等阿里生态资源,提供"金融+电商+农业生产"的互联网农产品供应链和供应链金融解决方案。京东的"京小仓"则整合京东物流的数据,为入驻京东仓储物流的企业提供"入库即融资"的动产融资服务。根据销售淡旺季、畅销度等因素合理分配在库商品的质押比例,进行动态化的质押融资服务,加速企业资金流转。

此外,对外输出供应链金融能力也是部分供应链金融先行者的业务增长点。2019年,网盛生意宝与蚌埠市人民政府合作成立的蚌埠供应链金融服务中心正式启动,并组建了国内首家混合所有制B2B供应链公司。这是政府在供给侧改革中的有效尝试,也是企业供应链金融能力的输出。

6. 全链路金融解决方案

2019年3月14日，在第三届中国供应链金融年会上，中国人民大学商学院副院长宋华对供应链金融提出广义供应链金融的概念。"大家对供应链金融有两个不同的观点，甚至国际上也在争论这个问题。一个是狭义的供应链金融，一个是广义的供应链金融。狭义的供应链金融是什么呢？基于供应链运营面向特定环节中的特定中小企业展开短期的资金信贷，比如保理、反保、动产抵质、仓单质押。特点是点对点的关系，只不过是把点对点的关系置于供应链金融的场景下看。我们谈的供应链金融是狭义的供应链金融。"供应链和供应链金融如表5-2所示。宋华认为，广义的供应链金融应该优化整个供应链的资金，而不是做资金信贷。"事实上今天的供应链金融是一个广义的供应链金融。大家关注的话会看到，包括美国、欧洲在做供应链金融的时候，越来越多的从狭义的供应链金融转向广义的供应链金融。广义的供应链金融是什么呢？不只是针对供应链中某一特定的企业，而是供应链中所有的参与方。目的不仅仅是融资，而且是通过各种金融手段来优化整个供应链中的资金流。目的发生了改变，所以这就使得我们要注意一个问题，供应链金融不仅仅是融资，因为在当今大多数情况下，在谈论供应链金融的时候，都在谈资金借贷，实际上供应链金融不完全是资金借贷。"

表5-2 供应链和供应链金融

供 应 链	供应链金融
狭义供应链管理： 整合上下游的商流、信息流、物流、资金流等要素资源，以确保产品交付效率为目标的活动	狭义供应链金融： 以供应链核心企业为依托，点对点地为上下游企业提供资金信贷支持
广义供应链管理： 以产业链条为纽带，整合全链路资源和生产要素，促进产业间协同、共享，以产业效率最大化和提升产业竞争力为目标的活动	广义供应链金融： 以产业供应链为依托，优化产业全链路的资金流

广义的供应链金融需要全链路的金融解决方案来支撑。为全链路金融解决提供支撑的是什么呢？就是产业供应链。

5.4 供应链金融常见的3种模式

通常，中小企业的现金流缺口发生在采购、经营和销售3个阶段，与这3个阶段对应的供应链金融分别是预付款融资、动产质押融资和应收款融资。

1. 预付款不是品牌商缺钱而是捆绑经销商

在品牌零售体系中，具有较强实力的品牌商往往利用自身的优势地位要求下游的经销商支付预付款或订金，商品价格波动也给经销商带来资金缺口。比如，家电行业的格力电器、白酒行业的茅台集团、快消品行业的娃哈哈、汽车行业的吉利汽车等品牌，都要求经销商支付预付款。

品牌厂商要求经销商支付预付款，不是品牌厂商缺钱，而是基于其商业利益设计。

在零售领域，一个经销商通常代理多个厂商的品牌，比如李宁的代理商可能同时代理耐克和阿迪达斯；乐百氏的代理商可能代理康师傅和加多宝。品牌商为了让经销商尽可能多销售自家厂商的商品，会对经销商设计一套严格的考核体系。比如订货满指定金额获得奖励，销售完成指定金额获得返点，完成不了销售任务则会被清出经销体系。

在品牌零售领域，比较有代表性的模式是娃哈哈的联销体。

娃哈哈联销体基本构架为：总部→各省区分公司→特约一级批发商→特约二级批发商→二级批发商→三级批发商→零售终端。与娃哈哈集团直接发展业务关系的为一级批发商。娃哈哈的一级批发商先给娃哈哈打进年销售额10%的预付款，娃哈哈为预付款支付利息。每月进货时先结货款，娃哈哈后发货。同时，规定销货指标，年终返利，完不成任务者动态淘汰。通过锁定批发商的资金，进而达到锁定批发商的人力资源、渠道资源等，激发经销商卖更多娃哈哈的商品。

一级批发商在对二级批发商铺货时，或者扩大销售网点时，会遇到资金短缺现象，就引入了预付款融资。

2. 预付款融资是用未来的存货融资

预付款融资的基础是预付款背后享受的提货权，客户提货后可以进行生产组装、批发、零售，形成新的现金流。预付款融资要确认的是双方基于预付款形成的销售合同。金融方根据预付款的比例，以及合同主体商品的价值，对融资进行整体评估。需要注意的是预付款关联的商品实际上是期货商品，所以会受到外部诸多因素的限制，比如上游的产能、下游消费市场的变化等，都会影响商品的保值性。以服装行业为例，2020年春季，很多品牌厂商的期货订单保值性很差，预付款融资评估的风险就会变大。同样，在2020年1月，如果客户手上有口罩机或者熔喷布的预付款及相关合同，这类资产就是硬通货。

预付款融资运用比较多的是先款后货融资。由买方在向资金方缴纳一定比例保证金之后，从资金方获得融资并向卖方支付全部货款。卖方依约向买方发货，货物到达后设定质押作为对资金方的担保。买方向资金方分批支付货款，分批提货。这里的买方通常是经销商，而卖方更多的是品牌商，也是供应链的核心企业。

预付款融资业务流程如下,如图 5-6 所示。

(1)双方达成买卖协议,由买方(经销商)向卖方(核心企业)支付预付款。

(2)买方向金融方申请融资,并缴纳一定数额的保证金。

(3)金融方向卖方支付货款,这样买方就用很少的钱让金融方支付货款。

(4)卖方在收到货款后安排生产并向买方发货。

(5)买方在获得货物后,通过销售回笼资金并向金融方付清货款。

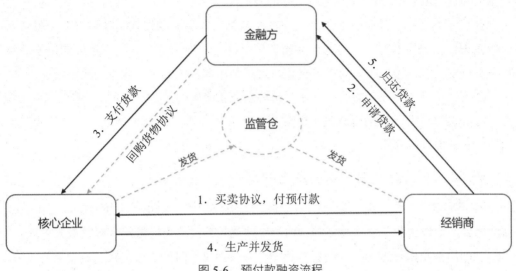

图 5-6 预付款融资流程

在实际业务操作中,要考虑风险的控制。比如,为了防止买方反悔,买方一般会和卖方签订回购协议,一旦买方违约或其他原因导致无法支付货款,卖方必须回购标的货物。或者从控制风险的角度,买方可能会指定第三方(监管仓)保管货物,以防止卖方违反约定发货。还有付预付款的形式不限于货币现金,还可以是票据、信用证等。最后买方一般是分期向买方还清货款,资金方按照买方每期偿还的货款向买方分批发货。也就是说,预付款融资具有将一次性付款变分期付款的功能,这有效缓解了买方的资金困难。

3. 信用证开立也是预付款融资的一种

在贸易中,采购方与供应商签订销售合同,由采购方向开证银行开立信用证,信用证受益人为供应商,开证成功后通知受益供应商。供应商收到信用证开证通知可以进行销售合同的履约,合同履约完成后双方使用信用证进行结算。信用证的好处是对采购方而言预先开立了信用证对销售合同进行背书,解决了供应商收款的后顾之忧,确保整个合同能够履约。

通过预付账款融资,中小企业不必一次性支付全额货款,分批支付货款分批提货有效缓解了全额购货带来的短期资金压力。另外,对金融机构来说预付款融资模式以供应链上游核心企业承诺回购为前提条件，由核心企业为中小企业融资承担连带担保责任，从而大大降低了金融机构的信贷风险，同时也给金融机构带来了收益。

预付款融资帮助弱势的买方解决了先款后货的资金缺口，应收账款融资则帮助弱势的卖方在先货后款中填补资金缺口。两种供应链金融模式实际上映射了物理世界中两种不同的商业关系，同样这种关系也会实时地变化。以某电器商为例，其针对区域经销商采取的是先支付预付款然后再提货的方式；某电器入驻国美或者苏宁这类商场要免费铺货，还要给商场 60 天甚至更长的账期。

在现实商业中，品牌商（卖方）往往比较强势，会要求经销商（买方）先付款后交货或先付款再生产时，买方就容易出现资金缺口，当然有时候买方也可能出于获得优先发货权、折扣等目的先向卖方付款，这是预付款融资的主要应用场景。

在现实商业中，强势的买方往往是核心企业（比如国美、苏宁），下游供应商（卖方）对其渠道具有较高的依赖度，因此买方就会占用卖方的资金产生大量的应收款，这个将在后面进行介绍。

4. 动产质押融资是缓解融资难的良药

在日常运营阶段，中小企业因为库存、销售波动等原因积压大量存货，占用大量流动资金，造成企业资金周转困难。动产质押就是针对这类场景的供应链金融模式。

动产质押是银行以借款人的自有货物作为质押物，向借款人发放授信贷款的业务。该模式主要是以动产质押贷款的方式，将中小企业的存货、仓单、商品合格证等动产质押给银行而取得贷款。动产质押模式将"死"物资或权利凭证向"活"的资产转换，加速动产流动，缓解了中小企业的现金流短缺压力，提高中小企业的运营能力。

由于原材料、产成品等动产的强流动性以及法律对抵质押生效条件的规定，金融机构在对动产的物流跟踪、仓储监管、抵质押手续办理、价格监控乃至变现清偿等方面面临很大的挑战，这给金融机构贷款带来了巨大风险，也是金融机构不愿意对动产提供融资服务的重要原因。

供应链金融中动产质押融资模式引入了对核心企业的回购进行风控，以对冲传统金融机构对动产监管和变现清偿难问题。

供应链金融的动产质押融资模式由银行等金融机构接受动产作质押，核心企业进行担保，物流企业参与监管。金融机构与核心企业签订担保合同或质物回购协议，约定在中小企业违反约定时由核心企业负责偿还或回购质押动产。物流企业提供质押物的保管、价值评估、去向监督等服务，弥补金融机构这块能力的短板。

动产质押融资具体的运作模式如下，如图 5-7 所示。

（1）中小企业向金融机构申请动产质押贷款。

（2）金融机构委托物流企业对中小企业提供的动产进行价值评估。

(3)物流企业进行价值评估,并向金融机构出具评估证明。

(4)动产符合质押条件,金融机构核定贷款额度,与中小企业签订动产质押合同,与核心企业签订回购货物协议,与物流企业签订保管监督合同。

(5)中小企业将动产移交物流企业,交物流方验收。

(6)物流企业对动产进行验收,通知金融机构发放贷款。

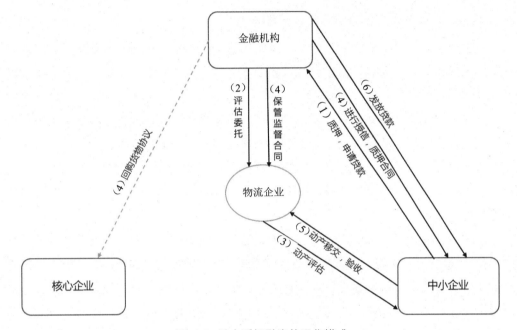

图 5-7　动产质押融资的运作模式

随着市场竞争和客户需求的发展,动产质押融资模式衍生出静态动产质押和动态动产质押等模式。

(1)静态动产质押业务是指借款企业不得随意提取或更换其已质押给商业银行的货物,除非补入保证金、归还银行授信或者增加其他担保。

(2)动态动产质押业务是指银行在动态动产质押中除了对借款企业的货核定质押率并给予一定比例的授信金额,还会根据存货的价值核定最低价值控制线,当货物价值在控制线之上时,借款企业可自行向第三方物流企业提出提货或者换货的申请;当货物价值在控制线之下时,借款企业必须向银行提出申请,第三方物流企业根据银行的指令进行提货或换货操作。

动产质押也可以用仓单质押模式进行操作。仓单质押又分为标准仓单质押和非标准仓单质押两种模式。

(1)标准仓单由期货交易所统一制定,由期货交易所指定交割仓库完成入库商品的验收、确认合格后签发给货主并在期货交易所注册生效提权凭证,标准仓单经期货交易所注册后,可用于进行交割、交易、转让、抵、质押和注销等。标准仓单质押是指商业银行以标准仓单为质押物,给予符合条件的借款人(出质人)一定金额融资的授信业务。

(2)非标准仓单由银行评估认可的第三方物流企业出具,以生产、物流领域有较强变现能力的通用产品为形式表现的权益凭证。非标准仓单质押是指商业银行以非标准仓单为质押物,给予符合条件的借款人(出质人)一定金额融资的授信业务。

5. 电子仓单的规范化促进仓单融资

2021年6月4日,国家发改委发布2021年第5号公告,自2021年7月1日起,《大宗货物电子仓单》(标准号WB/T 1106-2021)、《大宗货物电子运单》(标准号WB/T 1107-2021)推荐性行业标准实施。

《大宗货物电子仓单》行业标准规定了大宗货物电子仓单数据元与大宗货物电子仓单报文格式。标准的推行为大宗货物的仓储、交易、金融等相关行业提供了规范、完整、合理、统一的标准,有助于相关行业的系统互联和管理,提升链条的运营效率,同时也方便国家对大宗货物仓储、交易、融资等行业的数据掌握,有助于提升决策,促进供给改革。

2021年1月,山东奥麦瑞国际贸易有限公司通过铁矿石进行电子仓单质押,在恒丰银行成功融资2352万元,该笔业务从申请到资金到账仅用时5个小时。融资快得益于数据的高度共享。恒丰银行依托大商中心的电子仓单确权交易平台开发了在线融资功能,可以实现线上确权、交易和流转。企业申请仓单融资时,银行方的平台可以实现授信、用信、仓单质押管理、货物交易等全流程线上操作,提升效率。

当然,电子仓单还有一个重要作用就是提升交易效率,这部分内容将在第7章中进行介绍。

6. 应收款融资是应用最广泛的供应链金融

据中国人民大学中国供应链战略管理研究中心调研数据显示,2018年,有60%的供应链金融服务企业开展了应收账款融资;其次为订单融资,开展比例为39%;预付款融资开展比例为38%;有32%的企业开展了存货质押融资;26%的企业开展了纯信用贷款融资业务;依托核心企业开展的上游担保融资业务比例为24%。

也就是说,应收款融资在多种供应链金融模式中应用得最多。

在销售阶段,如果面对的是具有较强实力的购货方,上游企业会先铺货再收款,货款回收期较长,给企业带来流动资金短缺的风险,应收账款融资模式适用于此类场景,如图5-8所示,制造商对品牌企业,先交货再收款,产生应收款就可以使用应收款融资;品牌企业对零售商城,先铺货再收款,产生的应收款同样可以使用应收款融资。

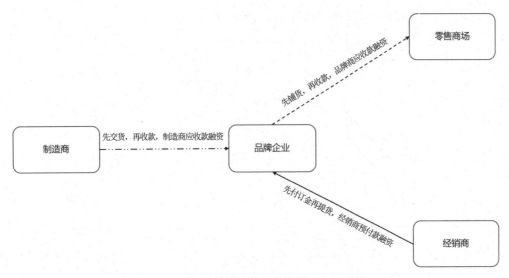

图 5-8　预付款融资与应收款融资应用场景

应收款融资指的是卖方将赊销项下的未到期应收款转让给金融机构，由金融机构为卖方提供融资的业务模式。基于供应链的应收款融资，一般是为供应链上游的中小企业融资。中小企业（上游债权企业）、核心企业（下游债务企业）和金融机构都参与此融资过程，核心企业在整个运作中起着反担保作用，一旦融资企业（中小企业）出现问题，核心企业将承担弥补金融机构损失的责任；金融机构在同意向融资企业提供贷款前，仍然要对企业进行风险评估，只是把关注重点放在下游企业的还款能力、交易风险以及整个供应链的运作状况上，而不仅仅是对中小企业的本身资信进行评估。

在该模式中作为债务企业的核心大企业，由于具有较好的资信实力并且与银行之间存在长期稳定的信贷关系，因而在为中小企业融资的过程中起着反担保的作用，一旦中小企业无法偿还贷款，也要承担相应的偿还责任，从而降低银行的贷款风险。同时，在这种约束机制的作用下，产业链上的中小企业为了树立良好的信用形象，维系与大企业之间长期的贸易合作关系，就会选择按期偿还银行贷款，避免违约现象的发生。基于供应链金融的应收款融资模式，帮助中小企业克服了其资产规模和盈利水平难以达到银行贷款标准、财务状况和资信水平达不到银行授信级别的弊端，利用核心大企业的资信实力帮助中小企业获得了银行融资，并在一定程度上降低了银行的贷款风险。

应收款融资的运作模式如下，如图 5-9 所示。

（1）中小企业（上游供应方）与核心企业（下游采购方）进行货物交易，核心企业向中小企业产生应收款单据。

（2）中小企业用应收款单据申请融资，提交给核心企业。

（3）核心企业同意应收款融资，做出付款承诺。

（4）中小企业用核心企业的付款承诺向金融方提交应收款融资。

（5）金融方发放贷款给中小企业。

（6）核心企业按约定归还贷款。

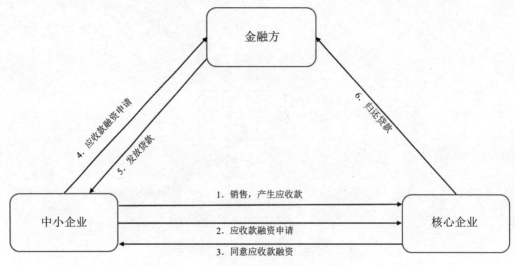

图 5-9 应收款融资的运作模式

7. 商业保理是应收款融资的一种形式

商业保理是指债权方将应收款转让给保理公司获得资金，由保理公司向债务方催收账款。保理业务又分为明保理和暗保理。

如果债权方在转让债权的时候通知债务方并与保理方进行确权，这种就是明保理，如图 5-10 所示。相反，如果债权方在转让债权给保理方时没有向债务方通知和确权，就属于暗保理。在我国的法律规定中，明确要求卖方在转让债券的时候需要通知债务方。但是，在实际操作时三方确权的操作并不容易，这也是导致之前重庆恒韵医药有限公司、福建省闽兴医药有限公司爆雷的重要原因。

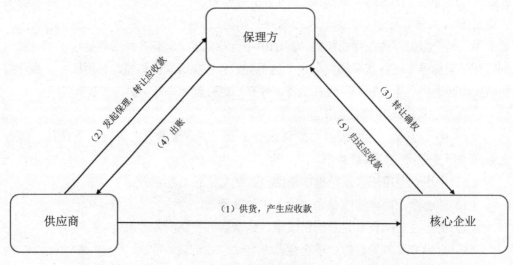

图 5-10 明保理业务

5.5 防患于未然——供应链金融避雷指南

庞大的应收款市场,广阔的蓝海市场,吸引着各路金融机构、各行业核心企业、各类 B2B 平台以及金融科技公司纷纷入局供应链金融,人人争着尝鲜。

但是,供应链金融领域一半是火一半是冰。近几年屡屡爆雷的供应链金融给企业和行业带来了巨大损害,成为行业发展不可承受之痛。那么如何防患于未然,这是所有供应链金融相关企业都关注的一个话题。

供应链金融由产业＋金融＋数科组成,产业是基础,金融是核心,数字科技是交易载体,这使得供应链金融具有产业及上下游的风险、金融信用风险等。

1. 供应链金融爆雷常见的风险

其一,交易真实合法风险。自偿性是供应链金融最重要的特点,自偿性则基于真实交易。一旦交易背景的真实性不存在,出现伪造合同、伪造应收款、虚假质押、质量有瑕疵质押等情况,金融方在没有核实真实性的情况下盲目授信就会面临巨大的风险。

法律只保障合法的经营业务。所以,供应链金融关联的业务、物品本身是否受法律保护是关键。交易的合法性具体体现在应收款的合法性、质押物的合法性、交易合同本身的合法等几个方面,这是供应链金融风控的大前提。

其二,相关方信用风险。在供应链金融中,核心企业是供应链的链主,整合供应链商流、物流、信息流和资金流。金融方正是基于核心企业进行信用增级,对上下游中小企业开展授信。所以,核心企业的经营状况对上下游企业的生存状况有着关键影响。一旦核心企业信用出现问题,必然扩散到上下游,影响供应链金融的整体安全。

供应链金融通过设计机理弱化了上下游中小企业自身的信用风险,但作为直接融资主体的中小企业,本身偿债力弱,守信约束力不强,这是重要的评估风险。

其三,业务操作风险。操作风险是当前业界普遍认同的供应链金融业务中最需要防范的风险之一。

具体来讲,如何设计自偿性的交易结构,如何对商流、物流、信息流和资金流进行有效控制,如何引入独立的第三方监管,这些业务操作对供应链金融从业人员的专业能力提出了很高的要求。

通常预防操作风险应该把握以下几个关键阶段。

(1)尽职调查阶段,核查相关方资信和贸易真实性。

(2)操作设计阶段,确保交易和合同的合法性,以及流程的严谨性。

(3)贷中管理阶段,预防单据造假、一单多押等违规行为。

（4）贷后回收阶段，监督资金回收，预防客户挪用款项。

其四，物流监管风险。在供应链金融的动产质押融资或仓单融资方面，金融方需要引入仓储物流机构对质押物进行评估和监管。这对仓储物流机构的专业性和经营管理是一个考验。

实际履行质押物监管的仓储物流方，由于自身经营不当、保管不尽责等导致质物损失，或者出于自身利益，与外部人员勾结出具无实物仓单向金融方骗取资金。

此前爆雷的多起案件都与虚假仓单有关，是通过外部人员与仓储单位勾结开具仓单骗取票据承兑所引起的。

其五，外部环境波动风险。外部环境不确定性主要是指由于利率、汇率、股市和商品价格等市场要素波动而引起的，使金融产品的价值或收益具有不稳定性的风险。

供应链活动本身涉及国内外的贸易和金融结算方面。商品本身价格的波动、金融产品的利率波动、不同币种汇率波动都是供应链金融的风控要素。

此外，政治环境、贸易政策、恶劣天气、流行病毒、运河堵船等不确定因素，同样会给供应链金融的风控带来更多复杂性。

2. 科技避雷——供应链金融的平台化、智能化

回顾国内供应链金融爆雷事件，主要与以下几个方面有关：票据或应收款造假、仓单造假或一单多押、交易造假、保理业务未进行确权、大宗商品价格波动等。

从理论上来讲，供应链金融的参与方多，要多个参与方合谋才能造假，造假的成本比较高。但是，在供应链金融发展早期，很多业务是在线下开展的，凭证的核验难度大，这成为供应链金融频频爆雷的重要原因，和供应链金融的发展阶段不无关系。

从发展历程来看，国内供应链金融发展经历了以下3个阶段。

阶段一：线下企业供应链金融。以银行为主导，依托供应链核心企业的信用为上下游企业提供融资服务，在风险管理手段上主要以核心企业信用评级及融资企业不动产抵押为主。

阶段二：线上企业供应链金融。把线下供应链金融通过信息化手段搬到信息系统中，将处于供应链中的上下游及各参与方所掌握的商流、物流、资金流、信息流在线化，通过掌握供应链中企业经营情况从而控制融资风险。在这个阶段，供应链的信息交叉追溯成为风险控制手段。

阶段三：平台化供应链金融。平台化的金融是指基于消费互联网平台或者产业互联网平台构建的供应链金融服务。在本阶段平台方代替了核心企业为供应链上下游企业提供信用支撑，通过平台的资金流、信息流、物流、商流等数据建立风控。在本阶段供应链金融从以企业为核心，转为以产业平台为核心，这是一个重要的变化。

未来，新兴技术与供应链及供应链金融结合，实现供应链与供应链金融的智能化，

科技手段将在防范供应链风险上产生作用。

未来新兴技术与供应链金融结合表现在以下两个方面。

其一，区块链、物联网与供应链金融结合预防风险。

区块链赋予供应链的可信性。区块链技术具有分布式数据存储、不可篡改、智能合约、非对称加密算法等特点，为构建可信、安全的供应链金融提供了基础技术能力。植入区块链的数据都带有时间戳，某个节点的数据篡改无法获得其他节点通过，这使得区块链能够提供可信应用环境，解决风控方有关信息篡改的担忧。基于区块链的供应链金融方案，在电子单据、电子仓单等领域有着广泛的应用。

物联网赋予供应链的可视性。将 RFID 芯片、智能摄像头、GPS、重力传感器等硬件与供应链结合能提升供应链过程的可视性，提升质押物的安全性。有多家物流仓储企业，对仓库进行智能化改造，对大宗商品仓储植入物联网技术进行精细的监管，确保在仓物品的安全。

将区块链、物联网与供应链金融结合提升数据的透明性，缓解多方参与带来的信任问题，实现"物与物""物与场""物与人""人与场"的互联，让运输、生产、销售流程都可以"全程联网"，提升供应链可视性，实现科技手段与风控的结合。

其二，大数据与供应链金融结合预防风险。

大数据用于判断市场规律，预测波动。供应链上下游的企业关系紧密，终端消费量的变动必然引起上游各环节的变动。比如日本和中国台湾地区发生地震就会引发终端芯片价格波动；2018 年非洲猪瘟引发中国猪肉价格波动。大数据可帮助我们判断市场波动规律，当需求减少时，意味着库存积压和价格下跌，质押商品的保值性就会下降，风控措施就要联动。

大数据参与目标客户资信评估。利用大数据可以对客户人员招聘、工资水平、生产数据、能源消耗、工业废物排放量、现金流量、研发投入、产品营销等进行全方位分析，综合进行资信评估。比如，将制造企业的能源消耗量、工业废物排放量纳入数据模型，作为企业资信评估权重，能增加资信评估的准确性。

大数据用于风险预警和控制。大数据的优势是行情分析和价格波动分析，尽早提出预警。比如周期性波动的猪肉，关联影响到大豆、玉米的价格；中美贸易关系关联到芯片的价格以及半导体行业的产业链价格。

第6章
做店家难，做平台更难——产业平台的运营

一方面，在一个行业不做平台都不好意思说自己是行业龙头；另一方面，垄断、杀熟、虚假营销让平台经济被屡屡诟病。平台经济的魅力让资本方们疯狂烧钱，也让企业家们趋之若鹜。我们用"六星模型"拆解多边平台的成功要素，从用户运营、平台推广和数字运营方面探寻平台经济运营之道。

6.1 平台经济，点石成金的法宝

平台经济发展到今天，已经成为全社会无论是政府还是企业发展的目标之一，在一定程度上可以说到了滥觞的地步，它已经成为一个"金手指"一般的重要工具。尤其是一些稍有野心的企业动不动就希望将自己打造成为平台，成为一个无所不包、无所不连的 hub；作为政府而言，更是希望自己能够招商平台经济企业，这种轻经济模式对政府而言可谓一本万利。但是，必须看到，希望是美好的，现实是残酷的，真正意义上的平台经济基本上就那些，而且平台经济发展到一定规模后必然会出现极端现象，比如垄断、金融化等，这在一定程度上已经成为社会创新的桎梏。

到底什么是平台经济？平台就是连接多方供求或虚拟或真实的交易场所，在本质上就是市场的具化。平台经济指的是依托平台进行交易的商业模式，是一种基于数字技术，由数据驱动、平台支撑、网络协同的经济活动单元构成的新经济系统，是基于数字平台的各种经济关系的总称。当前的平台经济已经明显脱离了实体的含义，更多的是希望将自己打造成为具有数字属性的互联网协同平台。

平台经济的特征主要是平台本身不生产产品，可以促成双方或多方供求之间的交易，收取恰当的费用或赚取差价而获得收益。因此，平台经济作为轻模式广受投资者

第 6 章 做店家难，做平台更难——产业平台的运营

的喜爱，但是截止到今天真正意义上的平台经济依然是屈指可数，为什么会是这样一种情况呢？

从图 6-1 中我们可以看出，自 1987 年发展到当今，真正意义上成功的并且能够影响行业的平台经济企业也就是为数不多的几十家公司，而且在中国经济早期的发展过程中以实体企业为主。在 2000 年之后，平台经济以网络企业为主，早期的平台经济企业主要是国美、苏宁等零售企业，后期的平台经济企业以京东、阿里巴巴、拼多多、美团、抖音为主。即使物流这种明显的实体性质的服务属性行业，也是以运满满、货拉拉等具有强互联网思维的平台企业为主。

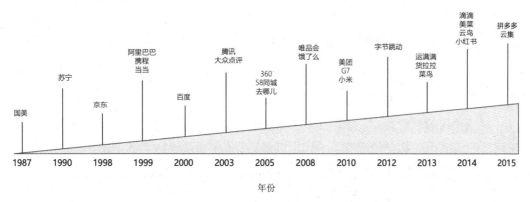

图 6-1 国内主要平台经济诞生年份

在 2021 年上半年，《人民日报》专门发表了一篇文章，有这样一句话："没有马云时代，只有时代中的马云。"这句话非常鲜明地表明了时代发展的特点，实际上从整个经济学的角度而言社会就是一个平台，在这个平台上的所有人都只是展示自己的能量而已，而恰恰是在经济发展的大潮中，有这样一位人士跑了出来，从而引领了时代的发展。从另一个角度来讲，平台企业的出现与社会经济、政治、文化、思想、技术等要素是相互匹配的，缺失了任何一个要素都会给人以最终功亏一篑的感觉。

中国自从改革开放以来历经了 3 个大的经济发展时代，分别是计划经济的短缺时代、计划与市场经济的混合时代、市场经济的富裕时代。国美与苏宁是典型的短缺时代的产物，它们完全承担了经济货物运行的调配职能，从而使得民众能够在家电等民生产品上实现有效供给；像京东、阿里巴巴等是在整体国民实现社会主义市场经济转型过程中、在互联网技术的大潮中抓住机遇的弄潮儿。到了今天，抖音、运满满等已经是处在完全市场经济情况下，IOT、AI、BD 等技术的大发展更是促进了这些企业的发展，如图 6-2 所示。

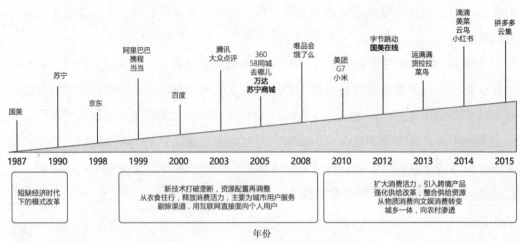

图 6-2 平台经济与经济发展的关系

可以这样说,任何一个平台企业的成功与企业家、创始人都有着紧密的关系,但其成功的实质更是时代的产物。

对应美国的平台企业,中国平台企业的创新大多是模式的创新,其根本原因是中美两国经济结构的稳定性程度。中国因其经济结构的不稳定更容易在模式创新上取得成功,而美国的经济结构在历经 200 多年的市场经济洗礼之后已经相对成熟和稳定。因此,众多的平台企业唯有通过技术的创新才能打破现有的结构束缚。

6.2 "六星模型"让平台经济成功具有复制性

中国乃至全世界在平台经济的成功让许多人都有一种望尘莫及的感觉,实际上是否是这样,是否还有成功的可能?这是一个许多胸怀星辰大海的人士需要考虑的问题,从大的行业来说,确实我们已经被平台经济环绕,但是事实上,创新无处不在、无时不在。

不要被平台经济的成功所吓到,当然今天乃至未来的平台经济企业应该从小处入手,这个"小"主要针对的是细分领域,不熟不做是基本观点。同时,我们更要抓住时代发展的脉搏,在中国这样的社会,如果我们找不到发展的地方,就一定要看新闻联播,在 30 分钟的时间里一定是关系国计民生的内容,在这里可以寻找发挥的地方。另外,一定要多研究案例、调研你所熟悉的市场,一定要认识到没有调查就没有发言权,思维创新不可能从天上掉下来,它一定是你所熟悉的领域的难点和痛点,世上的人和事大多是相通的,你如果痛苦,大多数人也一定是痛苦的,所以我们的解决之道一定是先从你所熟悉的行业里的痛点展开。

在打造平台经济的过程中,一定要记得"成功不具有复制性,但失败是一定可以复制的"。因为别人成功,不代表我们走同样的道路也能够成功;但是,别人走过的失败的道路,如果我们也走同样道路的话,那么失败就会是一件大概率事件。因此,学习别人失败的经验,只要尽量避免失败的做法,事实上我们距离成功也就不远了。基因具有传承性,成功的基因不一定导致成功,但失败的基因一定会导致失败的结果。

在发展的历程中我们经常看到颠覆本行业的往往是外来的野蛮人,为什么会是这样一种情况呢?惯性思维,视而不见听而不闻,认为一切都是理所当然的思维方式是阻碍创新、阻碍平台经济成功的重要障碍,千万要记得"不管把多大数量的驿路马车或邮车连续相加,也绝不能得到一条铁路",这就要求我们一定要有革命性思维!抛弃自我、忘却过去,让自己归零才有一种不断探索的精神。

1. 平台经济的"六星模型"

我在多年的企业管理过程中,对众多的成功企业和失败企业进行不断总结和提炼,提出了平台经济的"六星模型"("六星模型"的提出也感谢白祥天的积极参与,他对模型的逻辑和词语的定义做出了自己的贡献),从而让平台经济成功地具有复制性。

"六星模型"是指打造成功的平台经济企业的一个通用模型,它从"明确理念—有效用户—关键工具—全域资源—有序分工—核心财富"6个模块来展开。这6个模块按顺序组成了流程,又分别强化了各自的功能特点,如图6-3所示。

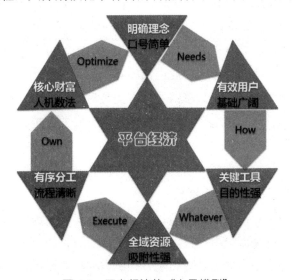

图6-3 平台经济的"六星模型"

第一,作为平台经济企业要有明确的理念,即重点打造什么,让人们解决什么痛点,要达到什么目的,我们可以简单地理解为"企业使命",比如阿里巴巴,"让天下没有难做的生意",这就是理念,而且理念非常简单直白。凡是让事情复杂化的最终结果一定是以失败作为结束,越简单就越直白,越直白就能越深入人心,并且简单直白的口号更容易被人们记住,随着大众的不断宣传最终会深入人心。

第二,服务的用户要有效,很多人的目标很大但并不明确,而且很多都是无效人群,也可以说是僵尸粉,因此一定要明确有效用户且具有海量的特征。人群不是用户,客户也不是用户，重点是在"用"，而不是只来一次的客户，一定是最终形成习惯的客户才能称为用户。同时要有足够的用户基础，10亿用户量级和千万用户量级是不同的概念，当然面对TB和TC类型的客户目标是不一样的，也就是说，你的产品要满足你服务的行业尽可能多的用户数量。

第三，要有很好的工具，这个关键工具也就是我们所说的产品。关键产品要有很强的目的性，并且产品本身要有竞争力，一款有竞争力的产品比同类产品更简单实用，并且使用起来会让人感觉贴心。就像苹果手机一样，苹果手机本身就是一个艺术的体现，它的IOS系统更是形成了一个完美的闭合，从而使得这款手机能够持续不断地自我更新。

第四，要求明确平台自身所能覆盖的全域资源的协同。所谓全域资源，即是能想到的所有可能连接的各种资源，可以无所不包，但是在平台自身资源不够或者影响力不足的情况下，所能够连接或者拓展的领域要有先后顺序。否则，想一口吃成胖子，最后只会消化不良撑死自己。阿里巴巴是逐步壮大起来的，早期的阿里巴巴就是做B2B的事情，后期逐步开始面向TC端的用户，接下来是金融产品支付宝，再到后面进入物流和快递领域，然后是大数据、公有云等功能，这就是我们所说的，资源可以无所不包但顺序一定要有先后。

第五，有序分工，主要从两方面说：一方面是对内的分工务必要明确，平台经济具有很大的交叉属性，往往会形成企业内部的竞争关系，因此在一些特定领域务必要明确，在一些支持领域可以形成共享；另一方面是对外的分工，平台经济大到一定程度会给人无所不能的感觉，在这个时候一定要控制膨胀的欲望，不要认为自己什么都能做，什么都可以做，在一定程度上讲会有"大树底下不长草"的现象发生。有序分工，内部分工重要，外部分工更重要，明确平台本身的意义和服务边界形成全行业或者是社会的资源合力才能真正形成平台经济。

第六，关于核心财富，对很多人而言可能会认为是现金流、用户数，但实际上真正的核心财富并不是现金流和用户数，这些都是核心财富的衍生品而已。对可口可乐而言，真正意义上的核心财富是品牌和配方。所谓的核心财富是可以损失一切，但只要掌握一项核心技术就能够一直基业长青。对当今的互联网平台经济而言，算法往往是最重要的核心财富秘钥。

通过以上的六步法能够让我们从容地走在平台经济的大道上。但是对很多人而言，平台企业和平台经济都有一个误区，比如"大企业"是否是平台，首先必须明确的是"大"不一定是平台，但是"大"是走向平台的快速途径。许多大企业可以说是平台企业，但不一定是平台经济，我们国家发展到今天，按照平台经济的定义来界定的话，真正意义上的平台经济企业也就是阿里巴巴、拼多多、运满满、货拉拉、抖音等为数不多的企业。在本书中，我们将这些平台企业和平台经济企业一并归为平台经济企业，这是读者务必了解的一个前提，否则会出现概念混淆。

2. 平台经济的 6 个忠告

对许多创业或者是有兴趣在平台经济模式上努力的人而言，如何能够打造成功的平台经济，以下有一些观点和大家分享。

第一，世上没有完美的方案，在某些时候，简单粗暴地开局比精心设计更完美。世界演变到今天并不是在一开始就设定好的，中间也出现了许多不可控制的因素，比如单细胞生物的裂变、恐龙世界的灭亡、群星闪耀时代的人文开端、中西发展道路和思维方式的分叉等，在某些时候往往是一个很微小的细节就出现了千差万别的分歧。因此，不要在一开始的设计阶段就吹毛求疵，当今快速发展的思维、理念以及技术往往让你在还没有想好的时候，一个大发展的时代就有可能过去了。

第二，务必要记得"持续亏损所获取的不一定是核心资源"。很多人都认为平台经济的成功打造一定要有高额的补贴和有效的刺激手段才能保证，尤其是在拼多多成功的今天，两年每年 100 亿元的持续性补贴使得拼多多已经成为当前客户量最多的平台经济企业，年活跃用户已经突破 8.2 亿，而这不过是发展 6 年的结果，阿里巴巴历经 20 多年的发展已经较拼多多差了一步。但是，请大家一定要记得，核心资源的获取一定要和你想要获取的手段相匹配，否则就会出现"打水漂"的情况，这种情况比比皆是。

第三，管住自己的手，不该挣的钱、不到该挣钱的时候要坚决地放弃。平台经济在早期是一个持续放血的过程，必须有造血的能力，在放血的过程中不能一味地靠外来输血，一定要能够通过自我造血获得自我生长，或者能够通过自我造血而获得外来输血。这段话可能很拗口，其实意思就是要有自我造血的能力，通过这种自我造血的能力可以有效地获取外来输血从而能够为客户不断地放血。因此，在这个过程中一定要管住自己的手，而不是要挣的钱，不到挣钱的时候就要坚决地放弃，同时，因为平台经济是一个多边经济，能够有效吸附各类资源进行交易，所以应该进行明确的边界界定才能真正让大家安心发展。但是到了后期，一旦平台经济真正发展起来，将会出现最大的问题，即垄断性的问题，这个问题后续会有专门的章节介绍。

第四，"快"，唯快不破，快速迭代。不要害怕犯错，没有谁是不犯错误的，犯了错误就要立刻进行修正，不要因为不敢犯错而不去努力。因此，快速迭代是战胜自我、战胜对手的唯一法宝，只有能够快速迭代才能真正不断地吸引客户，也才能不断地增强产品使用的黏性。

第五，无论是典型的商业理论还是传统的定位理论都应该把客户放在第一、第二位，因此必须不断地挖掘客户的需求点。实际上，很多客户并不是我们的用户，我们不能因为客户的一次购买或者是一次使用就天然地把这些客户当成我们的用户，用户是能够真正陪伴企业成长的，只有深度了解用户需求才能提供优良的产品。另外，我们也要认识到用户的需求点和关注点实际上并不是恒定的，因此挖掘用户潜在的需求点并提供满足的功能才能有一种惊艳的感觉，才能真正让用户永远围绕着你。

第六，请务必记住一切以用户为焦点。这里的聚焦不仅仅是产品的问题，更是围绕着用户而展开的各项产品的供给和服务的供给，在产品满足的情况下，软服务的供给才真正有一种物超所值的意义，尤其是针对当前"Z时代"的人群，对于社群、社区、社交的情感需要才是真正意义上的"聚焦用户"。

6.3 连接、开放、利他，认识多边平台

2014年让·梯若尔（Jean Tirole）成为诺贝尔经济学奖的得主。让·梯若尔是多边平台经济的研究者，2003年让·梯若尔和让·夏尔·罗歇（Jean Charles Rochet）发表了论文《双边市场中的平台竞争》（Platform Competitionin Two-Sided Markets），这篇论文成为多边平台经济学的基础。

把两个或多个有着明显区别但又相互依赖的客户群体集合在一起，作为平台中介用于连接这些客户群体并创造价值，这就是多边平台。多边平台最常见的形态就是供需对接平台，也就是我们所讲的产业供应链平台的初级形态。

虽然多边平台概念新，但出现得却很早。比如，古代的媒人掌握着大量适龄男女的信息，女性通过媒人可以接触更多男性，反之，男性也能借助媒人拥有更多女性的选择机会。媒在说文解字里的解释为"谋也，谋合二姓"，用大白话来说就是促成不同姓氏男女结合。

不妨粗暴地划分商业模式，我们把直接买卖称为单边平台，把提供媒介做供需对接称为多边平台，这样更好理解。通俗地说，B2C平台就是单边平台，由唯一一个商家通过平台直接卖货给消费者。B2B2C则是多边平台，由多个供应商卖货给多个消费者。我们再用供应链平台来举例，早期南通三建建立了自己的电子采购系统，这个系统有一个采购方、多个供应商，这就是单边平台，南通三建把电子采购系统变成筑集采平台，筑集采吸引了南通五建、昌大建设等采购方的使用，形成多个采购方和多个供应商的供应链平台，这时候就形成了多边平台。

1. 从单边平台到多边平台

多边平台需要两个以上的客户群体来支撑，通常会面临先有供方还是先有需方的问题。阿里巴巴早期有供方，但没有需方，阿里巴巴员工就自己买商家的东西（可能这是最早的刷单）。QICQ（QQ的前身）刚上线时，马化腾曾化身女性用户与用户聊天，调动男性用户的活跃度，同样是为了解决供需不均衡问题。四川某同城众包快递平台早期有用户通过平台发订单，但没有快递员接单，快递平台在体系内自己成立了一个

快递公司来接单以平衡供需关系。

平台早期供需不平衡的案例还有很多，正因为不平衡才需要平台进行对接形成平衡，这也是平台经济存在的价值。

从零开始做多边平台难，更多的时候是从单边平台向多边平台演进的。

早期老百姓购物，买布到布店，买米到米店，后来为了方便老百姓购物，店家也想赚更多的钱，店家就开了一间大店，既可以买布又可以买米，但是店开得再大仍然有老百姓买不到的商品。于是，店家把大店分成小店，由不同的老板经营，这样就能弥补品类的不足，也就从单边平台演变到多边平台。把大店分成小店，由不同的老板经营，这个过程就是裂变，也是开放。

京东商城早期主要做3C类电子商务，是典型的B2C平台。京东3C已经形成了大量的消费者，这些消费者也有其他品类的购买需求，如果京东不做这些品类，那么消费者就会跑到天猫或者淘宝去购买，那怎么办呢？京东自营扩品类，这种扩张太慢，风险也很高。当年凡客诚品为了做大商品交易点额（gross merchandise volume，GMV），连拖布这个SKU都采购到自营仓库里开卖，从而快速扩张引发资金链断裂。京东选择开放平台，引入第三方卖家入驻。

这些都是从单边平台到多边平台演进的例子。

2．连接、开放和利他

多边平台的形成是以连接为基础，通过开放为平台的参与创造价值的。

微信早期的核心功能是代替短信做沟通工具的升级。抽象来看，微信是供给方，用户是需求方，这是典型的单边平台。接下来，微信增加了朋友圈功能，一边是普通用户，一边是通过朋友圈卖货的人；微信增加了摇一摇功能，一边是她，另一边是他；微信增加了公众号功能，一边是创作者，一边是阅读者；微信增加了支付功能，一边是付款方，一边是收款方；微信增加了小程序，一边是开发者，一边是运营方，一边是用户。从人的连接到连接一切，这就是连接的威力。

多边平台光有连接是不够的，还要创造单边平台不具备的价值，我们把开放性和利他性定义成多边平台的两大价值。

开放性是指多边平台可以接纳同类型的不同客户群体。例如，华为手机的应用市场，不光华为自家的应用上架，各个开发者的App都可以上架，这样才有应用的多样化，满足手机消费者的各类需求。又如美团点评、各类餐饮店铺、各类美容美发美甲店铺、单车网约车、火车票飞机票、景区门票酒店民宿、各类休闲门店等不一而足，覆盖生活的吃住行游购娱等各类场景。

利他性是指多边平台要为入驻平台的客户群体创造价值，单独为自己收"中介费"做平台，没有更深层的价值时，平台无法持续运营。早期，互联网是门户的时代，用户找资料需要访问门户网站，按分类找信息。搜索引擎的出现，一边聚合了网页的关键字，帮助门户更精准地推广及流量导入；一边让查找信息的用户可以更省时省力地找到所需内容，为二者创造价值，形成稳定的访问量后搜索引擎才能通过访问量进行流量变现。

只有平台创造了新价值才能参与价值的分配。

3. 平台的规模经济

规模经济在生活中并不多见。在一定范围内，规模越大边际成本越低。

在生活中，常见的批发比零售便宜就是规模经济的应用。对销售方而言，服务客户的成本相近，批发给客户时给予价格优惠但销量增加，最后赚的钱仍然比零售多。

多边平台集合了更多参与方，规模效应比单边平台更具威力，发挥更大的规模效应。阿里巴巴通过海量的订单量形成的规模经济，可以切入物流业务和金融业务。阿里巴巴入股更多的实体店，如银泰城、大润发、苏宁电器、居然之家等，提升零售业务的规模效应，线上、线下业务形成协同。

多边平台形成规模经济，可以定义行业标准和规范。滴滴网约车早期是灰色地带，甚至在多个城市执法者扣押滴滴车辆，但滴滴通过运营推广，提升市场占有率，形成规模效应，给闲置人员创造了就业机会，缓解了高峰期乘客打车难问题。这一系列的成果推动了交通部、公安部、国家质检总局等7部门联合发布《关于深化改革推进出租汽车行业健康发展的指导意见》和《网络预约出租汽车经营服务管理暂行办法》等相关政策，推动了网约车的规范化。

规模太小无法支撑平台运营。2015年，共享经济流行，共享汽车、共享单车、共享雨伞、共享健身器材、共享篮球、共享衣橱等新生共享平台大量出现。2018年，就共享衣橱市场，马云接受《北京商报》采访时对共享衣橱的业务探索、企业试错、运营难度表示担忧。2021年8月，共享衣橱龙头企业衣二三停止运营，共享衣橱赛道仅存托特衣箱尚在运营。共享衣橱市场是小众市场，早期主打礼服等小众、低频的穿衣场景，尝试向大众市场延伸，主打"每日换新衣"，衣着本身受产品的时尚度、潮流度、贴近卫生信任度等影响，很难拓宽市场，如果回归小众的礼服或小众群体则面临市场分散，本地化服务受制约的影响，难以实现规模化，运营陷入两难。

4. 平台四问之想清楚了再做平台

平台经济的热潮涌动得到了各路资本的热捧，也引来了更多"野心家"做起了平台梦。

2019年8月19日出版的《财经》杂志发表了一篇《做了8年平台，我总结了平台的5道坎》，作者是美团点评高级副总裁张川先生。张川认为，这是对多边平台建设和运营最好的总结。准备做平台的朋友建议看看这篇文章。

做多边平台要考虑几个核心问题，结合张川的分享和我的归纳，分享如下。

第一，能不能做多边平台？张川认为只有动态不平衡才能形成真正的多边平台，否则有单边平台就够了。

动态不平衡是指在一个活跃的市场里，不会形成单个供方和单个需方在一定时间内多次达成相同类型的交易。打车就是一个动态不平衡的市场，每次叫车的时间、地点都不同，司机所在的位置也不同，供方和需方都有很多不确定性，通过平台就能为资源供需双方提供匹配。

动态平衡了，多边平台就失去了价值。

举个美容院的例子。一个美容院有甲、乙、丙、丁4名技师，客户通过美团点评App引流，到店体验了技师甲的服务，成为美容院的老客户，客户与技师甲的关键就是动态平衡关系，客户不会通过美团点评App购买美容团购。

美容院和美甲店还存在一个现象就是老板本身是技师。比如甲技师通过自身的技术积累了不少老顾客，就会自己开一家美容院把自己的老顾客邀请过来。美容院为了预防这种现象就要通过营销锁客，让客户预存金额到会员卡上，同时拆分服务由不同技师来做服务，这可以理解为美容院内部预防技师与客户形成动态平衡。

第二，平台怎么赚钱？张川认为要考虑生意的模型是"剃须刀生意"还是"电冰箱生意"。剃须刀本身很便宜，但经常需要换刀片，每换一次就能赚一次钱，这是快消模式。电冰箱是大件，耐用但获客成本高，这是耐用品模式。

在生活中，快消品行业毛利低，但可以持续赚钱，资金周转快。美团敢大量补贴外卖，滴滴敢大量补贴乘客，就是想赚用户全生命周期的钱，今天亏的补贴，明天、后天慢慢赚回来。平台补贴也会吸引网络黑产用不同手机号来薅平台的羊毛，这需要注意。

商业模式并非耐用品的电冰箱模式，或者快消品的剃须刀模式，还可以演化。比如美国Square公司，以提供收银机和收银软件为主，是典型的耐用品商业模式，但Square通过客户推荐客户，降低了获客成本，同时Square还有信用卡支付服务，客户开通这项服务后，每笔信用卡收单业务都能给Square带来手续费收入，这样Square的模式就变成快消品生意。

第三，平台能不能做大？张川认为标准化决定平台大小。标品容易规模化，非标品则不容易规模化，也不容易考核和鉴定。

从已有的多边平台来看，做标品的天猫、京东早期能快速推广和规模化。非标的业务很难形成规模，如搬家业务、装修业务、婚庆业务等。

要破解非标业务，需要把非标变成标准化，或者不做交易平台，只做撮合的信息中介服务。贝壳找房"做难而正确的事"，硬生生把二手房交易流程拆解成多个标准动作，成为行业最大的平台,而货拉拉、满帮货运选择做端到端物流的撮合平台,也是一种解法。

第四,平台的估值逻辑是什么?张川认为供给效率高,平台的价值就大,估值就高。供需粗略可分为以下3种类型。

(1)线上下单,线上履约,供应无限。以腾讯、字节跳动为代表,游戏、视频等内容的供给方和消费方都可以在线上形成闭环。

(2)线上下单,线下履约,供应几乎无限。以淘宝、京东为代表,标品电商SKU几乎可以无限供应,消费者可以在线上购买任何地方的商品,不受时间和空间限制,供应方只需通过物流商将商品配送到消费者手中。

(3)线上下单,线下履约,供需都受限制。以美团、滴滴为代表,餐馆必须离消费者够近,通常在10千米以内,打车要快,都是分配就近的车辆。

从供给效率来看,腾讯>阿里>美团,按这个逻辑看腾讯的估值比阿里高,是有原因的。

平台梦想要大,要自身能力接得住,还要商业模式装得下。

6.4 用户运营:种子用户、社群运营

我们做个比喻,建平台好比生孩子,那么平台的运营则是带孩子。

经过10个月的孕育,平台已经落地生根,接下来平台能否茁壮成长和长大成才,这与平台的运营不无关系,本章后续的内容都围绕平台的运营进行展开。

1. 平台的运营策略与3个方面有关

其一,与平台的商业模式有关。采用电冰箱式的耐用品的商业模式获客成本高,一次购买后短期不会再买,这就要解决获客问题和重购问题。家居行业就面临这个问题,用户买了橱柜或者衣柜以后,短期不会再买,于是宜家开设餐厅并在商场里增加了低价的装饰品、日常消耗的清洁用品、宠物用品等,增加顾客到店的频次,降低获客成本。

做快消品则要解决商品周转问题,快消品毛利低,周转率足够高才能赚钱。做耐用品则要降低获客成本问题。通过不同的品类互补性来用高频消费带动低频消费,用低客单价商品吸引顾客为高客单价商品引流,这都是传统零售企业和电商平台惯用的策略。沃尔玛选择部分SKU做低价吸引客户,美团单车为其他类目引流,京东超市为大件商品引流都是可以借鉴的运营策略。

其二,与产品的客群和定价有关。面向C端消费者和面向B端消费者,这也会影响平台运营策略。C端消费者决策简单;B端消费者内部决策链复杂,有人负责比选,

有人组织决策采购决策，所以运营的触达考虑的方法就会不同。

价格高低也会影响运营策略。单价低的商品决策链简单，单价高的商品往往经过多轮对比和体验才能形成购买决策。

成人教育单价高，线下招募大量人员进行招生宣传，解决获客难问题。二手房交易单价高，线下开设门店和招募大量经纪人，解决营销和转化问题。

很多B2B2B平台通过行业峰会或者论坛进行拓客，本质上也是针对特定人群的精准营销。各类付费知识平台的读书会，同样是其针对客户群体制定的运营策略。

其三，与平台的成长阶段有关。在平台建立的初期，种子用户的运营是关键；在平台成长期，则需要进行大规模的推广活动；在平台形成一定规模后，则需要通过数据进行运营。我们在后面章节重点讨论平台推广和数据运营。

产业供应链平台，采取撮合式平台，运营的重点在打造供应商和采购商的规模，有足够的规模能更快地匹配资源；采取交易式平台，运营要跟进履约过程，改进履约的体验，比如合同签订、订金、物流速度、交付和支付。

2. 种子用户的运营

在实体店正式开业前，有一个阶段叫试营业，用真实的营业场景来验证内外部协同的流程并进行改进和优化。在平台大规模推广前，有一个试运行的过程，参与的用户就是种子用户。

种子用户既可以从已有的关系客户里寻找，也可以通过公开渠道征集，还可以定向邀请。

需要注意的是，种子用户要参与试运行过程，对用户有一定的要求。其一，这类用户的需求要强烈，痛点要有代表性；其二，用户要有充分的人员和资源来配合试点；其三，用户在容错性上要有预期，容忍产品不完善并乐于参与产品的完善过程。当然，如果用户的业务模式有代表性，可以帮助平台在营销宣传上发力。

种子用户招募完成后，可以着手启动试点工作。

试点工作要建立保障机制。各参与人员分工明确，对试点流程进行预演，对阻塞点应该有应急机制和解决方案，确保不影响业务的核心流程和生产经营的安全。

试点工作要建立信息收集机制。试点的核心工作是跑通流程和收集用户对产品的改进意见，意见既可能是用户现场直接反馈的，也可能通过热线电话、支持QQ、微信等渠道收集而来，还可能通过系统日志或内置反馈渠道收集而来，或者通过运营人员现场观察得来。

试点工作要建立评估机制。例如，评估试点覆盖度是否完整，试点的环境与设计环境是否匹配，运行的性能和负载是否达标，数据通信是否存在安全隐患，客服机制是否畅通等。

试点工作还要建立复盘机制。可以定期或者专项进行复盘，以改进种子用户阶段的运营工作。

3. 美国互联网的"软运营"

曾经有一个讨论："为什么美国互联网没有运营"，对比了中美互联网的差异。核心观点是中国用户的计算机知识薄弱，所以需要运营来弥补，美国人力成本更高，喜欢通过系统和标准化来提升产品的增长率。

如果我们把运营人员拉动产品增长叫硬运营，那么通过客户自传播和 C 端带动 B 端则是软运营。

中国互联网 C 端喜欢以客带客，美国互联网 B 端产品也喜欢以客带客。在 C 端用户喜欢分享商品，分享商品的同时相当于推广了平台，拼多多的拼购就是通过这种方式快速增长，创下产品增长的神话。美团外卖和滴滴打车在支付完成后可分享领取红包，也是客带客营销策略，但是中国互联网的 B 端产品客带客并不多见。美国的 B 端产品喜欢用客户推荐客户这种营销方式，Saleforce、Coupa、Square 等产品均有客户推荐的功能设计。

以 C 端带动 B 端是一个新尝试。与 C 端产品相比，B 端产品决策路径长，交易周期长。Zoom 是美国的一款网络会议软件，Zoom 的产品推广路径是通过 C 端带动 B 端。Zoom 的产品简洁稳定，用户一次免费使用 30 分钟，用户邀请用户就形成了自然传播，其中某些用户就是采购决策者，产品的付费转化就变得容易。

4. 数据分析运筹帷幄

试点工作完成后，进入正式运营阶段后会启动更多用户的招募。随着用户量的增长要建立和完善运营系统。

运营系统由产品数据统计分析系统、用户意见收集系统、客户远程支持系统等组成。对传统企业做平台来讲，对运营系统没有概念，但对互联网企业来讲，这个是生产系统，里面既有团队的 KPI 指标，也有提升平台运营效率和成果的直观展示。

运营大盘数据建议把产品关键指标的汇总放在首页，比如累计用户量、日增长量、周增长量、日活跃量、周活跃量等。通过看大盘数据的走势，查看平台运营的健康度，通过增长量来决定产品的营销策略、宣传推广。

运营大盘的二级页面可以有用户的粗线条的画像，比如用户的名称、所在城市，用户的业务量（订单量、活跃人员数量、总流水等），用户的上次活跃时间等。根据这个页面可以快速对用户进行画像，根据画像找规律来改进运营工作。

除了监控用户指标，还要监控产品指标。通过页面的埋点来分析用户用的最多的功能是哪类，用户有哪些行为（比如点赞、收藏、分享、加购物车、比价、使用优惠券），产品的效率如何（比如，使用优惠券和会员卡会不会影响交易效率）。

另外，还要关注用户反馈。了解用户反馈最多的问题是什么，这个问题是由硬件或软件引起的，还是由操作引起的，或者是由网络环境引起的。在美团内部考核产品经理的指标是万单服务率、千店服务率，核心目标是通过优化产品和相关硬件的操作体验提升易用性，降低产品的咨询量。

5．社群运营利弊分析

在平台运营中，社群运营也是常用的方法。

提到社群很多人会联想到微信群的心灵鸡汤、新闻播报、大伽群内直播、抽奖发红包等，这些是社群运营常见的手段。

社群建立的本质是短路径沟通，群友互联、互动、互助，同时促进以客带客，进行产品的自传播。群里形成互相激励和互相帮助的氛围，这是社群整合资源所乐意看到的。

社群的弊端同样明显，保密性差，混入不良人员，或者传递负面内容，会影响平台的声誉，甚至会导致失控局面的出现。所以，在产品不成熟、运营机制不建全阶段，选择社群运营要谨慎。

此外，除了线上的社群，还可以组织社群的线下交流、峰会论坛、聚餐郊游，这些都可以增进社群的凝聚力和成员的归属感。

6．灰度法则

当平台的用户量达到一定量级时，会给产品带来新的挑战。有人喜欢灰色，有人喜欢蓝色，有人习惯按钮在右侧，有人喜欢字号大点，各类反馈都会涌到运营和产品案头。

为了降低新版本更新带来的风险，需要建立灰度机制，即先把新版本推送给小部分用户，收集反馈以及是否存在产品缺陷，逐步放量来降低风险。

需要提醒的是，企业用户的数量比个人用户要少一个量级，B端的产品用户超过10万这个量级，意味着在很多细分领域就会成为行业领先者，在用户运营上需要更精细。

6.5 平台推广，打造高效"推广五力模型"

平台的推广从本质上讲是产品的推广，平台本身是个概念，是在产品的基础上最终形成的一种结构。正如出行平台滴滴，它是嫁接在滴滴打车软件的基础上的；拼多多作为社交电商平台，也是通过拼多多的 App 来完成。所有的互联网平台公司从本质上讲其产品都是软件，也就是我们通俗讲的 App。

在实体经济时代，其实是没有现代意义的平台公司出现的，虽然平台经济指的是提供交易场所连接多种资源共同打造交易生态的一种模式，但就如当初的国美电器、苏宁电器，乃至大润发、麦德龙、家乐福，做得再大其实质上都是区域经济服务，很难产生全国乃至全球范围内的交互，如果非要将这些公司列入平台公司性质，则更多的是区域平台，但其影响力远不能和当今的互联网平台企业相对比。因此，我们今天所讲的平台、平台企业、平台经济更多的是指互联网经济下的互联网平台、互联网平台企业、互联网平台经济。

今天的互联网平台公司已经可以说遍布我们生活、工作的方方面面，可以想象一下，衣食住行、吃喝玩乐、教金政服等各个领域，只有想不到，没有找不到的平台企业，仅国内的互联网平台企业，就可以简单地列举出一些头部企业，如淘宝、京东、唯品会、拼多多、美团、携程、高途、蚂蚁金服、政务通、百度与腾讯的便民服务体系对接等，可以说除了不能天上掉馅饼，我们已经达到了"食不出屋能饱，足不出屋而行天下"的状态。

但是，这并不代表平台企业就不会出现了，实际上还有许多的细分领域，很有可能还会出现更加优质的服务模式或产品，从而可以快速地颠覆当今的现有格局。很多人可能会认为："这好像有点玄幻吧？"我们并不是来论证哪些领域还会出现新的平台的，这件事情就交给读者思考吧，它需要我们对行业、社会有敏锐的观察力，以及快速的反应能力，我们要告知的是当你的平台产品出现之后，如何快速地实现推广，让社会需求方以及相关资源方都能够真正高效地匹配和使用。

经过 20 多年的企业管理和行业观察经验，白光利先生针对"产品"（可以是虚拟的互联网平台 App 产品，也可以是实体商品）推广、宣传提出了具有超强实战性的"推广五力模型"。

"推广五力模型"的核心，围绕"力量"而展开。所谓力量，在中国武侠小说中，有"一力降十会"的说法，也就是说一个力气大的人可以打得过 10 个会武术的人，简单地说"在绝对实力面前一切阴谋诡计都是没用的"。"推广五力模型"的核心力量，就是将内力、外力、质力、财力、物力五力聚合，形成合力，最终实现爆发力的突破，从而迅速占领市场，如图6-4所示。

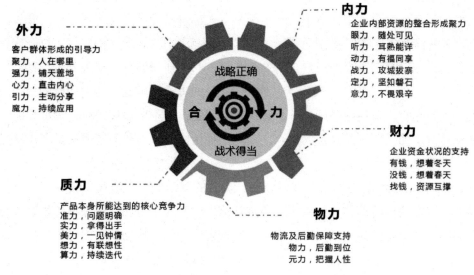

图6-4 平台推广的"推广五力模型"

平台推广不仅仅是一种广告宣传、地面推进的营销活动，不是没事就送点小礼物的拉新活动，它是围绕产品对客户进行宣传，并希望将其发展成为有效用户且能持续应用，最终形成平台资源聚合产生裂变的系统性工程。

它涉及大数据运算、对产品的研究、对人性的把握，同时还要掌握项目管理的内容，是一项真正落地的工作内容，需要持之以恒地关注数据的变化，从而及时地调整网络营销以及地面营销的步伐、策略和活动等。因此，在具体的平台推广过程中，简单地理解为花钱买流量、雇人补贴下载App的思维，是很难做好长效推广的。最终，从平台企业的角度而言，可能是一种费力不讨好还没有任何效果的得不偿失的行为。

我们根据"推广五力模型"系统分析平台推广的整体活动，从而能够让真正有志于从事平台产品开发、推广或者是实物商品开发、推广的从业人员有路可循，有法可依，可以快速见效，保证企业长期持续发展。

从"推广五力模型"中可以看出，整体模型成轮状咬合型缺一不可，通过内力、外力、质力、财力、物力5个齿轮，最终形成整体的飞轮，飞轮形成合力，带动整体快速行走。因此，整体推广活动缺一不可，且飞轮的中央是红色靶心，代表目标一定要明确，作为飞轮的中枢，代表企业的发展战略要准确且战术打法得当。本书并不是讨论平台企业战略和战术的书籍，默认战略是正确的，战术是得当的。

1. 质力，打铁还要自身硬

所谓质力，即品质力，主要针对的是平台产品，也就是互联网平台的App、小程序、

Web 页面等内容。在质力方面必须要满足 5 个条件，才能保证未来的推广和运营得以顺利实施，并能够持续拓展关联资源的介入。

（1）准力，即解决问题一定要明确。就像阿里巴巴一样，其使命就是"让天下没有难做的生意"，在这个使命下，一定是所有人都可以无忧无虑地到平台上开店，并且非常顺畅没有任何障碍。解决了第一个痛点问题就是只要想开店随时就可以开店，并且是面向全国乃至全世界的用户；第二就是可以完美地帮助解决金融支付、物流快递等服务难点，从而使用户的问题得到有效解决，这就是解决问题一定要明确的原因。不怕解决的问题小，一定要明确，务必解决实际问题，而不要模棱两可；最可怕的一件事情就是解决的问题不是真正的痛点，而是一种伪需求，因此问题明确是真正意义上的第一个要解决的产品问题。

（2）实力，即产品必须保证拿得出手。页面的整洁度、舒适度、美观度、整体分类是否合理，整体的购物体验也好、消费体验也好，或者是观看流媒体的程序等功能是否顺畅，尤其是作为电商类平台而言，购物查找、加入购物车、支付等流程是否顺畅，这些都是属于产品实力的重要内容，也就是我们所说的先要拿得出手，不要内测都磕磕绊绊的，那就有些为难用户了；使用方便、方便用户，一切围绕用户的使用习惯和喜爱来。

（3）美力，即产品要符合审美的原则，要让人感觉到舒服。没有任何一个让人不舒服的产品能够持续地存活下去，所以要对 UI 下功夫，全世界都是一样的问题，除非是你能够提供的产品在同行业里具有超强的价格优势或者其他不可替代的核心竞争力，否则，请善待用户的眼睛。未来要根据用户的增多以及消费次数的不断增加，慢慢地调整到千人千面的个性化、定制化层面，只有这样才能给用户一种"贴心"的感觉，让人感到这是自己的。

（4）想象力，即产品的未来一定要有想象力，要有扩展性。这种想象和扩展不仅仅是针对索要服务的内容和行业，同时也要对相关的资源有想象力，所有的产品打造最终都是为了能够聚合所有的关联资源，在前期没有这一切都不重要，但重要的是，一切是你的平台产品要有想象力，能让人自发地去脑补。

（5）算力，这是一个产品、一个平台的核心竞争力之一，没有强大的算力就没有任何意义。

只有大数据而没有算法工具、没有算力支持是没有未来的。哪怕早期平台产品并不完美，也不需要过分追求完美，完美永远在前方，但是一定要尽快地上马，在上马后要不断地快速迭代，让用户感受到你一直在持续地改进，一直在努力，同时对于数据要有算法，能够不断将用户黏住。未来的社会只有两种公司，一种是算法公司，一种是提供数据的公司。只有掌握了大数据的算法，才能够真正将数据为你所用，这才是最有意义的事情，否则一切皆无；只有高度重视数据反馈，并依托高效的反馈和纠错机制以及其他聚合优势，迅速迭代产品，才能实现真正意义上的市场开拓。

总之，平台推广的起点就来自质力品质的高与低，没有这个作为基础，其他再好都没有任何意义，请务必从第一步打磨产品开始。产品本身就是核心竞争力，很多人把技术和模式当成核心竞争力，实际上产品才是技术和模式的载体，也只有产品成为核心竞争力之后才能让客户的体现最为直观。在产品中，务必要贯彻内容是王道的概念，加强对内容的运营，内容要接地气，要保证持续有影响力的内容供应，才能满足用户不断探索的需求并使用户保持新鲜感。这个内容既包括索要提供的商品或服务，同时在当前的娱乐化的态势下，也包括不断令人惊喜的游戏玩法，让每个人都能深入扮演角色，产生一种互动感，这样才能有主体参与的味道。

同时请务必要记得，推广本身也是一个产品。推广的具体方案、计划、内容（亮点、特点、优势、核心竞争力、与竞对差异等）、目标人群、渠道、营销载体，如海报网站视频、执行人员、进度周期表、阶段性目和效果对比等，这些都需要我们精心制作，而且在实施过程中还需要根据市场反馈来不断调整自己的推广时间点和内容等。

2. 外力，精准推广，好酒也怕巷子深

产品质力一定是为满足特定人群的需求，在平台产品推广的前期不要寄希望于多边关系的突破，而应明确产品需要的双边供给与需求的特定人群，围绕明确的人群进行定向推广，未来在技术不断扩充的基础上再逐渐增加多边关系群体的进入。

（1）聚力，你的产品为谁服务？解决的是谁的问题？谁才是关键的第一服务或产品提供人？

用户的画像是外力聚合的第一步，没有对用户或供给方的精准画像，就说明之前的产品问题描述没有搞清楚，也就不可能真正意义上找到用户，因此用户画像清晰，才能找到这些人，并触动这些人下载使用产品。

聚力可以理解为外力所聚集的合力，同时也可以理解为聚集的地方，给用户精准画像后，必然要进行推广，因此人在哪里，应该怎样找到这些人呢？用户的聚集只有两个来源：线上或线下。因此，对用户的细分是能够找到第一批种子用户的第一步工作。

先来看一下线下用户开发的典型代表——滴滴。大家都很清楚，滴滴解决的是出行不方便的问题，是为了让车辆使用方和闲时司机能够有效对接，缩短往返时间、提高效率的一种产品。在滴滴招股说明书中写道："截至2021年3月31日的12个月里，滴滴全球年活跃用户为4.93亿，全球年活跃司机为1500万。其中，自2020年3月31日至2021年3月31日，滴滴在中国拥有3.77亿年活跃用户和1300万年活跃司机。2021年第一季度，滴滴中国出行拥有1.56亿月活用户，中国出行业务日均交易量为2500万次；从单量和交易额来看，在截至2021年3月31日的12个月里，滴滴全

球平均日交易量为4100万单,全平台总交易额为3410亿元人民币。在2018年1月1日至2021年3月31日的3年时间内,平台司机总收入约6000亿元人民币。"

滴滴的双边用户分别是打车人和司机(或自发注册的司机)。对于打车人需要打车这件事情,实际上是一个刚需(如果有需求)、一个痛点问题;而对司机来说最烦的事情是空驶、单程效率太低等。所以只要有司机提供服务就一定会有用户使用,找到这些能用App提供服务的司机最为主要。司机在哪里?天安门前面的司机有很多,能到那儿去开发吗?一定是要找到司机聚集且能停顿、等待的地方,因此一定要到机场、火车站、长途汽车站等地,还有就是北京的司机很多都是郊区的人,他们一般都在五环附近有聚集的租房,并做为交车轮换的地方,这些都是重点开发的地区,只有找到这些聚集点才能真正发力,否则就是夜里站在山顶唱歌,你唱歌星星听吗?

当然,各个平台企业要根据自己的特定人群分析特定的聚合点,在线下的业务中不外乎就是采取各种活动,如讲解、参加促销、抽奖、培训、论坛发言,甚至最落后的一种方式是雇车贴招贴画满城转悠或者在小区门口邀请路人参加下载App送鸡蛋等有针对性的活动,这里不再过多论述,需要企业自身整理有针对性的策略活动。

更为复杂的是线上人群的聚集,这也是我们重点的分析内容。线上人群的聚集点较为分散,需要明确用户主体人群的性别、年龄、喜好,大多有什么特点和需求,找到他们分别喜欢的网络聚集地,在这些网络聚集地有针对性地投放广告,使得他们了解并参与下载App产品等,如图6-5所示。

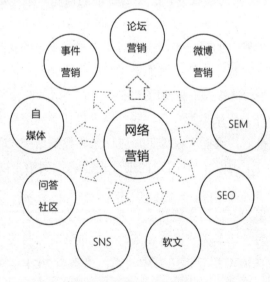

图6-5 网络营销主要方式

现有的网络推广方式很多,例如百科推广、SEO搜索引擎优化、问答推广、视频推广,还有许多其他的推广营销网络方式,这么多的方式可以任选,如何把钱花在刀刃上,那就要选择适合自己的一种或几种推广方式。

第6章 做店家难，做平台更难——产业平台的运营

我们简单地用3种不同类型的产品案例来说明如何选择网络平台进行产品推广。

其一，如果是做涉及化妆品或者护肤品类目的平台产品，那么建议可以选择的推广方式是明星或网红推广。如果想让明星推广的话可以选择的平台是小红书，经常逛小红书的女孩子一定也会在小红书上关注自己喜欢的明星，这个时候就可以找明星来推广品牌，如果明星发的视频说明了品牌的话，一些女孩儿就会追随明星的脚步来买化妆品或者护肤品；如果想找网红做推广的话可以选择的平台是微博或者小红书，微博上我们也经常可以看到一些大V博主或者网红来推广化妆品或者护肤品，如果恰好是用户喜欢的博主，也会刺激消费。

其二，如果是视频推广的话，建议用抖音或者快手宣传。虽然快手和抖音也一直被人诟病说影响青少年的价值观，但是抖音的月活跃量高达5亿人次，不得不承认这两个软件的火爆程度相当大。大家如果喜欢美食的话，会发现有很多所谓的"网红店"，为什么会成为"网红店"，也是因为在抖音上进行了适当的推广，起到了宣传的效果。所以说如果想要进行视频推广的话，抖音和快手是不二选择。

其三，如果是做教育机构、留学机构的平台产品，建议可以选择知乎或者豆瓣，大家都知道知乎和豆瓣是学习的软件，就像微博发现新鲜事，知乎、豆瓣则是发现更大的世界。很多人会在知乎和豆瓣上问一些专业性的问题或者说是学习方面的问题，也会有许多专业人士在知乎或者豆瓣上为大家解决这些疑难问题，所以如果是教育机构或者留学机构可以选择知乎或者豆瓣这类平台进行推广。

以上仅仅是举几个例子，主要是为了说明平台产品与网络营销一定要匹配，要符合人设。实际上当前的网络宣传主要是围绕两微头抖、自媒体、流媒体、百度竞价以及电商平台几个渠道进行的，也就是通常所说的微信、微博、头条、抖音、快手、微信与百度公众号、视频号、阿里淘宝、京东、拼多多和百度的SEM、SEO等方式。可能很多人会不了解到电商网站上干什么，Google当前最害怕的是亚马逊，因为通过亚马逊直接搜索产品的人快超过在Google搜索的人了，这样你就明白了电商平台不仅仅是卖货的，还是一个重要的搜索频道。

另外，即使产品再好，也要随时做好搜索引擎的各项工作。搜索引擎由于储备了人类知识需求的大多内容，当一个人有需求的时候，已经习惯了在搜索引擎上进行搜索。比如，一个客户想找一家装修公司，他就会通过搜索引擎了解哪家装修公司好、装修价格、装修风格等很多知识，了解完后会选择一家装修公司为他装修，而他选择的这家公司应该就是做了搜索引擎营销推广的公司。因此，搜索引擎营销一直是网络营销推广中比较精准有效的网络营销推广方式。

常见的搜索引擎营销包括搜索竞价推广和搜索引擎优化推广。搜索竞价是一种付费的搜索排名推广方式，在潜在客户搜索目标关键词时，通过竞价推广可以把企业的官网展现在搜索引擎的首页获得潜在客户的点击。搜索引擎优化推广采用SEO技术让

企业网站迎合搜索引擎喜好，当客户搜索目标关键词时，企业官网能自然排名在搜索引擎首页。

同时，自媒体平台有微信公众号、头条号、各类新闻源、微博等。平台企业可以在自己专注的领域创造一些优质的内容来运作这些自媒体，通过这些内容吸引潜在用户，以活动和互动的形式将这些粉丝用户变现。

还有一种就是我们比较强调的圈子营销，也就是社群营销。这也是一种常用的比较有效的网络推广方式，包括论坛、QQ群、微信群、直播等平台。社群营销首先需要将有着共同需求和爱好的群体即潜在客户群组织在一起，然后通过一些活动、礼品、广告等形式挖掘潜在客户。

找到用户、找对用户才是关键，否则，再好的平台、再好的内容，如果找不到用户使用那就没有任何意义。在找用户的这个过程中，最好能够先找到关键意见领袖（key opinion leader，KOL）、关键客户（key opinion consumer，KOC），关键意见领袖能够让产品更加有针对性，能够普及，而关键客户可以有效带动使用以及发现产品问题。

同时，我们也要看到在当今线上与线下融合、资源整合的时代，无论是线下用户开发还是线上用户开发，都可以通过合作伙伴以及O2O的模式展开。推广工作范围越广越好，自然渠道也就越多越好，这就需要寻找好的合作伙伴，一起来推广线下活动、网站平台，共享资源和人脉；而在开展多种多样的营销推广活动的时候，一定要记得线下和线上相结合会让自己的营销活动受众更多，更方便宣传和推广，毕竟扩大影响力和知名度都可以帮助自己的平台增加影响，从而获取更多的用户和资源。

（2）强力，要有压强效应，要有"天王盖地虎、宝塔镇河妖"的气势，要充分做到无时不在、无处不在，给人一种铺天盖地、山雨欲来风满楼的感觉。

内力是平台企业自身的人员合力，除了有专业的团队，还有一整套的推广方案，推广方案要切合自己的实际，行之有效，在找到准确的用户和聚集点之后，先进行小范围的应用测试，一旦小范围测试、优化迭代完毕后，迅速采取一城之内的高压强推广方式，必须迅速铺开高举高打；同时在互联网时代只要保证不违反道德底线，一定要学会蹭热度，善于利用热点事件宣传、推广自己的产品；另外就是千万不要害怕被投诉、被曝光（前提是平台企业并不是恶意地去做一些违法或者违反道德的事情，更多的是因为产品客观或者用户不了解所造成的投诉等），要善于巧妙利用投诉事件来赢得自身产品的被认知。

在这一点上做得最好的就是传统时代的脑白金、黄金搭档、恒源祥羊羊羊；电子时代早期的三星，后来的OPPO与VIVO，甚至在业内专门有OV地推模式，也就是所谓的10米必见OV的标志。到了互联网时代最典型的代表就是货拉拉、快狗货运，满城的司机都贴上了这些标志，每个车一个月补贴200～500元，是非常便宜、实用、又有效果的一件事情，只要一想到临时搬家、搬厂、搬货，客户第一个闪现的就是货拉拉、这就是目的所在。

在这个世界上千万要记得阳春白雪就那么点人，真正遍布全世界的还是下里巴人，如果放不下面子觉得丢人，那就意味着成功逐渐离你远去。如果没有制造核弹头的能力，那就看一看世界普遍需要的还是AK47。当回到遥远的西部家乡，看到土墙上写着"过年不送礼，要送就送脑白金"的时候，是否有一种熟悉的味道？

（3）心力，直击内心的柔软。平台产品一定要有内容，内容要丰富，要能够解决用户的实际问题；展示页面要尽量做到千人千面，有一种个性化、定制化的味道；最主要的是平台产品的愿景、价值观一定要符合我们所提供的产品，让天下没有难做的生意、让科技向善、让中国人都能吃上更好的东西，简简单单的话语都能够直达心房，一击必中才能让用户有一种一见钟情的效果。它可能是外观、商品、slogan，也可能是一次活动展示，也就是说，拿什么来撬开用户的心门，不同的平台产品有不同的特点，需要有针对性的分析。

（4）引力，产品一定要有吸引力，产品有了吸引力之后才能吸引用户。通过产品的吸力和内容的魅力以及有意思的活动，引导用户主动分享；在这个过程中宣传很重要，但更重要的是口碑，很多人都说过"口碑是王道"，这句话不一定非常准确，但是它确实表明了在当今互联网时代，如果没有好的口碑就没有生存的意义，只有有了好的口碑才能不断地进行裂变，才能促使用户参与，才能真正主动地进行分享，这样用户基数将会不断扩大。在这个过程中一定要注意售后，没有完美的产品，但一定有完美的服务，通常产品和服务的相互循环可以促进、保证产品的口碑效应持续放大，这是一个基本认知点。

（5）魔力，是保证用户持续应用的重要手段。没有谁只关注下载量而不关注使用量以及持续的留存率，我们讲DAU、MAU、YAU其实就是在讲用户留存数、参与数和持续数量的概念。

魔力来自什么？魔力来自具体的推广方案和计划，来自平台产品内容和具体的推广内容，来自推广的形式，来自运营的游戏玩法，来自细节。推广的目标要明确，努力的方向也要明确，核心竞争力要明确，平台产品的特点和优势要明确，视频动画海报更要有明确的突破点（一个卖水果的，海报上面的水果娇艳欲滴和皱巴巴缺水的样子，看后分别会有什么感觉），游戏玩法要有一种延展度，可以引导众多的人员分享，共同参与活动，这一点拼多多是做得最好的。最终，所有的一切都需要注重细节，只有用心为客户着想，才能真正赢得客户的信任，才能有未来，才能真正长期持续地相伴而行。

实际上当产品力与外力形成合力后，外力会自发地对产品进行宣传和推广，这一点在拼多多的产品上具有典型的示范效应。拼多多截至2021年3月31日，年度活跃买家数超过8.2亿，相比2020年同期增长1.9亿，已经成为中国第一的活跃用户数平台企业，这一切都是因为早期定位人群准确，后期玩法多样，提供产品丰富度高、价格低廉，吸引更多人参与分享分发，最终成为今天的用户数霸主地位。

3. 内力，企业内部形成合力，劲往一处使

内力主要是从眼力、听力、动力、战力、定力、意力几个方面进行分析，也就是说，涉及企业组织结构、执行力、激励制度、企业意志、员工素质等方面。

其实无论是产品质力还是用户外力本身都是通过企业内力来完成的，因此具有专业的人才、专业的团队是最重要的一件组织事件。这个专业的团队包括研发队伍、设立队伍、内容队伍、推广队伍、运营队伍、售后队伍等，只有专业队伍的存在才能保证产品的专业性和推广的专业性；而队伍的战斗力是需要激励制度和组织结构的有效配合和激发才能形成强大的战斗力，一个好的产品再加上好的推广策划方案，在强有力的地推团队的带领下，在项目管理时间周期表的执行下，我相信没有任何困难能够阻碍它们前进的步伐。

（1）眼力，目标随处可见。这就要求我们的企业地推人员能够覆盖尽量广的地区，同时要达到一定的密度，就像OV地推推广模式一样，几十米就能看到，想避开都不可能；就像满城跑的货拉拉一样，想避开就要闭上眼，反正大街上的小型货车、小微车型都贴着。你是否能够在打开计算机的第一瞬间就让用户看到你？用户在网络上能随时找到你？当然要看准时间点，地面做推广还好，但是网络推广具有时段性，早晨起来，中午午休，晚上在地铁上的时间，晚饭后8:00—10:00，这些都是黄金时间段。

（2）听力，要达到耳熟能详的效果。我们有一句俗语："耳朵都能听出茧子来了"，就像是革命教育要天天讲、周周讲、月月讲、日日讲，实际上，你所能听到的新鲜的、好玩的都离不开你的平台产品，最终你想不试试都觉得对不起老是和你说的那些朋友，实际上从一定程度上讲这就是洗脑，当你沉浸在这种范围内，你会不自觉地接受。

（3）动力，为什么大家愿意跟你共同努力，共同奋斗。一定要解决这个"有福同享，有难却不同当"的结果，那就是要设计好激励制度，有了明确的奋斗目标才能够打造核心竞争力的主体，只有愿意一同奋斗并长期坚持下去的人才可能有未来，没有了人，再好的创意和产品都没有任何意义。当前解决这一问题最好的方式就是合伙人制度、期权激励制度，但我们往往需要警惕的是创始人是否会愿意放权放力，尤其是当平台产品有了起色之后。

（4）战力，就是攻城拔寨，实际上是组织架构的表现结果。有了人要把人用对，一个好的组织架构其实就是企业流程的重要表现。组织架构不明确、层级过多、交叉过多，最终必然是相互掣肘，而不可能有超强的攻城拔寨的能力。对于互联网平台公司而言，"唯一不变的就是变化"，通常指的就是至少每月一次的组织架构调整，甚

至在个别互联网巨头企业出现过每周一两次的组织架构调整也并不奇怪，所有的一切都是为了把更合适的人放到更合适的位置上。尤其是华为有这样一句话："将指挥权交给听得见炮声的人"，只有这样的人在有了明确的激励目标的支持时会更加有战斗力，那么何愁无往而不利呢？

（5）定力，这是真正考验一个企业、一个企业家的事情。在发展的道路上有各种诱惑和利益的分叉点，是否能够一直记得初心呢？是坚如磐石还是随心所欲、见利忘义？在企业小的时候还好说，当平台企业真的做大做强之后，中国只有华为、大疆、比亚迪等为数不多的企业一直在坚持自己的初心，用技术来创造市场，与之无关的都砍掉。尤其是互联网平台公司都已经忘记了自己的初心，都开始更多地向多元化、多边平台关系和资源突破，从而在一定程度上形成了生态平台的概念，最终走向了垄断、二选一、打压竞对、虚假营销、996内卷等道路，这一点值得我们深思。

（6）意力，不畏艰辛、超强的意志力。"不畏艰辛"可能不只是说说，在行进的路上，有动摇，有退缩，有走到竞对的队伍中的，也有自己拉山头单干的，真正的创始团队能否一直努力尤其是在看不到希望的时候，这个时候作为创始人而言，所谓的领袖级人物就是在未来的曙光还没有到来的时候，能否在乌云密布中看到狭缝中的一丝若隐若现的光线，也可能是一根光丝，更可能只是一闪而过的一个光点。在这种情况下，应领着整个团队依然坚持不懈、奋勇直前，无论自身如何，都永远地走在道路的最前方。这一点请参考毛泽东主席在建党、建军、建国道路上的付出，还请参考中国共产党百年的发展历史、坎坷历程，我相信我们最终会有自己的所得，本处不再过多论述。很多人说"买房富三代、创业穷一生"，如果没有不畏艰辛、超强的意志力，最好就不要做互联网平台的开发和推广，否则就是在浪费时间。

企业内力虽然是第三步，但实际上也是第一步，没有团队的组建就没有一切，但是有了团队更多的前期是团伙，也不一定就能够成功，哪怕是再好的产品创意。因为必须有激励目标、架构合理、超强执行力和企业的意志力及面对诱惑的定力，若不能做到这些方面，最终可能就是好聚好散，这可能还是好的，更多的结果是好聚恶散，最终不见。

4. 财力，在财务管理上，要有强烈的生存意识

在财务方面其实就是要做好3方面的事情，有钱的时候想着秋天，可能还有冬天，该省着就要省着点花钱；没钱的时候要想着大家再努力一下，眼看就要到春天了，这是企业生存意志的表现。但不管怎么样，哪怕是手里有钱，如果能够融资也最好还是要融资，但所有的融资除了非常有必要的财务融资，尽量是产业融资，或者是其投资人的投资项目有多个能和你的平台产品资源互补，只有产业融资对于自己的发展意义更大，尤其是当平台产品刚刚起步的时候，资源往往比资金更重要。

5. 物力，不要大包大揽，适时整合第三方资源

物力方面主要是针对后勤保障、物流体系和供应链体系的打造，当今的服务配套体系较为完善，在早期完全可以根据社会需要进行第三方业务，未来真的做大之后到底如何发展可以根据实际需要来调整；另外就是为了配合平台产品的推广，商品、礼品、物品的搭赠，这个是人性的问题，实际上全世界人类的心理都是贪便宜的心理，因此推广活动一定要有配套的物力支持。

对于推广五力分析模型，我们重点分析了质力、外力、内力这3个方面，但在具体分析过程中一定要根据实际情况进行准确而详细的对标、分析。通过整体要素系统性分析，我们要学会与用户分利、与合作伙伴分利、与内部员工分利，同时也要学会向外部资源借力，让内部资源聚力，最终形成发展的合力，在艰难曲折的道路上用我们不懈的意志力和面对诱惑坚决不动摇的定力全力以赴，最终必然会取得自己的成功。

6.6 数据运营：数字控制塔的建立与案例分析

人民网在2021年5月10日发表了一篇文章，标题是《大数据驱动大未来》，文章非常明确地提出了"大数据是时代发展的强大引擎"这一结论。无论是从行政事务、经济发展，还是社会民生、企业运营等各个方面，大数据都能进行赋能。

1. 大数据对管理运营的指导意义

"伴随数字经济快速发展，数据这座巨大'宝藏'正显示出前所未有的使用价值和发展潜力。疫情防控期间，交通、通信、消费、税务、金融等众多领域的数据有机整合，为疫情监测、防控救治、资源调配等提供了有效指引，助力疫情防控和复工复产成为大数据促进经济社会发展的一次成功实践。'健康宝'等大数据产品的广泛应用更是对全社会进行了一次生动的数据科普，彰显了大数据作为基础性战略资源的重要意义。"

文章称："大数据蕴含着大机遇、驱动着大未来。用好大数据这个时代赋予我们的强大引擎，就能抓住新机遇、培育新动能、塑造新优势，推动中国经济在数字化大潮中乘风破浪，驶向高质量发展的美好未来。"

我们必须看到，在土地、资本、劳动力3大生产要素的效率逐渐靠近天花板的时候，技术与数据作为两大新兴生产要素的作用越来越大，尤其是数据正逐渐驱动前4大生产要素的重新配置，从而焕发新的力量。因此可以说，通过大数据实现市场资源和企业资源及供应链资源的高效配置，是未来整体社会经济提升的关键因素。

2. 数字化意识的重要性远远大于对大数据的关注

对于大数据的重视，无论给予多高的认可度都不为过，但是必须看到一个事实：又有多少企业能够真正拥有大数据和实施大数据战略呢？

当我们在谈到大数据的时候，通常所用的英文词语是"big data"，而在其众多的内涵解释中有一个经常被看到的词语，那就是"huge"，其含义为"巨大的、极多的、程度高的、非常成功的"，类似汉语中"巨……"的含义。正如我们一般所说的"巨好""巨棒"等词语，代表着没有办法解释的程度；那么用 huge 代表大数据的特点就代表着无法比喻、无法想象的量级。具体关于大数据的相关数量分级，可以参考本书"7.7 数字管理体系（DMS）应用势在必行"小节，这一部分有各量级的详细介绍，想必看完之后很多人可能都会产生一种大数据和我无关系的结论。

确实是这样，实际上大数据和众多的人士、众多的企业没有太大的关系。

2021 年，Gartner（美国一家咨询公司，世界著名的多行业绩效评估报告提供者）向世界公布了最新的全球供应链 25 强（如图 6-6 所示），所有的 25 强来自列入《财富》全球 500 强或福布斯全球 2000 强的制造商、经销商和零售商名单，入围企业的最低销售规模为 120 亿美金。

图 6-6　Gartner 2021 年供应链排名前 25 位的公司

背景知识——评分标准如下。

综合得分 = 同行的意见 ×25%+Gartner 研究意见 ×25%+ROPA×20%+

库存周转率 ×5%+ 收入增长 ×10%+ESG 得分 ×15%

Gartner 研究意见和同行意见都是基于每个小组对公司的强制排序和他们拥有的端到端供应链成熟度。

ROPA 即总资产回报率，计算公式为：(2020 年运营支出 /2020 年净资产、工厂、设备及年末库存)×50%+(2019 年运营支出 /2019 年净资产、工厂、设备及年末库存)×30%+(2018 年运营支出 /2018 年净资产、工厂、设备及年末库存)×20%。

库存周转率 =2020 年 COGS 销货成本 /2020 年季度平均库存

$$收入增长 =(2020年收入-2019年收入)\times 50\%+(2019年收入-2018年收入)\times$$
$$30\%+(2018年收入-2017年收入)\times 20\%$$

ESG是3个英文单词首字母的缩写，即环境（environmental）、社会（social）和公司治理（governance）。ESG是衡量上市公司是否具备足够社会责任感的重要标准。

供应链大师评定的标准是在过去10年中（即2011—2021年），至少有7年在Gartner供应链25强排名中获得了前5名的综合得分。2021年度的全球供应链大师为亚马逊、苹果、麦当劳、宝洁、联合利华。

对于这个评判标准有很多不同的意见，比如如果企业类型不同，用一套标准合适吗？主观性占比是否过高？是否过分重视生产企业？但这些都不是我们要讨论的内容，我们想说的是如果连120亿美元的标准都不够的话，连说大数据的资格都没有，就不要老是把大数据挂在嘴上。

随便举两个25强的企业案例：3M和施耐德电气。

施耐德电气在25强中排名第4位。其全球供应链包括200家工厂和98个物流中心，覆盖多个国家，共有86 000多名员工，每天管理超过29.1万份条目，处理超过15万笔订单。

3M公司在25强中排名第25位。其是一家历史悠久的多元化跨国企业，其开发生产的优质产品多达5万种，公司业务方向包括通信、交通、工业、汽车、航天、航空、电子、电气、医疗、建筑、文教办公及日用消费等诸多领域。乔治·巴克利任公司首席执行官。1984年，3M中国有限公司在上海注册成立。这是当时在经济特区之外成立的第一家外商独资企业。经过27年的稳步发展，3M中国有限公司如今已拥有员工8000多人，建有9座现代化工厂、1个研发中心和3个技术中心，投资规模超过10亿美元。

在同行意见和Gartner研究意见中，"施耐德电气凭借与供应链伙伴共同成长的开放分享态度以及智能化物流体系，快速跃升世界供应链优秀企业前列"；而又比如联合利华"以坚实的数字供应链流程和运营为主导，包括利用自动化、数据科学和机器学习。通过使用新兴的维护和过程控制技术，以此改进数字化制造的计划"。所有这些企业在供应链运营的过程中都在大数据领域投入了更多的资源，数据也只有真正达到一定量级之后，谈论这个词语才更有意义。

那么，对众多的公司而言，就真的没有必要谈论和实施大数据运营了吗？实际上，大数据是一个相对而言的名词，在企业经营和运营过程中，"数字化意识的重要性远远大于对大数据的关注"。

Gartner的全球供应链25强的报告中都会有一个关于25强的学习报告，一般都是3条，我们摘取了2019—2021年连续3年的学习要点。

2019 年，全球供应链 25 强经验总结、学习要点分别为"大规模个性化、利用生态系统、推动以商业为导向的数字战略"。

2020 年，全球供应链 25 强经验总结、学习要点分别为"目标驱动的组织、商业模式转型、数字化控制台"。

2021 年，全球供应链 25 强经验总结、学习要点分别为"目的驱动型组织、客户驱动的商业转型、数字优先的供应链"。

上述 3 年全球供应链 25 强的经验总结和学习要点都包含"数字"，分别是"以商业为导向的数字战略、数字化控制台、数字优先的供应链"，这是 3 年来全球所有的企业都应该有的一种意识，连续 3 年的重点词语确认也宣告了世界经济的发展真正迈入了"数字化时代"。

因此，无论企业大与小，我们都应该具有一种"数字化意识"，而不是动不动就口中宣称"大数据"。而且，请注意我们在此所说的也不是"数字意识"，"数字"是个名词，"数字化"是个动词，并且是一个持续性的动词，表示一直在进行的过程。在企业经营和运营的过程中，应该永远具有的是"数字化意识"，只有具备了这种意识，才可能产生推动企业变革的基本条件。

3. 数字控制塔的建设逻辑

关于数字运营的内容，其本质是 DMS（数字管理体系，详细可见"7.7 数字管理体系（DMS）应用势在必行"）构建的过程，而数据控制塔则是 DMS 过程中最为重要的核心内容。

数字运营的核心就是数据模型的搭建，这个模型的建立既可能是针对一个作业活动点，也可能是针对运营管理内容，还有可能是针对整条供应链，甚至可能会上升到产业链和生态链的角度构建数字运营的模型，因此我们一般将这种数据搭建的模型或体系称为"数字控制塔"，也有的称为"数字驾驶舱"。

从实物运转到产业链布局的角度而言，数字控制塔分为 4 个层级，分别是物流数字控制塔、供应链数字控制塔、产业链数字控制塔、生态链数字控制塔。在实际的运营过程中，可能更多的是在物流数字控制塔层面进行控制（也可以针对其他部门或者功能建立自己体系的数字控制塔，并不仅仅为物流业务特有）。从企业层面的角度而言，可能会更加关注"供应链数字控制塔"建设；对某些行业的供应链链主企业而言，则会上升到"产业链数字控制塔"的高端建设整体数字运营体系；而到了阿里巴巴、京东、拼多多、美团这种量级的平台型公司，则会建立更加庞大、宏观的"生态链数字控制塔"。根据自身企业性质和业务需求来构建适合的数字体系是非常有必要的，我们一般不会上来就构建宏大的数字运营体系，但应该预留出可以扩展的空间和接口。

数字控制塔是企业数字化意识的直接体现，而数字化意识的基础是数据。这里所说的数据不仅仅是操作数据、财务数据、人事数据等有形的数字，还有可能是图片、语言、片段的信息，所有能够转化成为数字化的信息都可以称为"数据"。

数据产业价值的前提必须满足两点："顺畅合理的流程"与"及时有效的信息"。流程不正确得出的结论或数据大概率是错误的，非及时有效的信息更可能让企业家误判或者做出错误的结论，如果指导战争的话，那应该以失败为结果的可能性会更大些吧！

还有一些人对于数据的量级有很大的疑惑，我并没有多少数据，那怎么构建数字控制塔呢？首先要说明的是数字控制塔的第一步不是数字控制模型，而是数字化意识。数据并不存在量大与量小的问题，主要是要有随时随地收集数据的意识。

在构建数字控制塔的过程中，首先要确定你的边界，如果仅是针对物流业务而言，要和你的流程相匹配，上游开源数据在哪里？下游输出的截止点在哪里？这是一个系统工程，系统由输入、输出和转化3部分构成，找好上下游的边界能够让你更加有针对性。

在确定好边界之后，制作完善、合理的流程，根据合理的流程确定重要作业点，针对作业点进行指标数据的攫取。哪怕你做的数字控制塔的规模体系特别宏大，根本没有所说的那么多的相关数据，没关系，系统再宏大也要一步步地落实，先把手边的资料一步步地进行转化，然后再有意识地进行其他没有的数据开发。所以不要过分地强调数量较小，千层之塔起于累土，不积跬步无以至千里，迈出第一步就是胜利。

数字控制塔的形式有很多，简单来说，有直线型也有复杂的金字塔型。当前随着数智化时代的到来，数字控制塔的模型正从金字塔型向哑铃型转变。直线型控制塔一般仅仅是适合单线条的作业管控模型或者较小的部门型管控模型，金字塔型更多的是针对企业级的管控。但是在传统的经济时代中，必然会存在作业层、管理层、决策层，而我们通常的管理法则是7人制标准，也就是一个人的管理宽度是7个人，但是到了今天，在智能装备的辅助下我们的管理宽度在逐渐加大，并且对于数据的分析非常及时，很多时候BI系统的搭建已经完全可以无须更多的中间层存在了。因此，从过去的金字塔型向哑铃型转变，下游干活的人数据量大，传统管理中负责分析、传输和管理运营的人少了，信息无须更多的加工就可以更快、更真实地传输到上面，以至上面做决策的数据信息量非常大，这就是哑铃型控制塔结构，如图6-7所示。

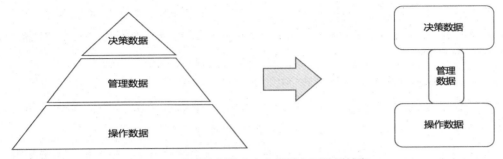

图 6-7 数字控制塔从金字塔型向哑铃型转变

逻辑将不再重要,海量数据将会是逻辑的坟墓。在巨量的数据面前,逻辑已经显得不重要了,尤其是当前时代数据离散发生概率增大,传统的逻辑已经很难解释许多现实情况,再用过去的所谓归纳法和演绎法去解释一些活动内容已经显得不合时宜,因此当确定建立数字控制塔的时候,首先要想到的是考虑的问题、模型和数据的来源是否全面,而不是是否符合逻辑,很多时候逻辑都是在后来显现作用。归纳法是对现象进行归纳之后才会发生作用,是从个体到一般;而用演绎法的三一律来推论从一般到个体的话很难有效。

因此打破逻辑思维和逻辑陷阱,直接以目的作为手段可能会让你更加有效果,千万不要掉到逻辑的陷阱中。记住这样一句话:"所有的局限都是自我设限!"

打破逻辑的局限论并不是说在考虑数字控制塔体系的建设过程时就真的没有逻辑,整个流程还是要遵循逻辑结构。在制度上是从有序到无序再到有序的过程;在运营上是从正常到异常再到正常的顺序;在内容上是从作业到数据再到作业的结构。通俗地理解就是,我们是从现实有序的流程中发现问题并找到各个离散的无序关系,最后再将流程设计成更加合理有序的过程,但是在并行作业模式下可能会存在离散模式;在运营层面我们希望将正常业务中的异常问题点解决再回归到正常的顺序;内容上主要是针对作业活动进行管理,提取指标数据从而能够更好地再指导作业。这是我们所说的整体设计数字控制塔所需要遵循的逻辑思维模式。

4. 构建"数字控制塔"让管理做到有的放矢

接下来最重要的一步就是如何构建"数字控制塔"。

我们今天在构建各种模型的时候,完全可以借鉴数字孪生(digital twin,DT)的定义。数字孪生是充分利用物理模型、传感器更新、运行历史等数据,集成多学科、多物理量、多尺度、多概率的仿真过程,在虚拟空间完成映射,从而反映相对应的实体装备的全生命周期过程。

无论是物流体系还是供应链、产业链、生态链的数字孪生都是端到端流程的所有实体之间关系的数字表示,这些实体包括产品、客户、市场、配送中心/仓库、工厂、财务、属性和天气。它与现实世界的企业节点流程关联起来用来理解设备或系统的状态，以便优化业务运营、高效地应对变化。这充分说明了数字世界与实体世界在不断地融合，因此，我们完全可以进行有效的虚拟现实映射。

首先来构建最简单的直线型数字控制塔模型，以物流数字控制塔为例。上面已经提到，数字模型的构建必须遵循流程合理顺畅、数据真实有效的原则，不一定是真的完全达到，但一定是在你所能理解的合理程度和及时程度上展开。

一般而言，我们将数据分成3个维度，分别是操作维度、运营维度、决策维度，所能对应的就是单点或集合的操作数据、操作数据的对照关系（主要是各种率值）与标准值的差异或同比/环比的数值，这是在正常状态下的思维方式，同时还要有异常容错制度，一旦发现异常就要立刻做出判断。

比如每天的订单量、销售收入、人员数量、工作时长、仓库面积、固定成本、变动成本等，当然还可以将颗粒度更加细化到收货数量、上架数量、拣选数量、打包数量、异常订单、发出数量、等待数量等，这些都叫操作数据，这是最基础的内容，一定要真实、有效、及时，否则在此基础上得出的各种结论都将是错误的或者是过时的。

通过对操作数据进行比对，我们可以得出第二个维度的内容，即管理运营维度的KPI指标体系，那就是人均效能、时效、坪效等，这些都是作为考核的KPI，也就是我们所说的运营维度。

所谓决策维度是指首先要确定绝对标准值，绝对标准值一般都是理论数据，或者是找到最好的对标标杆企业数值，以自身的运营数据与标准值或对标值进行比对、环比值、同比值等供判断的正常值。

以上是3个维度的指标介绍，同时必须有异常的提示，一旦出现异常，尤其是当超过上下限度时就必须介入具体的运营活动，从而避免更大的问题发生。比如在没有任何活动的时候，客户订单量突然超出平常的几倍甚至几十倍，那很有可能是网络被攻击了或者是系统出现漏洞了，也有可能是你的促销活动出现了bug。

以上只是以某个环节或部门作为标准进行数字控制塔的建设，实际在具体的构建数字控制塔的过程中，最重要的工作就是选择适合的KPI指标，这一定是你平常最关注的内容，可以将其在做BI分析系统时显示为第一层级的汇报内容，其他都可以放到第二层级。

同理，对于供应链数字塔的构建过程则远比直线型控制塔更为复杂，它是多个部门的集合，有相互的支持关系也有相互掣肘的情况发生。一般而言，在构建供应链数字控制塔的时候，我们大多以关键指标为维度进行直线型数字控制塔的构建。

从Gartner公布的全球供应链25强的选择标准来看，ROPA、库存周转率、收入增长这3组数据尤为重要。在供应链体系中，有一个非常重要的原则或者是标准，那就是前置期。前置期理论的定义为"从现金到现金的过程"，也就是从应付账款到应收账款的时间,这是针对企业大的现金的循环期,通常最简单的我们用来比喻从客户订单到交付的周期也称为前置期。所以,结合全球供应链 25 强和前置期的概念,我们可以用这 4 个指标作为供应链数字控制塔的构建基础,然后将所有与之相关的部门信息进行分段统计,最终得出企业级的指标。

以库存周转率指标为例,其主要涉及采购部门、生产部门、物流部门,从下订单到采购到库的时间、从生产下单到排产入库的时间、从仓储备货到发出送到客户手中的时间完全可以追溯到每一个批次的库存周转情况,这属于操作数据层面,针对操作数据层面就可以看出各个率值的变化、各部分在整体指标中的占比时长变化,再对照行业最佳标准值就能够看出自己做得如何了。

如果你是供应链的核心企业,那你完全可以将上游企业和下游企业进行系统的有效对接从而实现信息自由顺畅的流通,对所有涉及库存周转率的内容也完全可以进行有效监控,最终得到的将是整体供应链库存周转率提升的结果。

根据 Gartner 供应链成熟度模型可以看出,当我们做好各项基础数据的收集时就已经进入了反应阶段;通过数据的环比和同比对比就能进行有效的预测;通过不断优化和发现异常后的整改,就可以进行整合了,所有问题一定是在交接环节(凡是上下两个实体或信息的交接,都是最容易出现问题的地方)。这是针对从内向外的环节,而到了供应链外部环节就可以实现由外向内的优化提升,那就是两个企业合作达到的和谐运营的效果,以提升整体供应链的效率,如图 6-8 所示。

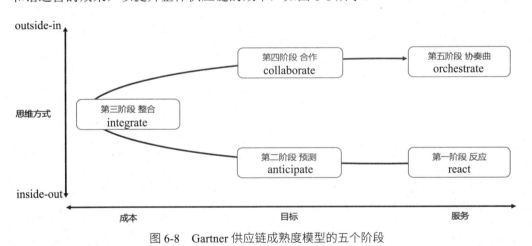

图 6-8　Gartner 供应链成熟度模型的五个阶段

所以说无论是直线型数字控制塔还是供应链数字控制塔,最重要的都是要选择好你真正关注的指标,明确这个之后一切就都能够很好地控制了。也有人把这个输出的结果称为 BI 过程,也就是商业智能,但 BI 仅仅是输出结果,而不体现数字控制塔的构建过程和构建思想,所以说 BI 体系的建设只是数字控制塔系统构建的一部分。

在文中我们提到了利用数字孪生的概念打造数字控制塔,其实就是将所有能够考虑的因素全部纳入进行统一模拟预测分析，找到最优的解决方案，然后进行实施，再根据实施效果与模拟效果进行对比，查找问题所在。通过数字孪生技术把项目策划、运行和售后的全生命周期过程中的信息进行共享和传递，使应用者对各种信息做出正确理解和高效应对，为运营团队及合作方提供协同工作的基础，在提高生产效率、节约成本和缩短前置期方面发挥重要作用。务必做到项目所有要素物理和功能特性的数字表达；强化共享知识源，以便大家看到的都是最真实、最及时的数据；要为项目相关利益方预留开发接口，从而方便插入、提取和更新、修改数据（当然，要有审核、批准权限，以及痕迹留存），以支持和反映其各自职责的协同作业。

表 6-1 为某社区团购公司所涉及的全链路的供应链数字孪生控制塔的模型，我们能够清晰地看到所有的最小颗粒度数据所要达到的效果和能够产生的价值，以及所关注的考核指标，一直到最终如何进行检验和检测。

表 6-1 社区团购的供应链数字孪生控制塔模型

供应链环节	资源要素	愿景	价值	模型	基础	虚拟现实	数字孪生
城市拓展	城市面积、GDP、人口	覆盖更多城市	让更多城市便捷	以GDP为标准	最小颗粒度	三维化	一次成型
开网开团	人口数量、人口密度、消费能力、商超便利店数量	覆盖更多人群	让更多人群满足	以人口为标准	最小颗粒度	三维化	一次成型
商品品类	订单预测、供应商等级、人群偏好、快消品满足率、价格、质量、检验难度、季节、促销、节日、天气、好评率、复购率	提供更多商品	品类供应匹配、可控	以利润为标准	最小颗粒度	线性化	持续迭代
仓库运营	生鲜市场数量、地区面积、仓储面积、区块面积、人员数量、熟练度、分拣效率、各作业端操作时长	人效比最大	成本最低	以效率为标准	最小颗粒度	影像化	持续迭代
配送服务	路径长度、限行要求、团点数量、单团操作时间、司机驾驶水平、均速、红绿灯、天气、配送时段、紧急度、配合程度、商品物理信息	车效比最大	成本低、时效快	以时效为标准	最小颗粒度	影像化	持续迭代
售后逆向	客户时间要求、车辆状况、件单均价、紧急度、退货率、破损率、投诉率	口碑最good	服务好、复购高	以服务为标准	最小颗粒度	影像化	持续迭代

数字控制塔的构建如果能够持续进行优化，完全可以在资源有限的情况下改善部

门、企业的供应链质量,并且能够为客户提供新的增值服务;最主要的是能够不断改善上下游交接双方的合作关系,提高快速反应能力,最终使得效率和成本不断平衡。因此,可以毫不夸张地说,好的数字控制塔可以在真正意义上让管理有的放矢并行之有效。

在本节的最后提供一个小小的关注运营、关注成本的方法。在物流管理中有一个ABC法则,通常是指A类商品、B类商品、C类商品,也就是所谓的畅销的、一般的、不畅销的;而在财务管控里面也有一个ABC方法(activity based costing),那就是基于活动的成本管理方法,又叫"作业成本法"。

作业成本法的指导思想是"成本对象消耗作业,作业消耗资源"。作业成本法把直接成本和间接成本(包括期间费用)作为产品(服务)消耗作业的成本同等对待,拓宽了成本的计算范围,使计算出来的产品(服务)成本更准确真实。作业是成本计算的核心和基本对象,产品成本或服务成本是全部作业的成本总和,是实际耗用企业资源成本的终结。这里面涉及成本要素、活动要素、单项费用、消耗能源等,具体细节不再论述,感兴趣的朋友可以自行搜索相关内容。我想说的是,在当今计算机普及的数智化时代,完全可以和数字孪生控制塔模型的构建有效结合,这样得到的数据将会是最真实的数据,这样的成本也才能在真正意义上做到量化、细化,也才能找到真正问题所在,为企业经营决策提供最真实有效的依据。唯一的缺点就是需要有人在前期对作业现场进行不断的统计和流程设计,一旦模型设计完毕,就可以不断地进行优化和修正了。

5. Shein 全链改造追求卓越

在本书"8.9跨境电商:进来的是幸福,出去的是富裕"这一节中,将对Shein做详细介绍,不在此追溯企业背景。很多人将Shein的成功归结为"品类多、上新快、更便宜",这样的说法并没有错,但更多的是从表象来看;还有人说它的成功是"小单快反",这种说法已经有了一丝内核的意味。但Shein真实的成功秘钥是"超强的供应链数据化改造和整合能力",这才是它超越H&M,迫使ZARA不得不承认其快反能力是自己的两倍的原因。

Shein的供应链数字控制塔建设其实很简单,找准对标单位ZARA,一切工作围绕如何超越ZARA展开,在这个过程中一切都围绕"快、时尚"两个维度展开。

人群寻找要快,人群关注点变化应对要快,图片上架要快,决策要快,设计要快,成稿要快,打版要快,材料供应要快,生产要快,发运要快,客户投诉处理要快,退货要快,退货二次售卖要快,回款和付款要快。这就是所谓的"投产准备阶段一切都是为了前置期",从客户付款到收到货物的时间是7天,最快要求5天(不要忘了Shein的客户,美国占了30%,中东和欧洲各占20%,其他都是分散在各地的客户),

而 ZARA 是至少将近 14 天，大多数是 20～30 天。

为了保证"快"，全球有上千人的队伍进行时尚信息搜集和数据搜索优化，有 800 人的专业设计团队，每天有 2000 款新衣上架，在最受影响的打版环节，自建巨大的打版房，所有的生产商都要围绕 Shein 番禺总部两小时车程的区域开展合作，给生产商付款快，交货就付款。全球设立重要节点城市的物流中心，快速发运，各物流中心收退快，然后立刻进行二次售卖，减少挤压，还是快。

而对时尚而言，那就是找到全世界的时尚之都的变化——网红的变化、搜索引擎的变化，这就是自有站最大的好处，不像在亚马逊和速卖通上卖货，什么数据都是别人的，从而保证了对于时尚信息的变化收集和反应速度也是最快的。

总之，一切都围绕"快"而展开，这就是 Shein 供应链数字控制塔的最核心的内容。这就是我们所说的要找准关键指标和关键数据，所有的改进和优化都围绕这个而运转。

6. 众良鲜生：数字驱动便民服务

众良鲜生是一家"用数字优化生鲜供应链"的运营企业，其业务功能涵盖了上游蔬菜、果农生产端、中间零售商超、社区零售和下游客户食材食谱优化的全链路服务。

在上游通过对农户进行分级优化供应等级，保证上游受益，同时也有效维护下游客户的商品品质，从而达到"分级质优、直供价低"的效果。

在中间零售商超和社区零售部分，众良鲜生针对中国社区所面临的老龄化严重、年轻人进店少的特点进行了详细的数据分析，并根据店面和社区所在地的特点进行有针对性的销售策略改造，从而大幅提升进店客户数量，提高评效，并获得了客户和当地政府的好评。

比如，众良鲜生在宁波的子品牌鄞领市集，其定位是"社区平价，做好政府社区窗口"。有个新的店面大概 2000 平方米，在试营业期间每天的调研数据和进店人群数都维持在 1500 人左右，其中大部分都是 65 岁以上的人群，大约能够占到 85% 的比例，且南方具有精打细算过日子的习惯，基本上对于半成品菜并不认可，大多喜欢挑挑拣拣，所以一律改成原材入店，不增加二次成本；考虑老年人多，重新开凿店门，扩大并增加进出口面积和数量，避免拥挤伤人；另外，即使宁波本地民众较为富裕，但是老年人有时间进行比价，对于价格比较挑剔，所以有专门的比价系统，根据时间段随时调整价格；还有就是根据雨天、晴天对于采购供应进行快速调整，并加强和周边快递服务队伍合作，提供社区营销和团购等内容，便捷用户的同时提高自己的销售额；在数据支持并优化店面销售上时时进行数据传输，随时进行品类调整，不断优化品类供应结构，高压管控库存周转率，整体而言营运效果较好。

一切都离不开数据的收集、积累和有意识地改造现实运营环节。在中国，未来的商业一定是末端商业、社区商业，只有通过数据的不断优化，提升服务，提高商品品质，踏实做好基本功,才能真正达到 RaaS 的效果。尤其是我国老龄人口越来越多,将运营的数据和他们的生活习惯紧密地结合起来,推动便民事业的发展;同时,还在社区专门与国家扶贫部门合作,助推商业扶贫;另外,和社区医疗体系进行合作,进行数据共享,设立医护宣传点,等等,最终实现数据为零售服务,数据为便民服务,用数字化改造并不断优化中国生鲜供应链的品质。

7. 中粮我买网:为一块干冰所做的数字化改造

大家知道美国 -70°疫苗在发运的时候需要装载多少千克的干冰吗?根据载货量的不同会有干冰使用量的不同,但最少要 22 千克。

干冰是 B2C 生鲜业务中影响物流成本(一块干冰是 250 克,至少需要花费 1.5 元;会使泡沫箱密度增加,为了防止跑冷,最好用高密度泡沫箱,使得成本增加;同时还要增加运输重量,使得运费增加)的重要因素,但也是很不起眼的一件事情。在实际工作中,有很多业务活动可以利用数字控制塔的理念实现管理的升级,它并不一定要非常高大上的设备、全面大量的数据储备,它更需要数字意识。

中粮我买网是由世界 500 强企业中粮集团有限公司于 2012 年投资创办的食品类 B2C 电子商务网站,是中粮集团"从田间到餐桌"的"全产业链"战略的重要出口之一。我买网以奉献安全优质的食品和高品质的购物体验,为用户享受健康饮食提供更多的愉悦和便利为使命。

作为一家食品电商公司,控制成本尤其是冷链物流成本更是重中之重。

食品电商的产品主要分常温品、恒温品、冷藏品、冷冻品(高温冷冻 -5℃、低温冷冻 -10 ~ -20℃,超低温冷冻 -35 ~ -60℃):常温品只需考虑包装问题;恒温品与冷藏品、冷冻品不仅需要考虑不同的包材问题,更需要考虑冷媒问题,对于恒温和冷藏品只需要用普通的泡沫箱 + 5 ~ -10℃的冰板即可;但是冷冻品则可能会用高密泡沫箱 + 干冰或者深冷 -20℃的冰板(需要 -35℃的冷库或者速冻工业冰柜才能冻制)。

在食品与食材的存储、发运过程中,温控是非常关键的一个环节,尤其是在出库后,在运输与配送环节如何做到客户收到货物与出库时是同一个温度呢?这是所有生鲜电商企业,甚至是所有的生鲜企业,无论是电商、商超、批发,还是生产制造企业都关注的一个命题。从理论上讲,做到发出与收到是同一个温度是完全没有问题的,但在考虑包材成本、冷媒成本、重量影响的发运及快递价格的时候就会出现很大的差异了。尤其是还需要考虑天气原因、路途远近、时间问题和跑冷情况,这样会导致温控的难度加大。

在我买网物流运作的早期,对于冷冻品的发运,仓库打包环节完全是按照经验和数据的积累来人工判断放置干冰的数量,这就会造成有的订单放多了、有的订单放少了,放多了增加成本,放少了出现化冻情况造成产品品质下降或变质,从而导致客户投诉、二次赔偿等情况发生。

　　针对这种情况必须改变现有的人工放置的主观性和随意性问题，必须实现干冰数量放置的科学化、数据化和可视化。因此，在北京、上海、广州三地进行了为期一年（一个大周期）的数据监测，包括天气温度、客户投诉（地区、品类）、路途远近与时效因素、干冰重量的配比试验与实际效果的差异等，最终将这些实验数据和实际数据进行调整，得出相对最佳（成本与重量、时效的适应度）的配比方案，将仓储管理系统与天气预报的温度数据进行连接，自动调取数据，充分考虑发运日、到达日以及运配过程中的温度变化，自动配置干冰数量。

　　基于以上的优化，在物流打包环节实现了自动显示干冰放置的数量，从而有效避免了人工放置的主观性，既能减少由于多放干冰所造成的浪费，又能够尽量减少因为少放干冰所造成的不良反应，并且还减少了放置过程中自我计算和判断的时间，有效提高包装效能。

　　中粮我买网在冷链物流包装环节并没有投入相应的自动化设备和其他智能装备，但是在充分利用数据应用的过程中却实现了这个环节的智能化、可视化和自动化，最终达到了物流智慧化的效果。

　　通过中粮我买网冷链包装案例的简单说明，我们应该明白，物流数字控制塔的定义即使再玄奥，也并不会让人望而却步，它就在我们身边。很多时候我们一想到数字控制塔就会想到大规模投入，实际上我们忘了想要的是什么，根据业务实际和企业实际，利用数字控制塔的理念，有时候在少投入甚至是不投入的情况下也能达到优化的目的，这才是数字化意识真正的精髓所在。

第 7 章
供应链的智慧化——多技术融合应用

产业供应链的扬帆远航离不开新兴技术的融合应用。集可溯性、不可篡改、分布存储、智能合约为一体的区块链、万物互联的物联网、将物理世界映射到数字世界的数字孪生、有未来新石油之称的大数据等新技术在供应链管理中会产生哪些价值呢？从数字化到智慧化还有多远？

7.1 区块链+供应链——双链融合安全可信

区块链被誉为 21 世纪能改变世界的技术之一，供应链则被 Fortune 杂志列为 21 世纪最重要的 4 大战略资源之一。当区块链遇上供应链会发生什么呢？

1. 区块链经历了比特币、智能合约和泛行业应用 3 个阶段

区块链是一个采用非对称加密和分布式存储的数据库技术，是新一代信息技术的代表之一，其融合了数学、密码学、互联网和计算机编程等多种学科。基于区块链的应用具有去中心化、不可篡改、全程留痕、可以追溯、集体维护、公开透明等特点，这些特点赋予了区块链"诚实"与"透明"的标签，丰富了区块链的应用场景。

区块链技术最早来源于比特币。2008 年 11 月 1 日，中本聪（Satoshi Nakamoto）发表了《比特币：一种点对点的电子现金系统》，阐述了基于 P2P 网络技术、加密技术、时间戳技术、区块链技术等的电子现金系统的构架理念；2009 年 1 月 3 日第一个序号为 0 的创世区块诞生；2009 年 1 月 9 日出现序号为 1 的区块，并与序号为 0 的创世区块相连接形成了链，于是区块链诞生。

智能合约在区块链的应用将区块链推向新的发展阶段。以太坊为代表的科技公司将智能合约与电子货币结合，进一步拓展了区块链的应用场景。智能合约是指以信息化传播、验证或执行的一系列协议。智能合约一旦设立指定后，可以无须中介参与自动执行，并且交易可追踪、不可逆转。通过智能合约建立的交易更安全，交易成本更低。

区块链从金融领域"出圈",面向更广泛的场景应用,将区块链带入 3.0 时代。IBM 公司推出基于区块链的供应链,还推出了开源的区块链架构,让更多开发者可以开发区块链应用,大大拓展了区块链的商业应用场景。区块链与资产管理、区块链与版权管理、区块链与营销分销等各类应用百花齐放。

2. 从信息互联网到价值互联网是属于区块链的时代

2018 年 5 月 26 日,贵阳 2018 年中国国际大数据产业博览会举行以"区块链——价值互联新秩序"为主题的区块链高端对话。与会专家围绕区块链技术对人类社会带来的想象空间,以及区块链对全球经济金融格局、实体经济所带来的影响进行演讲和展开深度对话。其中"区块链是互联网的第二个时代"和"区块链价值是互联网的 10 倍"这两个观点将区块链的价值推向一个新高度,如图 7-1 所示。

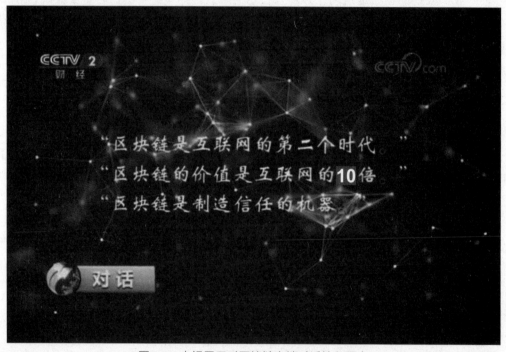

图 7-1　央视展示对区块链高端对话核心观点

区块链是互联网的第二个时代,是《区块链革命》一书作者唐·塔斯考特(Don Tapscott)的观点。唐·塔斯考特认为区块链标志着人类有史以来获得了第一张"价值的互联网"。一切有价值的东西(金钱、股票、身份信息、音乐等)都可以通过一个体系以一种私密并且安全的方式进行点对点的管理、交易和传输。"价值互联网可以带来繁荣,给社会带来公平正义,这就是为什么我定义'区块链是互联网的第二个时代'。"

唐·塔斯考特认为在信息互联网时代,通过互联网发送一份文件都是发送了一个副本。对信息来说这样做没问题,但是对经济真正重要的事,例如资产包括金钱、知识产权、股票、碳信用、音乐、艺术品、身份信息、能源等有价值的东西，复制不是好主意。如果我转给你 1000 元人民币，就要确保我手上少了 1000 元人民币，否则我还可以给多人转账。这就是长期以来密码员所称的重复花费的问题。在管理经济时代，我们是通过银行、政府、信用卡公司、社交媒体公司等中介机构完成个人资金的管理的。它们确定交易双方身份，留下记录完成交易。基于区块链的价值互联网，我们不再需要强大的中介机构，而是通过原始的价值媒介完成交易。这是自计算机科学发明以来的最大的创新。

"区块链的价值是互联网的 10 倍"，这是华裔科学家张首晟教授的观点。张首晟认为，互联网诞生以后形成了大量数据，而互联网采用中心存储方式，大型互联网公司掌握大量数据，包括生物医疗等核心数据。区块链时代，数据分布式存储可以点对点地挖掘个人数据。以区块链为代表的新技术迭代将使未来区块链创业公司的市值超过互联网公司的市值。

3. 零知识证明与隐私保护

在智能手机时代，手机成为万能 ID 和数字通行证，通过手机号和验证码可以登录主流 App。手机号与个人的身份、银行卡号等个人隐私信息绑定在一起，只要知道手机号就可以关联到姓名、出生年月、家庭地址、上班地址、开房记录等敏感信息，在数据面前人们无处可隐、无密可藏。国内曾出现过多个 App 泄漏信息的事件，给用户带来了巨大困扰，也给暴力人肉搜索以可乘之机。

有没有一种方法能够在隐藏发送方、接受方以及交易金额等其他细节的情况下，保证交易有效呢？答案是零知识证明。

零知识证明是密码学的一种方法，其目的是证明者能够在不向验证者提供任何有用信息的情况下，使验证者相信某个论断是正确的。

区块链的出现让零知识证明拥有了广阔的应用空间。只需要在区块链中引入零知识协议，相关方就可以只知道发生了有效交易，而不知道发送方、接收方、资产类别和数量，让交易匿名保护双方隐私。

4. 区块链与供应链管理的几个结合点

其一，规避造假，使供应链数据安全。

在传统供应链管理中，欺诈、造假风险屡见不鲜。在前面的案例中供应链金融的爆雷事件有造假合同、假验收单、假发票等欺诈行为，给关联企业甚至行业的发展带来巨大影响。采用中心数据库存储的 ERP，核心企业掌握中心数据库，或者其联合多个利益相关方造假，要核验其中数据真实性的话成本很高。区块链具有不可篡改特性，基于区块链的供应链能大大规避造假事件的发生。

其二，规避泄密，给供应链数据加密。

在传统供应链管理中，由于管理不当导致数据泄密，或者数据被黑客以非法手段窃取，给企业带来了无法挽回的损失。某企业推出了电子招标平台，出现过多次供应商投标信息被泄漏，导致供应商在开标前半个小时左右才敢进行电子投标。供应商担心拥有招标平台管理员的账号的人会将供应商的投标信息泄漏给其他供应商。引入区块链技术将所有供应商投标数据上链加密，只有开标之后才下链解密就能杜绝管理员泄漏信息的可能。

其三，向上追溯，使供应链全程可溯。

在供应链管理过程中，涉及多个参与方，流通环节多，食品安全事件、产品质量事件大多数与供应链有关。区块链本身具有数据可溯、防伪造篡改的特点，保障全链数据真实可溯，可以应用在产品防伪和链条溯源方面。

其四，信任传递，实现供应链共享协同。

在供应链管理过程中，涉及众多的数据共享，比如供应商资质材料、采购合同、订单数据、结算票据等。资料的传递、复核证伪往往需要花费全链条多个参与方的大量时间。通过区块链的特性，可以进行一次核验，全链共享大大提升资料传递的效率。

5. IBM 的区块链应用

IBM 是区块链与供应链应用的重要推动者之一。IBM 与马士基公司合作推出区块链供应链平台 TradeLens，让贸易更安全更高效。

截至 2020 年 11 月，TradeLens 平台拥有超过 175 个组织、10 多家海洋运输公司、600 多个港口和码头的数据，跟踪了 3000 万个集装箱运输、15 亿次事件和大约 1300 万份公开文件。

TradeLens 平台面向所有参与伙伴，包括托运人、船公司、货代、港口和码头运营商、内陆运输和海关当局，都可以通过平台进行高效协同。在平台可以跟踪船舶到港时间和集装箱进堆场时间，可以开具货物提单、卫生证书、付款发票和其他类型文件，提升端到端的可视性，提升码头放行和海关通行效率。

TradeLens 平台还通过物联网、传感器数据进行温度控制、集装箱称重等，方便相关利益方获取实时数据和运输单证。有参与者表示"当你想了解'我的集装箱在哪里时'，根据传统的操作方式需要 10 个步骤、5 个人，但在 TradeLens 平台上只需要一个步骤、一个人"。

IBM 与 Chainyard 推出 Trust Your Supplier 平台（以下简称 TYS，信任你的供应商），通过 TYS 平台可以共享供应商资质认证、验证、加入和生命周期信息管理。

TYS 平台的参与方还有多个知名企业，它们包括百威英博（Anheuser-Busch InBev）、思科（Cisco）、葛兰素史克（Glaxo Smith Kline）、联想（Lenovo）、诺基亚（Nokia）、施耐德电气（Schneider Electric）和沃达丰（Vodafone）等。

传统的供应商入驻平台往往要向多个采购商平台提供重复的资信证明文件，步骤烦琐，往往需要人工参与。比如供应商的各类资质证书、业绩证明、银行账户、缴税证明、保险单据等。通过 TYS 平台的共享可以降低欺诈和错误风险，提升供应商入驻各采购平台的效率。

IBM 副总裁兼首席采购官 Bob Murphy 透露，TYS 是一个跨行业的区块链采购网络，TYS 通过创建一个数字护照工作，该护照允许供应商在网络上与任何经过许可的买家共享信息。而第三方验证器如 Dun&Bradstreet、EcoVadis 和 RapidRating，可以直接在网络上提供外部验证或审计功能。通过使用分散的方法和基于区块链的不可变审计跟踪，IBM 表示新的网络将消除手工耗时的过程，并有助于降低欺诈和错误的风险。

6. 国内企业的区块链与供应链实践

区块链应用于商品的全流通领域，解决商品的真伪信任问题。

泸州老窖联合蚂蚁集团打造以"数字化+流通+金融服务"为核心的白酒数字化流通平台。基于蚂蚁链的区块链和物联网技术为泸州老窖的每一瓶酒赋予唯一"区块链数字身份证"，实现酒的保真、保值、可流通。

区块链与电子仓单的结合能促进商品的交易，减少商品无序流通。

中国历来有白酒收藏入窖的习惯，有白酒企业通过区块链与电子仓单的结合对窖藏白酒的电子仓单进行交易。消费者与消费者之间的白酒转让通过交易平台对电子仓单进行权确，这就完成了电子提货权的转移，简化了流通方式，提升了交易效率和交易的安全性。

区块链与电子仓单的结合能预防重复质押和仓单造假，防范大宗商品的融资诈骗行为。

中储发展将区块链与电子仓单结合，联合银行可以提供供应链金融服务。此前，建设银行为青岛诺顿进出口有限公司提供了一笔 20 万美元的贷款，贷款从申请到放款用时 31 个小时。诺顿公司向建设银行提交了贷款融资方案，建设银行通知仓储方中储发展青岛公司提取海运提单，中储发展青岛公司将货物清关后进行入库，发放采用了区块链技术的电子仓单给诺顿公司，诺顿发送给建设银行，建设银行审批后进行放款，并对电子仓单进行冻结。

7.2 物联网 + 供应链——可视化智能化

互联网连接的是信息，区块链连接的是价值，物联网则是万物互联的平台。与区块链一样，物联网同样是新一代信息技术的重要组成部分。

物联网是通过各类传感设备按照约定协议，把任何物品与互联网连接进行通信和数据交换，以实现对物品状态的感知、监控和控制等的一种网络应用。

物联网按照架构可以分为感知层、网络层和应用层 3 个部分，如图 7-2 所示。

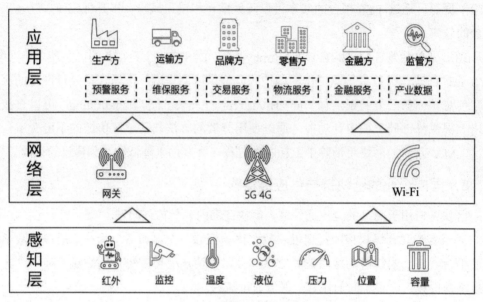

图 7-2　物联网 3 层架构

按照应用场景来划分，物联网可以分为消费物联网和工业物联网两大场景。消费物联网的主要用户群是个人消费者，如智能家居、可穿戴设备。工业物联网的主要用户群是企业，在能源管理、交通管理、智能制造、数字孪生方面都会应用到工业物联网。

1. 物联网的几个特征——感知、传输、控制

感知万物是通过各种传感器获取物品、设备、场所等信息。传感器像人对世界的感知和测量。比如，通过 GPS、室内定位、重量传感器、摄像头、电子标签的组合就能获得物品的重量、形态和全流通过程的轨迹和参与方。以前要记录物品的移动信息，需要人工手动跟踪并记录到指定系统，现在通过传感器就可以实时精准地获得信息，并分发给任何人。

通信和数据交换是通过局域网、互联网将获得的信息以指定的格式传递到指定的存储空间。通信可以用 5G、4G、Wi-Fi、ZigBee、蓝牙以无线的形式进行数据传递，也可以用 RS485 直连、网关中转、有线局域网直连等方式进行数据传递。

边缘控制和远程控制。边缘控制是指利用边缘计算网关对本网关的物联网设备进行控制。远程控制是指云端向远程的物联网设备下发控制指令，对设备进行控制。边缘控制不需要云端进行干预，能减少数据传输量，同时在云端与物联网设备无法通信时，仍然能确保设备受控。比如当消防池的液位降低到一定程度时，自动开启进水开关，

在指定时间液位回升异常时马上触发警报,这些策略都可以由边缘计算网关来执行,确保物联网的可靠性。

2. 物联网技术与供应链的结合

供应链管理是典型的资源密集型场景,存在大量的物品、设备和场所,这给物联网的应用提供了广阔的舞台。

(1)消费行为的监控。过去有大量的市场调查公司为各类企业提供市场调查服务。企业收到调查数据及分析报告后,改进其产品设计、门店选址、营销策略。市场数据由人工采集和录入,本身存在误差和人为错误,会带来数据的失真,误导企业的决策。而物联网技术的引入由传感器采集数据,带来更精准的数据反馈。

零售店通过传感器可以检测进店顾客数量、顾客触摸商品的数据、散客还是结伴购物、顾客体貌信息、性别年龄等。

(2)全渠道促销。过去很多零售店铺的标价牌采用打印机制作的纸质标签。商品在促销时需要人工更换标价牌,对大型商超而言,工作量巨大同时容易出错。此前有部分商超因为标价与结算价不同被顾客投诉,受到工商部门的处罚。另外,不少门店启动线上、线下全渠道的销售策略,承诺线上、线下同价,而线上促销频繁,手工调整线上门店的价格同样容易出错。

电子标价牌通过网络与商场促销系统连接,实现价格一键下发,实时更新可以减少手工更新价签的工作量,同时做到零误差。

(3)货物实时跟踪。物流是供应链的重要组成部分,物品端到端的转移通常由专门的物流商负责,过去这个数据对委托方而言是黑盒数据(即不知道状态),依赖物流方的定期数据更新。物品是否能按期送达对供应链的柔韧度意义非凡。另外,易损耗、易腐烂,或者有危险的货物,必须在适当的储存条件下运输,甚至运输路线需要审批,这意味着需要掌握运输过程中的容器温度、湿度、压力、倾斜度,以及运输路线、运输时间、气象信息等。

运用物联网既可以管理容器状态,也可以跟踪物品状态,在物品轨迹与预设不一致时触发警报,进而预防物流错误或者物品被盗。

中远海运集运、马士基等全球大型海运公司已经利用物联网技术与集装箱进行结合实现了集装箱智能化,对智能化集装箱冷链运输的全过程进行监控和管理。

(4)场地、设备的监控。库存水平是考核和监控供应链管理的一个重要指标。在保证生产进度的同时,确保库存不积压以减少仓储及相关费用,这需要对生产和物料采购进行精密的规划,也离不开物联网的支持。物联网传感器可监控物品的库存状况,在数量下降或者重量到达一定指标时通知相关人员。同样,物联网传感器还能监控设备的使用或闲置状态,有利于提升设备和空间的利用率。

在零售店可通过摄像头监控货架上的商品，当货架商品被顾客买走时，摄像头可以联动软件通知理货员进行补货，这在工厂的库存管理中同样适用，甚至工厂可以通过重量传感器、电子标签联动监控物品是否缺货。

除此之外，物联网可与场地综合管理进行结合，建设智慧码头、智慧港口等。

3. 物联网与其他技术结合会发挥更大价值

物联网是一种基础技术，与移动互联网、区块链、大数据等技术进行结合，能进一步拓宽其在供应链中的应用。

（1）无人驾驶卡车实现了港区物流的智能化作业。2020年1月，中国重汽的无人驾驶集装箱卡车在天津港成功进行全球首次整船作业；2020年8月，中国重汽的无人驾驶集装箱卡车在深圳妈湾智慧港完成"第一箱"任务，这开启了国内港区物流运输的无人化和智能化作业的实践之路。

2020年10月，福田汽车联合百度在上海发布了无人驾驶卡车，引入无人驾驶技术在物流行业的应用，以降低运输成本、提高运营效率。福田无人卡车搭载了iFoton车联网云平台，实现与外部信息的实时联通，在感知方面采用雷达加相机识别周边环境，融合高精地图实现车辆定位，自主研发驾驶过程控制策略，融合了物联网、地图导航、云计算、自动驾驶等技术。

（2）智慧云仓实现危废全过程监管。工业有害垃圾的管理一直是城市治理的痛点和顽症。某环保集团研发了"智慧云仓"，在多个产废企业进行部署。产废方通过扫描二维码自动开箱，排放废物后自动称重，容积达到预警值时自动通知收集方来收集。收集方扫码开箱对危废进行转移，转移车辆的GPS轨迹实时上云。通过物联网、移动互联网等技术的整合实现危废"产生—收集—运输—储存"环节的实时化、精准化、智慧化，有效地防范工业有害垃圾非法流入社会渠道，避免了环境污染事件。

7.3 RFID植入供应链使应用场景丰富

RFID起源于1939年英国的对等识别设备IFF，由于硬件本身昂贵，配套生态的成熟度不高，RFID的普及度一直不理想。

随着集成电路（IC芯片）技术的发展，RFID设备逐渐小型化并拥有高性能，硬件成本大幅度下降，配套的生态环境不断完善，RFID成为供应链管理中的一项重要技术，在信息共享、库存管理等方面拥有广泛应用。

在传统供应链作业中存在大量手工作业，后面演进为条码识别，而RFID通过机器批量读取商品标签，同时可以在移动中远距离读取商品标签，大大提升了供应链管理的精度和效率，节约相应的人力并降低损耗，受到企业欢迎。

严格地讲，RFID是物联网的一种技术，在供应链的应用极为广泛，本节单独探讨 RFID 技术与供应链的结合。

1. RFID 的构成

RFID 系统由 3 个部分组成，分别是读写器（也称为阅读器）、应答器（也称为电子标签）和应用软件，如图 7-3 所示。RFID 系统先通过读写器发射特定频率的无线电波给应答器，驱动应答器电路将内部的数据送出，此时读写器便依序接收解读数据，发送给应用程序做相应的处理。

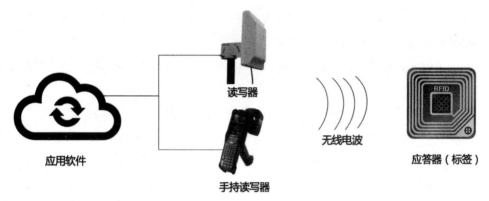

图 7-3 RFID 的组成部分

2. RFID 的特性和应用

RFID 标签根据供能方式可分为有源 RFID 标签和无源 RFID 标签两类。

有源 RFID 标签由内置的电池提供能量。它的优点是作用距离远，有源 RFID 标签与 RFID 读写器之间的距离可以达到几十米，甚至可以达到上百米。缺点是体积大、成本高，使用时间受电池寿命的限制。

无源 RFID 标签不含电池，而是从 RFID 读写器的电磁感应获取电能。它的优点是体积小、重量轻、成本低、寿命长、免维护，可以制作成薄片或挂扣等不同形状，应用于不同的环境。缺点是无源 RFID 标签与 RFID 读写器之间的距离受到限制，通常在几十厘米以内，对 RFID 读写器的功率要求较大，如图 7-4 所示。

图 7-4 某品牌的 RFID 标签

根据标签内容的存储特性来划分，RFID 标签分为只读式 RFID 标签和读写式 RFID 标签两类。

只读式 RFID 标签可进一步分为只读标签、一次性编程只读标签与可重复编程只读标签。只读标签的内容在出厂时已经被写入，在读写器识别过程中只能读不能写。一次性编程只读标签的内容在使用前通过编程写入，在读写器识别过程中只能读不能写。可重复编程只读标签的内容经过擦除后可以重新编程写入，在读写器识别过程中只能读出不能写入。

读写式 RFID 标签的内容在识别过程中可以被读写器读出，也可以被读写器写入，甚至有些标签有多个内存块，读写器可以分别对不同的内存块进行编程，写入内容。

按照 RFID 标签的工作频率来划分，RFID 标签分为低频、中高频、超高频与微波等几个类别。

低频标签适合近距离、数据量小的应用场景。低频标签一般为无源标签，通过电感耦合方式从读写器耦合线圈的辐射近场中获得标签的工作能量，读写距离一般小于 1 米。低频标签的工作频率较低，可以穿透水、有机组织和木材，其外观可以做成耳钉式、项圈式、药丸式或注射式，适用于牛、猪、信鸽等动物的标识。低频标签芯片造价低，适合近距离、低传输速率、数据量较小的应用，如门禁、考勤、电子计费、电子钱包、停车场收费管理等。

中高频标签与低频标签互补场景。中高频标签常见的工作频率为 13.56 MHz，其工作原理与低频标签基本相同，为无源标签，读写距离一般小于 1 米。中高频标签可以方便地做成卡式结构，典型的应用有电子身份识别、电子车票、校园卡、门禁卡等。我国第二代身份证内嵌符合 ISO/IEC 14443 B 标准的 13.56 MHz 的 RFID 芯片。

超高频和微波标签适合数据传输距离远的场景。超高频与微波段标签通常简称为"微波标签"。微波标签主要有无源标签与有源标签两类。无源标签的工作距离通常为 4～7 米，有源标签的最大工作距离可以超过百米。微波标签一般用于远距离识别与对快速移动物体的识别。例如，近距离通信与工业控制领域、物流领域、铁路运输识别与管理，以及高速公路的不停车电子收费（ETC）系统等。

此外，从封装类型看，RFID 标签有贴纸式、塑料封装、玻璃封装、抗金属等形式，赋予了其在不同场景的物理适应性。比如贴纸式 RFID 可以制作吊牌，玻璃封装 RFID 标签可植入动物体内跟踪动物。

3. RFID 在供应链管理中的应用

RFID 具备追踪、点数、监控、寻找 4 个功能，可以在整个供应链上跟踪货物，简化商品追踪的环节，实时获得库存可见性。RFID 技术正在零售、医疗、物流、汽车、航空、资产管理等领域广泛运用。

（1）RFID在货物跟踪中的应用。RFID标签在制造时直接嵌入商品吊牌，在商品从工厂拣货出库、装卸车、门店入仓、商品售出等过程中，引入RFID手持终端或者RFID通道机，通过手持读写终端或者RFID通道机内置程序将商品流转信息上传云端，从而实现商品流转全过程的记录，如图7-5所示。

图7-5　RFID在货物跟踪中的应用

（2）RFID在库存管理中的应用。将每个商品嵌入RFID标签，实现一物一标相互对应，在商品入库时通过RFID通道形成入库记录，在商品出库时通过RFID通道形成出库记录，在日常盘点中可以用RFID手持终端进行远距离批量快速盘点，重点提升盘点效率。

（3）RFID在零售业的应用。RFID技术在零售业的应用体现，除了商品追踪和库存管理，还有销售监控、自助收银、商品防盗等。关于销售监控，透过RFID标签与感应器的配合，零售商可以实时监控商品在货架上的数量、位置、动态，以便进行及时补货。通过自助收银，可以配置带RFID的收银结算设备，用客可以直接在机器上自助结账。关于商品防盗，通过门禁与报警设备联动，有人携带没有扫码结账的商品出门时，探测装置就会联动防盗报警装置，使其发出警报。

4．迪卡侬的RFID应用成果

迪卡侬是知名的零售商，其于2013年引入RFID技术，陆续将RFID技术融入仓储物流、全渠道销售等各个环节。

在仓储管理环节使用RFID之前，迪卡侬工作人员需要通过扫描条码确认商品是否正确，然后输入数据，整个过程大概耗时12秒。RFID简化了这个环节，将整个过程缩短到了3秒以内，并大幅提升了分拣的正确率。

在仓库盘点环节，迪卡侬将RFID与AGV机器人相结合，最后使得拣选工作效率得到了2～3倍的提升。借助RFID灵活的库存管理能力及时补货，仓储运转效率得到极大提升。

在收银结算环节，迪卡侬的商场通过RFID技术可以实现顾客自助收银，收银过程仅用时10余秒。与常规的条码识别的自助结算服务相比，迪卡侬的结算时间更短，体验更好。

此外，迪卡侬还推出 RFID 智能盘点机器人"迪宝"，在商场中，搭载 RFID 和人工智能技术，机器人可以实现全品类产品的自动盘点。"迪宝"具备无人无灯全自动化盘点、自主导航和地图扫描及实时更新电子地图等功能。

RFID 的应用潜力正在被挖掘。在制造业中，RFID 可用于质量控制和过程管理、产品生命周期管理、物流管理等；在食品领域，RFID 可用于产品识别与追溯、冷链监测、保质期预警等。

7.4 图文识别、电子签章和智能化技术

2018 年，中央提出新型基础设施建设，并推出多项政策，各类信息技术发展进一步加快。区块链、物联网等技术与供应链紧密结合，同时以电子签章、光学字符识别（OCR，optical character recognition）、人工智能（AI，artificial intelligence）为代表的新技术与供应链管理进行紧密结合，改进了供应链的管理方式和方法，提升了供应链管理的效率并降低了风险。

1. OCR 技术在供应链中的应用

OCR 技术是通过电子设备识别其他介质的字符，并将其转化成相应的计算机图文。

OCR 技术的研究始于 20 世纪，早期用于识别邮件上的邮政编码，帮助邮局进行分信作业。随着技术的发展与进步，OCR 的识别范围和识别的精度大大提升，结合机器学习，OCR 可以识别手写的汉字，比如支付宝推出的集五福就是 OCR 与机器学习结合的结果。

在供应链管理中存在大量的线单据、票据，比如订货单、发货单、验收单、发票等，手工整理和核对这类资料要花费大量的人力。OCR 技术则可以将这类资料数字化，并与供应链系统资料进行核对，以减少误差，在链上进行资料的共享能提升供应链协同的效率。

以物流场景为例。传统物流在完成交割客户签收货物后，配送员收回物流底单并与对应派件清单一一整理，然后逐级上交给财务人员，由财务人员进行核算。这个过程费时费力。如果过程出现异常状况则带来成倍的工作量。比如，物流单签收错误或者底单丢失、核算错误，配送员和财务人员要进行稽核，从同批次的海量底单中一一核查，直到找出错误。此外，物流公司保存的大量纸质底单给后期的查询带来很大不便。

植入 OCR 技术将大大提升物流效率和用户体验。在分拣流水线植入 OCR 技术，流水线识别包裹上的目的地并进行自动归类、分拣。包裹到达目的地，收件人签收后，快递员只需对底单拍照上传到系统，系统调用 OCR 识别，系统根据识别结果统计送件情况以及是否有漏件。财务人员无须整理底单，直接统计快递底单文档即可，需要查

询某张底单时，只需输入快递编号或收件人电话等信息进行稽核，提升财务结算效率。对物流企业管理者来说，底单电子化节省人力成本，同时提升了员工的满意度。

同样，OCR 还能应用在供应链的发票管理环节。结算人员收到供应商的发票，通过 OCR 技术进行自动识别，通过税务部门发票真伪查验平台进行核验，调用结算单数据进行检验，完成核验后结算人员可以提交支付流程。

2. 电子签章在供应链中的应用

电子签章是一项信息技术的基础技术，在国家层面为了推进和规范电子签名行为，确立电子签名的法律效力，维护本方的权益，国家颁布了《中华人民共和国电子签名法》。

电子签章是将传统的线下签章进行数字化，具有加密、防伪、云端使用等特点。随着区块链技术的发展，有多家企业将电子签章与区块链结合，进一步保障电子签章的安全性，如图 7-6 所示。

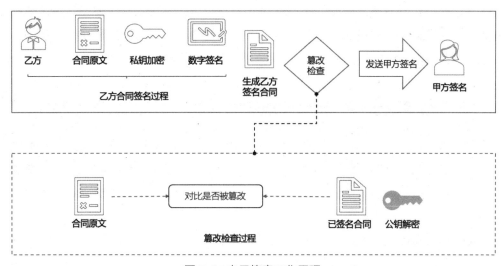

图 7-6　电子签章工作原理

统计数据显示，2015—2019 年电子签名企业数量从 50 家增至 124 家，电子签名认证证书数量则从 3.20 亿张增至 6.55 亿张，业务覆盖"医疗电子处方""银行征信授权协议""房地产合同""物流承运协议""劳动合同""政务服务"等应用场景。2020 年受疫情影响，线上办公、线上政务、线上签约等方式不断普及，无接触办公成为众多企业的选择。这进一步促进了电子合同、电子签名、电子印章在公共事业、零售、物流等领域的渗透。

在供应链管理中，众多供应商、分销商参与协同，每年有成千上万份合同、订单需要签订。传统纸质合同的审批和签署不仅效率低，同时带来高额的打印、邮寄甚至差旅费用，以及给后续合同存档与查询带来大量成本投入。集电子合同、电子签章为一体的服务，成为供应链管理中提升效率的重要工具。

同样，在供应链金融中八部委联合颁布的《关于规范发展供应链金融支持供应链产业链稳定循环和优化升级的意见》（2020年银发226号）明确指出，支持探索使用电子签章在线签署合同，进行身份认证核查、远程视频签约验证。

3. 智能化技术在供应链中的应用

智能化技术是一项综合技术，由精密传感器、机器学习、智能控制等单元构成。通过机器获取信息输入，利用引擎规则进行学习，然后传输给控制单元，由控制单元执行策略，同时控制结果形成新的信息输入，用于优化和改进效果。

人机协同是智能化技术的一项应用。随着人力成本的增加和人口老龄化的趋势，人机协同在很多场景中开始使用。自主移动机器人（AMR）正在快速增长，在仓库、工厂等应用场景，AMR和人类协同工作。

京东建立了首个无人仓库，这也是全球首个全流程无人货仓。这个物流中心包括收货、存储、订单拣选、包装4个作业系统。整个无人仓分为3个主要区域：入库+分拣+打包区域、仓储区域和出库区域。在无人仓中，操控全局的智能控制系统是京东自主研发的"智慧"大脑，仓库管理、控制、分拣和配送信息系统等均由京东开发。

7.5 数字孪生——虚拟与现实的共生

2020年11月，工信部从国家层面定义了数字孪生的基本概念，其源自近年来这一概念的越来越广泛的传播。同时，得益于物联网、大数据、云计算、人工智能等新一代信息技术的发展，数字孪生的实施已逐渐成为可能。但是关于什么是数字孪生，其和三维数据监控有什么区别，和传统的仿真有什么区别，为什么需要真正的数字孪生，这些问题仍旧困扰着广大工业、科研和教育的从业者。

1. 诞生有因：数字孪生是新一代智慧协同载体

人类是群居的高等智慧生物的原因在于分工协同。工作、生活中的沟通、管理、决策、执行、监控本质上是人和人之间，人和设备、系统之间，近年来也包括人和人工智能之间的信息感知、传递、预测、决策活动。让我们回到300年前，一起观察人类社会的发展是如何催生数字孪生的。

历史的车轮滚滚向前，人类每次工业革命的跃迁都会大量地增加需要协同的元素，在蒸汽革命"工业1.0"时代，动力化机器与设备诞生，岗位化的人、机器设备构成了生产的基本元素。

正如恩格斯所说："分工、水力，特别是蒸汽力的利用、机器的利用，是18世纪中叶产生的用来摇撼世界基础的三个伟大的杠杆"，设计工程师+文字与语言逐渐开始代替手工作坊的匠人+语言口诀式协同沟通与知识传递，通过文字的说明、语言的要求大大降低了对于手艺的依赖，人与机器一起生产，监工与工头等运营管理者应运而生，他们按照经验，在头脑中形成经验模型来管理新诞生的工厂。

时间来到20世纪初，百年前的电气化革命"工业2.0"进一步降低了肌肉与语言在生产力与生产协同中的占比，如何更好地让人类协助机器生产，如何让机器组成系统形成生产中心，成为百年前工程师与管理者的共同话题。

机器组成的生产动线、系统构建的组织与节拍都让人与系统融为一体，在19世纪末到20世纪初，德国人与美国人的识字率大幅上涨，同时工程蓝图诞生，文字、图表与图纸逐渐成为人们进行智慧协同、管理与设计的工具，数字引入工厂管理，设计管理、效率管理、流程管理的协同与组织逐渐借助图文诞生。

从世界维度看，在1960年到2000年的40年中，微电子与计算机技术的突破引爆了自动化"工业3.0"革命。工业与商业的要素，新增加的控制系统XCS，管理系统、工厂的自动控制设备与传统生产元素一起，构建了高速大批量制造的能力。人们开始通过计算机的电算化能力，利用计算机图形学，开始了CAD设计，诞生了DOS、Windows、Office、AutoCAD等一批世界级工具厂商，帮助人们进行数据化的协同、知识与信息传播、管理、设计、预测与决策过程。

第三次工业革命引发的巨大影响是生产力的爆炸性发展。也是因为如此，从20世纪末到21世纪初，我国正式进入买方市场，由于信息的不对称，大规模生产造就了市场的局部饱和。生产力再次促进了生产关系的变革，互联网信息互通的低成本性改变了传统商业组织方式。一批企业巨头再次迎着革命的飓风起飞，如阿里巴巴的企业黄页和淘宝，完全符合互联网的整个发展与普及过程。

与此同时，制造业、物流业都被"互联网+"改革，信息透明成为物流与制造业的首要目标，业务SaaS化、数据云化都是近10年来产业的建设与研究的重点。SaaS化的ERP系统、云计算技术、SCADA技术成为辅助设计企业运营管理的首要工具，因为这些工具，人、业务信息、需求信息被整合到管理者的面前，通过数据分析、挖掘，人类尝到了数字化管理的巨大价值，数据成为重要资产，其主人——数主成为下一代独特资源拥有者。

2. 数智时代，什么才是合适的智慧协同载体

互联网引发的市场整合与需求变化满足了大众多样化的需求，消费需求从多样化进化到个性化，颠覆了消费零售业、物流业以及制造等产业，在近5年引发了产业的巨大地震。

在新时代背景下，产业的设计师和管理者面对的问题就是如何提升系统规划设计与管理运营体系的智慧化，其核心关键可以分为业务场景信息权、执行系统柔性化、经营决策可诊断迭代化3层含义。

"知己知彼，百战不殆"，这就是信息权的表现，在自身业务场景环境中，掌握的外部需求信息、内部生产力与生产关系信息都极为重要。从外部来看，消费者在个性化被满足的前提下，具备高付费能力。如何通过完善的物联网捕捉个性化画像，整合并梳理成为新时代商业的重中之重，同时能够掌握自身服务与系统情况，深层次掌握价值实现场景的数权，是业务场景的关键。

比如类似迪士尼乐园能够定量地评价服务能力，如何知道服务与演职人员的位置，量化工作量，量化人效与时效，将会极大地降低培训成本与人员素质要求，这需要对人安装比如蓝牙定位装置进行数据收集，并通过数据整合与三维场景直观呈现给管理者。

同时，个性化具备快速闪现与小批量、多频次的特点，如何使服务业以及工业生产与物流在低成本情况下，快速重组生产力与生产关系，将成为第四次工业革命的重点。目前，特斯拉、西门子等工业巨子都在建立具备感知与预测能力的柔性制造与物流系统，进行精准、高时效的价值传递，通过多种组合方式以小颗粒度完成执行与决策单元化，低成本并快速地满足生产与递送目标。

通过以上的逻辑推理最终可以知道，数字孪生为何是唯一合适的智慧协同载体。我们在工作和学习中存在许多误区，比如三维可视化就是数字孪生、三维管控系统就是数字孪生、传统仿真就是数字孪生，实际上这些内容都或多或少有数字孪生的某些特征，但真正意义上成熟的数字孪生是一种"数化、互动、先知、先觉、共智"的状态，在一定程度上，当大数据达到一定量级之后将会出现一种去逻辑状态，完全是数据的一种先验状态的结果输出。

通过以上的分析我们可以得到数字孪生就是以IoT、业务系统等海量数据为基础，以实时互联为通道，通过边缘计算、数据清洗、过滤、聚类形成具备实时性的业务数据库。

3. 孪生体关键点：什么因素影响数字孪生并将影响哪些领域

数字孪生在崛起的过程中必须以物联网与数据治理为基础，同时，掌握快速CPS建模能力决定数字孪生成本，而"3MF"质量决定数字孪生体能否"先知先觉"，最终再加上融合虚实的数字孪生群组所拥有的强大的集成能力，这将会变革相关行业的规划和设计流程。

在这个过程中，数字孪生将能够实现实体化空间信息的价值传递，比如布局、场景、用料、分层情况等的直观传递，这个价值点的竞争较为激烈，包括3d Max制作实体模型、Unity制作等，其优点在于制作精美，渲染美观度对价值有加成作用，但是设计师无法直接制作，需要大量的信息沟通；另外就是知识与抽象信息的价值传递，可简单地理解为各类3d Max动画制作，表达背后的逻辑和知识，通过有形化、感官化（重点）的方式，将问题的重要性、解决方案的价值传递给用户。

数据孪生还可以为人类管理者提供 PDCA（计划、实施、检查、提升）的智慧协同载体，通过不断的信息和数据迭代，使得经验和模型快速迭代，完全将过去的虚拟仿真教育和培训现实化，并且可以提前发现问题，进行判断并做出改变；数据孪生还能够有效提升价值协同与传播能力，从而实现价值增量。通过对管理 PDCA 过程的赋能以及实现价值可视化的转变，最终为管理的 AI 化做铺垫。

中物汇智致力于为物流与连接各方提供一体化的知识展现、传播、设计、优化的工具及服务，致力于降低学习认知、销售、设计、实施与运营成本。从 2017 年至今，其团队打破国内物流仿真软件被欧美日垄断的局面，推出了 Builder 物流仿真软件，在工业领域已经应用在空军、装甲兵、烟草、电力等国防与国家重点行业，与菜鸟、中通等头部快递企业达成合作，保障了我国关键领域的物流仿真设计能力，通过虚拟仿真进行系统推演，节约了大量的社会成本。

中物汇智的 BTIM 虚拟仿真设计平台为全国 173 所本科院校提供了 67 789 小时的优质资源，培养了近 3 万名物流专业学生，提供了全新的教育数字新基建，助力我国迈向智能制造 2025 的目标。通过与北京物资学院、中通等院校和企业的合作推进，已经覆盖了包括物流、工业工程、旅游等多个学科的内容建设，建立了完善的价值品牌链条，是国内为数不多的具有完全自主知识产权的工业软件。

7.6 产业大脑，大数据在产业供应链中的应用

美国前总统奥巴马将大数据定义为"未来的新石油"，并将大数据列入美国国家战略。大数据与石油不同，石油越开采越少，数据越用越多，越用越好用。从这个维度来看，大数据比石油更有意思，更有价值。

我们先从一个数据的应用案例讲起。

2012 年，美团已经从"百团大战"中胜出，进入良性发展轨道，开始寻找新的增长点，除了已经切入酒旅业务，美团还在寻找更多的发力点。

在美团内部，对商业的分析有一个经典的方法论叫"三层四面"，市场总量、互联网浸透率和头部公司的市场占有率就是三层结构。由王慧文组建的小团队对重点赛道做定期监控，只要互联网浸透率或者交易量超过一定数额，美团就派人重点研究。通过这个方法，外卖市场被美团发现了。

"我们发现现有外卖公司的经营健康水平比之前好很多，多个校园外卖已经开始多校区经营。同时再观察一下它们的经营水平，发现它们并非将经营做到极致才勉强生存，这是很重要的信号。对一个行业而言，如果在产品和经营者的管理水平都没有特别好，但用户已经在健康地、反复地使用时，意味着时间点成熟了。"这是王慧文对外卖市场的研究结论。

2013年，美团正式进入外卖领域，通过百团大战历练的成熟经验，很快就取得竞争优势，随后依靠"农村包围城市""锁定供给侧""网格化精细运营"一系列手段成为外卖的老大，此是后话。

美团内部非常重视数据的收集和分析，美团内部拥有几百个项目，都需要精细地进行数据埋点、收集用户行为，并接入数据平台。美团内部的用户画像平台可以开放给所有需要的产品岗位、运营岗位、销售岗位，方便进行创新点发现、运营优化、精准营销。

供应链是商流、物流、资金流、信息流的聚合，涉及多个环节，拥有多个参与方，在供应链管理过程中自然而然地会形成大量数据，这些数据如何在供应链管理中发挥价值，应该是所有供应链从业者关注的问题。

从数据的产生和应用来讲，大数据的应用有3个阶段。在第一阶段生产经营形成数据；在第二阶段分析数据以辅助生产经营；在第三阶段实现数据深度应用，驱动产业创新变革。

供应链的上游会形成生产资料采购和生产类的数据，比如物料采购量、物料齐套率、各材料交货周期、各材料历史价格趋势、到货准确率、材料缺陷率、库存周转率、各供应商占比、设备维护保养量、能源消耗量、排污排废量等。

供应链的下游会形成贸易类的数据，比如成品库存周转率、物流费用占比、各渠道销售占比、成品毛利率、成品价格波动趋势、连带销售率等。

1. 数据在供应链中的应用——预测

在采购活动中预防过度采购导致积压和预防采购周期长引发断料，使产能无法匹配，是采购人员关注的关键活动。

通过大数据的积累，根据物资消耗量、仓储成本、物流成本、物资调拨等要素，预测经济订货批量（EOQ）。通过经济订货批量平衡供应能力，进行供应商的储备和采购计划的下达，减少不确定性给供应链带来的影响。

在仓库和物流管理中提升到货的准确性，减少库存呆滞或者库存损失是仓储人员关注的关键事项。

通过物联网技术植入更多传感器，通过传感器获得供应链过程数据，比如仓储状态、物流状态，结合气象、交通、大型公共事件等相关指标对货物的安全性、交期准确度、呆滞库存等进行预测，并提前做出优化路线或者备用供应商等针对性策略。结合RFID标签可以与保鲜度要求高的医疗用品、高端食材等品类结合，预防商品过期失效。

创业公司Paxafe使用AI、物联网传感器和风险模型的组合，根据实际货运风险为货物提供保险定价，范围涵盖海陆空运输。其保险的计算将关键的供应链因素以及天气和交通等变量一体整合在内，包括产品种类、沿途停靠的次数、运输时间和运输方式等。该软件可将传感器数据转化为情景化信息，在每个关键运输节点发送通知，允许实时查看货物状态，并在货物出现潜在偏差时发出警报，自动进行索赔诊断和原因分析，最大限度止损。

2．数据在风险控制方面的应用

在数据应用中，单独看某项数据价值并不大，把相关指标的数据结合起来进行分析就能让作弊和造假无所遁形。

某些大宗商品供应商给物资本身的报价充满竞争力，有时会平价销售或者亏损销售，供应商通过物流费用、退税等方式获得利润。

某些生产型企业为了获得补贴或者贷款可能会虚报产量，单独从原材料采购或出入库记录来看，很难发现端倪，但结合企业的能源消耗量、设备损耗或者保养次数、排污排废量，就能让企业的作弊无所遁形。

四川某创业公司通过税务局授权获得企业税务大数据，对数据进行脱敏处理，将税务大数据与金融业务进行结合，形成以税务数据为核心的金融风控模型。

3．数据在驱动业务创新方面的应用

每年电商有"6·18""双11""双12"等大型促销。大型促销给服务器负载、仓储、物流、人力资源等带来了巨大挑战。阿里巴巴通过历史大数据的积累，导入测试系统，对"双11"促销进行全链路的模拟，根据模拟情况对电商平台、服务器资源进行优化，确保大促时不宕机。各商家通过历史数据积累，以及用户收藏商品和加入购物车数据，设置前置仓以缓解大促的物流瓶颈。

美团通过大数据对同城配送进行调度。其根据某社区的外卖商家密度、订餐人密度、下单高峰时间段、交通状况对配送人员进行调度，同时提升多单合并配送，优化配送效率。在用户端的点餐高峰期，外卖页面会优先展示餐快的商家，在闲时外卖页面会优先展示好评度高的或者品牌餐饮店，能兼顾快速就餐和美味就餐的客户体验。

4．数据滥用的隐忧

塔吉特百货是美国第4大零售商，其明尼苏达州一家门店被客户投诉，起因是塔吉特百货将婴儿产品优惠券寄给一位15岁的高中生，被高中生的父亲投诉。但没过多久女儿向父亲坦承自己真的怀孕了。塔吉特百货是依靠对购物数据的相关关系分析做出结论的。

通过大数据追踪个人接触信息排查风险是数据积极的一面，数据处置不当，出现个人隐私数据泄露则是其消极的一面。早期的湖北返乡人员信息被制成表单进行传播，内容包括姓名、身份证号码、手机号码、家庭住址等信息。2020年年末，成都郫都区出现疫情，成都赵某某的个人名称和出行轨迹被泄露，并被进行无端猜测，甚至引发

人肉搜索，给当事人的生活带来诸多不便。

2018年，欧盟出台了《通用数据保护条例》，利用爬虫技术挖掘用户消费行为、未经允许记录用户个人数据都变得不合法。这意味着跨境电商平台使用欧洲个人用户信息数据用于资金结算、产品推介等不同业务，都须先征得同意，否则应由用户手动输入收货地址、联系方式等。

国内也有通过"爬虫"技术获取用户信息被法律判定为非法的案例。中国裁判文书网公布的《逯某、黎某侵犯公民个人信息一审刑事判决书》显示，逯某通过其开发的软件爬取淘宝客户的数字ID、淘宝昵称、手机号码等淘宝客户信息共计11亿余条，通过微信文件的形式发送给黎某1971万余条用于营销，获利34万余元。数据提供方逯某犯侵犯公民个人信息罪，判处有期徒刑3年3个月，并处罚金人民币10万元。数据购买方黎某犯侵犯公民个人信息罪，判处有期徒刑3年6个月，并处罚金人民币35万元。

2021年6月10日，第十三届全国人民代表大会常务委员会第二十九次会议通过《中华人民共和国数据安全法》，将数据安全和隐私保护纳入法律保护层面，这将进一步规范数据的应用。

2021年7月2日，国家网络安全审查办公室发布消息，宣布对滴滴实施网络安全审查。2021年7月4日，国家互联网信息办公室通报"滴滴出行"存在严重违法违规收集、使用个人信息的行为，根据《中华人民共和国网络安全法》，要求各应用商店下架滴滴出行App。受此事件的影响，滴滴美股市值从高峰的800亿美元跌至530亿美元。

数据本身无罪，用好数据是生产力，用不好数据则成为作恶的帮凶。

7.7 数字管理体系（DMS）应用势在必行

很多人都在对当今的时代进行定义，各种类别的定义都有，从政治到经济到技术的分类包罗万象，尤其是从经济的角度而言，更是有比较多的分类方法。通常来说，我们一般都会说是农业时代、工业时代、信息时代，这是之前比较通行的分类，到了现在则出现了较大的分歧，比如互联网时代、移动时代、物联网时代、大数据时代、智慧时代、AI时代、智能时代、区块链时代等。

实际上，从信息时代开始的各种对于时代的定义都可以统称为"数字时代"。无论是互联网时代还是AI时代、智能时代，真正的核心是"数字"，只有"数字"才能推动一切，甚至可以更为具体地说"算法"才能推动一切。因此，"数字时代"是涵盖面最为广泛和基础的一个词语。

在这个时代下所发生的一切经济活动都可以称为数字经济。我们往往对当前没有办法定义的经济活动称为"新"，比如马云所提出的"五新时代"——新零售、新金融、新能源、新技术、新制造，实际这个词语对于未来而言永远都是对的，然而并不准确，真正意义上的当代，乃至于未来很长时间都将以"数字"为基础，哪怕是到了更远的未来，也将以"数字"为核心进行运转。

我们从 IT 时代走向 DT 时代，现在我们已经进入 BD 时代，一切都离不开"D"，这个"D"到底是什么？

我们先来看以下一些基本的定义。

首先是"数字"，对我们而言，"数"就是阿拉伯数字，"字"就是文字，数字可简单理解为阿拉伯数字，但是相对应的英文"数字"有多个理解：number，数字、数、数量、编号、序数、（电话、传真等的）号码；digit，（从 0 到 9 的任何一个）数字、数位；digital，数字信息系统的、数码的、数字式的、数字显示的；data，数据、资料、材料、（储存在计算机中的）数据资料。

其次是"大数据"，也就是我们所说的 BD。通过上面 4 个英文的解释，number 更多的指序号；而 digit 是名词，是真正意义上的数字的含义，对应的是中国数字的基本含义；而 data 体现的是信息的含义，是指能够储存在计算机中的数据资料，因此我们通常所说的"大数据"取的就是这个义项。

最后是"数字时代"，也就是"digital age"，特指将万事万物的 data 转化后的 0、1 交互的信息数字显示形式。我们将这种技术称为"DT"，也就是"数字技术"。

毕达哥拉斯是古希腊最伟大的哲学家之一，他是古往今来对于"数"最为痴迷的一位，创建了"数本原学派"，认为"万物皆数"，世界就是由数与几何构建而成的。世界的本原就是"数"，世间的万事万物都是对数的不断的解构，他的这一理论在一定程度上深刻地影响了柏拉图，柏拉图的哲学内核就是"理念世界"，理念世界就是唯一就是绝对精神，类似老子的"道"，也可以理解成后世黑格尔的"绝对"，而柏拉图提出的"现实世界就是对理念世界不完美的模仿"，这个论断在一定程度上和毕达哥拉斯的学说内核精神是一致的。

在将近 2600 年后的今天，毕达哥拉斯的"数本源论"也许即将成为事实。

开启"数字时代"大门的首先是 BD 时代的到来。BD 通常被我们称为"大数据"，即"big data"，那么到底什么是大数据，怎样才能称为大数据？

首先，非常肯定并且简单明了的理解：大数据就是"海量数据""巨量数据"，指的是所涉及的数据量规模巨大到无法通过人工，在合理时间达到截取、管理、处理并整理成为人类所能解读的形式的信息。

其次，大数据要满足以下 5V 特征。

（1）volume：数据量大，包括采集、存储和计算的量都非常大。大数据的起始计量单位至少是 P（1000 个 T）、E（100 万个 T）或 Z（10 亿个 T）。

（2）variety：种类和来源多样化，包括结构化、半结构化和非结构化数据，具体表现为网络日志、音频、视频、图片、地理位置信息等，多类型的数据对数据的处理能力提出了更高的要求。

（3）value：数据价值密度相对较低，或者说是浪里淘沙却又弥足珍贵。随着互联网以及物联网的广泛应用，信息感知无处不在，信息海量但价值密度较低，如何结合业务逻辑并通过强大的机器算法挖掘数据价值是大数据时代最需要解决的问题。

（4）velocity：数据增长速度快，处理速度也快，时效性要求高。比如搜索引擎要求几分钟前的新闻能够被用户查询到，个性化推荐算法尽可能要求实时完成推荐。这是大数据区别于传统数据挖掘的显著特征。

（5）veracity：数据的准确性和可信赖度，即数据的质量。

在这里要解释一下，到底什么是海量数据，如果没有这个概念会给很多人以玄幻的感觉，海量数据不是哲学和概念上的定义而是实实在在的数据定义：

1 KB（Kilobyte 千字节）=1024 B；

1 MB（Megabyte 兆字节）=1024 KB；

1 GB（Gigabyte 吉字节）=1024 MB；

1 TB（Trillionbyte 太字节）=1024 GB；

1 PB（Petabyte 拍字节）=1024 TB；

1 EB（Exabyte 艾字节）=1024 PB；

1 ZB（Zettabyte 泽字节）=1024 EB；

1 YB（Yottabyte 尧字节）=1024 ZB；

1 BB（Brontobyte）=1024 YB；

1 NB（Nonabyte）=1024 BB；

1 DB（Doggabyte）=1024 NB。

我们所说的海量数据至少是 PB 级别，1 PB 为 1024×1024 GB，以一部电影 500 MB 计算，那么 1 PB 约为 210 万部电影，以一部电影两个小时来计算，那么就需要用 420 万小时来看，如果一年不喝不吃看电影，约 480 年才能看完，这就是海量的概念。

对所有人而言这就是个天文数字，但是数字技术真的有必要等到海量数据时代到来的时候才有意义吗？不是的，我们也仅是说对于数据量越大的事情，数字技术越有意义，但并不是说非要等到那个时间节点的到来。

按实际而言，数字概念和数据技术自你想到做某件事情或者企业出生的时候就应该有意识地去挖掘潜在价值了！无须等到海量数据的到来，如果等到那个节点到来你再去构建数字架构和数据技术，很可能你已经有心无力了。

拥抱数字时代应该从你认识到数字的价值那一刻开始。我相信很多人都认识到了数字的价值，然而很多人并不觉得自己就是在做与数字技术相关的工作，事实上我们每天都在做数字技术方面的事情,只是自己无意识而已。每天买菜、做饭、计算家里的资金储备等都是一个数字演变的过程,都是一个数学建模的过程,都是数字技术与数字架构的应用,因此,数字时代从古至今一直伴随我们,只不过早期的数据量并没有那么大,我们并没有把它系统地提炼出来而已,甚至,我们从上古时代至今都是在不同程度地运用数字模型和数字构建的逻辑。

因此,对所有人而言,不要把数字技术想象得多么宏大,我们要践行的数字架构和数字技术都贴近生活和工作,不要被高大上的内容迷惑。那么,如何进行数字技术的应用,如何有效地迎接数字时代的来临呢?

首先,我们看一下数字时代来临的两个基本条件:一是真实有效的数字,二是合理合规的流程。

数字真实有效是先决条件,没有这个先决条件,后续所有的内容和工作都是错误的。比如做假账这件事情,即使后面所有的操作规范都遵循财务法则,结果依然是假的。

流程合理合规这个条件实际上是数字技术成功实现的重要保障。科学时代的显著特征是可以还原,凡是不能还原的事情都是非科学的行为。没有科学合理合规的流程保证,所有的数字技术最终构架出来的一定是空中楼阁。

接下来就是在真正意义上如何有效构架数字技术和更好地迎接数字时代的到来。

在构架数字时代的前提下,我们先问一个问题,大家都很清楚中国有一个上古时代的神话故事,那就是大禹治水,大禹的父亲鲧也是一个治水官,面对同样的天灾水患,为什么鲧失败了,而大禹却成功了呢?

如何获取数字时代的胜利呢?必须建立一整套数字管理体系(DMS)。DMS是一整套关于数据收集、整理,从而上升到数字体系建设、应用、不断提升的管理逻辑结构。那么,我们先看一些基本的概念。

首先是 DV(digital vision 和 digital value),也就是数字愿景和数字价值。这是一个基本问题,所有构建数字时代未来的人士都应该搞清楚这一基本问题,而且是构建未来必须考虑的第一个问题,只有搞明白这个问题,才能够真正往下走,如果搞不清楚这个问题,那就不要轻易地往下走。

愿景和价值是两个问题,愿景是什么?愿景是美好的未来——我们希望未来的自己是什么样的;价值是什么?价值是我们能够获得什么样的能力,能够让生存更有意义。如果不能对数字愿景和数字价值做出清晰有效的描述,往下走就一定是坑坑洼洼、修修补补的过程,就不可能是在系统性地构建数字时代的未来。

其次是 DM(digital model),也就是数字模型。在想清楚数字愿景和所要实现的数字价值之后就要考虑通过什么样的模型结构才能得出所要的数据,通常在商业领域最基本的就是要构筑数字控制塔,最基本的通俗易懂的就是 BI(business intelligence),也就是我们通常所说的商业智能。从最基础的业务数据(数值)到管理数据(KPI),再到中高层的战略数据(财务指标、效益),数字控制塔的结构是层层递进的,有正向数据流,也有异常检控点,要针对异常点进行反馈修正,这个过程最终成为企业的运营管控过程。

再次是DT(digital technology),也就是数字技术。在搭建数字模型的过程中需要用什么样的工具呢?也就是要明确使用哪些技术语言、管理流程、管理方式等。在系统搭建、模型建立的过程中要有闭环,同样也要有可添加的开环,还要能够适应未来技术语言的变换,留下可增可减可换的余地,这对CTO来说将是一个巨大的挑战,往往很多企业更愿意干的事情是推倒重来。在不影响业务的情况下,如果有时间有财力,重新构建也是可以的,尤其是一个小企业从小到大的过程,实际也是数字技术不断迭代、数字模型不断推倒重来的过程,当然这只能说明在一开始你就没有做好数字愿景和数字价值的描述。

最后是DB(data base),也就是数据基础。数据基础并不是数字的虚拟化概念,而是实实在在的数据。所有的数据都源于最基本的业务数据,因此在想好了数字愿景、价值,想好了需要什么样的数字模型之后,你就应该自然而然地想清楚需要哪些数据支持。数据基础是否牢固决定了未来构建的数字时代是否能够长期持续地生存下去。这个基础就是前面所说的两条基本要求,也就是要有科学合理的流程保证和真实有效的数据。没有这两条作为基础保证条件,未来所做的所有的事情都会变成海边之沙,浪头一来一切都会化为乌有。

纯粹的理论讲述很枯燥,我们通过大禹治水这个故事说明数字模型搭建的逻辑,以赢得数字时代的胜利。

首先来看大禹治水这个故事。

《山海经》是一本先秦古籍,其中"大禹治水"的传说就来源于此。

传说在尧帝时期黄河流域经常发洪水。为了保护农业生产,制止洪水,尧帝曾召开部落首领会议,寻求治水能手平息水患。鲧被推荐负责这项工作。鲧接受任务后,采用堤工障水,作三仞之城,就是用简单的堤埂把居住区围护起来抗击洪水,但是这项工程他做了9年都没有成功,最后鲧被放逐羽山而死。

舜帝继位以后,便任用鲧的儿子禹治水。

大禹总结父亲的治水经验,改鲧"围堵障"为"疏顺导滞",就是利用水自高向低流的自然趋势,顺地形把壅塞的川流疏通。把洪水引入疏通的河道、洼地或湖泊,然后合通四海,从而平息了水患,使百姓得以从高地迁回平川居住和从事农业生产。禹因此而成为夏朝的第一代君王,并被人们称为"神禹",传颂于后世。

大禹在治水的过程中,留下了许多感人的事迹。相传他借助自己发明的原始测量工具——准绳和规矩走遍大河上下,用神斧劈开龙门和伊撅,凿通积石山和青铜峡,使河水畅通无阻。

他治水居外13年，三过家门而不入，连自己刚出生的孩子都没有时间去爱抚，可以说是不畏艰苦、身先士卒。他是中国历史上第一位成功地治理黄河水患的治水英雄。

很多人都在问一个问题，大禹治水到底治的是哪条河，有人说是黄河，有人说是淮河，还有人说是尼罗河。本文并不是考古学，并不关注到底是哪条河，中国人大多认为是黄河，也是每个中国人都了解的母亲河，我们就以此词来说明大禹在治水过程中是如何建模的。

首先，每一滴水都是一个最基本的数据，也就是DB。每一滴单独的水有什么意义呢？没有太大的意义，可能对于一条鱼有一点滋润的意味，对于一条虫可能是能量，对于一个人而言可能就是一口唾液都不到而已，但是千千万万的水滴汇聚到一起呢？

水有什么作用？可以灌溉，可以洗衣，也可以做饭，还可以沏茶解渴，但是千千万万的水滴汇聚到一起更有可能是天灾水祸，上游放水下游遭殃莫过如是！而这就是大禹治水的前提，他想干什么？治水的过程就是建模的过程，他想让水不为祸天下，能够造福人类，这就是DV（数字愿景），他想让水产生价值，能够灌溉，能够浇园种地，这就是DV（数字价值），只有认识到水的价值，也就是数据的价值，能够想好水的应用愿景才能更好地去驾驭它。

最大的问题来了！

我想，无论是大禹本人还是他的父亲鲧乃至黄帝，都应该充分认识到了水的价值，也能够构建一个美好的未来，但是如何搭建数据的模型？如何找到各种适用的工具呢？这是一个专业的活儿，只有专业的人才能干，这就不是黄帝的专长了。专业治水官鲧和禹分别代表了两条路线，只不过大禹的技术路线是在充分吸取了他父亲失败的教训总结出来的，可以说是站在伟人的肩膀上构建了一条适合的道路，或者是搭建了一个较为理想的模型。

鲧的数据模型是维持现有的技术路线，采取的是修修补补的"堵漏洞"的方式，最终治了9年水，一会儿这里出现问题一会儿那里出现问题，总是找不到问题所在，谁都不得安生！这充分证明了鲧的数据模型搭建是非常不合理的，所以最终的结果必然是失败，但他的失败是以自己的生命为代价，我相信很多企业最终也是以企业生命为代价走上了一条死路！

而大禹是怎么做的，他在父亲"堵水"的基础上，走遍了黄河的上游和下游，从巍巍昆仑一直到淮水支流，基本上都走了一遍，三过家门而不入最终提出了"迁道疏水"的数据模型。在这个过程中，他凿开了昆仑山，利用高耸的昆仑山让水一泻千里，冲开了淤泥，凿开了龙门，实现了鲤鱼跃龙门，最终引导水流慢慢地经过平原，冲刷着大平原的土地，孕养了北部平原的勃勃生机，使得泛滥的黄河水注入东海，从而造福人类。

这就是DM，就是大禹治水构建的数字模型，在整个过程中，他的用时实际上比其父亲用时还要长，但只要是合理的模型配合适用的工具，最终会显现出效用和价值，直至几千年后，这条黄河水依然在浇灌北方的土地，依然横亘在北方大地上，是真正意义上的母亲河。

在这个过程中，他发明了准绳、规矩、橛子铲等，这就是我们通常所说的DT，只有找到适合的工具才能起到事半功倍的效果，如果没有好的数字技术可能会耽误时机，也会造成被时代抛弃的结果。

结合所提出的构建数字模型的逻辑，相信很多人应该都会明白如何构建自己的数字管理体系了。

数字管理体系并不是一套玄之又玄的管理结构，它更多的是需要数据意识、数字意识，是把数据和业务进行有效结合从而更好地服务企业管理的工具。

它并不是非要等到数据达到海量规模，也并不需要你的软件工程师达到很高的水平，它是日常管理的一种工具、一种意识，只要有了这种意识，完全可以从最低端、最少的数据开始不断地探索和摸索，只要有了这种意识，你就会不断地走出一条自己的数字管理之路，那也代表着你的企业走上了数字化之路，离成功也就越来越近！

在数字管理体系搭建的过程中，围绕着大数据可能会出现管理上的争端。在大数据的采集、应用等方面，将会出现几个关键的词语：数据权利、数据主体、数据客体、数据权益、数据应用、数据收益、数据控制，而对广大的用户或者消费者而言，其明明是数据的重要参与者，是数据的客体所在，却不具有数据所有权，还被别人拿来贩卖，因此数据的权利到底为谁所掌控，谁能参与收益，将会是一个很大的问题，这一点将来可能会通过区块链技术予以解决。这是我们在DMS建立过程中应该有意识地考虑的问题。

7.8　构建基于区块链的大宗商品数字生态

中国消费品电子商务的交易量全球范围内在2005年不到1%，如今已经超过了40%。中国网民人数超过8.5亿。消费互联网在中国的成绩向我们证明：实体经济与数字经济的结合可以释放巨大的能量，同时互联网行业也进入了发展的下半场。

互联网行业的下半场会从消费端向供给端继续推进，这就是产业互联网的范畴，作为产业互联网中最重要的大宗商品产业，很有可能会成为下一个数字经济和实体经济深度融合的新蓝海。所以我的第一个观点是互联网行业的上半场是消费互联网，下半场是产业互联网，在产业互联网中大宗商品是关键的核心产业，而且有机会创造比消费互联网更大、更广、更深层次的数字化产业。

那么形成这个观点的依据是什么呢？让我们来看几组数据。

第一组数据，世界500种主要工业品中，国有220种的产量居全球第一，剩余280种也在前5名之列。这种供应链结构决定了我国必然是全球最大的大宗商品原料的采购国。

第二组数据，全球每年大宗商品的产出值在 10 万亿～20 万亿美元，占世界 GDP 的 20%，我国在主流大宗中基本占据全球消费比例的 50% 以上。

第三组数据，我国的大宗产业的流通体量从改革开放初期的 2000 亿元，发展到 2019 年超过了 80 万亿元。未来 30 年，可以预见中国的大宗原材料采购在全球的占比仍会保持巨大的存量规模。大宗能够释放出来的产业互联网流通体量有可能是消费互联网的 5～10 倍。

2020 年，全球进入了自 1929 年美国大萧条时期以来最严重的经济衰退期，GDP 的增速仅为 -4.3%。这是我们要面临的挑战，尤其是大宗产业，因为大宗产业的金融属性很强，更容易受宏观经济变化的影响。

然而从历史的规律来看，大的经济衰退往往会带来新一轮的技术革命。而产业也会随着新技术的应用跨越经济衰退期。我认为这次革命将以数字技术为驱动力，对大宗产业来说，谁掌握了数字技术应用，谁就能够在新的挑战和机会中脱颖而出。所以我的第二个观点是数字技术革命是大宗产业跨越经济衰退的关键。

前三次工业革命的重点都焦距在推动生产力的发展上，而这次的变革重点却集中在构建新的生产关系上，这也就是为什么互联网、物联网、大数据、区块链等一系列技术会成为主力军。

国家倡导高质量发展，那么中国未来 GDP 增长的结构变化是什么呢？让我们先看一些数据，从 2005 年开始，数字经济在中国 GDP 中所占的比重逐步加大，2019 年已经达到了 36.2%，IDC 预计，到 2021 年，至少 50% 的全球 GDP 将会是数字化的，中国数字经济的比重将超过 55%。

从数字经济的内部结构可以看出，产业数字化应用已占数字经济比重的 80%，这个比例还在扩大。那么大宗产业这个中国最大的存量产业很有可能会成为这个趋势的最大受益者。

讲到这里有一个问题，大宗商品的电子商务从 2000 年开始就在中国出现，为什么 20 年发展和摸索并没有出现像阿里、京东这样的 BAT 企业？这就是产业互联网发展的难度，消费互联网是增量拉动模式，而产业互联网是存量优化模式。既然是存量优化，那么我们就一定要对这个特殊的产业有更为深刻的理解。

所以我的第三个观点是大宗产业的数字化转型要深度解决产业特有的痛点和难点。先让我们看一些数据，2012 年上海钢贸事件坏账额达到 100 亿美元，2014 年青岛港事件坏账额达到 160 亿人民币，2018 年金银岛事件坏账额达到 40 亿人民币，2019 年重庆商社坏账额达到 20 亿人民币。我认为大宗产业最大的成本就是系统性的风险损失。这个成本体量巨大、涉及面广，而且爆发频率越来越高。之所以这样是因为我国的大宗产业四流不统一。

总结来看，大宗产业主要有 4 个痛点和难点。

痛点一，仓储物流。由于粗放的管理方式，大宗仓储长期处在黑匣子的状态，让底层资产很难被穿透，这和 30 年前没有本质区别。实现大宗仓储行业的数字化升级是难点。因为大宗仓储行业是一个微利行业，数字化建设需要大量的投入，而且回报期长，仓储企业自身动力不足。

痛点二，资金流。我国现有的供应链金融体系是以核心企业的信用为主。这种方式的问题有两个：第一，中小企业因为信用不足很难融资，中小企业的经济总量占 GDP 的 60%，但获得的贷款只占 23%。短期贷款仅有 4.7%。第二，授信集中在高信用主体的核心企业身上，就会造成风险集中化。根据中国银保监会的数据，2019 年中国影子银行的规模已经达到 84.8 万亿元。

痛点三，商流。大宗贸易的核心问题是交易和仓储物流的低耦合度问题，这主要体现在合同签订后的合同执行，尤其是物权的实际转移存在风险。大宗贸易的走单、空转都和这个问题有关。国家对融资性贸易治理的动作在加速，根据银保监会的数据，2017—2019 年，通过压缩资金空转和通道业务，累计关闭高风险资产约 16 万亿元。对融资性贸易的压缩是对大宗贸易和金融不合理结构的调整，同时在客观上也为这个行业的数字化转型创造了新的市场机遇。

痛点四，价格风险。大宗的价格风险管理势必要用到期货，中国有非常规范的期货市场，但相比之下，大宗现货市场却缺乏成熟的体系，需要顶层设计。

我们以中储京科作为案例来分析一下其当初组建的初衷和发展的方向。中储京科的建立是基于中储股份和京东科技对于大宗产业理解的一种共识，两家股东通过战略合作的方式从顶层进行设计，并在 2019 年的 10 月 17 日正式组建合资公司。基于两家股东的基因，中储京科的定位是以科技能力、业务模式创新为基础，做专业的大宗供应链服务商。

货兑宝平台是中储京科投资设计打造的，是具有独立知识产权的大宗产业链数字化协同服务平台。前面分析过大宗产业的问题是因为四流不统一造成了系统性风险。从货兑宝平台产品架构可以看出，货兑宝的目标是通过数字化的获取和应用建立四流合一的产业中台，让大宗的流转在管货、管钱、管交易上更加安全。

那么，货兑宝平台是如何创造价值以及如何实现路径的打造呢？货兑宝平台希望通过三级火箭和五朵云的产品构建大宗产业数字化新生态。货兑宝的一级火箭是智库云，实现的路径是线下场景线上化。我们要做的是对线下大宗仓储场景进行数字化改造。这个改造包括以下 3 个维度。

第一个维度是面客交互场景的数字化改造。目前，大宗仓储企业对外的服务主要还是线下的方式，基本上是用传真、电话、纸质的流转单据，这种方式在安全、效率以及信息传递上都存在问题。如何实现仓储企业对外的数字化服务是货兑宝要进行的第一个改造点。首先,所有的货主和仓储企业都需要在货兑宝进行注册,通过实名认证、人脸识别小额鉴权等技术手段确保企业的身份识别。这是企业下达和接受指令的基础。其次,所有的交互数据在平台上进行存证。关键的单据都要以电子的形式作为交互载体,并加盖 CA 章确认责任主体的法律效力。

第二个维度是货物管控场景的数字化改造。传统的大宗仓储管控货物的方式一直都是账卡物三相符的纸质流转单据。在新的技术背景下,通过物联网加 AI 技术实现从对物理感知、入侵报警到 24 小时的时时监控,确保实体货物与数字单据的时时统一。

第三个维度是单据管理场景的数字化改造。所有的单据都架设在区块链上,并且有自己的编号规则,最终会形成存证编号,区块链的底层直链互联网法院。互联网法院通过调用哈希值进行校验比对,确保取证的有效性,如图 7-7 所示。

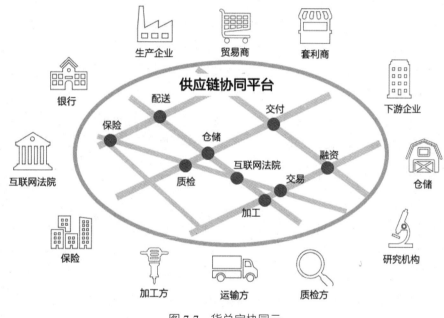

图 7-7　货兑宝协同云

货兑宝的一级助推产业发展产品是"智库云产品",通过这个产品可以打开大宗仓储的黑匣子,实现在线的看管查。

中储目前在全国拥有 1000 万平方米的仓储用地,是央资背景的大宗商品网络化仓储头部企业。我相信通过对中储整体线下场景线上化的改造,将对整个大宗仓储行业起到一定的示范效应,并有机会带动全行业的转型升级。

货兑宝的二级助推产业发展的产品是"仓单云"、交货云和融资云的组合拳。实现的路径是线上场景平台化。这个组合拳的关键核心是对仓单的有效使用,仓单是集多种仓储单据功能于一身的特定化的权利凭证,并且通过仓单要素可以实现货物的特定化管理,是大宗物资非常理想的安全管控工具。

然而在中国除了期交所的标准仓单，仓储企业尤其是国资背景的仓储企业基本是不开仓单的。原因有三，第一，纸质仓单本身存在瑕疵，加上大宗物资管理粗放，极容易出现风险；第二，大宗行业的信用体系不健全，法律保障不完善，纸质仓单不具备成熟的适用环境；第三，大宗现货过于灵活的交易和融资习惯让这种规范化单据不太好用。

货兑宝的仓单云产品可以实现仓储企业对于仓单全生命周期的安全管理。首先，货兑宝的仓单体系是建立在刚才说到的数字化仓库的基础上的。其次，货兑宝只出具电子仓单，电子仓单只存在唯一的权威版本，该版本不可篡改，并作为唯一的提货凭证。最后，电子仓单的流转过程都要在区块链 BasS 平台上，区块链不仅要记录结果还要记录行为过程，每张电子仓单都要有区块链存证证书。

仓单作为法定的权利凭证，除了扮演作业单据的角色，还是一张融通单据。货兑宝的交货云产品运用了仓单的提货和背书转让功能，以及平台上的在线支付功能，保障货款支付和提货权的在线转移。货兑宝的融资云产品则运用了仓单质押功能，实现了基于权利质押的存货融资能力。

如果说货兑宝的一级助推产品是通过区块链技术在改变生态主体的协作习惯的话，那么货兑宝的二级助推产品则是以电子仓单为核心，基于区块链联盟链技术，与生态伙伴打造统一的共同治理标准。

然而技术不是万能的，大家要应用技术，但千万不要迷信技术，要想保障仓单运转的安全，除了前面说到的工具方法，更重要的是要有安全的保管人，以及相匹配的管理流程和制度保障。中储在中国有 60 年的大宗仓储保管经验，在全国拥有 5000 多名专业的大宗物流人才，并拥有统一的标准化的流程和制度体系。三大交易所的标准仓单大多数是由中储开出的。收购了 Henry Bath 以后，中储成为全球唯一的全牌照期货交割仓储运营商。所以我相信通过技术工具，再加上中储体系的打磨，就有机会打造出大宗产业的"数字放心仓单"，并通过行业标准的制定和推动改善仓单的使用环境，构建基于数字技术的大宗诚信体系。

货兑宝的三级助推产业发展产品就是"协同云"，实现的路径是平台场景生态化。协同云的目标是打造产业互联网 + 供应链金融的超级链式体系。实现路径的第一步是通过数字化仓库加上网络货运体系实现动产的数字化；第二步通过电子仓单，电子化的多式联运提单的联动实现权利凭证的在线多级流转；第三步推动区块链联盟链的建设，基于联盟链就有机会解决金融授信代理的问题，推动金融的去中心化。建立基于真实贸易，以物权为主、信用为辅的适应弱信用主体或有瑕疵的信用主体的供应链金融体系。解决中小企业融资难问题，突破大企业信用代理问题。

有这 3 层底座，中国产业互联网这座高塔就可以安全地搭建了。

中国的大宗产业链上下游的关键枢纽区域分为 3 层。第一层是港口，大宗商品 90% 以上通过海运完成。所以第一站就是港口，目前中国各大港口都在积极地搭建产业互联网平台，我相信过不了多久，港口就会完成数字化的转型升级。第二层是省市级网点，中储各分子公司所在的位置基本遍布中国主要的省市级区域。货兑宝在中储体系内的推动不仅会实现中储数字化的升级改造，还有机会带动省市级区域的其他仓储企业实现数字化转型。第三层是区县产业集群，中国有 2800 个县，超过 1300 个产业集群。目前在推动货兑宝赋能于产业集群的业务落地实施，并且在和京东商城以及京东物流探讨如何通过产业互联网与消费互联网的联动发展促进产业集群的数字化改造，估计很快就会有落地项目。

如果将港口、省市级网点、区县产业集群进行打通，通过业务抓手和票据限流，将风控限定产业链体系上中下游，使设备、物流、仓储、资金账户管理等多个环节实现线上化控制，则终极理想是构建覆盖各类大宗商品的产业互联网体系。

通过三级助推产业发展的产品以及五朵云的产品组合，再造一个创新的大宗供应链生态体系，真正解决大宗产业系统性以及结构性的问题。

中储京科经过努力已经实现了其平台于 2020 年 3 月 31 日在橡胶行业的正式上线，6 月在塑化行业上线；2021 年 1 月在钢铁行业上线。目前平台注册客户为 450 家。在塑化行业中，上线仓库在线作业比率以中储青州为例已经达到 95% 以上，在线年吞吐作业量超过 60 万吨，预计上线仓库的目标是 108 万平方米，目前已经完成了 60 万平方米。同时，其与建行区块链的联盟链正式上线，同时实现了电子仓单 + 国内信用证 + 代理福费廷的业务落地。目前合作的银行除了建行，还有工行、农行、中国银行以及日照银行。在第三层级，中储京科已经开始和京东商城、京东物流、京东工业品等企业组织在产业集群方面的业务设计和落地实施工作。

未来以内循环为主的数字经济将成为我国发展的新动能，区块链技术的应用是数字经济发展的关键。目前中国约有超过 70% 的 GDP 增长来自国内消费，尤其是经过此次疫情，内循环将成为主要的发展方向。其中"数据内循环"将成为打造未来发展的新优势，大宗产业很有可能成为"数据内循环"的关键主体。

数据已经成为新基建时代最重要的"生产资料"。而将这些"生产资料"转化为"新的生产力"需要不断地应用和打磨。更重要的是，数据想要循环起来，共识机制非常重要，区块链技术可以更好地实现数据的共享、流程的优化、协同效率的提升以及诚信体系的建设，它是新型生态的根基。

第 8 章
解码各产业供应链现状并探寻未来路径

追古溯今方能放眼未来。各个产业的供应链发展节奏不尽相同，运营的路径也姿态万千。有的产业通过传感器连接机器，提升生产利用率，引入人工智能实现小批量定制，有的产业还在摸石头过河，有的产业陷入沼泽进退两难。透过众生相再看产业供应链，您是否别有收获？

8.1 建筑业

建筑业平台建设多点开花，运营推广摸石过河。建筑业是国民经济的支柱产业，多年以来占 GDP 的比重超过 7%，但是建筑业整体数字化程度较低。麦肯锡研究院的报告显示：在全球行业数字化指数排行中，建筑业在资产数字化、业务流程及应用数字化、组织及劳动力数字化方面居倒数第二位，仅高于农业。据中国建筑协会的统计，我国建筑信息化投入在建筑业总产值中的占比仅为 0.08%，而欧美发达国家为 1%。

提升建筑业的数字化水平，对提升建筑业的竞争力具有重要意义。中国信通院发布的《中国数字经济发展白皮书（2021）》显示，2020 年我国数字经济规模达到 39.2 万亿元，占 GDP 比重为 38.6%，数字经济增速达到 GDP 增速 3 倍以上。

建筑业作为 GDP 的重要组成，数字化程度低，因而加速建筑业的数字化进程对促进整个社会的数字经济具有重要意义。

1. 从甩图板、扔掉计算器，到全产业链服务平台

建筑业早期的信息化的目标是解放双手，即设计师甩图板和预算造价人员扔掉计算器。

从 20 世纪 90 年代开始，建筑业分别开始了"甩图板工程"和"造价算量电算化"这两个关键动作，设计师和预算造价人员都是用计算机软件替代手工操作降低误操作，提升的是操作层岗位的生产效率，通过操作层的数字化给后续的管理数字化奠定了基

础。在这个阶段，建筑数字化领域诞生了不少有影响力的企业，如 PKPM、广联达、斯维尔、天正。同样，PKPM、广联达、斯维尔等企业的出现，也大大推动了建筑业的信息化进程。

建筑信息模型（building information modeling，BIM）在建筑业的普及应用，为建筑的全生命周期管理提供了必要的工具。

近几年，一提到建筑数字化基本上言必称 BIM，不论是政府机构还是行业协会，或者是建筑施工企业，对 BIM 都保持着高度的关注和美好的期许。事实上，BIM 的成熟有一个漫长的周期，从 1975 年美国学者提出 BIM，经多个国家的引进和发展，逐步形成全世界建筑行业的核心技术。BIM 的核心是利用数字化技术实现从建筑的规划、设计、施工、运营维护乃至拆除的建筑全生命周期信息的集成，使得建筑全生命周期的信息能够在建设项目的所有参与方（包括政府主管部门、业主、设计、施工、监理、造价、运营管理、项目户等）中实现共享与传递，起到提高生产效率、节约成本和缩短工期的作用。表面上看，似乎 BIM 是早期 CAD 的升级演进，但深层次的是产业链层级的信息共享是建筑业数字化的发展方向。

BIM 的落地应用，不光要实现企业各部门的信息化打通，还要打通产业链不同分工的企业信息，这与产业互联网的理念完全相同。但是，产业链的协同比企业内部的协同更难，需要机制的创新。

全过程咨询兴起，促进建筑全产业链服务平台形成。

早期业主单位和施工方要与造价方、招标代理方、设计方、工程监理方等多个机构进行沟通，导致各方信息出现失真和偏差，建设周期超进度，资金超预算，还无法实现业主方的真实建设意图。国家管理部门开始推动全过程工程咨询，就是要消除多方沟通带来的信息失真，让投、建、管三方分离又有序协同。

大 A 工程网的诞生就是工程咨询从分散化到全过程咨询演进的产物。中南建筑设计院从 2015 年即启动大 A 工程网的前身——互联网设计院的开发工作，2016 年年底在中南建筑设计院内部上线运行，取得良好效果。2017 年 12 月，大 A 工程网面向建筑全行业进行发布。

大 A 工程网是一个"1+N 工程全产业链协同服务平台"，也是全国首家互联网工程服务平台。平台咨询方、建设方、设计方、采购方、施工方、监理方、融资方、运维方等用户为一体，形成工程全产业链协同服务生态圈。所有用户可以共享客户资源、项目资源、信息资源，打通信息壁垒，提升效率。2020 年，疫情期间的雷神山医院创造了中国速度，举世瞩目，彼时设计人员就利用大 A 工程网进行协同，12 小时完成雷神山医院项目方案设计，3 天交付全部施工图。截至 2021 年 4 月，大 A 工程网入驻企业用户超过 3000 家。

2. 从线下采购、电子招投标，到产业供应链平台

采购活动是建筑施工企业在日常经营中的一项重要活动，采购的管理经历了线下采购、电子招标平台采购和平台化采购3个阶段。

早期，建筑企业的采购以线下物资公司为主导进行，或者由专门的采购部门实施采购活动。在信息化普及的时代，各类建筑企业启动了电子招标系统的建设，建筑采购迎来电商化的时代。

中建云筑网、中铁鲁商务网、上海建工营造商、云南建投云上营家、四川华西云采、南通三建筑集采，各类建筑企业纷纷成立电商公司或科技公司，推出电商平台。

建筑企业通过电商平台进行集中采购是大势所趋。一方面，通过互联网进行采购，能提升标准化程度，让更多供应商远程就可以参加，降低参与难度，提升参与体验；另一方面，受建筑业竞争激烈影响，各类企业对成本管理更加敏感，电子化采购能提升透明度，让供应商充分竞争，降低采购成本；另外，采购版块容易滋生内部腐败，企业管理者不得不引入高科技手段来预防风险，提升采购全过程的合规性和公开公正性。

建筑集采从企业自用平台向产业共用发展，建筑产业供应链正在形成。

筑集采以南通三建自用的采购平台为出发点，在南通三建采购标准化之后，开始对外拓展，吸引更多建筑企业在平台采购，拉开建筑产业供应链的序幕。

南通四建、南通二建等企业推出筑材网，为建筑企业提供大宗采购、建材采购、金融服务等多项服务，并从长三角向京津冀开始拓展。

湖北《楚天都市报》、湖北工建集团下属湖北国际经济技术合作有限公司、湖北路桥集团下属湖北省路桥集团桥盛工贸有限公司、武汉市市政建设集团有限公司、武汉市汉阳市政建设集团有限公司等多家企业联合成立生材网，为建筑企业提供大宗物资招标、建材直采、金融服务、物流服务等多项服务。

四川华西集团则在华西云采运营成功的基础上推出"建造云"平台，为建筑企业提供大宗物资招标采购、代购服务、金融服务等，吸引了泸州工投、核工业西南建、雅安城投、雅安发展、川航置业、成都市政等采购商的入驻使用。

中建云筑网除了建筑供应链平台和金融服务平台，还推出零星材料直采平台云筑优选、劳务平台云筑劳务和物联网平台云筑智联。除了中建体系公司自用，还开始对外输出，与山西建投、上海城建等企业达成合作。

3. 建筑产业供应链的价值

提升中小型建筑企业项目扩张能力。建筑业具有项目建设地分散、价值链离散度高和项目周期长短不一的特点，导致供应链成本居高不下。建筑企业项目分散，管理难度大，项目开工就要构建钢材等主材供应商、各类地材供应商，以及分包合作伙伴，

在异地扩张项目时，原有供应体系复用度低，需要重新构建。加入建筑产业供应链平台，就能复用平台沉淀的成熟供应商体系，大大降低招募供应商的难度。

提高中小建筑企业的管理水平和信息化水平。中小建筑企业在标准化建设能力、内外部协同能力上都比较弱，它们组织一场采购，就会面临供应商参与度低、采购周期长等问题。而加入产业供应链平台，能够引入平台现有采购机制，甚至委托平台进行采购，降低采购组织的难度，缩短采购周期，同时借鉴平台经验提升企业自身的管理水平。

降低采购成本，缓解供应商资金周转难。通过平台化的采购，整体采购规模更高，能有效促进供应商的积极性，优化供给进而降低采购成本。据不完全测算，通过产业供应链采购，平均采购成本降低约1%～3%，而采购成本每降低1%，利润率将增长5%，这对于净利率低的建筑业具有重要意义。此外，产业供应链平台植入供应链金融业务，能够有效缓解供应商融资难和融资成本高的问题。

产业供应链对社会治理具有重要作用。2020年受疫情影响，第一季度全民居家，各类物资紧缺，建筑项目的供应链同样面临断裂风险。武汉雷神山和火神山两座医院在疫情期间快速建成，这背后离不开供应链的数字化。从产业层面来看，全面掌握供应商的地理位置、库存储备和生产能力、上下游情况，与自然灾害和交通动态数据联动，能够帮助企业建立应急预案，在极端情况下，可以保障国家重大项目建设的顺利开展。

4. 建筑产业供应链，摸着石头过河

早期，建筑企业把招标采购系统线上化，实现了从线下到线上的转化，但供应商的数量和质量仍然无法让采购效率最大化、采购成本最优化。以单企业为主的招标采购系统向产业集采平台进行演进成为必然趋势。多个采购商（施工方）入驻平台，企业共享供应商，共享物料信息，共享物流商，以大宗物资采购撬动零星的非生产原料性质的工业用品（maintenance、repair&operations，MRO）、供应链金融等更多场景企业服务，形成一套产业链协同平台，利用数字化手段改造供应商、物流商、金融服务机构，解决产业链企业经营过程中物资流转、资金周转、信息传递等问题。

鲁班软件、广联达、平安城科等ISV（independent software vendors，独立软件开发商）都曾尝试建立产业供应链平台，最终收获甚微。

从目前看，建筑龙头企业建立的产业供应链平台取得阶段性成果，筑集采、筑材网、建造云、生材网等平台开始崭露头角。与建筑业庞大的采购规模相比，当前各个产业供应链平台的采购规模尚小，各个平台一边探索扩张之路，一边还在完善自身的商业模式。

除了供应链金融服务、保函等常规盈利渠道，各平台在拓展更多盈利点。筑集采对供应商推出不同等级的服务来收取费用，供应商通过相应等级的认证能获得更多投

标机会、电子签章、融资服务等服务。云筑网则对供应商推出相应等级,不同等级缴纳对应的认证费用并享受相应服务。建造云通过代购服务进行赢利。生材网则通过向中标供应商收取交易服务费获利。

在扩张方式上,各平台的方式也不尽相同。云筑网、建造云对采购商提供 SaaS 平台和采购标准输出;筑集采和筑材网则通过区域合作伙伴、大客户销售等方式,运用大规模市场团队来推广平台;生材网则通过股权合作吸引企业加入平台。采购平台服务对比如表 8-1 所示。

表 8-1 采购平台服务对比

采购平台	大宗采购	零星直采	金融服务	物流服务
云筑网	有	有	有	/
筑集采	有	有	有	/
筑材网	有	有	有	/
生材网	有	有	有	有
建造云	有	/	有	/

建筑业产业供应链之路前景光明,但崛起尚需时日。吸纳更多中小施工企业,既是一个教育的过程,也是一个改造升级的过程。此外,产业本身需要足够的沉淀,才能发现新价值,为产业注入更多创新,如果仅仅是做撮合平台或者做交易平台,似乎还缺少了点什么。

8.2 制造业"缺芯少智"何时休

制造业供应链不仅是供应链本身的问题,更是产业链的问题。供应链是一种组织形式,产业链是一种内容形式,我们通常在讲到制造业供应链的时候往往会把供应链和产业链混合在一起互称。因此,在本书中我们并不细分供应链内容与产业链内容,没有产业链支撑的供应链更多是一种理论和模型设立,没有供应链进行组织的产业链可以说毫无头绪,因此二者的混合是一种理性的解释行为。

中国改革开放以来,经济快速发展,经济比重从 2000 年的占世界 4% 左右提高到 2020 年的 18%,其中制造业做出了极大的贡献。2000 年的时候,日本在全球供应链中还很重要,而当时的中国规模影响还很小。但到了 2017 年,中国已成为全球供应链的中心节点之一,格局已有所演变。从全球来看,制造业在 20 世纪 70 年代的时候还占全世界经济的 26%，现在只有 17%。制造业占比逐渐下降，伴随经济发展的程度和服务业占比的逐渐提高，制造业相对降低也不是没有道理。

尤其是我国在未来碳达峰、碳中和方面，向世界做出了重要的承诺，因此为了节能减排，同时为了各个产业的平衡发展，我们逐渐提高第三方产业的比重，虽然说这是走向发达国家的必经之路，但是我国制造业比重已经跌破 30%，这是一件非常危险的事情。

可以肯定地说，加工生产制造业依然是中国经济发展的最核心的基础能力，没有这个基础能力的支撑，在外界情况发生变化的时候一切都是水中月、镜中花。因此，在这种情况下，即使供应链管控水平再高，但是如果产业链并不在自己的可控范围内，也就是没有产业链作为有效支撑，那么一切都是一场空。

2020 年，我国工业增加值达到 31.3 万亿元，对世界制造业贡献的比重接近 30%。"十三五"时期高技术制造业增加值平均增速达到了 10.4%，其中信息传输、软件和信息技术服务业的增加值明显提升，由约 1.8 万亿元增加到 3.8 万亿元。这是在新冠肺炎疫情的情况下，由于各行业受到较大的影响，尤其是服务产业受到影响较大的情况变化。

对于以上数据的解读不在本书范围内，至于各详细数字，我们也不做更多的摘录，只针对我国制造业以及制造业供应链本身的特点、现状以及当前的一些主要问题做简要的分析、说明，并由此针对中国制造业和制造业供应链的核心问题做论述。

有很多人都说过中国制造业存在"产业结构不合理、产业附加值不高、能源消耗大、污染严重"等各类问题，但这些问题都是发展过程中必然会存在的问题，我们不能因噎废食。中国制造业整体呈现了门类齐全、规模巨大、技术进步巨大 3 大特点。

首先，在门类齐全方面，从新中国成立以来，我们就依靠独立自主、自力更生、丰衣足食的策略，建立了涵盖 41 个大类、207 个中类、666 个小类的完整的工业体系，在全世界各个国家中，中国是唯一的一个能够自主拥有各个细分类别并独立制造的国家，言外之意就是没有我们不能干的，只要想干就可以迅速上马。

其次，在规模巨大方面，据统计，2018 年中国制造业新增产值 40 027 亿美元，美国制造业产值 21 733 亿美元（2017 年），日本 10 073 亿美元（2017 年），德国 8324 亿美元，韩国 4409 亿美元；2019 年，中国制造业规模比第二名、第三名、第四名、第五名加起来的总和还要大。在 2020 年全球新冠肺炎疫情的影响下，中国生产制造业新增产值依然超 40 000 亿美元，而美国则不到 20 000 亿美元，其他国家的经济增长率更是大幅下滑，中国也是唯一一个规模经济正增长的国家。

在技术进步方面，我们的专利已经连续多年全世界申请数量排名第一，比排在第二、第三、第四国家的总和还要多。当然我们也要看到我们的不足，我们的专利更多在实用新型和外观设计方面，基础创新方面还需提升。

1. 供应链与产业链回流与分流的实质及可能性

当前，我国为提升制造业整体水平，尤其是在数字化、智能化、生态化布局的要求下，在制造产业布局上有一内一外两大变化。

（1）国内方面主要表现为"东部升级、西部承接"的变化。东部地区，尤其是在江苏、浙江、上海、北京、广东等地将产业细分，以研发总部、金融总部、结算中心作为招商引资的主体，将一些高耗能、高污染、高人力的产业逐步外迁；西部地区更多的是承接东部地区的这些三高产业，同时又利用新技术支撑绿色技术的发展。

（2）国外方面主要表现为"国内总部、国外生产"的变化。这种变化主要以日本、韩国、美国、中国台湾地区的一部分电子产品以及国内高成本的鞋服产业具有代表性。针对向外转的方式，我们从供应链的全球化布局角度论述。

习近平主席说过"中国改革开放的大门不会关闭，只会越开越大"，因此全球供应链的开发的大门同样不会关闭，尤其是在全球供应链在中国的40多年的时间里更是对全世界的制造产业进行了供应链和产业链的重构。因为中国生产制造门类齐全，地域广大、人口众多，既是典型的生产制造的大国，本身又是消费大国；同时，我们还是能源的产出大国，也是能源的消耗大国，无论是轻工业还是重工业都是生产与消费的双重主体，这就造成了中国本身是生产的重地，更是消费的重地。

我们的产业结构从能源、基础原材料到中间品，一直到消费品和高附加值的产品，包括服务都形成了完善的产供销一体化的结构，在这种情况下，世界上没有任何一个国家可以达到这种双重二元结构，对于全世界而言，其众多重大的采购输入、对世界的输出、本地消费以及再加工的消化都形成了独特的模式，可以有效节约大量的资源。

但是，我们也要看到，当前世界经济、政治格局的变化，尤其是当前"政治正确"背景下的欧美日等已经完全无视经济的自身发展规律，以政治命令代替经济发展，强行推动世界走"回流"和"分流"的道路。

回流的主要代表国家是美国，从奥巴马时期就已经在推动美国企业回流美国本土，但是整体效果并不好；到了特朗普时期更是采取一意孤行的政策，并且无论是从政治打压，还是从税率支持、政策支持等方面都无所不用其极，费尽心思但最终也没有完成这一历史任务；而当前的拜登时期因为需要面对一系列内外交困的事情，也只是在企业税收上进行了整顿，对于美国国内的企业采取15%的企业税率，可以大幅提升士气，具有一定的作用，但具体效果如何还须继续观察。从产业链和供应链配套角度而言，个别企业的回流没有任何代表性和现实意义，包括特斯拉都还是在海外大肆建厂生产，更何况其他生产制造企业，除了一些极特殊的军工产业和航空制造业、医疗、高精尖的电子产业等，美国基本上已经成为一个空壳子。

分流的主要代表国家还有日本、韩国、中国台湾地区等。这些地区主要是对一些电子类企业进行分流，主要流向南亚和东南亚国家，其表象是中国经过四十几年发展的人员工资较高、土地成本较高等现实问题，根本问题是中国本土的类似企业的水平越来越高，以美国为首的国家忌惮中国电子工业高速发展，从而推动世界高新技术产业供应链、产业链的转移，以有效降低中国的竞争力和发展能力，避免欧美等国在该领域被赶超。

即使当天 G7 国家通过了 15% 的企业税率，得到了众多相关国家企业的高度赞赏，但是在中国本土的外资企业进行回流和分流的宣传，其实更多的还是基于一些一厢情愿的政治考量，从经济的角度而言，难度很大且很难达到西方国家的效果。

回流主要针对的是欧美日这些发达地区，日本土地面积狭小，根本没有太大的可生产的扩大空间；美国本土的产业链已经基本上被分割完毕，不是说回去就能回去的；欧洲国家对于环保和金融的要求导致更多的是高精尖和研发的基地，所以回流是不现实的。而且，在中国的生产企业所生产出来的产品不仅仅是为了美国也是为了全世界的消费者，尤其是以中国为代表的亚洲国家。以苹果和特斯拉为例，苹果手机 30% 的销量在中国，如果扩大至亚太地区，基本上至少占据一半以上的销量，如果所有的商品都回到美国生产，美国的劳动力成本要高过中国，并且配套的材料不能得到有效供应，且还需要运回中国发售。所以苹果的供应商宁可迁往南亚也不可能大规模回流到美国。

日本、韩国和中国台湾的电子企业不太容易实现分流。简单来说，制造产业的供应链和产业链的转移不是政治口号，不是今天说明天就能完的事情。以汽车产业为例，一个汽车产业的完整供应链的建设至少需要 5～10 年，以核心主机厂为中心形成 50 千米，至 100 千米，至 200 千米，最终至 500 千米的一级、二级、三级供应商生态圈的建立，这是需要时间、资本和技术支撑的。

尤其是南亚和东南亚地区整体制造业门类非常不齐全，供应链、产业链整体配套落后；政治体制混乱，各类涉及国计民生的政治事件和经济突发事件频发，一个不安全的环境是不可能有长期安全的供应链保证体系的建立的；基础设施包括铁路、公路等较为落后；民众整体素质，无论是教育素质还是产业工人素质还须提升；最大的问题就是南亚和东南亚地区本身并不是巨大的消费类市场，而中国本身就是全球最重要的消费地之一，因此必然会出现像欧美回流一样的问题，生产完毕后需要再次运至中国进行销售，当然，这个成本可能比从美国运来低得多。因此，对于分流，企业仅考虑人工成本、土地成本较低的因素，而不从供应链、产业链齐全配套的整体成本最优考虑是完全错误的。2020 年，苹果应用商店销售总额达 6430 亿美元，其中 47% 来自中国，而美国占比仅为 27%。

2. 中国已经开始逐步从"技术输出"向"模式输出"转变

中国在世界经济主体中，各个产业的发展以新兴产业尤其是电子商务和服务业发展最为迅速，且世界影响力越来越大，中国在底层技术方面的缺失不影响其在模式创新方面所做出的贡献。

在近十年来，中国对世界主要新兴市场包括非洲、一带一路的相关国家等，不仅仅在硬技术方面进行输出，在模式创新方面也做出了自己的贡献。集成化输出成果显著，无论是通过海宁商贸城、义乌商贸城还是通过临沂商贸城等小商品市场，不断向全球输出技术、人才、标准，从而形成了自己的小商品整体解决方案，最终打造成为一个集研发中心、采购中心、商贸中心、信息中心、创新中心于一体的总部交易模式，在小商品价格定价机制方面获得了自己的话语权。

在硬件以及产业互联网发展模式方面，抛开阿里巴巴的1688平台模式，我们也出现了以众陶联和中华电气网为代表的产业互联网平台模式。

众陶联公司是以"产业+互联网+金融资本"为核心路径的陶瓷产业链整合服务平台，该平台是由佛山东鹏陶瓷、新明珠、中国陶瓷城、佛山市陶瓷产业联盟、蓝源资本5个股东共15家企业抱团发起的产业互联网平台，以"产业+互联网+金融资本"为核心路径，以陶瓷供应链为切入点，以金融资本为驱动，以互联网平台为支撑，将各陶瓷企业的采购集中到平台上，从而构建B2B+O2O的陶瓷产业链全球性集采平台，消除中间环节，提升产业效率与产业资源的集中度，同时参与各方还将分享到平台所带来的供应链金融、大数据开发、资金池、资本市场回报等多重收益，从而提升平台上集聚的陶瓷产业链整体盈利水平，增强产业发展活力，最终构建陶瓷产业上下游协作共赢的生态系统。2020年5月13日，作为第一批倡议方，与国家发展改革委等发起"数字化转型伙伴行动"倡议。

中华电气网隶属许昌纪年电气技术有限公司，在中国电器工业协会、河南省电工行业协会等相关单位支持下成立。2019工业互联网（许昌）高峰论坛暨中华电气网上线仪式在许昌举行。中华电气网是许昌作为国家级供应链创新与应用试点的重要建设项目，旨在打造中国最大的电工供应链服务平台，助力电气产业上下游客户资源互通共享、供需高效对接，促进电气供应链协同发展。

作为电气行业新生态系统的贸易组织者，中华电气网以平台为蓄客池，聚合上游电气行业优秀供应商，构建顶级供应链；聚合下游成套装备商，汇集真实可靠的采购需求，通过产销数字化匹配，让采购方直接面对工厂采购，去除交易的中间环节，降低成本，增加效益。

借助系统统一提供的云物流、智慧工厂等管理系统，交货信息可随时随地查询，采购入库一键完成，形成电气行业贸易的生态闭环。中华电气网作为电气行业新生态系统的服务组织者，针对电气行业企业的资金需求引入"供应链金融"，通过资金代付、货款垫付、担保交易、账期支付、增信服务等多元方案，补齐行业资金短板，有效缓解行业融资难、融信难问题。针对行业库存积压大的问题，中华电气网开通云零仓储的功能，成套商让积压库存上云，通过大数据匹配，帮助成套商实现积压库存变现。为了更好地帮助成套设备商开展业务，平台开通"电气云"服务，入驻成套商可在平台上获取全国关于电气设备招投标的信息。

中华电气网的经营模式是"自营+联营"的模式，从而能够有效保证服务品质和商品品质，为电气行业全产业链客户提供电气云、智慧BOM、电器超市（联合采购）、云仓零库、云物流、供应链金融、智慧工厂、技术帮扶等有竞争力的生态服务及解决方案。

该平台的建立可以集采模式降低成套设备商的采购成本、提高采购的工作效率，供应链金融有效缓解了成套商的资金压力、释放积压库存，促进库存变现，实现库存和运输状态实时监控，使货期有保障。电气云提供行业招投标信息，助力成套商业务开展。最终中华电气网希望依托优质供应链、行业大数据，构建特有的"电气生态系统"，让参与者可以获取行业即时信息，实现终端互联、降本增效、交易安全、品质保证等诸多优势，让大数据惠及产业，助力整个行业的优化和升级，打造使命感召、愿景吸引、价值共享的公共性服务平台。

众陶联和中华电气网是产业聚集区企业强强联合的样本；是以市场化为驱动形成的产业互联网平台；是以聚集产业资源，促进产业协同，提升产业效率为目标的新型产业组织。这本质是产业聚合并演化的产物，或许可以给更多产业聚集区的未来发展提供样本。

3. 白俄罗斯总理的"90%"论说明了中国制造业供应链最核心的问题：缺芯少智

当前，白俄罗斯面临美国和欧洲大部分国家的制裁。白俄罗斯总理戈洛夫琴科表示，为了回应西方国家对白俄罗斯的制裁，明斯克有意放弃欧洲和美国的技术，改用俄罗斯和亚洲的技术，并且针对西方的民用产品采取保护措施。

在采访中，白俄罗斯总理说："……我们被迫放弃西方的商品和技术。我们有意改用亚洲的技术，亚洲技术数十年来飞速发展。根据初步统计，光是中国技术就可以取代90%的欧美技术。而且俄罗斯技术也在积极发展。"他强调："我们准备对本国市场实施特别的保护措施。这不仅涉及投资，还涉及民用产品。我们有权采取措施保护自己的利益。"

很多人对这段话可能有不同的解释。有人会认为这是中国强大的表现，确实是这样的，我们可以满足世界上各个国家90%的产品，这里面可能会有重复的部分，但主要是在一些高精尖的领域，比如军事、航空、医疗、高端电子类产品等领域，我们没有自己的东西，或者根本没有自己的竞争力。

那么，剩下的10%的产品到底是什么呢？是什么真正制约着中国迈向制造业强国的步伐呢？那就是芯片和工业软件。

我国制造业的产业链门类齐全，供应链组织较为顺畅，并且国内制造业的硬件自动化和智能化水平不断提升，且规模巨大，看似形势大好。在国家2035规划下，我们的各个领域都将取得较大的成绩。在工业4.0智能化时代，根据中国制造2025的规划纲要，我们将会实现从制造大国向强国的转变，但是影响中国走向制造强国的芯片和工业软件两座大山如果不扳倒，那就无异于自说自话。

4. 台湾的小小芯片映照大陆"缺芯"的窘态

自从中兴被美国制裁以来，中国一直尝试着在芯片方面有所突破，尤其是华为在美国乃至于全世界的制裁之后，这个现象就更加明显，尤其是让我们真正知道了国内的很多所谓的强大产业存在虚假的成分，很多真正核心的产品或者技术并不掌握在我们手中。

2021年，受新冠肺炎疫情影响，汽车芯片一直处于供不应求的状况，受群体感染事件影响，台湾京元电子停工，加剧芯片供求波动。

据台湾《经济日报》2021年6月4日消息，半导体封测巨头京元电子竹南厂区发生聚集性传染事件，近3日多达45人确诊感染新冠肺炎，成为苗栗县最大规模的聚集性传染事件。2021年6月4日，京元电子公告称，因新冠肺炎疫情，自2021年6月4日19:20开始，公司产线全面停工48小时，机台停机不关电，厂区进行全面消毒，并于下周起将执行分流上班。

据悉，京元电子总部位于中国台湾新竹，成立于1987年，主要从事半导体产品的封装测试业务，目前在全球半导体产业链中已成为最大的专业测试公司，生产基地位于苗栗县竹南镇，下游客户包括联发科、联咏、NVIDIA、奇景光电、意法半导体、ADI、OmniVison等半导体巨头，截至6月4日收盘，京元电子的总市值为510亿新台币（约合人民币117.4亿元）。

京元电子的晶圆针测量每月产能为40万片，IC成品测试量每月产能可达4亿颗。受疫情影响京元电子2021年6月产能减少三成，这让全球的"缺芯潮"雪上加霜。

据悉，京元电子总部位于中国台湾新竹，成立于1987年，主要从事半导体产品的封装测试业务，目前在全球半导体产业链中已成为最大的专业测试公司，生产基地位于苗栗县竹南镇，下游客户包括联发科、联咏、NVIDIA、奇景光电、意法半导体、ADI、OmniVison等半导体巨头，截至6月4日收盘，京元电子的总市值为510亿新台币（约合人民币117.4亿元）。

据悉，京元电子的晶圆针测量每月产能40万片，IC成品测试量每月产能可达4亿颗。其在公告中表示，在全部或部分项目停工的情况下，预计6月产量将减少4%～6%。

众所周知，一枚芯片从设计到出厂的产业链大致包括芯片设计、晶圆代工、芯片封测。其中，中国台湾对全世界半导体产业链的影响最大的环节是晶圆代工，其次是封测。

一枚小小的芯片成了中国台湾在全世界通行的船票。反观中国大陆，一直未能在芯片方面有重大突破，如果非要说源头，应该讲在当初联想主推的"贸工技"的路线图中就已经决定了今天所要吞下这个恶果。

中国于 2020 年购买软件总费用达到了 3800 亿美元，其中大概 30% 能够自足，且只是低端产品，中高端产品依然需要外购满足。根据国家统计局数据，2021 年 3 月，工业机器人产量同比增长为 80.8%，2020 年 12 月这个数字仅为 32.4%，使用在工业机器人上的芯片需求随之增加。一台工业机器人上需要搭载包括 MCU（微控制器芯片）、DSP（数字信号处理芯片）等芯片。除了工业机器人，随着物联网、自动驾驶的普及，蓝牙、WiFi 等芯片的出货量也在快速增长。根据第三方分析机构 IDC 数据，全球 WiFi 芯片出货量将于 2022 年达到 49 亿颗。另据台积电 2021 年一季度财报，自动驾驶业务的增长率高达 31%，其次是高性能计算增长了 11%，再是物联网 IoT 增长了 10%。

在芯片领域，我国近些年投资不断加大，正在逐步打破卡脖子的现状，以紫光科技、中芯国际、华虹半导体等企业为代表逐步提升自己的产能和研究精度，从 20 寸圆晶到 12 寸圆晶，向寸圆晶努力。但是在一窝蜂式的投资思维驱动下，我们是全球最大的市场、最高的需求增速，必然要求与之相适应的话语权，然而国内投资现状以及内外勾结、骗取国家补贴等手法，使得国内芯片、半导体发展行业屡屡受挫，甚至内部内卷恶性竞争，造成了全球芯片产业链的秩序被交换，从而使得我国芯片产业链结构一直处于不稳定的状态，这对任何一方都没有好处。

5. 华为"鸿蒙"系统的开源——工业软件可能让中国无工可做

华为 HarmonyOS（鸿蒙系统）的问世得到了中国众多人士的关注。2021 年，华为将鸿蒙最核心基础架构相关代码捐赠给了开发原子开源基金会，"开发原子开源基金会"是一家在 2020 年 6 月注册成立的得到了民政部同意的非营利性独立法人机构。基金会目前主要捐赠单位有 7 家，分别是阿里、腾讯、百度、华为、浪潮、360、招商银行等，领域包括嵌入式操作系统、编排引擎、底层区块链技术、分布式操作系统等。这不代表华为将鸿蒙系统无偿捐献给了国家，鸿蒙依然是华为的。

但不管怎样，华为鸿蒙系统的问世，在一定程度上让国内了解工业软件现状的人士欢欣雀跃。

中国的芯片是制约中国制造业发展的底层桎梏之一，中国工业软件的缺失更是我们头顶上的一把"达摩克利斯之剑"。可以毫不夸张地说，中国工业软件的底层大多不掌握在我们自己手中。

我们可以用金山代替微软的办公软件，可以用鸿蒙代替苹果 iOS，然而在工业软件领域，我们的底层软件没有可以替代的产品，这也是鸿蒙软件因能够支持多平台、多产业的使用而获得赞赏的原因之一。

2020 年 6 月，美国政府禁止哈工大、哈工程两家大学使用 MATLAB 软件。这一事件在国内引起轩然大波。为什么一个软件系统会让学校如此被动？MATLAB 是矩阵实验室（matrix laboratory）的英文简称，是美国 Math Works 在 1984 年推出的商用数学软件。它是一种高级技术计算语言和交互式环境集成软件，由 MATLAB 和 Simulink 两大部分组成，目前世界上 180 多个国家超过 300 万工程师和科学家使用 MATLAB 和 Simulink。经过多年的发展，MATLAB 已经超越了普通数学软件，成为理工科专业和教学科研活动不可缺少的工具。该软件广泛应用于算法开发、数据可视化、数据分析、仿真建模以及数值计算的高级技术计算语言和交互式环境，可以说只要是数学方面的问题都可以用它来处理，所以它的应用领域非常广泛。目前它在工业制造、学术研究等多个领域几乎都处于垄断地位。

禁用 MATLAB 意味着哈尔滨工业大学、哈尔滨工程大学两所大学的人员在后续发表论文或开展商业项目时，原则上其成果中不应包含任何基于 MATLAB 的内容。MATLAB 在国内高校广泛使用，美国政府扩大"实体清单"及使用禁令无疑会对高校的教育和科研带来较大的影响。

对理工类科研人员和师生来说，MATLAB 已成为学习和工作的必备工具。其使用非常普遍，已经渗透到数值计算、机械化工、建模仿真、汽车航空、电力能源等学术研究和工业制造领域。在工业软件行业，我们的国产软件和国际先进水平至少有 20 年以上的差距。美国有大量的专业性公司和人才，在工业软件行业每年投入数亿研发经费，我国短期内是无法赶上的。

这就是工业软件的现状。它的潜在威胁不亚于核弹头，甚至它"爆炸"的波及面更广且不为人所知却破坏力度更大，会让全国的各个行业瞬间瘫痪。从当前美国对欧洲国家的监控来看，美国软件的后门预留是必然的。也就是说，中国工业，乃至于军事方面，相对于美国来说没有秘密可言！

很多人可能会把工业软件当成软件，实际上工业软件的核心是工业基础、工业流程、工业参数，是长期的数据积累，在这一点上需要长期的经验软件化和数据化。在这方面我们并没有相应的积累，而大多数采取的都是当初联想的"以市场换技术"的方式，但是我们从来没有换来过最先进的技术，永远都是别人淘汰的技术。工业软件一定得从工业中来，没有强大的工业基础就不可能有强大的工业软件，更何况许多积累都已经完全底层化，我们不可能从头再来，因此无论怎样我们都是在别人的基础上再次开发，因此最终会落入别人的"陷阱"！全世界最大的工业软件企业不是微软，不是亚马逊，而是洛克希德·马丁——全世界最大的军火商。其有长达将近百年的技术积累，最赚钱的一项业务就是出售或者租赁软件给别人使用。

已知的各类软件有：个人使用的，如 CAD、CAE、CAM、EDA 等；数控设备的应用软件，如数据采集、数据处理、PLC、SCADA 等；团队协作的专业系统，如 PDM、ERP、MES、PM、SE 等；设备协作的管理软件，如工控网、DNC 等；跨系统的集成协作软件，如 HMI、ESB、MDM、BD、BI 等。这些软件都在国外。主要工业软件如表 8-2 所示。

表 8-2 主要工业软件

应用环节	内容
研发设计类	PLM（产品全生命周期类软件），包括 CAD（计算机辅助设计）、CAE（计算机辅助分析）、CAPP（辅助工艺规划）、PDM（产品数据管理）等，用于提升企业产品研发工作领域的能力与效率
生产调度与过程控制类	MES（制造调度执行系统）、工业自动化系统等，用以提升制造过程的管控水平，改进生产流程，提升设备的效率与利用率
业务管理类	ERP（企业资源计划）、SCM（供应链管理）、CRM（客户关系管理）等，用以提升企业的管理水平和运营效率

CAD：在个人计算机普及的背景下，计算机图形学从点阵线条发展到矢量化线条，创造了以 AutoCAD 为代表的二维 CAD 软件，实现了从纸质工程图到电子化的飞跃。随即伴随三维线框、曲面建模、实体建模、参数化/变量化建模、同步建模等实用技术的商业化，诞生了许多三维工程设计软件——UGNX、SolidWorks、Catia、Creo 等。不幸的是，在商业及市场的驱动下，以 Parasolid 和 ACIS 为底层核心的两大技术集团几乎垄断了国内外三维结构设计市场。更不幸的是，作为设计意图的表达工具，统一性与一致性是 MCAD 的基本要求。国产软件突破之路难寻。

CAE：偏微分方程数值求解方法的出现与发展（特别是有限差分/有限元法），使仿真技术从模拟进入了数值，应力场、流场、光场、电磁场等检验及验证手段日益丰富。粒子动力学、多相流等算法方面的发展应该比集群计算、GPU 加速等更有进步意义。同样的，基于理论或者数学的（而不仅仅是数值上的）多物理场耦合仿真、多学科优化等也令人期待。

EDA：电子设计算法从稀疏矩阵/向后微分公式仿真模拟电路、基于 LSSD 方法/D-算法硬件的设计方式和测试模式到基于松弛法（relaxation-based）的快速启发式的快速 MOS 仿真；或者叫第一代 CAD 实现 IC 编辑/PCB 布局布线、第二代 CAE 实现原理图输入/逻辑仿真/电路分析/自动布局布线、第三代 EDA 实现基于 HDL 的逻辑编译/仿真/映射/编程下载等。目前以 Synopsys、Cadence、Mentor、AltiumDesigner 为代表的垄断厂商已经从设计、性能测试、特性分析、产品模拟等方面皆可在 EDA 环境下进行开发与验证。其中 Synopsys 和 Cadence 参与了对华为的禁运。

ERP：计算机时代企业开始用管理信息系统（management information system，MIS）对大量电子化原始数据进行记录、查询、汇总等；随后物资需求计划（material require planning，MRP）通过对产品构成管理实现依据客户订单计算物料需求计划。MRP Ⅱ阶段增加了对企业生产能力等方面的管理，并扩展了财务的功能，实现产、供、销的闭环管理。企业资源计划（enterprise resource planning，ERP）实现准时制（just in time，JIT）管理全面、质量管理和生产资源调度管理及辅助决策的功能，成为企业级生产管理及决策的平台。ERP 的发展以资源配置优化算法为核心，体现了大规模生产下企业精细化管理思想的不断提升。

MES：现代集成制造系统（computer integrated manufacturing systems，CIMS）意图在统一的计算机和网络支持下，建立生产经营管理分系统和工程技术（CAD/CAM/CAPP/PDM）分系统，实现企业信息的全面集成，其后由 MESA 协会在 AMR 基础上定义的 MES 系统，以层次模型和 11 个标准功能模块，聚焦在车间执行层面，从而加强 ERP 计划的执行能力。

PDM：产品数据管理系统最初是为了解决电子化后大量图纸、文档的管理问题，随即通过对项目计划、设计交付物、版本、产品结构、设计流程、人员、权限等不同颗粒度的管理，很快成为产品工程设计阶段的有效管理系统。工程设计阶段虽然不是产品研发的核心环节，却非常适合通过计算机进行管理。产品全生命周期管理（product lifecycle management，PLM）延伸了 PDM 的功能范围，希望能够覆盖产品从出生到死亡的全过程。不幸的是，即使是国际一流的厂商也未能提供一个统一的 PLM 平台，从数据、流程、权限等方面真正打通需求、方案、设计、工艺、制造、维修的全生命周期管理，更多的是 PLM 概念驱动下的不同产品的堆砌或者集成。

上述这些工业软件大多数都不在我们手中，我们今天所做的任何改动都是在为别人做锦上添花的事情。工业软件是制造业的基础，也是智能制造领域最为关键的技术。在这方面的短板或者说弱势随时都有可能成为中国从制造业大国向制造业强国迈进过程中的拦路虎。遗憾的是放眼整个中国工业软件市场，外国资本长期掌握着绝对的主导权。

例如集成电路设计领域的核心工具 EDA，全球主要供应者是 Synopsys、Cadence 和 Mentor Graphic。这三大国际企业在全球市场中的占有率超过 60%，且均来自欧洲和美国。至于整个工业软件市场，全球超 70% 的份额同样被欧美国家牢牢掌控，亚太地区的大部分市场则是日韩企业称霸。反观我国仅拥有近 6% 的市场份额，而且我国拿到的这部分市场只局限于中低端，高端以及重要工业软件仍然高度依赖进口。

在高端工业软件方面，中国企业可以说是毫无话语权。主要是因为壁垒高，攻关难度大；起步晚，研发环境差；战略性失误延误了国产设备的进阶时机。但不管怎样我们今天无论是政府还是业界都已经充分认识到这个问题，开始逐步加大投入，并且认识到：在人才培养方面不能再抱着"外来的和尚会念经"的想法，更应该培养自己的人才；在市场上不应该再抱着用市场换技术的想法，真正的技术是换不来的；在工业基础方面应该真正加大对己出人才的培养，培养高水平的技工；另外就是改变当前技术工人低人一等的陈腐观念。

6. 新兴制造业的供应链现状——有为、可为

在传统生产装备制造领域，我们与世界制造业强国，如美国、德国、日本还是有较大的差距，但是在新兴制造业方面，如高铁、电动汽车，我们与世界先进水平持平，甚至能领先一部分。电动汽车的国际知名品牌特斯拉已经在中国上海建厂，从而起到鲶鱼效应，在这条鲶鱼的带动下，中国的蔚来、小鹏、理想3款电动车发展迅猛，比亚迪更是增势迅速，成为新能源汽车的领导品牌；在智能配套领域如华为、百度、腾讯等都投入重注，无人驾驶方面，百度阿波罗与世界先进水平处于同一水平线。

在以军工为代表的高端制造领域，中国则落后于美国。制造1架F35美国需2.5天，生产1架J20战机则需7.5天，对比五代战机生产效率，在一定程度上说明了高端制造领域中美两国供应链和产业链以及生产组织形式的差距，在军工领域以及大飞机方面，中国制造还需努力，这是中国从制造大国走向制造强国重要的度量值。

6月7日（2021年），俄罗斯联邦航天局局长罗戈津在国家杜马发言时表示，有个别组装好的航天器缺少一种特定的微芯片，由于受到美国制裁，俄无法购买这种微芯片，因此导致一部分航天器无法发射。对于国防、军工、航空航天等制造领域的这种情况，无论硬件供应链水平有多高，一旦没有软件供应链和信息供应链体系的配套和有效支撑，最终都将会成为一堆废铜烂铁，如果我们国家的管理部门和业界精英还不能有效认识并真正持之以恒地做出改变，那么，今天的俄罗斯就是明天的中国！

实际上，我国制造业供应链有3大顽疾，一是半导体芯片，二是工业软件，三是新兴材料。新兴材料涉及许多理化内容，因此不在本书做更多论述，但是读者应该了解这一点。

8.3 纺织业：资源整合与快速反应并重

我国是全球最大的纺织生产国、出口国和消费国。中国的化纤产量约占全球的70%，纤维加工量约占全球的50%，棉花产量约占全球的25%，棉纱、棉布、呢绒、丝织品和服装生产量均居世界第一位。但是，我们在全球纺织产业的分工中，更多扮演上游的原料和制造角色，在品牌零售方面缺少足够的竞争力。

1. 从产业层面看，我国纺织产业面临 3 个挑战

其一，纺织供应链长，市场分散度高，竞争无序。

纺织产业上游为纱线市场，呈现出中小企业众多、市场集中度较低、产地集中等特点。2018 年，百隆东方、华孚时尚两家上市公司营收的市场占有率不足 1%。纺织产业中游为布料市场，包括坯布生产和印染环节，呈现出市场集中度较低、产品壁垒不高、同质化竞争激烈等特点。纺织产业下游为服装业，呈现出竞争壁垒不高、市场集中度低、采购个性化需求强等特点。此外，纺织业渠道高耸，在布料市场和服装制造商之间还存在多级的布料批发商，在服装制造商与零售商之间同样存在多批服装批发商，导致流通效率低，竞争无序。

其二，存在订单碎片化与生产规模化的矛盾。

在需求侧，受消费者个性化需求以及电子商务在生活方面的高度浸透，零售企业的订单呈现出小批量、小批次、个性化的特征，小单快反兴起。而在供应侧，成衣企业、纺织企业过去都以大批量、单批次和规模化生产为主，这导致供应侧无法及时有效地响应订单需求。此外，长期以来，我们纺织行业面临技术装备落后、新品开发不足、相关生产工艺标准不统一、信息化程度低、劳动力成本大幅上升、融资困难等问题。纺织企业整体发展滞后，零售业高速发展，零售需求与生产无法匹配的矛盾加剧。

其三，全球进入供应链竞争时代，我国纺织供应链协同度低。

当前，全球纺织业进入新的竞争时代，市场的竞争不仅局限于企业之间的竞争，还进一步演化为企业所处的供应链之间的集群式竞争，演化为供应链可持续发展的竞争。欧洲掀起工业 4.0 高潮，制造业与互联网、物联网深度融合，成为全球工业转型升级的标杆，与此匹配的供应链竞争力同样提升。面临新一轮产业变革，我国的纺织供应链的智能制造方面的互联网协同起步迟，企业在尝试以不同的方式对供应链进行升级改造，以提升竞争力，在全球竞争中赢得更多机会。

2. 申洲的纵向一体化交货更快，成本更低

2018 年足球世界杯期间，法国队球迷需要一批法国队队服，中国一家神秘的工厂在 16 个小时之内就把几万件球迷服送到耐克上海，由其空运到法国。这批服装正好赶在法国队夺冠之前抵达。

这家神秘的工厂就是申洲国际，被誉为纺织界的富士康。

一笔大额服装订单从接单到交货最快需要多久？普通的制衣厂需要 2 个月，申洲国际的答案是 15 天。

让申洲国际快起来的秘密武器是纵向一体化。从纱线采购、纺纱、织布、印染到制衣和包装运输，所有环节均在体系内完成。申洲国际协同管理生产全流程可减少环节间的时间损耗和物流成本。这种标准化、快速推进的纵向一体化相比传统供应链模

式成本更低、交货更快，如图 8-1 所示。

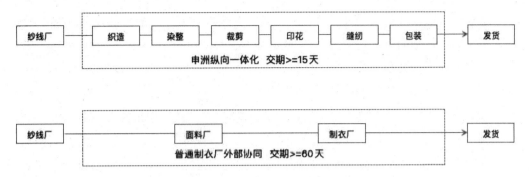

图 8-1　申洲国际纵向一体化与外部协同交期对比

申洲国际是耐克、阿迪达斯、优衣库、彪马的主要供应商，为了吸引优质品牌商，申洲国际为耐克和阿迪达斯建设了专用工厂，在工厂可以一站式完成面料研发、设计、打样及生产等环节。品牌商在申洲国际厂区设立了设计中心，实现设计端和生产端联动，缩短产品的前导时间和新品投放市场的周期，实现制造商和品牌商的双赢。这种做法和丰田的供应商协同颇为相似，这也得益于申洲内部对丰田精益生产模式的推广应用。

申洲国际的产业链协同网络使各个环节得以实时互动和协同办公并基于全产业链视角进行资源调度和流程优化，最终提升了供应链的效率和企业在产业中的竞争力。

与申洲国际纵向一体化相比，服装产业链中间环节众多，闲置产能与市场需求无法高效匹配，品牌厂商与制造协同方之间的沟通路径长，这也是大多数中小纺织企业竞争力缺乏的重要原因。

申洲国际的案例告诉我们，企业在产业链中参与的环节越多，产业链完整度越高，效率越高，赚的钱就越多，这也正是京东集团创始人刘强东甘蔗十段论的观点。

3．虚拟协同时代的到来

在纺织业，像申洲国际这类制造巨头少之又少，更多的是分散在各分工领域的中小纺织企业。中小纺织企业产能分散，数字化程度低，规模小，整体协同度低。

如何利用科技手段加强纺织产业上下游的协同，提升工厂的产能利用率，以更快地响应市场的需求，是一个全新的机会。犀牛智造、百布网、智布互联等后来者，正是通过科技的手段，对中小纺织企业提供连接和改造，以提升纺织产业的效率。它们希望通过新技术的改造，让中小纺织企业能够适应小批量、多款式、多批次生产的柔性供应链。这也正是中国纺织业的工业 4.0。

如果说申洲国际是实实在在的纵向一体化，那么基于互联网和物联网等技术构建的产业平台则是虚拟的纵向一体化，它们通过平台有效地把产业链不同分工的企业进行连接，站在全产业视角优化流程，提升效率。

4．南极电商的供应链整合

南极电商在零售业是一个有争议的话题，有人直言其"空手套白狼"，也有人认为这是一家"神奇的"和"开挂了"的公司。这家公司在 2019 年靠卖南极人、卡帝乐鳄鱼等品牌吊牌实现营收 39.07 亿元，同比增长 16.52%；净赚 12 亿元，同比增长 36.06%。

和南极电商划到同类型的"卖商标"（品牌授权）企业还有恒源祥、北极绒、俞兆林，但它们的业绩远远低于南极电商。南极电商领先的密码是什么？正是供应链整合能力。

最早的南极人是 4 大保暖内衣品牌，是典型的实业家，而转型则是受形势所迫。

当年，凭借一句"南极人不怕冷"的广告让南极人保暖内衣为人所知。2008 年，受海外金融危机影响外贸受阻，内需市场竞争激烈，国内纺织业进入寒冬。大量工厂停产待工，南极人的日子也不好过。创始人张玉祥或许受微笑曲线的启发，或许受迪士尼的启发，开始做减法，砍掉生产线和销售门店，做起了品牌授权业务。他把南极人的品牌授权给供应商生产，授权给经销商销售，南极人根据授权吊牌收费，南极人管这种模式叫南极人共同体，即 NGTT，后来南极人更名为南极电商。

表面上看品牌授权是个躺着赚钱的活，但真正优秀的不多见。南极人凭什么？

上游，搞定全品类和高性价比的产品。

一个品牌的市场规模由可切入的品类 SKU 数量、销售渠道数量和顾客购买频次几个要素共同决定。先说南极人如何搞定品类和 SKU。南极人从内衣和家纺开始切入男装、女装、母婴及童装、居家日用、生活电器、个护保健等多个品类，用户群覆盖婴幼、青年、中老年全年龄段。此外其注册商标为 1300 余个，开发供应商为 1100 余家。

为了提升转化率和购买频次，南极人将加价率设定为 1.7 倍左右，这与国内大多定位品牌营销厂商的加价率相比占据不少优势。

下游，搞定线上、线下销售渠道。

南极人发展经销商 4500 多家，授权门店达 5800 多家。销售渠道覆盖线下门店，线上在天猫、苏宁、京东、抖音等平台拥有门店，这也是支撑其销售额的重要保证。

南极电商凭借上游全品类、平价的产品设定，超过 1000 家的供应商，线上、线下数千个经销商和授权门店形成了庞大的授权经营体系，成就了国内品牌授权龙头的地位。

早期，南极电商的口号是"服务千万小微电商，让天下没有难做的电商"。2018 年，南极电商的口号变成"帮助中国万千供应商、经销商持续成功"；2019 年，口号变成"帮助中国优质供应链持续成功，为中国家庭提供高性价比的产品和服务"。

我们很难将南极电商与国际品牌授权的企业进行对标，南极电商更像一个嫁接了供应链管理的品牌授权企业，是商界的"新物种"。

5. 百布网的"纵横江湖"

百布成立于 2013 年，早期百布网是 B2B 平台。百布一边连接上游的面料供应商，一边连接下游的制衣企业建立的标准化的布料信息库，通过图像检索技术解决花型面料的搜索匹配问题，利用技术消除上下游企业信息不对称问题，匹配资源形成交易闭环。

百布解决了布料商与成衣厂或者品牌厂商的信息不对称和交易问题之后，发现纺织行业的第二个痛点：产能不匹配问题，即织布厂与印染厂产能不匹配，印染厂与成衣厂产能不匹配，成衣厂与品牌厂商产能不匹配的问题。比如，一个 200 万件服装的订单，按照订单可以拆解成坯布、印染、制衣等环节，要让订单快速交付就需要精准匹配各个环节的产能，一批次出厂的坯布需要 2 间或 3 间印染工厂进行印染处理，然后排单给不同的制衣车间进行加工，这需要精细的匹配才能让各生产线产能最大化，交期最优化。

2020 年 6 月，百布并购苏州巨细信息科技（简称"巨细"）和广州飞舟信息科技（简称"织联网"）。完成并购后，百布将拥有超过 30 万台织布机的 AIoT 设备，链接并服务国内 20% 以上的织布机，成为纺织行业内 AIoT 设备覆盖规模最大的服务商。这项业务的核心是用物联网技术把织机线上化以提升织机产能利用率。

百布以交易平台和织机物联网为核心制定了一"横"一"纵"战略。

横向方面，百布以纺织供应链为核心搭建产业供应链平台。

产业平台实现仓配一体化网络和一站式履约能力，打通订单、金融、生产、仓储、物流等全流程，实现产业链全要素的数字化赋能。百布在广州和绍兴建立了供应链中心，深度合作 1000 多家一级供应商，并链接超过 4000 家一级供应商。此外，百布根据各城市销售现状及趋势在华东、华南、华中地区设立智能仓储体系，业务范围已拓展至广州、佛山、东莞、杭州、湖州、绍兴、武汉、成都、郑州、常熟等服装生产重镇，服务超过 10 万家服装生产企业。

纵向方面，百布以改进和优化纺织制造效率为核心建立云工厂。

百布通过 AIoT 和 SaaS 服务对连接工厂的产能进行智能化管理和有效分配，以提升产能利用率。披露的信息显示，百布已经为 40 万台织布机免费安装了物联网设备，占中国总织布设备的 30% 以上。通过物联网设备和 SaaS 服务形成的云工厂可以合并不同订单，根据产业分工拆分订单到不同的工厂，提升了产能利用率，同时实现小单快反。其合作坯布厂从原有开机率不足 60% 增加到开机率 90% 以上，成效斐然。

6. 智布互联的"工业大脑"

智布互联成立于 2014 年，早期是一家纺织业软件厂商。智布互联以 SaaS 云平台为基础，让纺织供应链中的上下游供应商、客户通过高效的物联网和排单系统链接，提高工厂生产效率，降低供应商和客户间的沟通成本。

智布互联通过为纺织企业提供 ERP 和 MES 管理软件的积累，引入物联网技术，进行商业模式的升级。

智布互联提出基于"物联网 + 纺织行业 SaaS 系统 + 数据 + 算法"的 4 大核心整体解决方案。在技术端智布互联依托物联网及链接系统实现纺织生产流程的数字化，灵活调度产能，组织协同生产，在数据驱动下优化订单流程，提高生产效率；在生产端智布互联向产业链上游延伸，快速获取纺织供应链中的各上下游的供应商资源，打造中国目前最大的织造和印染产能的生产联盟，实现智能化云工厂，推进纺织行业产业链升级。

智布互联给这个整体解决方案取了一个形象的名称叫"工业大脑"。

智布互联作为产业中的平台方，一边对接纺织厂和印染厂，一边对接制衣厂，通过软件获取数据再将数据进行连接和运算，组织跨厂生产实现低成本、高效且稳定交付。

7. 飞榴科技，从 AI 赋能中小服装厂

与百布的云工厂和智布互联的工业大脑瞄准的是跨工厂协同不同，飞榴科技则通过 AI 技术优化排产，让中小服装企业具备小单快反的能力。

一边是快速变化的时尚潮流，消费者的服装个性化需求不断增长，另一边电商多批次预售预订也让订单的碎片化程度加剧。中小服装厂能拿到的订单越来越明显地呈现出品类多、单一品类数量少的特征。考虑到生产排期、产线布置等成本，对于件数低于 200 件的订单，中小服装厂基本无法盈利。

小单快反对消费者而言是个性化的需求，对零售商而言是防止库存积压的法宝。但是对中小服装厂则是挑战，能实现小单快反就是机会，否则就意味着在竞争中出局。

飞榴科技深铺系统瞄准的就是帮助中小服装企业实现小单快反。其打造的深铺系统用于生产协同和工厂排程管理。服装厂接到多个不同的小订单并完成打样后，深铺系统可以依据工厂的工人情况、机器情况、订单的工艺流程情况进行流水线设计。完成计算后，深铺系统将结果输出到每个工位安装的平板电脑上，流水线上的工人依据平板电脑显示的步骤完成自己的工序。与此同时，工人每次完成工序的时间、工序是否质量达标等数据也会被记录和沉淀，并反馈给 AI 以进一步优化算法模型。通过这样的方式飞榴科技完成了 AI 赋能服装生产，使服装厂具备了小单快反、混流生产的能力，同时降低了其生产成本。

除了百布、智布互联、飞榴科技，阿里巴巴旗下的犀牛智造同样致力于通过科技手段提升纺织产业的协同度，让更多工厂具有柔性生产和柔性供应的能力。申洲国际的纵向一体化是其经过两代人的努力形成的核心竞争力，而百布、智布互联代表的产业平台则是科技与产业融合的产物，尽管路径不同，但目标一致。中国纺织产业的未

来需要更多申洲国际的出现，同样也需要更多产业平台出现，共同提升中国纺织产业链的竞争力。唯有如此中国才能在全球纺织产业中拥有更多话语权和定价权。

8.4 餐饮赛道：谁是中国的 Sysco

中国餐饮市场规模巨大，饮食文化历史悠久名传世界，但真正意义上的现代餐饮行业的发展不过几十年的时间。在传统川浙粤鲁湘闽徽苏 8 大菜系不断发扬光大的同时，火锅、黄焖鸡、沙县小吃、兰州拉面等传统快餐遍地开花，而且西餐、面包甜点与汉堡炸鸡等广受年轻人追捧。

2018 年，美国餐饮市场达 8000 多亿美元，而中国餐饮市场全年收入达到 42 716 亿元（见图 8-2），同比增长 7.7%，持续领跑社会消费品零售市场，占社会消费品零售总额的 11.2%，取得了稳定向好发展的成绩。到 2020 年，中国餐饮收入超过 5 万亿元，预计 2023 年中国餐饮市场总收入会突破 6 万亿元人民币，届时，中国有望成为全球第一大餐饮市场。

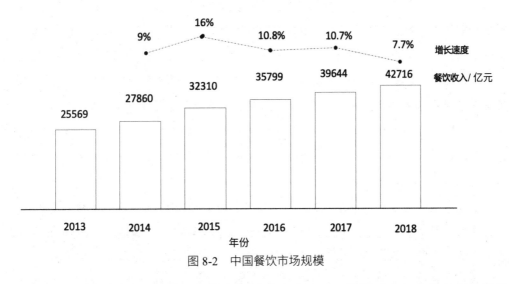

图 8-2 中国餐饮市场规模

从全国各行业的增速来看，餐饮增速继续领跑社零，规模以上餐饮收入增速持续低于社会餐饮增速，整体行业增速回落到 10% 以内。自从 2013 年国家控制三公以来，餐饮市场整体增速由 15% 下降到 10%，但依然领跑社零增速，社会餐饮收入增速自 2013 年以来一直高于规模以上企业餐饮收入，尤其是外卖产业快速发展驱动了小规模餐饮企业收入增长。在经济增速下行背景下，餐饮行业整体保持较快稳健增长且增速领先于社零；同时餐饮行业连锁化趋势加强，头部品牌增速领先于行业，在 2020 年新冠肺炎疫情下，外卖产业的增速更是远超行业的速度增长，同时小规模餐饮企业的关停并转情况大幅增加，严重影响了整体行业的增速发展，当然这是属于全社会共同的现象并不独属于餐饮行业。

我国对于餐饮行业的发展从整体政策、技术等方面进行了逐步规范和推进，如政策层面各级政府加强了对餐饮门店、外卖的监管力度，制定出台了食材物流等多环节的标准，给餐饮供应链发展创造了有利环境；在经济层面，2018—2021年我国经济运行稳中有变，在新冠肺炎疫情的影响下变中有忧，下行压力增大，但从国家对疫情的管控和对经济的提振角度而言，向稳、向好仍是经济走向的整体趋势，而且也要看到消费市场依然保持稳定、可持续的增长；在社会方面，消费升级推进餐饮业的发展是当前的重要趋势，新零售在一定程度上也参与了餐饮生态场景的重构；在科技方面，互联网、大数据、移动支付、AI、物联网等新技术在餐饮业的普遍使用，网络化、数字化、智能化等技术与餐饮行业的深度融合，助力了传统餐饮行业向智慧餐饮的升级，推动了餐饮供应链的信息化变革，加速了保障食品安全的重要方式冷链物流的发展。

中国整体餐饮市场规模巨大、增速较快，与世界第一大餐饮市场美国相比，我们用40年的时间走完了美国150年走过的路，获得了700多倍的增长率，然而总体餐饮市场的规模化、品牌化、连锁化水平还是较低，从2018年的统计数据来看，我国餐饮百强的整体收入超过2000亿元，却只占全国餐饮业营业收入的5.04%，可想而知，多乱散小的格局依然是当前行业的主要特征。同时，我们还面临中等规模困境、食品安全问题频发难题。很多餐饮企业在门店数量达到十几家体量时，会因传统的采购、品控、物流管理方式等的不统一而导致全部门店的非标准化，随即带来成本的上涨和用户体验的不一致，这是供应链水平跟不上导致的结果。中等规模死亡谷的魔咒在这个行业更为明显，如果我们让这种局面继续发展，可能会使某些环节存在隐患，最终带来食品安全问题。

餐饮供应链是餐饮行业的基础应用，是以提供餐饮店所需的各类食材为主要目的，经过原料采购、生产加工、配送、销售到回收处理等环节，以信息技术协调和联结链条上各节点有关主体，整合所有节点物流、商流、信息流、资金流的组织形态。

餐饮供应链包括从食材生产到消费者消费的整条产业链，包含原料生产、食材采购、物流管控、餐饮加工、终端消费、供应链金融等生产、流通、消费、餐饮4大环节（见图8-3）。我国餐饮产业链呈现终端消费规模大、多元化，流通以传统分销为主，原料标准化困难、安全难控，终端消费差异化大的特性，因此餐饮供应链整体的可靠性及稳定性存在挑战，受两端挤压，餐饮环节整体呈现集中度较低、盈利水平不高的特征。

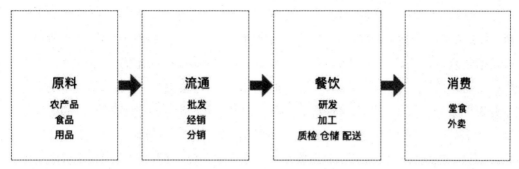

图 8-3 餐饮供应链主要环节

消费环节：需求量大，需求变化快，口味、区域差异大；同时消费者对餐饮安全重视程度正逐步提高，使得餐饮企业对从食材到加工各个环节的要求不断提高，而中小餐饮企业采购食材溯源能力弱，价格波动大，采购流程不规范，存在一定食品安全风险。

餐饮环节：竞争激烈，集中度低，中小餐饮占比为65%以上，成本居高不下（房租/人工/原料/水电等），盈利能力低（毛利率约50%，净利率约5%）；其中大型、连锁餐饮采购渠道较为成熟，而占比较高的中小餐饮因采购规模小、议价能力弱，常依赖传统渠道，对所购食材质量控制有难度。

流通环节：相比美日拥有成熟的供应链企业，国内原料端到餐饮端的流通环节仍以传统批发、分销为主，当地经销商向农户采购，销售至销地批发商，销地批发商分销至门店，存在成本高、效率低、损耗大、信息不对称等问题，目前国内尚无较大规模的供应链企业。

原料环节：包含农业、食品加工企业；规模庞大，产地分散，标准化程度低，质量参差不齐。

2018年，我国餐饮业规模达4万多亿元，近5年复合增速达7.4%，假设原料采购占收入比为35%，食材采购规模达1.62万亿元，预计至2023年餐饮业规模达6.07万亿元，5年复合增速达5.5%，食材采购规模达2.13万亿元。

2013—2018年，中国人均可支配收入从18 310.8元增长至28 228元，增幅为54.1%；同期美国人均可支配收入从38 996美元增长至43 799美元，增幅为12.3%。民以食为天，消费水平的提高使消费者可以在餐饮上有更多的开销，尝试更加精致、更多元化的口味的菜品，口味、健康等因素在消费者餐饮选择中更重要。

但是在新经济、新技术、新零售、新模式的影响下，餐饮行业的快速发展和物联网的餐饮信息化升级、供应链整合者的入局都必然会带动整体上下游供应链的整合和优化。

我国当前餐饮行业供应链经过了一段时间的探索借鉴，正在逐步从无序化走向有序化，整体水平取得了较大提高。依托国家政府的政策支持，借助互联网新技术的优势，餐饮企业不断建立稳定的供应关系，通过有效整合物流、冷链、大数据等多种资源，传统餐饮供应链搭建电商平台，同时大型餐饮中央厨房增多，供应链思维逐步形成，供应链运作效率不断提高；同时随着整体行业的高速增长态势，也引起了资本的注意，专业第三方的餐饮供应链服务商开始出现，除了传统火锅巨头海底捞投资的蜀海供应链，如美菜网、美团的快驴、河南的火锅专业、第三方供应链服务企业锅圈等，都给传统餐饮供应链市场打开了新的想象空间，在一定程度上解决了传统餐饮供应链中存在的问题，虽然说整体发展依然处于初级阶段，有不尽如人意的地方，但是至少方向已经开始出现。但是整体行业的供应链管理理念落后，且食材品类多样、交易方式复杂、损耗大、难以满足和高效响应终端的需求依然是不争的事实。

以下从餐饮供应链的运作环境简单论述各主要功能模块的现状。

从供应渠道角度而言，餐饮供应渠道多元，餐饮企业采用多供应商模式，绝大多数餐饮企业供应商数量在 100 个以上，通过产品价格和质量的对比，通过多供应商同行竞争，可择优而取，有利于控制成本，提高企业经济效益，降低因延迟交货带来的采购风险。但需要注意的是，多供应商带来多种选择，同时也带来了供应商管理中采购分散、订单处理程序复杂等问题。餐饮供应链的优化首先要从最前端的采购和供应商管理开始，要做好供应商整合。

从供应关系稳定角度而言，大多数餐饮企业与供应商关系都较为稳定，大部分企业签订了长期的供货合同，但合作关系仍须进一步规范，一部分企业签订了短期的供货合同，一小部分企业与供应商合作关系为先供货后付款，在一定程度上影响了真正的供应链伙伴关系的形成。

对于供应商选择评判标准，大多数的企业都摒弃了过去较为单一的价格标准，开始重视供应链的整体服务水平，选择供应商的标准趋于综合评价，与以前的价格为主要影响因素不同，食品安全是大家关注的焦点，一些头部企业在供应商选择标准中将食品安全排在第一位。

大多数的餐饮企业将自身的物流业务进行第三方外包，第三方物流的专业性、低成本性、服务性等优势日益凸显，餐饮企业将物流业务外包出去，专注于自身的核心业务。一些规模较大的餐饮企业保持自建物流团队、第三方物流合作双向并行。

虽然我国的餐饮供应链现状较之前有了很大水平的提升，但是依然存在较为严重的问题。

第一，餐饮供应链理念落后。大部分餐饮企业缺乏统筹兼顾的眼光、能力和人才；大部分餐饮企业与原料供应商、物流服务商、消费者等节点还存在割裂的孤岛现象。

第二，餐饮供应链整合难度较大。食材种类多、价格差异大、非标性强、产地分散、整合难度高，另外，就是食材流通环节较多、渠道链条过长、损耗非常大。

第三，食材供应链的资金链容易断裂。食材供应链非标化商品很难实现原产地采购，即使是做成半成品，也会面临投资成本较高的净菜加工中心的投入产出比较低的窘态，因此现金流严重制约着食材供应链做大做强，食材B2B市场存在严重的账期依赖，企业如果没有足够的资金流支撑和快速回流，很可能业务拓展越快，资金流断裂的风险就越高。

第四，我国的餐饮门店分布较为分散，冷链物流是制约发展的短板。连锁餐饮门店分布在全国各地，生鲜食材的跨区域分拨配送对于冷链物流网络和运营能力是极大的考验。餐饮企业普遍具备冷链需求，但是国内全程冷链的实现却存在很严重的供给不足的情况，第三方物流企业无法满足整体要求，而且自建冷链物流体系耗时耗钱且管理风险较大。在这个过程中冷链运输成本高、跨区域的冷链物流体系不成熟、冷链物流追溯体系不完善、人员和工具以及管理的配合难度大及不能实现全程冷链等一系列问题严重制约了餐饮供应链的发展。

完善的餐饮供应链是以餐饮企业为核心，与原料供应商、物流服务商、消费者等节点组成的网状链。通过餐饮产业链的分析，确定餐饮供应链的起始位置；通过代表性餐饮企业运营流程的分析，确定餐饮供应链的关键流程，从而构建餐饮供应链结构模型。

我国的供应链代表性企业主要分成如下几类：以原产地菜品供应为特点的"宋小菜"、以资本和互联网整合为特点的美菜网和美团快驴、以传统餐饮企业为代表的蜀海供应链、以产品为代表的信良记等，如图8-4所示。

图8-4 餐饮供应链代表玩家

中国的餐饮供应链代表性企业的目标都基本上是对标美国的Sysco和USfood两家企业，在此我们将美国的Sysco和中国的美菜网、美团快驴和蜀海供应链进行对比，并简单分析各自的特点，以更加清晰地了解中国餐饮供应链的未来发展路径。

1. Sysco一路鲸吞的豪赌之路

Sysco是全球最大的餐饮食品供应商，也是全球生鲜供应链企业的标杆楷模。

Sysco 在美国餐饮供应市场上占有率高达 16%，在全球 90 多个国家拥有 330 多家分销机构。Sysco 为超过 60 万家客户提供食材供应服务，包括鲜冻肉、海鲜、家禽、蔬菜、水果、零食、环保餐具、厨房用品等在内的产品，其销售网络覆盖全美，为餐厅、学校、政府、医院等提供餐食供应服务。2018 财年，Sysco 销售额达到 580 亿美元，净利润达 14.21 亿美元，市值超过 380 亿美元。

Sysco 的主要客户包括餐馆、医疗保健机构、教育机构、政府、旅游休闲服务商、零售商等。其他类别包括非独立餐厅、面包店、餐饮店、教堂、民间组织和兄弟组织、贩售分销商、其他分销商和国际出口品的自助餐厅等。在所有客户中，餐馆营收贡献占比最高，近 5 年来均超 60%，随着公司近 40 年的发展，各客户类型销售额占比已基本保持稳定。同时，公司客户数量庞大，无单一重点客户，对下游议价能力较强。2018 财年，单一客户销售额均低于 Sysco 的 10%，对下游客户议价能力普遍较强。

Sysco 的前身为约翰·鲍夫（John Baugh）和妻子欧拉梅（Eula Mae）在 1946 年创立的"零度食品"公司（Zero Foods），其主要业务是为得克萨斯州休斯顿地区的旅馆、医院、学校、餐馆等运送冷冻食品。

在供应链行业摸爬滚打了 23 年后，鲍夫发现了商机。随着 20 世纪 50～60 年代美国经济的空前发展，消费者外出就餐率逐年攀升。美国的食品分销体系包含着大量小型地方企业，却没有全国性的食品供应商。鲍夫认为如果能成立一家全国性的大集团，就能在所覆盖的区域内配送食品，然后凭借规模打败其他地方的竞争者。于是，他说服了位于美国其他农业大州的 8 家小型食品供应商的所有者，于 1969 年一起联合成立了 Sysco，初步完成了自己建立全国食品供应商的设想。后来的事实证明，鲍夫完美地抓住了这个机遇。

成立的第一年，Sysco 的总销售额就达到了 1.15 亿美元，截至 2018 年 7 月初，Sysco 累计并购的公司数量约 200 个。Sysco 的发展史就是一路鲸吞的历史，如图 8-5 所示。

第一，通过不断并购迅速扩大规模，沿产业链拓展延伸经营范围，实现产品品类和市场区域的扩张。Sysco 本身就是在并购中诞生的，在发展过程中，不断通过并购扩大规模，拓展上下游商品品类和市场区域。截至目前，公司累计并购数量接近 200 个，成为一家庞大的全产业链食品服务企业。值得关注的是，2016 年，Sysco 将眼光放在了欧洲市场，以 31 亿美元成功收购了英国行业巨头 Brakes，拓展了公司的国际版图。后来，甚至与美国第二大食材供应商 USfood 合并，但被美国市场监管部门否决，认为二者的合并将使其处于绝对垄断地位，不利于市场的发展，因此必须停止。Sysco 和 200 多家公司进行兼并合作，对包括客户的员工薪资系统、保险、餐厅背景音乐等共同需要的资源施行集中购买、统一谈判、以量压价，降低了客户的经营成本，同时也促进了公司自身的经营发展。

第 8 章 解码各产业供应链现状并探寻未来路径 | 193

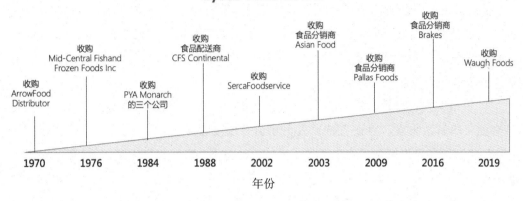

图 8-5 Sysco 并购之路

第二，完善的供应链体系和采购—贸易一体化。资产、运作和贸易是食品服务业的三要素，完善的供应链是食品服务行业的核心。Sysco 通过并购增加了资产，构建了高效、稳健的供应链体系，扩大了运作空间和贸易范围，实现了采购—贸易一体化。从原材料供应商开始到终端的消费者，Sysco 的 200 个分销场地和超过 10 000 个销售和营销代表为供应链的每一个环节提供支持，每年运送的食品箱有 13 亿个之多。完善的供应链体系使公司具备 1 周以内的库存控制能力、覆盖全美核心城市的日配能力，以及应急响应和服务的能力。Sysco 在过去的 10 年不断投资完善供应链体系以降低成本，因其现有的基础设施和投资规模，Sysco 稳居市场领导地位。

第三，经营品类丰富，数量庞大，具备全品类规模化优势。Sysco 销售和配送 40 多万种产品，产品线涉及餐饮服务，全面覆盖餐饮旅游业各个场景，有效满足了客户多样化的需求。Sysco 为客户提供的产品主要分为食品和非食品两个大类。食品涵盖生鲜、干货、冷冻食品、饮料、奶制品、成品和半成品，全面覆盖了 2B 客户的食品采购需求。此外，Sysco 也根据 2B 客户的食品消费场景退出了非食品产品。这些非食品产品主要包括厨房用具、清洁用具、酒店用具和专业厨房设施，通过全产品为客户提供了餐饮旅游业一站式解决方案。其中，生鲜产品销售占比最大，2017 年比例为 58%。

第四，以客户为中心，关注客户核心利益，帮助客户生存与发展。在 Sysco 的客户中，占比最大的是餐厅，达到 63%，医院及疗养院占比 10%，酒店、旅馆、汽车旅馆等占比 6%，中学及大专院校占比 5%，其他客户占比 16%。Sysco 以致力于为顾客提供多样的高质量食品，使顾客永远保持新鲜感为宗旨，不断提高食品质量，通过提高效率和适当的定价策略，确保客户利润，并为顾客提供更好的服务。自 2000 年开始，Sysco 在自家仓库附设厨房免费为客户开设料理课程。公司旗下 200 名大厨轮流在课堂上示范如何更好地使用本公司产品，并帮助客户核算成本，确定合理的餐点价格。公司还为客户提供产品使用报告、食品安全培训、饮料机的安装和维修以及其他许多服务项目。

Sysco 在供应链前端市场开拓与客户开发方面有自己的一整套方案，它深知优秀的产品只是成功餐饮企业的一部分，因而更加强调服务以处理好客户关系。无论客户需要培训材料、食品成本优势解决方案，还是服务理念或新的菜单内容，Sysco 都有服务和专业知识以满足客户需求。

以餐馆客户（营收占比为 60% 以上）为例，Sysco 不仅提供食材配送服务，还提供诸如菜单解决方案、食谱支持、人员培训等增值服务；Sysco 通过为客户提供定制化咨询、烹饪和菜谱解决方案以及技术系统解决方案，帮助客户优化运营、节约成本，提升盈利能力；Sysco 的定制咨询服务和广泛的第三方合作伙伴可以为客户提供强大的定制化解决方案，该项服务的内容涉及餐厅运营指南、员工培训、菜单分析、菜谱优化（打造食品成本优势）、创新服务理念等，可以全方位为客户排忧解难。

客户定制化咨询服务涉及从菜单规划到后台物流的所有方面，Sysco 通过成本分析和行业标准分解，使客户的业务流程更加顺畅，节约人力成本，提升盈利能力。特别值得一提的是，Sysco 在当地部署的厨师可以帮助客户测试新产品。

以菜单规划为例，Sysco 可以提供自助 App、菜单专家和设计师团队，帮助客户完成菜单的分析、优化（提升自动化程度，降低人工成本）和设计等服务；烹饪和菜谱解决方案可以为客户提供一站式食材、厨房用品、设备以及增值服务（流行口味指引、多功能菜谱设计、节约人力成本的流程优化等）；凭借业内最大的食材供应链网络和智能的物流系统，Sysco 可为客户提供定制化送达服务；全方位、及时且专业的销售顾问随时可以为客户提供从异国情调食品到食品安全以及可持续种植实践等各种方面的专业知识支持；MySysco 为客户提供采购端一站式订购、账单支付、跟踪等服务；CAKE（POS 一体机）是易于使用的高效餐厅前台销售系统，商家客户可以通过其进行实时订单跟踪、利用客人管理系统优化候补名单流程（平均可以提升 7% 的客单量）等；预订平台 Sysco mobile（搜索产品并对比、订单跟踪、历史订单记录查询等）和 Sysco market express ordering（电脑、平板版等）。

此外，公司还为客户提供行业最新资讯、餐饮文化等资源平台。

SHARP（Sysco healthy and positive eating）线上平台为客户提供制作健康和营养食品所需的信息，包括关于营养生活方式、创新食谱、温馨提示和培训工具（培训视频或手册等）等一站式信息，帮助餐厅（个体或连锁）、医疗机构、教育机构等提供更加健康的菜单，以适应消费者日益增长的对健康饮食的需求。

Sysco 提供各种正宗的食材、创建性菜谱等，同时提供与文化相关的工具和服务，使运营商都能成功地提供丰富的文化风味。值得一提的是，菜谱由 Sysco 烹饪团队创建，同时涵盖最新的流行作品和传统经典菜式，旨在帮助客户提高餐厅的销售额和流量。

Sysco 的三大业务部门分别为 U.S.Foodservice、International Foodservice、SYGMA，

在 2018 财年收入贡献占比分别为 68%、20%、11%，而营业利润贡献占比分别为 92%、6%、1%。

U.S.Foodservice 是 Sysco 公司规模最大的业务线条，主要服务美国本土市场的客户，包括餐厅（个体或连锁店）、医疗机构、教育机构等，为客户提供全品类食材及非食材产品（厨房用品等），以及便捷的服务。2018 财年，U.S.Foodservice 贡献收入占比为 68%，营业利润占比为 92%，卓越的盈利能力主要建立在美国强大的全产业链布局和规模优势的基础之上。

Sysco International Food Group（IFG）主要服务美国之外的国际市场客户，Sysco 在美国以外的国际运营公司位于加拿大、巴哈马、爱尔兰、哥斯达黎加、墨西哥、英国、法国、瑞典、西班牙、卢森堡、巴拿马和比利时等。

IFG 的食材供应服务帮助客户为全球超过 90 个国家的消费者提供特色饮食和服务。2017 财年，IFG 业务营收和营业利润实现较快的增长，主要是受到 2016 年公司收购欧洲食材供应商 Brakes 的影响。

SYGMA 公司旗下的 16 家 SYGMA 运营公司向特定连锁餐厅客户提供全系列食品和各种非食品产品。

在供应链的冷链物流管理以及规模化上，Sysco 更具有自己得天独厚的优势。Sysco 产品主要以食品类为主，生鲜占比较大。其中公司食品类产品主要包括全系列冷冻食品，如肉类、海鲜、蔬菜、水果、甜点、罐装食品和干货、新鲜肉类和海鲜、奶制品、饮料、新鲜农产品等；非食品类产品包括一次性餐巾纸、盘子、杯子等纸制品、餐具、瓷器、银器、炊具、锅、厨房及餐厅设备、清洁用品等。其中，新鲜冷冻肉类占比最高，近 5 年占比保持在 20% 左右。

生鲜食品和一般商品不同，其货损率高，对供货、冷链、配送等要求高，只有做好以上 3 个关键环节，才能给消费者良好体验。而做好以上 3 个关键环节，则需要强大的食品供应链支持体系。但供应链投入大、见效慢，如果不能在窗口期内建立规模优势，就会被快速淘汰。Sysco 的食材供应链覆盖是从原材料供应商到终端消费者的全流程且布局广泛。2018 财年年报数据显示，公司旗下物流配送中心达 332 个。Sysco 不断投资且完善供应链体系以降低成本，形成核心竞争力之一，树立了竞争壁垒，进而稳居市场领导地位。

那么 Sysco 的供应链体系是怎么搭建的呢？它是如何建立自己的物流配送网络的呢？

第一，全流程监控供应商。要想成为 Sysco 的供应商，须经过一系列具有严格标准的审查流程。

Sysco 自建了一个质检团队对产品的质量进行严格监控，团队由大约 196 名全职企业员工和 35 名签约检验员组成，专门负责质量监控，包括食材的采集、仓储、加工、运输等环节,确保食品安全。所有供应商都必须通过 Sysco QA 管理的审核,以评估其食品安全、制作工艺、员工卫生、质量管理体系、召回是否充分和可追溯性等。

Sysco 的供应商类型多样,从数以千计的国内外供应商处采购,其中没有一家的单独采购量占 10% 以上。供应商类型涵盖大品牌供应商、独立区域品牌供应商、中小型供应商(季节性产品专用)、本地供应商(满足客户差异化的需求,并支持当地社区)。

以中央直采为主,规模优势凸显,地域分区采购补充。Sysco 采购系统分为中央直接采购和地区运营商分区域采购两种模式。其中中央直采由公司统一对客户需求做出预测,根据预测对合作联盟供应商和自有品牌进行采购,再统一运输至各地运营公司,并最终送抵客户。目前,中央直接采购是 Sysco 的主要采购方式,以集中化采购为主,目的是提升产品品质,降低成本,发展自有品牌。

分区采购是在区域内特定商品需求数量达到一定标准时,地区运营商可直接向供应商采购,再直接运送到客户手中的模式。

这套强大的供应商管理系统也让其存货周转率和应收账款周转率波动较小。在 Sysco 长达近 50 年供应链管理中,其整体运营体系较为成熟,相应运营指标也基本趋于稳定,近几年来,Sysco 年应收账款周转比率在 14～15 区间(即 1 年里应收款可转化为约 14.5 次现金),年存货周转比率维持在 15～16 区间,整体周转情况良好。

第二,3 种自建物流渠道的建立。为了满足下游对食品安全和快速准确履约的要求,Sysco 采用折叠式扩张战略(fold-out)建立了物流体系,即在距离原物流中心较远的地方建立新的独立运营中心,有效提升物流配送密度。

这不仅有助于提升公司响应速度(任意时刻配送、紧急配送),而且可以在多个配送方案中选择最佳路线,优化物流成本。截至 2018 财年年底,Sysco 旗下的物流中心数量达到 332 个,物流车数量达 14 000 辆。其中 78% 的仓储设施和 88% 的物流车为自有。

通过这些投入和并购策略,Sysco 成为美国食品供应商市场的绝对龙头。根据 Technomic 的统计,2017 年美国前 10 大食品供应商共占据 39% 的市场份额,其中前 3 大供应商 Sysco、USFood、PFG 分别占据 16%、8%、4% 市场份额。从客户数量、配送中心数量、配送车辆数量等经营数据来看,Sysco 均遥遥领先。

Sysco 的经营模式和理念确有许多值得学习和借鉴之处,特别是在当今的中国市场,经济发展、消费升级、行业业态和消费者的行为、习惯等都发生了很大变化,对食品品质和安全的要求更高,这些给食品服务行业的发展带来了很大发展空间和机遇。

2. 美菜网:资本推动的互联网食材供应链平台

美菜网于 2014 年 6 月 6 日成立,隶属于北京云杉世界信息技术有限公司。作为中国最早的由资本推动的专业为中国 B 端餐饮企业服务的供应商服务平台,其一直致力于用前卫的理念和先进的科技改变落后的中国农业市场，专注为全国近千万家餐厅提供全品类、全程无忧的餐饮食材采购服务。

2018年4月，美菜网入选硅谷全球数据研究机构Pitch Book评选的全球16家独角兽榜单；2018年9月估值70亿美元；2020年8月，在《2020胡润全球独角兽活跃投资机构百强榜》中排名第35位。

美菜网现已覆盖全国近200个城市，服务商户近200万家，估值超过70亿美元。最新数据表明，受新冠肺炎疫情中小餐饮企业的倒闭以及美团快驴及其他类似食材供应商的冲击，现在美菜网的日GMV（商品交易总额）基本上与2019年相似，不足2亿元人民币。

通过自建"两端一链一平台"将仓储、物流、配送全链自营，打通农产品产销渠道，使农产品流通的衔接更为紧密，缩短农产品交易时间，降低损耗，也减少了层层中间商带来的溢价成本。此外，美菜网通过不断完善农业大数据应用，精准分析市场需求并及时反馈给农民，降低滞销风险，保障农民种植作物的产销利润最大化，也使得农产品的质量、产量有更大的保障。

图8-6显示的是美菜网供应链。

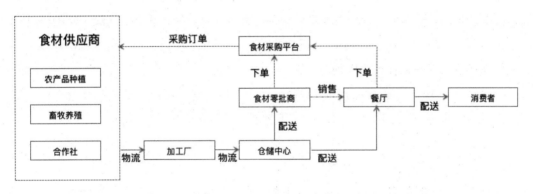

图8-6　美菜网供应链

美菜网发展至今，无论是势头还是资本认可度都比较高，但是越到后面，攻坚难度越大。

美菜网在发展的早期是以中小型餐饮商户为切入点，专注为全国近1000万家餐厅提供一站式、全品类且低价、新鲜的餐饮原材料采购服务，为客户提供省时省力、省钱省心的原材料，实现全程无忧的采购，通过对采购、质检、仓储、物流等流程科学精细的管理，解决农民农产品滞销问题。

中国生鲜发展到今天，真正在组织形式上进行创新的基本不多，或者大多数以直接面向C端用户为主，但是发展得都不是特别好或者倒闭了，只有美菜网一直坚持到今天，这和它当初选择的路径是密不可分的。在生鲜这个领域，只有在B端做文章才有未来，否则死路一条。

为什么这么说？C端群体确实广泛，大有可为，但恰恰因为广泛，就会出现需求各异的情况，然而作为一个非标品却很难实现个性化的满足，最终会被客户慢慢地消解，退出是唯一的出路。今天每日优鲜这种规模依然不断地被客户诟病，你想想还有谁能坚持下去？易果已经基本退出了末端市场，更证明了C端发力只能是隔山打牛。

因此强化B端改革是非常正确的一件事情，也就是国家这几年强调的加强供给侧改革要去中间化，要去中间层，要去库存。

中国的农产品没有好东西吗？绝对不是，中国有很多非常不错的产品，但是没有渠道，没有真正挖掘出来，所以如何让大家知道，如何让大家感受到，这是一件非常耗时的事情，但是资本是不会给你时间的，资本要求最好今天投资明天就见效，甚至投完的第一时刻就要见效，这怎么可能呢？所以只有在B端发力，才能真正解决这个问题。

为什么在B端就能立刻见到效果呢？基于供应链链条的原因。之前说过，中国的农产品的链条与日本是差不多的，因为我国国土地貌各异造成了不可能像美国那样分块分片集中生产、种植某种东西，只能是一小块一小片地进行田间作业，最终慢慢地通过农村合作社一点点地进行收集，然后进入大流通的批发基地，再集中转运到消费地的批发市场，再向下进行分发。整个链条有可能达到6级，甚至七八级这样的长度，如果在每一级里面损耗5%，整体的损耗就有可能达到30%以上，当然这两年好多了，我们的运输、存储条件在不断地升级。

美菜网在B端的发力完全可以解决一两个层级，这一两个层级的损耗就有可能是5%～10%的减少，这就是纯利，即使其他条件都不变也是一种盈利。

尤其是在种植生产的上游环节，如果通过和合作社的合作，就能够长期进行统种统收，也能够让老百姓安心种植；如果再把种子和化肥以及技术加进去，完全可以做成订单农业，这就有了改变中国传统农业的机会，所以我比较看好美菜网的这种模式。

但是美菜网发展到今天，最大的问题还是物流，不是中间的运输环节，运输是没有太大问题的，主要在于末端或者是城市集群上如何进行布局，这一点需要加强研究。

首先应该确认是否需要每个省设置一个大仓。这一点我倒不是特别赞成，不仅仅美菜网，其他很多企业也都存在这个问题，我个人认为传统的CDC-RDC-FDC的模式可能是不需要的，但RDC-FDC是完全可行的，尤其是在当今的交通状况下，以300千米为半径设置统一的RDC是可行的，再加上进行产品的细分，将一些日配的东西往前移，把一些可以以周为单位的向后放。

我们通常说到生鲜的时候都会说一句"高频刚需"，刚需是对的，但是高频如何界定并没有很好的说法。我觉得我们可以以"年、月、周、天、即时"为维度进行划分。一般而言，家电以年为维度是没太大问题的；日常消耗的一些大宗生活用品基本上是在月和周之间，包括牛羊肉之类的基本上是周；中国人讲究新鲜，蔬菜类的基本上以日为单位；但是快消品，比如冰激凌、水果很多时候其实是即时的。所以把物流的半径和品类进行有效划分，从而做出多维度的区隔，做到最有效的仓储与运配的组织工作是完全可以的。

而美菜网现在过多地为了强调及时性，基本上每个城市一个大仓的模式是极大的浪费，这个应该深入研究，我相信以刘传军的才智做出这个模型是没有问题的，尤其是再加上Milkrun的算法是能够有效降低物流成本的。

另外一个问题就是城配的问题。仓运配的问题不是该不该做的问题，是该谁做的问题，这一点中国的企业大多数没有想明白，只有盒马鲜生想明白了，从组织形式上说盒马是完全没有问题的，总部保留一个物流管理部门和指标制定、考核部门，其他的全部外包，找一家战略合作企业，将风险全都扔出去。只有这样才能全身心地投入生产、渠道、销售，让专业的人做专业的事情。到后期可以完全进行兼并收购，形成自有的核心竞争力，而不是在一开始将非自己专业的事情下大力度去努力。

当前，美菜网的发展遇到较大的瓶颈，受新冠肺炎疫情影响餐饮店关店情况严重，竞争对手增加，尤其是当前投资的主流方向转向C端社区团购市场，至今未能盈利的美菜可以说举步维艰，上市可能是当前最好的出路。

3. 美团快驴：C端与B端融合的闭环

美团外卖是中国乃至全世界最大的独立外卖平台，拥有在线商家550万家，在线活跃商家超过400万家，美团通过团购、外卖积累海量商家资源，且通过一系列解决方案增加B端黏性，为其进军餐饮供应链提供了天然优势。

美团快驴在2016年上线，主要由B2B餐饮采购平台构成，是一款定位为B端服务的进货平台，可为美团外卖的商家提供财务对账、商品管理等服务。其中"快驴进货"提供的进货服务产品包括米、面、粮油、餐具、纸巾、一次性用品、打印机、酒水饮料等，且以相对于市面更低的价格提供。

目前美团快驴订货已覆盖25个省的上百座城市，2019年四五月交易额超过20亿元。美团点评2018年三季度报显示，新业务及其他分部的收入比2017年同期的6亿元增加了471.3%，截至2018年9月30日3个月增加至35亿元，这主要是由于对商家侧服务收入的增长，比如供应链解决方案和餐厅管理系统，以及对消费者侧服务收入的增长。

在平台模式下，美团具有数据、信息化优势，通过大数据分析能快速掌握B、C端客户数据，深入了解客户需求。

从战术上讲，快驴进货是实体商家进行交易的硬件平台，而云端ERP服务、聚合支付系统则以软件系统的方式为商家提供服务支持。美团点评通过营销平台、RMS、聚合收单等不同的软件工具帮助商家从营销、餐厅菜单到支付提高效率，也进一步为快驴进货平台上的入驻商家的供应链管理提供了数字化决策。

2016年8月末，美团点评宣布推出餐饮开放平台，与众多ERP服务商合作，为线下商户提供餐饮服务整体解决方案。

2018年9月，美团点评在IPO文件中透露，预计将发售所得款净额约35%用于开发新服务及产品，包括"①商家赋能系统及技术，为其商家提供云端ERP系统及智能支付解决方案；②非餐厅食物即时配送；③餐厅供应链服务，为餐厅提供原材料采购及物流服务"。

2018年10月，美团点评公布自IPO以来首次公司层面架构调整。在战略上聚焦"Food+Platform"，构建以吃为核心，建设生活服务方面从需求侧到供给侧的多层次科技服务平台。在业务体系升级上，餐饮B2B业务升级为单独的事业部，成立"快驴事业部，由陈旭东负责，为商家提供优质供应链服务"，在升级的新到店事业群中任命张川为总裁，并细化了3项商家服务：营销平台（广告平台与品牌广告）、RMS（SaaS收银与点餐）、聚合收单。至此，美团点评的to B业务布局，包括在线营销工具、即时配送基础设施、云端ERP系统、聚合支付系统、供应链管理、金融解决方案等正式完成。

快驴进货是美团点评公司推出的一款提供餐饮商家进货服务的餐饮供应链平台，餐饮商家通过应用App可以向广大供应商订购食材及一次性餐厅用品，同时美团针对订购货品提供配送服务。目前，平台可以向餐饮商户提供食材、酒水、调料、餐厨用品在内的商品。而且进货App将商品的定价标准化并推出定价促销、买赠活动等，并且商户可以一键导出采购记录进行成本核算，如图8-7所示。

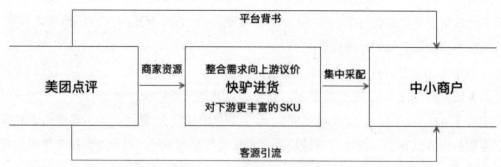

图8-7 快驴与美团的协同效应

目前来看，快驴进货是2018年10月美团提出"Food+Platform"战略中进行供给侧改革服务的重要抓手，其先天有利之处在于能够充分利用美团点评稳定且规模庞大的餐饮商户资源实现餐饮企业食材供应链解决方案的不断探索升级，截至2017年年末，美团在线商家数量已达到 550 万，活跃商家占比 80%，覆盖中国超过 2800 个市县。

目前快驴进货作为美团点评中的新兴业务并没有单独披露运营数据，外部数据显示，2018 年 10 月，快驴单月交易额突破 4 亿元，截至 2020 年年末，快驴进货已经在全国布局了 25 个省之多，上百座城市，500 多个区县，年度活跃商户数突破百万级别。

快驴进货的模式已经完全实现了美团外卖 C 端的供应商——饭店体系在系统平台的内循环，通过大数据的积累可以有效了解日销售量和日消耗量，因此从前端供应链食材供应，到后端外卖系统形成了闭环，围绕着核心资源——饭店体系进行了深度开发和捆绑，形成了供应链上下游的一体化和数据的闭环管理，从而提高了其他企业进入的门槛，在这一点上，美菜网较之美团快驴具有较大的弱势——无论从市场开发还是从数据管控以及合作关系的深度来看。

4. 蜀海供应链：自有体系如何突破社会性应用的天花板

蜀海（北京）供应链管理有限责任公司成立于 2011 年 6 月，是一家为客户提供整体供应链全托管运营服务的供应链企业，是隶属海底捞餐饮有限公司的全资子公司。蜀海供应链拥有遍布全国的现代化冷链物流中心、食品加工中心、底料加工厂、蔬菜种植基地、羊肉加工厂等基地，具有强大的产品研发、采购、生产、品保、仓储、运输能力。

蜀海对上游供应商集中采购，再通过自有的仓储系统和中央厨房系统对产品进行分拣、加工；下游用户可通过蜀海自有 B2B 平台下单采购这些商品，再由蜀海通过冷链物流配送交付。

蜀海作为其控股公司海底捞的重要关联方，过去其营业收入主要来源于海底捞。2017 年，蜀海与海底捞的关联交易金额达 26 亿元人民币。此外，由于海底捞在生产研发能力、品质安全方面的重要背书，蜀海获得了 7-11 便利店这一重要客户。目前蜀海为 7-11 便利店提供便当、净菜等。蜀海已然成为中国餐饮供应链蓝海市场中的有力竞争者。

目前蜀海供应链具有全品类、全区域的核心竞争优势。全品类产品是指蜀海提供丰富的产品组合品类，满足餐饮多样化需求，并提供增值服务。全区域服务是指蜀海拥有自有员工 1200 多名，其中专业技术人员近 200 名，拥有分别位于上海、北京、郑州、西安、东莞、成都、武汉 7 个城市的物流中心以及在全国 10 多个省市拥有的蔬菜种植园、羊肉加工厂、底料加工厂、战略联盟产业基地等，已经成长为一家集研发、采购、生产、品控、运输、销售于一体的连锁餐饮供应链服务企业。

截至 2017 年，蜀海供应链的中央厨房已经覆盖北京、上海、郑州、东莞、武汉、西河、西安 7 个城市，服务国内 1000 多家连锁门店，北京作为核心市场，已覆盖 80 多个连锁品牌 600 多家门店。

蜀海作为海底捞的全资子公司，2015—2018 年与海底捞的关联交易额分别达到 14.4 亿元、18.5 亿元、26 亿元、10.5 亿元，并且凭借海底捞的背书，还获得 7-11 便利店客户，为其提供便当及净菜供应服务。

蜀海商业模式的发展依次经过全托管阶段、平台阶段、生态阶段，如图 8-8 所示。

图 8-8　蜀海供应链发展历程

蜀海通过连接食材采购方、食材供应方、专业第三方资金服务机构，并在自建冷链物流及仓储体系的强大运作体系下已然成为连锁餐饮业供应链蓝海市场中的有力竞争者。但是，作为蜀海供应链的母公司，海底捞的业务份额依然占据主要地位，同时海底捞的身份对于蜀海而言是一件可以作为品质背书的好事，也有可能成为别人选择其提供服务所要顾忌的一件痛苦的事情，这是蜀海供应链未来必须解决的问题。

5. 对于中美餐饮供应链未来的研判

Sysco 自从 1946 年发展至今已经有 70 多年的时间，拥有将近 600 亿美金的营业收入，其在客户开发、商品开发、方案开发、物流管理、冷链管理以及全球化方向等方面都拥有极为丰富的经验，这些都非常值得国内对标企业学习。

2021 年 7 月，以速冻米面为主营业务的餐饮供应链龙头企业千味央厨成为餐饮供应链第一股。招股书显示其 2019 年营收为 8.9 亿元，净利润为 0.74 亿元，是百胜中国、海底捞、华莱士、真功夫、永和豆浆等知名餐饮连锁的核心供应商，主要供应油条、蛋挞、以及千页豆腐、撒尿牛丸等火锅类速冻菜肴。餐饮供应链的细分领域将引发更多关注。

作为中国餐饮供应链服务商中的代表性企业，美菜网、美团快驴和蜀海供应链都还有很长的路要走，可能美团快驴的机会更多一些。美菜网如何能够形成造血机能而不是一味地靠资本输血而活，蜀海供应链如何真正实现社会服务剔除海底捞的标签都是需要考虑的问题。

8.5 生鲜困局：万马齐奔还是万马齐喑

生鲜产业号称中国最后一个供应链堡垒。可想而知，攻破生鲜产品供应链的堡垒必然是投资和行业的发展热点。

生鲜产业发展到今天，以 2009 年为分水岭分为传统生鲜产业和现代生鲜产业两个时代。

传统生鲜产业的供应链主要以批发零售企业为主导，现代生鲜产业的供应链是以新技术、新模式、大资本为导向进行创新，但是无论二者的区别有多大，都是以传统的批发零售供应链为基础进行演变的。当前的生鲜产业供应链的整体大流程依然是遵循"果蔬生产—产地收集—产地批市—销地批市—销地零售"5 级流程，甚至在一些地区出现区域产地批市、区域销地批市、销地二级批市等流程环节，如图 8-9 所示。针对传统生鲜产业供应链，有许多的文章与书籍进行讲授，本书不再做更多的讨论，本书主要针对现代生鲜产业创新模式的供应链进行探讨。

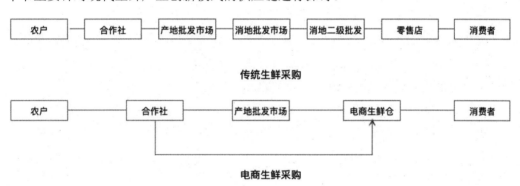

图 8-9 传统生鲜采购与电商生鲜采购对比

当前的生鲜产业的创新模式较多。

从图 8-10 我们可以看到，在生鲜供应链领域有众多创新模式，上述这些生鲜电商的创新，我们笼统分为电商生鲜创新、新零售生鲜模式创新，其中电商模式的创新以中粮我买网为代表，还包括倒闭的易果网；其他的都可以称为新零售模式创新。同时，我们还要看到以上所列的模式还没有包括在上游产地端的创新，如果再加上上游产地端和中间的流通环节以及物流环节的创新，总的创新模式将有可能达到 30 种左右，在此不一一列举。针对以上的生鲜产业供应链创新模式，重点以中粮我买网、爱鲜蜂、每日优鲜和盒马鲜生为代表，论述它们的现状和模式的优劣问题（社区团购模式单独一章，不在本章节进行论述）。

图 8-10 传统生鲜零售与新生鲜零售

1. 中粮我买网：背靠大树没凉乘

中粮我买网成立于 2009 年，它的投资主体是世界 500 强企业中粮集团有限公司。后来陆续引入 IDG、百度资本、泰康人寿等企业进行投资，其致力于打造中国最大、最安全的食品垂直类购物网站。

中粮我买网成立之初就以让用户享受更便捷、更健康、更安全的食品为目标。它主要提供休闲食品、粮油、冲调品、饼干蛋糕、婴幼食品、果汁饮料、酒类、茶叶、调味品、方便食品和早餐食品等百种品类。在后期更是引入了生鲜商品，进入 O2O 领域，是中国最大的生鲜食品垂直类电商品牌。

中粮我买网成立之初，竞争环境相对比较宽松，尚属蓝海市场，当时主要竞争对手为一号店。但是随着京东、天猫对于非生鲜、食品类商品的整合完毕，恰好赶上 O2O 的兴起，一时间所有投资者和电商巨头都开始在这一领域布局。其中比较有知名度的企业包括以下几个。

电商类：天猫超市、京东商城（后收购一号店）。

快递类：顺丰优选。

O2O 类：每日优鲜、本来生活、爱鲜蜂。

超市类：永辉超市、物美超市等。

新零售：盒马生鲜、掌鱼生鲜、京东到家、多点生活。

这还不包括各地的小型创新公司以及各类便利体系。在这种情况下，自 2014 年起，中粮我买网陷入了激烈的竞争环境中。虽然遇到了相对激烈的竞争，但是为了上市，中粮我买网依然在不懈地努力，一直保持 50% 的增速，但是从 2018 年开始，增长的势头随着外部竞争对手的加大尤其是内部问题的出现戛然而止。

在这里我对中粮我买网的内外情况进行了 SWOT 分析：S（strengths）是优势、W

（weaknesses）是劣势、O（opportunities）是机会、T（threats）是威胁，如表 8-3 所示。

表 8-3　中粮我买网 SWOT 分析

S（优势）	1）国有企业，品牌有保证 2）全球采购体系 3）资金实力强 4）供应链建设较为完善 5）自有研究院，安全放心
W（劣势）	1）价格较高，受众面较小 2）物流价格减免较少，运算方式复杂、烦琐 3）追求品质，物流报损较多 4）生鲜产品受时效限制，用顺丰价格太高
O（机会）	1）中国市场愿景广阔 2）高端品牌较少 3）涉及国计民生的行业 4）国家在规范行业发展
T（威胁）	1）传统生鲜超市转型 2）新进入者竞争对手不断增加 3）京东、阿里等巨头进入 4）支持发展本地企业 5）政府行业管理部门对于车辆、环境环保、市容城管等的影响，造成作业难度大、车辆更换频繁、房租提高、成本增加较大

通过以上 SWOT 分析可以得知，生鲜食品领域还有广阔的空间，但是受商品品质本身的影响，尤其是物流劣势的影响、物流成本的提高，中粮我买网还需要很大的改善才能真正站稳脚跟。

无论中粮我买网遇到任何外部问题，更为主要的还是其内部问题。

首先是采购管理问题。中粮我买网的产品定位为"海外直采、产地直采、自有品牌"3 大类，其依托母公司中粮集团在全球的采购优势可以进行世界范围内优质商品的采购。但是其采购周期过长、航运时间较长、提前支付采购款项、库存周转率较慢等一系列的事情造成了采购与销售环节严重脱节，尤其是越到每年的下半期，越会出现只管进货、不管他人死活的现象；在生鲜领域，中粮我买网坐拥中粮品牌，国际上的供应商因不了解中粮我买网的销售情况，却可以给出较有竞争力的价格，然而往往要以大库存作为代价；而国内供应商因为了解中粮我买网的销售量，同时这些供应商并不是大量供货，所以给出的价格不具有优势。

其次是销售管理问题。销售环节与采购环节脱节，销售环节更是拿不到流量，对电子商务企业而言，拿不到流量就等于没有客户到店里来，因此如何破局成为销售团队每天都要思考的问题。

再次是物流管理问题。物流部门承担着公司的收货、存货、拣选包装以及运输、配送，还有逆向退货等一系列问题。在前端流量不足、采购与销售脱节等情况的影响下，物流部门必须保持一定的人员，以满足应急的需要以及各项服务品质。

然后是信息管理问题。中粮我买网从2009年成立以来一直都是从外面购买软件，支付大量的租赁费用不说，修改极其麻烦并且相当耗时，不能随着业务和流程的变换进行快速、及时的响应。

最后是人事管理问题。中粮我买网虽然注册在海外，但是依然保持着严重的国有企业作风，人浮于事的情况比比皆是，严重影响了业务的推进。无人对销售负责，无人对结果负责。

以上仅是问题的冰山一角，我们不做过多的论述。但是，不管怎样，今天的中粮我买网已经成了历史长河中的一个坐标，有许多人都已经忘却了还有这样一家公司。背靠着"中粮"这样的巨型央企，却没有走出自己独立的道路，更多的是一种悲情。

2. 爱鲜蜂：一只希望能够扇动巨型暴风的蜜蜂

爱鲜蜂是合伙创业的一家生鲜零售O2O企业。O2O模式即线上对线下或者线下对线上的模式。"O2O"是"online to offline"或者"off line to on line"的简写。

爱鲜蜂成立于2014年5月，是以众包微物流配送为核心模式打造的新型的O2O商业服务模型。

它提供的产品主要以生鲜为主，包括各地直采水果、各式海产鲜食、各类酒水饮料、各地特色卤味，以及麻辣小龙虾、哈根达斯、星巴克等产品，还有一些生活必需品，如蚊香等。

爱鲜蜂定位于"掌上一小时速达便利店"，它的用户主要为"年轻白领人群"。

根据迈克尔·波特的"五力分析模型"和"三种通用战略模型"进行分析，爱鲜蜂整合了夫妻老婆店，距离终端用户最近这种模式使其免除了自建线下店铺和物流人员的成本，盘活社区小店（夫妻店），与社区小店达到共赢，并且能够依托社区小店搭建渠道，有利于快速扩展辐射范围，因此在成本方面可以获得较大的优势。

正是因为爱鲜蜂整合了终端的夫妻老婆店，侧重于最后一百米服务，才可以快速送达客户手中。以北京为例，北京最大的规模性连锁便利店7-11也不过200多家，familymart在北京不过50多家店面，但是爱鲜蜂在北京拥有1200多家夫妻老婆店，可以实现真正意义上的最后一百米服务，最快时间达到过从下订单到送达客户手中用时29分钟的记录，如图8-11所示。

第 8 章 解码各产业供应链现状并探寻未来路径

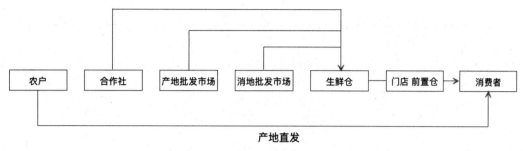

图 8-11 新零售采购

因此,其战略定位可以通过成本低廉、快速、服务差异化获得有效保障。下面我们从供应链的价值链角度简单分析爱鲜蜂各项功能模块的内涵。

价值链都是由一系列相互联系而又相互分离的创造价值的作业活动构成的。它主要包括基本活动和辅助活动两种,其中基本活动涉及产品的物质创造及其销售、转移给买方和售后服务;辅助活动是辅助基本活动并通过提供外购投入、技术、人力资源以及各种公司范围的职能以相互支持,如图 8-12 所示。

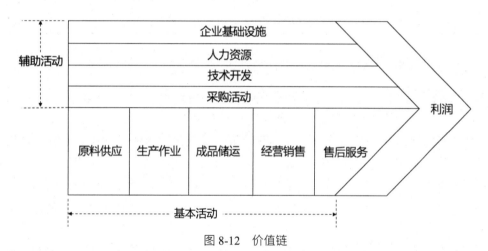

图 8-12 价值链

爱鲜蜂的企业定位是"掌上一小时速达便利店",商品定位为生鲜、便利必需品,客户定位为年轻白领人群。价值链的各项活动内容、资源和能力对于企业定位都有较大的影响。表 8-4 列出了爱鲜蜂业务内容及其影响。

表 8-4 爱鲜蜂业务内容及其影响

名 称	爱鲜蜂的经营活动形式	影 响
1.内部后勤(进货物流)	商品装卸、入库、运输、退货等	(1)商品质量的好与坏对于客户有直接影响 (2)装卸、入库、运输速度对于客户的购买感受影响很大 (3)退货速度代表客户的满意度,我们习惯关注正向配送,但是往往逆向退货是客户感觉的重要衡量标准

续表

名称	爱鲜蜂的经营活动形式	影响
2. 生产经营	商品加工、包装、质检	(1) 商品生产加工,从原果变成包装品的数量、质量代表着客户的最终购买意愿 (2) 加强生产、拣选和质检工作对客户服务来说是至关重要的一个环节
3. 外部后勤(出货物流)	接受订单、送货	(1) 下达订单的便捷度、网页页面的辨识度是订单下达难易的基本要求 (2) 在客户下达订单后能够迅速地送达客户手中是真正能够实现速达便利店的重要基础
4. 市场销售	广告、定价、销售渠道等	(1) 年轻白领的网购意愿很强,但是广告渠道的送达也是重要因素,这一点爱鲜蜂下了很大功夫 (2) 虽然产品较适宜年轻白领的意愿,但是因为价格也是重要影响因素之一,所以适宜的定价必不可少
5. 服务	销售及送货、商品培训	对终端送货人员而言,务必要统一服务礼仪,只有这样才能真正让终端客户认可

从可持续竞争优势来看,我个人认为爱鲜蜂的"掌上一小时速达便利店"定位是正确的,从价值链角度来看,各项功能模块的搭配也是非常好的一个选择。

首先,基于3种战略模型进行分析。

(1) 就总成本领先而言,因为爱鲜蜂是通过整合社区夫妻老婆店进行升级的,从而避免了自己大规模建设店铺的投入,能够在总成本方面获得一定的优势,这种优势在开店速度上可以得到体现,如familymart在上海利用7年的时间才完成2000多家店面的建设,而爱鲜蜂在一年多的时间内就已经在北京取得1000多家店面的运营权,成本和时间是当前整合的重要因素。

(2) 差异化战略,爱鲜蜂通过密集的末端网点实现高速送达,这种服务可以有效避免进入价格战的陷阱,通过服务提升不断获得客户的信任;在产品方面开发自己的"蜂·觅"系列,如丰水梨、圣心芒等都是独一无二的产品,保证了售卖渠道的唯一性和获利空间。

(3) 专一化角度,爱鲜蜂一直强化自己的客户群体为白领人群,其产品开发和市场手段都围绕这一人群展开,比如,宣传手段超炫。还有就是开发适合这一人群的产品,如通过"哄女友套餐""好基友套餐""抗雾霾套餐""活力下午茶""深夜食堂"等一系列有趣的情景化商品对这一人群进行精准营销。

其次,基于"五力模型"进行分析,我同样认为这是一个非常优秀的企业战略定位。"五力模型"指的是5种竞争力分析,它包括"新加入者的威胁、客户的议价能力、替代品或服务的威胁、供货商的议价能力及现有竞争者"。

（1）对现有竞争者而言，除了京东到家、多点是以比较成熟的企业为支撑，其他竞争对手如一米鲜和本来生活的品牌知名度较小，主要的威胁来源于价格低廉，爱鲜蜂完全可以通过服务获得竞争优势。

（2）对新进入者而言，主要是类似美团、百度外卖之类的企业相互共享服务，扩大配送半径，让更多的人指导我们享受服务。

（3）对替代品而言，这类替代品和服务主要包括现有的夫妻老婆店自主的升级需求，以及向中商惠民等传统零售渠道整合的需求，但是我们完全可以进行合作，实现线上、线下的互补从而实现双赢。

（4）供应商的议价能力是天然存在的，这一点爱鲜蜂一直通过自有产品的建设不断削弱供应商的话语权，如"蜂·觅"系列产品的开发，着重培养战略合作伙伴，不断开发新商品品种，尽量减少中间供应。

（5）对购买者而言，我们要不断培养品牌知名度、美誉度，增加黏合度，让客户能够享受品牌溢价的服务，最终通过健康生活消减对成本的关注。

基于"五力模型"和3种战略模式分析，结合SWOT分析，在既有优势、劣势、机遇和威胁的环境下，爱鲜蜂的战略定位是正确的，完全可以通过自身的努力在新零售的环境下取得成功。

但是，恰恰是这样一个无论是战略定位还是五力分析、可持续化发展的供应链模型都是正确的资本界的明星企业在短短的3年时间里如流星一样迅速衰落，其原因何在？

前文我们已经讲到，中国许多优秀的企业并不是饿死的，往往都是胆大、心大、欲望太大，被自己给撑死的。爱鲜蜂的模式在后期不断被突破，它希望全面掌控资源，包括生产、产品品牌、夫妻老婆店、消费者，希望能够有效掌控to B端和to C端，完全超出了自己的资源所能掌控的范畴，最终只能黯然离场。

3. 每日优鲜：为何从风投宠儿变成城市发展基金托底

每日优鲜终于在2021年6月25日上市了，但日子依然不好过！

每日优鲜成立于2014年11月，是一家技术驱动的创新型社区零售企业，致力于让每个家庭买得省心，吃得放心。我们运用创新技术和业务模式，旨在成为中国最大的社区零售数字化平台，推动中国社区零售行业的数字化转型。

在一、二线城市，每日优鲜首创前置仓模式，为16个城市的数千万家庭提供了"超4000款商品，最快30分钟达"服务。为了进一步推动社区零售行业全链路数字化，每日优鲜在2020年下半年推出智慧菜场业务，并于2021年启动了零售云业务，利用在垂直零售领域积累的核心技术能力，以及自主开发的智能系统——AI零售网络，进一步赋能社区零售行业参与者，实现数字化转型。

每日优鲜从成立之初就一直在努力地深耕全球优质供应链，精选3000款生鲜商品并将自有品牌商品占比提升至 50%；另外，每日优鲜全力推进"百城万仓亿户"计划，覆盖 100 个城市，拓展 10 000 个前置仓，为 1 亿户家庭提供全品类精选生鲜 1 小时送达服务。

2018 年上半年，每日优鲜在生鲜电商行业的用户规模占比已突破 50%，连续 4 个季度领跑行业。

2018 年，每日优鲜已完成水果、蔬菜、乳品、零食、酒饮、肉蛋、水产、熟食、轻食、速食、粮油、日用百货等全品类精选生鲜布局，在全国 20 个主要城市建立"城市分选中心 + 社区前置仓"的极速达冷链物流体系，为用户提供自营全品类精选生鲜 1 小时达服务。

在融资方面，在 2016 年 4 月 28 日，每日优鲜对外宣布获得 2.3 亿元 B+ 轮融资，新一轮融资由远翼投资领投，华创资本跟投。2015 年年底，每日优鲜还曾获得战略投资方腾讯、浙商创投联合投资。至此，每日优鲜正式完成 4.3 亿元人民币的 B 轮系列融资。

2017 年 1 月 20 日，生鲜电商每日优鲜完成 C 轮 1 亿美元融资，本轮投资由联想创投、浙商创投领投，前三轮投资方继续跟投。

2018 年 9 月 6 日，生鲜电商每日优鲜宣布完成新一轮 4.5 亿美元融资。本轮融资由高盛、腾讯、时代资本、Davis Selected Advisers 领投，保利资本参与战略投资，Glade Brook Capital、华兴新经济基金参与联合投资，老股东 Tiger Global、Sofina 持续跟投，华兴资本担任本轮融资独家财务顾问。

实际上随着 2019 年整体新零售市场的急速增长，新模式的不断涌现，整个行业对于前置仓模式的质疑声不断，并且随着每日优鲜的体量越来越大，融资难度越来越大，社会资本、风险投资、VC、PE 等都基本上不再向每日优鲜提供资金，导致它最后不得不借助政府的资源、资金维持自身发展。

2019 年 12 月 28 日，每日优鲜与常熟市政府签约，每日优鲜华东区总部正式落户常熟，企业注册资本达 3.6 亿美元。常熟市政府为该项目提供 50 亿元银团授信 + 专项基金支持，助力新经济企业的成长。

2020 年 12 月 9 日，青岛市政府与每日优鲜集团举行项目签约仪式。青岛国信、阳光创投、青岛市政府引导基金组成联合投资主体，向每日优鲜战略投资 20 亿元，共同打造"互联网 + 农业"新模式。

从 2019 年开始，每日优鲜基本上就没有外来社会资本的进入，要求务必迅速上市，从而获得发展的资金支持，从当前的上市背景而言显然并不合适，对于每日优鲜的现状却是箭在弦上不得不发的事情。

为什么一家明星企业会出现这种情况？我们从每日优鲜供应链的战略发展路径选择、商品、前台运营、物流、加盟等几个方面简单地介绍每日优鲜的情况，就能看出其供应链的发展状况。

每日优鲜的发展路径为什么会选择前置仓？所谓前置仓，当时笔者在合伙创业爱鲜蜂的时候命名为 CMS，也就是 city mini store，其实它更应该成为店，当然如果不主动进行对外营业销售，作为仓的一种服务类型是没有任何问题的。每日优鲜成立之初并没有走前置仓的模式，一开始从产地供货开始做店，后来慢慢地都集中到小仓上来，应该是从 2016 年开始坚定走这条道路的。

其主要还是考虑到前置仓的两大特点。

第一，便利性。非常方便，在 3 千米范围内，基本上组单、等单也就是 1 个小时的时间。

第二，新鲜性。生鲜电商 B2C 模式链条太长了，而且生鲜品一定要放在库里才保险，只要是在路途中就有很大的风险。

当然，业内或者投资界现在有些不看好每日优鲜的原因在于认为前置仓模式太重，盈亏平衡点比较难把握，但是对比盒马鲜生的店铺而言，整体投资其实还是较低的；另外就是库存压力比较大。实际上如果前置仓的密度达到一定程度，完全可以实现库存的共享，通过大数据进行有效调控，根本就不是问题。

每日优鲜的商品品类对外宣称覆盖 12 大类别、2000 多 SKU，这到底是否是真实的需求？前置仓的模式适合于日常生活所需品，因此，需要具有数据的强大支持才能真正找出有效的商品，不能强求全部投入。

图 8-13 中描述的是每日优鲜在北京望京地区的一个前置仓，400 平方米，约 3000 个 SKU，日常单均在 1500 单左右。这已经突破了前置仓的概念，前置仓的概念一定是满足最符合客户所需的日常品，要求前置仓满足所有商品存储是不必要的，从另外一个层面也验证了每日优鲜的商品品类管理出现了问题。

> 望京东前置仓面积为 400 平方米，约 3000 个 SKU，平常日均单量在 1500 单左右，遇到大促还会冲上 2000 单。王飞告诉 PingWest 品玩，如果用户一单平均买 10 件货，前置仓内一天就会产生 2 万次拣货，这对于穿梭于货架和打包台之间的拣货人员是个不小的工作量。
>
> 零售、物流行业历来人员流动率高，普通人又很难在短时间内记住 3000 款商品的摆放位置，这意味着他们在收到拣货任务后，很难尽快准确找到商品。而想要商品送得快，第一步就得拣货快。

图 8-13 每日优鲜门店

每日优鲜现在的主力店基本上都是在 200～300 平方米，正在向第三代、第四代升级，所谓的 3/4 代就是不断地叠加东西、面积加大，也就是从冷冻冷藏、生鲜蔬果，到冰激凌、活鲜等这些高单价的商品，而且还有帮人杀鱼之类的服务。

前置仓不是超市，不能向社会承诺一站式购齐的服务标准，否则在商品管理上会出现较大的问题。

肉食必须有，尤其是冻肉类的；时令水果必须有，剩下的长尾商品尽量选择一些放得住的，这样针对时令的和鲜食类的商品，采取临补的方式或者几个前置仓，共用一个大的前置仓作为区域内小循环进行补货也是完全可以的，但是系统一定要设置好等级层次逻辑，否则系统库存全部会出现问题。

坚决地放弃不是你想要的客户，这才是一个真正的商业模式能够长期持续发展下去的基础，而不是什么都要，你会发现有些人根本就不是你的客户，可是你却为了他们浪费了你80%的精力、时间、金钱，得不偿失。

生鲜蔬果的周转率确实很高，但是即使再高也不能满足所有需求，一定要满足及时性的需求。每日优鲜需要真正好好地把自己的商品进行梳理，找到客户所需，真正能做到精选，不要拿自己和盒马比较，只有利用系统自动化不断地优化库存和SKU数量，才能找到真正的客户以及所应该供应的商品。

每日优鲜的展示页包括前台整体运营展示存在较大问题，还存在前后台库存联动断链的情况，这给客户整体的感觉留下了一些瑕疵；另外就是对当前的叮咚买菜而言，已经前进到30分钟的时间概念，而每日优鲜的服务承诺依然是最快1小时送达、2小时是标准服务，这在未来的竞争中会处于不利地位。

在每日优鲜物流体系中，前置仓是供应链后台运营的重中之重，它是辐射周边1～3千米的"仓库"。将该模式的2.0与1.0版本相比，SKU从1000多个增至3000个，在原本的冷藏、冷冻、常温区外，增加了小红杯咖啡、活鲜等功能区，可以为用户提供现磨咖啡、活鱼活虾等商品，仓均面积从150平方米以下增加至300～500平方米。

为什么每日优鲜不直接面向用户，模式是一方面，最主要的一点是管理太乱，不要说100平方米的房子，即使是300平方米的房子要装到3000 SKU的商品，库存的深度至少要保证到单品5个bu（单件，货物的最小单位）数，那就是15 000个商品，中间还要有通道，要有活鲜的地方，要有咖啡机和冰激凌机器的地方，你能想象会乱到什么程度吗？

还有就是我们前文在讲到前台管理的时候说到的一个问题，为什么会经常缺货？根本的原因是前置仓的内部管理是没有系统的，这个系统指的是对于单品的管理。

每日优鲜的大仓内部是可以追溯到单品的，但是对于每个前置仓的管理需要追溯到品类，是按照一个总数进行出库的，到了小仓内部是整批入库就没有单品管理了，是一堆堆的存放，所以不能实现销一补一，这一点是跟7-11等便利店完全不能媲美的，因此就会出现页面有货而实际有可能无货的情况。

还有就是门店的选址很多都是商品房或者住房，但是大多在城市的犄角旮旯的地方，根本就没有消防资质，所以每日优鲜的选址是一件非常痛苦的事情，经常要受到街道、城管、消防、公安的抽查，动不动就要关门。这一点必须解决，要务必和政府相关部门达成共识,在城市末端便民服务这一点上一定要强调创新性的问题,不取得城市管理部门的认可,这永远是一把达摩克利斯之剑,永远悬在头顶!

每日优鲜一直在强调其坪效较高,置仓年坪效最高达每平方米12万元,是传统线下门店的5～6倍,10万元坪效以上的前置仓已占所有前置仓数量的30%。

我们简单做个算术运算:12万元/365天=328元/(平方米·天)/50～75元/单=6～4单/(平方米·天),也就是说300平方米的前置仓大致在1200～1800单每天,毛利按照行业最高算30%,也就是300～500元,但是库房的仓租需要多少呢?

即使是最低的租金,在北京这样的地方至少也要达到3元以上,一个小仓就是1000元;人员呢,站长、助理、配送员的工资一天至少得300元,一个人最多送到100单(这是达不到的,实际上能到50单就不错了),也就是说至少要达到15人,一天就是4500元的人工费,无论是否包含提成都要发这么多钱,这些钱最终都要体现在成本中。

另外就是在后端管理的配送上面,因为3千米的范畴是完全可以做到有效路径管理的,无论是对于要客还是生鲜以及家庭情况,完全可以通过大数据实现客户送单成本的最优化和最低化。

在城市中,对前置仓模式而言,务必要解决以下几个问题:首先是资质问题,消防资质,如果能够获得小规模零售,也就是小卖部的资质就更好了,这样就能实现线上、线下的二元重构;其次就是加强前置仓的内部管理,必须管到单品,必须实现销一补一,数据实时对接,能够实现自动补货,路径管理、牛奶取送之类的活动都要实现完全自动化,将路径管理与时效有效地结合起来,能够给客户实现自动触发电子围栏短信或者微信信息推送,这样取得的客户服务满意度会更高。

每日优鲜为了快速在全国进行网络铺设,开始在三、四线城市通过招商加盟的方式进行运作,在一定程度上讲效果不是特别好,主要原因如下。

第一,消费水平真的没有达到这种程度,你让普通家庭为你这种模式买单不太可能,推广费谁来承担?

第二,这种无底薪的模式非常不适合生活在二、三线城市的人,很多时候我们的模式是需要养的,如果没有这个过程,那基本上就是可做可不做的事情,没有人会陪着你玩。

第三,二、三线城市的基础设施不足。这个基础设施主要是人员、渠道推广,很多人都到北京、上海了,没有多少真正的青壮年留在当地的,所以招聘并不容易。

第四,供应体系不健全。这个供应体系主要指的是生鲜供应链的供应体系,没有大的生鲜水果牛羊肉的基础,如果进行有效配送,损耗如何计算?如何进行有效的补货?是否能够及时补货?

第五,当地的需求是否能够满足,我并不是特别看好,很多地方为什么那么喜欢拼团，为什么喜欢社交、社区电商，就是因为抱团。你比如说兴盛优选，兴盛的模式是否有未来呢？我觉得从什么角度来看可能更重要，总之这不是一个商业模式，根本不能指望着卖货赚钱，但是把它作为入口经济是没有任何问题的。这种一个小区、一个片区都是熟人的模式能够实现集中送货、秒赔闪退，是没问题的，但是每日优鲜这种凑单、集单然后送货的意义不大，因为很多二、三线城市的人有大把的时间，不缺逛的时间，而且他们对于金钱还是看重的。

因此，每日优鲜的加盟模式并不是一种好的市场拓展方式，而且从供应链的角度而言，范围太大、链条过长，最终可能会拖累整体供应链的服务。

从以上每日优鲜的战略路径选择、商品定位、前台运营、物流服务以及招商加盟等方面进行的简单分析，可以看出其自身的管理以及对于数字化应用的能力还有待加强，同时在当前社区团购冲击下，更应该坚守品质服务，只有这样才能真正凸显自身的价值，也才能真正重新获得投资人的认可。

8.6 社区团购：生鲜新零售还是资本投机

社区团购以社区为节点，依托微信生态圈，通过"团长"将小区用户与平台深度链接，以"单品爆款+预售"的轻资产方式，满足社区用户高频、快消、刚需的新零售业态。它在早期以直接切入家庭生活场景为突破口，用蔬菜、水果等高频刚需的生鲜品以及日用清洁品引流，以微信小程序为载体和工具（如今在洗劫团长的过程中，逐渐开始被私域 App 所替代，从而渐渐去除团长的影响），通过以小区为单位的团长+社群形式，实现线上购买、线下自提，而平台则负责输出成套的商品供应链、管理、物流系统。

生鲜社区团购并不是新鲜的事情，从 2014 年开始，爱鲜蜂作为一家初创公司就已经开始进行社区团购模式的探索了，但在两年的发展时间里，因整体行业并没有得到足够的资本加持而未能成为一个重要的风口。在 2018 年，社区团购的影子已经显现，以湖南的兴盛优选为代表，一批创业公司随之发展。2020 年新冠肺炎疫情突然暴发后，各大电商巨头和资本巨头纷纷进入社区团购领域，2020 年年末中央媒体对社区团购进行批判，社区团购寂静了一段时间，随后又以不同的名称和形式继续扩张。

在社区团购疯狂发展的一年时间里，欢呼者有之，咒骂者有之，但更多的是恐惧，这种恐惧来源于对资本的恐惧，来源于对行业现状破坏的恐惧。

从世界经济以及技术发展的角度而言，中国对于新技术、新思维的态度其实是相当宽容的，看全世界的电商零售占社会消费零售总额的比例就可以知道，在常态下，我国电商零售总额已经在社会消费零售总额中的占比突破了 15%，甚至在 2021 年春节个别的行业电商订单已经达到 50% 的占比，而全世界没有任何一个国家有这样的比例。可以说我们的线下体系不如日本发达，但是这也恰恰说明国人对于新模式的态度是欢迎的。

然而从来没有一个新的模式（除了PTP类型的模式）会引起全社会的关注，乃至于从中央到地方、从城镇到农村，众多生鲜冷链行业、快消品行业的人都参与了对社区团购的批判和担忧。

《人民日报》于2020年12月11日发表评论文章《"社区团购"争议背后，是对互联网巨头科技创新的更多期待》，文章指出：别只盯着"几捆白菜"，要看到科技创新的星辰大海。但是，这样的警示并没有引起社区团购大鳄和资本大鳄的恐慌与退出，它们依然继续扩张，直接把钱烧到了全国各个角落。

2021年3月3日，国家市场监管总局针对2020年下半年，部分社区团购企业利用资金优势，大量开展价格补贴、扰乱市场价格秩序的做法，直接给予橙心优选（北京）科技发展有限公司、上海禹璨信息技术有限公司、深圳美团优选科技有限公司、北京十荟科技有限公司4家社区团购企业分别处以150万元人民币罚款的行政处罚，对武汉7种美味科技有限公司处以50万元人民币罚款的行政处罚，合计650万元的处罚。说句实在话，对上亿、十几亿、几十亿美元投入的社区团购公司而言，这点钱连某个地级市的补贴都不够，有什么意义呢？

对行业从业者来说，这一年发生了什么呢？在生鲜及商贸实体领域，2020年一年的时间里，有将近300多万家实体门店关闭，考虑到因疫情原因倒闭的情况，实际因社区团购冲击导致关闭的店铺至少在百万级别以上，这部分店铺的人员数量按照平均2人的标准进行预估，至少有200万人失业。

而在消息者眼里，社区团购是什么样的存在呢？他们欢呼雀跃，方便、便宜、闪赔秒退的服务成了他们选择的理由，在尾货、生鲜低价、资本补贴的情况下，各家社团公司的订单量节节攀升，日均订单虽有数字造假或者偷换概念的嫌疑，但是社区团购本身受到消费者喜欢绝对是毋庸置疑的。

是不是觉得这是一个非常有意思的现象？一边是群众的欢呼，一边是行业从业者的哀嚎，一边是国家媒体的呼吁和相关单位的顶格处罚，那么社区团购到底是怎么回事？

1. 社区团购的现状

无论是否被罚，被罚了多少，都不能掩盖社区团购"火爆"的现实。仅仅一年多的时间，全中国最知名的电商公司以及资本巨头都疯狂涌入这个领域。下面简单对自2020年以来社区团购市场的进入者做一下梳理。

2020年1月、5月和7月，十荟团分别获得B轮8830万美元、C轮8140万美元、C+轮8000万美元。

6月，同程生活获得C轮2亿美元融资，兴盛优选获F轮4亿美元融资。

7月，美团宣布成立"美团优选"，正式进军社区团购，据了解，每日补贴亏损近1亿元人民币；饿了么推出"社区购"。

8月，滴滴的"橙心优选"上线，早在2021年4月，橙心优选就在四川成都试水；11月，滴滴宣布日订单突破700万，并称这一成绩"领跑社区电商行业，成为行业第一"。

9月，拼多多的"多多买菜"上线；盒马成立盒马优选事业，总投入达40亿美元的规模。

10月，媒体报道快手针对社区团购的调研人员到达长沙，对相关企业展开考察。

11月末，十荟团再次获得阿里巴巴2亿美元的投资。

12月，沃尔玛来了，淘宝买菜上线了，金龙鱼也来了；京东入股兴盛优选7亿美元。

2021年2月，以腾讯为代表的企业继续入局兴盛优选30亿美元；紧接着的3月份，阿里重构B端供应链，将盒马优选并入集团B2B事业群，由总裁戴芬直接管理。

这就是社区团购的现状，在这个领域无论是互联网巨头的投入不设限，还是高榕、今日、红杉、腾讯等资本界巨头的疯狂助推，俨然让社区团购成为这两年中国资本最受瞩目的宠儿。初步预估和统计，在社区团购领域从2020年以来投入的总资金量已经达到100亿美元。

从以上数据和各家的进入情况来看，社区团购确实是当前为数不多的值得投资的一头"风口的猪"，但是这头"风口的猪"飞翔得又如何呢？

一句话可以概括："飞翔的姿势非常难看"，怎一个"乱"了得，甚至可以说让人感到不可理喻，这主要体现在业务扩展和运营方面。

国家工商总局开出巨额罚款，"橙心优选等四家企业，为了排挤竞争对手或者独占市场，以低于成本的价格倾销，扰乱了正常的生产经营秩序，损害了其他经营者的合法权益。五家企业都利用虚假的或者使人误解的价格手段诱骗消费者与其进行交易"。

而除了在低价、诱骗等一系列违反市场的手法，在企业运营方面更可以说毫无底线可言。比如在人员方面，为快速完善团队打开市场，相关企业大肆挖人；在资源获取方面，社区团购企业在包括库房、车辆、辅料等资源方面的恐慌性挤兑，造成了巨大浪费；在品类管理方面，部分社区团购企业在产品管理上处于"三无状态"，即无组织、无架构、无系统，在此背景下，有社区团购企业的标品库存准确率不足80%，生鲜损耗更甚。权力寻租普遍，组织架构未建立，岗位职责未明确，品类扩充方面没有指引……社区团购野蛮成长背景下，权力寻租现象比比皆是。

当然，在社区团购企业中，也不乏做得好的，但由于部分社区团购企业打法野蛮，导致其他企业的步伐凌乱。以"人"为例，有些企业挖人"没有任何道理可讲，尤其是中层管理人员，工资开价直接翻倍，这个市场一年供应的人就那么点，这样弄大家还怎么玩？"

这就是社区团购的现状,既"火爆"又"混乱"。

2. 社区团购快速发展的原因

社区团购混乱的现状,相信很多投资人都非常清楚,那么为什么大家还是这么群情激昂地疯狂涌入呢?相信所有的资本都是理智的,并没有无缘无故的疯狂,更不可能真的有钱到烧手的程度,一定是基于一些判断才让它们如此疯狂。

其一,投资赛道判断。

除了社区团购的赛道,还有哪几个赛道能如此疯狂?在疫情的情况下,2021年共有3个领域最被投资人认可,分别是大健康、大零售与高科技。

高科技不适合中国资本市场上那些指着赚快钱的资本,它们都号称风险投资,但它们都非常希望自己能够躺着赚钱。

大健康同样不适合赚快钱,只有泰康等小众企业在这个领域深耕。

只有大零售才是真正适合风险投资和互联网巨头的。

其二,市场容量判断。

对风险投资和互联网巨头而言,万亿市场规模是起步,你说投个百亿、千亿规模的市场,它觉得还不如亏个百亿更来劲,为什么?因为没有想象力。但是社区团购这个领域有未来,有想象力。以兴盛优选400亿每年的规模计算,湖南省的总人口占全国人口的5%,再考虑到消费和营销刺激,随便一想,这全国预计就是万亿市场。没有万亿规模想跟资本"聊天",它都不会理你,因为不好讲故事,不好向熟人下手。

其三,流量缺乏判断。

在科学和管理中存在一个重要的命题——"边际效应递减"。所谓"边际效应递减"原则,就是投入在从零到无限大的过程中,个人的感觉或收益存在正态分布效应,最简单的理解就是在骄阳似火的夏日吃第一根冰棍一定是最爽的,当你吃到第三根的时候你就觉得够了,然后你继续吃继续吃,就不是简单地吃得想吐了,而是去了医院了。

我们的互联网巨头就是这样贪心。2020年9月,阿里的月活跃用户数为8.81亿人,与上一季度的8.74亿人相比,环比增长不足1%,与市场预期的8.99亿人比差了1800多万人。在过去的两年里,阿里月活跃用户数的季度增量一直保持在2200万~3900万人,而本季度仅实现了700万人的环比增长,可以说创下了历史新低。截至2020年9月30日的12个月,阿里的年活跃用户数为7.57亿人,而拼多多则以7.31亿人紧随其后,二者之间的差距仅为2570万人,这也是拼多多首次将这一差距缩小至3000万人以内。尽管目前阿里仍然领先于对手并实现了1500万人的季度增长,但与拼多多4810万人的增速相比,阿里在年活跃用户数上被后者赶超只是时间问题。这就是流量的焦虑,阿里现在每新增一个客户需要花900元;而美团优选每日亏损1亿元,但是每天有300~400万的订单,其中10%是新增用户,那么一个新增用户的花费也才

333元。更何况看到拼多多也是这么拼，阿里能不着急吗？一着急三箭齐发，盒马优选、饿了吗、淘宝买菜全上，最终造成了全行业的紧张和焦虑。所以，阿里巴巴才会高喊"投入不设上限"，说白了就是一种流量焦虑的表现。

其四，业务互补判断。

确实，拼多多和美团存在一个气质互补和业务互补的现象。美团是在打造一个闭合圈，它想让所有能够想得到的吃住行全部覆盖，它在城市商务阶层已经完成了闭合，包括商务阶层的出行、酒店等；但是在真正的二、三线城市的小镇青年、中年人士等眼里，美团的吃住行还离得比较远，如果能够把五环外的事情再解决了，那么它就真正实现了"城乡一体化"的交互；且美团本身就有"快驴"业务、"买菜"业务，在一定程度上它们的供应链存在互用的可能性，所以对于美团来说这是业务互补形成闭环的一个必然选择。而对于拼多多的多多买菜而言，那是气质相近原则，拼多多以假货为出发点，走向了仿货、高仿直至自身成就品牌，而对于中国广大的二、三线城市的线下市场而言依然也是这样一种情况，拼多多最擅长的是"玩法"，它会把自己在线上的"玩法"转移到线下，彻底实现"线上与线下"的交互融合，从而形成闭环。

其五，去中间层判断。

我国的生鲜果蔬市场流通层级确实较多，从地头到产地市场，再到消地市场，配送到周边超市，最后到达客户手中，至少是五级市场，甚至还会出现地头到产地市场的分选、集结链条，最少五级体系，甚至七级体系。以白菜为例看一下价格从原产地到达客户手中演变的链条（以北京为例）：农民手中的白菜为0.15元/斤，运输商或菜贩集货是0.3元/斤，到了新发地市场是0.45元/斤，再到达八里桥市场大约为0.6元/斤，最终卖到客户手中是0.8元/斤，从0.15到0.8一共增长了533%。投资人和互联网巨头一看觉得不行，首先要让人们吃上新发地的菜，一下就降低了30%多，这是一件利国利民的大好事。这样一想那我们要是直接到原产地呢，不是为国家为人民节约了267%吗？这个故事好不好，既响应国家号召又解决民生问题，你不参与吗？有钱的跟我来。

其六，轻资产模式判断。

对资本而言，先轻后重可以，一般先重然后就死了，只有京东是个例外。而社区团购这种模式天然能迎合资本的想象空间，对新零售而言，经过几年的喧嚣，大家充分认识到能不和店发生关系就不要和店发生关系，哪怕是通过对夫妻老婆店进行翻牌，也还要有个印刷制作的时间呢。而社团这种模式的资产准备阶段非常短，直接拉人头，然后到市场买货，就这么简单；并且复制非常容易，推广便捷，对于开拓运营的要求也很低，确实是一个值得投入的领域。

其七，供应链高壁垒判断。

现在的社团大战都是以巨额亏损为代价的，不断地开疆拓土，无论是在履约能力还是商品品质等方面都陆续出现了很多问题，首先这是发展过程中必然会存在的问题。但是作为投资人而言，更看重的是未来的供应链是否具有护城河效应，如果开疆拓土过后，能够通过效率与成本的互相促进加大壁垒，一是实现理想中的重构供应链、去除中间层，二是能够通过服务、品质、成本真正建立有效信任这个壁垒，那么作为本地化服务一定是会出现巨头的。但我想说的是这仅仅是想象中的事情。

其八，团长员工化或团长化员工判断。

团长员工化是所有的团购参与者都希望能成功的事情，但这是一件挑战人性的事情，在这个过程中本身就存在"没有绝对的朋友，也没有绝对的敌人，只有绝对的佣金"。据悉，山东某团长在薅羊毛大战中，一天就获得了13万元的补贴。团购公司天然地不相信团长，就不可能存在团长对团购公司的忠诚，那么就会出现团长化员工。一旦出现团长化员工，就不能实现社会资源的共享，最终会在内部出现资源的寻租。当然，所有的团购巨头都认为自己能够很完美地解决这个问题，但目前还未解决。

这也是社区团购如此火爆的重要原因。

3. 生鲜社区团购的供应链能否成为护城河

很多人对于社区团购的第一印象都来自生鲜业务。

生鲜业务也确实是社区团购第一个发力的商品，直到现在，生鲜品类仍然是社区团购中的重要板块。随着社团业务的不断扩大，商品品类的扩充也越来越快，生鲜的占比持续走低。但不管怎么样，生鲜依然是社区团购当之无愧的引流商品。

为什么生鲜品类会成为社区团购的当家花旦？生鲜商品的供应链是否可以成为社区团购业务模式的护城河？

不仅仅是业务的经营者，包括许多投资人都一直坚信"生鲜商品会成为社区团购的护城河，对于生鲜商品供应链的不断投入将会成为模式成功的重要支撑"。我不知道这些人对这一定论为何如此痴迷，为何能够做出这样的解释，所有做出这一结论的人首先要明确一件事情——"生鲜供应链是否会因为社区团购而改变"。

任何一种品类如果做到极致供应链，都可以成为护城河，这是一个定律也是一个真理，比如苹果手机，仅就一个单品做到极致之后而成为智能手机的代名词。但是，问题就在于，是否可以做到供应链的极致？

生鲜商品特指在中国农产品地理经济情况下的生鲜商品，其根本不会因社区团购而达成极致供应链。这是由我国的地理结构、经济结构、流通结构、消费结构等多种因素决定的，可以说当前的多层级流转的流通体系不能说是最好的一种体系，却是最适合的一种体系。

全世界大致可以分为以下几种生鲜消费品的流通体系。

美国模式：国土面积广大，可耕种土地较多，土壤肥沃，大多是平整的土地和少量的丘陵，连片种植，是典型的机械化作业，再加上整体流通体系不断兼并优化，最终慢慢形成了"大生产、大流通、大消费"的流通体系。

日本模式：国土面积狭小，地理结构以山地、丘陵为主，平整土地较少且不连片，大多都是小农作坊模式，通过农村合作社进行多层级流转。

中国模式：国土面积广大，看似可耕种土地较多，但实际适宜耕种的土地大多是平整的土地与丘陵、山地交错，是典型的小农、小作坊、个体经营的模式；在三北地区有连片的土地，但没有实现连片作业，只有东北部分地区实现了现代农业的大规模集体耕种。所以，我国看似与美国相通，实际上我们的流通体系是与日本相类似的多层级流转模式。

当然，世界上还有俄罗斯模式，包括乌克兰等国，拥有大片可耕种的土地，可实现机械化、集中供应等。

因此，通过以上分析，可以得知"生鲜供应链的极致化确实可以称为护城河，但在中国就不可能做到生鲜供应链的极致化和真正意义上的去中间层"，所以说"在生鲜供应链领域做到去中间层是个伪命题"，因此，生鲜供应链成为社区团购的护城河是根本不可能的。如果对这句话还不好理解，我们简单举个例子来说明一下。

以河北省张家口市为例，张家口是中国重要的蔬菜种植基地，但实际上一年集中供应的时间基本上从六七月份开始，到10月中旬之前就不再供应了。这个地区主要供应的蔬菜包括白菜、土豆、胡萝卜、西蓝花、生菜、洋葱、菜花等几个品类。理论上讲，目前的张家口区域已经实现了集中批量种植，基本上一个承包户一个单品都是几百亩土地的种植，按照大生产大流通的模式，单个企业直接拉走是最好的一种供应链模式。

但是，有谁能够做到呢？确实是有，但是接下来面临的问题是需要分发到全国的连锁门店，这件事情谁来做，企业自身吗？损耗谁来承担？而且企业只售卖一个单品吗？

企业自身集中拉货，然后到物流中心进行二次分发运输，损耗自己承担，企业需要自己到全国各个地方找销售的商品。

这是最优的供应链吗？绝对不是，最好的方式是直接到北京新发地、上海的西郊市场、广州的江南市场、郑州的万邦市场等，一次性买到所有东西，并且让商品损耗由全社会共同承担，这才是最优的供应链模式。只有与销地的集中批发市场合作才是最好的供应链模式，这也是社区团购能做的且能做好的一种方式，这样的供应链减少了一两个中间环节，对于整体的模式优化起到了一定的作用。

所以，生鲜供应链的优化在社区团购的运营中是不存在前提条件的，只能做到一两个单品、一两个环节的优化，不可能做到整体全品类商品、全链路的优化，目前生鲜六七级的流通环节在未来能够缩短到四五个环节就已经是中国生鲜供应链的成功了。

4. 物流仓配对生鲜社区团购的作用体现在哪里

社区团购对于客户价值提升的一切体验都体现在"履约"这两个字上，而物流就是对履约率最有利的支持。仓配工作是否做到位直接影响履约的情况，也就是购物者的服务体验，相对于社区团购业务的"闪退秒赔"的服务机制而言，物流的重要性也就不言而喻了。

物流的重要作用主要体现在 5R 的效果上，所谓的 5R 就是"以最少的成本，将正确的商品（right goods）在正确的时间（right time），以正确的条件（right condition）送到正确地点（right location）的正确顾客（right customer）手中。

为了保证 5R 的效果，所有的社区团购公司都在实施仓配活动的优化。

在当前的情况下，社区团购公司的第一要务是降低成本，大家都很清楚社区团购的商品价格相对较低，因此在客户购买的过程中，大多遵循"双 15 法则"，即 15 元钱、15 秒钟选择。而物流成本的高低直接决定着毛利是否足够，所以"1 元成本定律"是社团公司的底线，单件物流综合成本必须控制在 1 元以内，即使是这样物流费用率也在 6%～7%，如果超过了 8% 的物流费用率就可以直接出局了。

为了保证 1 元的单件物流成本可以达成，社区团购公司在仓配上大多采取人员外包压榨的分包模式，仓储商大多是"共享仓、中心仓、网格仓、自提点"的节点设置模式，运配方面都是通过单人加盟的模式进行运作，凡是组织化的进行网格仓运作仓配业务的企业基本上都处在亏损的状态，这是这种模式所造成的最大恶果。

从新零售的角度来看，不外乎零售要素的重构，也就是"人货场"的要素重构过程。

首先是人，也就是客户。可为什么会选择社区团购，主要是因为便宜、方便。也就 15 元钱，即使是吃亏也无所谓，大不了下次不买了，更何况社区团购公司的服务还能实现"闪退秒赔"，所以接纳的客户都持无所谓的态度；方便是因为就在家门口，下单的时候可以选择最近的自提点，而无须像自提柜一样是以企业为主导。

其次是货，商品问题其实就是品控问题。以生鲜为引流的模式导致的最大问题是：品类不能过多，一定要有好的品管人员进行把控，但是在当前很难做到这一点；另外就是品类如何实现扩充，客户的疑虑如何打消；还有就是隐私商品是否适合社区团购。这些都是社区团购公司需要考虑的事情。

最后是场，也就是购物场所，这里的场所有两个，一是购物是否方便，二是自提是否方便，尤其是现在的自提点，大多是居民家里、门口的小超市或者生鲜店等，条件不是特别好，有时候会影响客户感受。

那么，从仓配业务的运营情况来看，整体的仓储及节点的布局大多遵循"共享仓、中心仓、网格仓、自提点"的模式。共享仓一般都是围绕社区团购公司的中心仓而建的临时存放供应商商品的仓库，能够实现快速送货，这种模式大多由社会化公司操作，通过关系与社区团购公司的中心仓进行业务合作，可以实现供应商成本的降低和快速供货，还是非常好的一种业务模式；中心仓一般都是社区团购公司自己直接管理，大多都是夜间操作，并且众多的社区团购公司理论上是不会大规模存储货物的，因此就会造成入库作业、库内作业、出货作业的高度聚集的情况，从而使得现场管理相当混乱；网格仓又称为前置仓，是围绕前端客户进行网格化区域配送的中心节点，这种网格仓大多外包给社会化企业操作，当前的网格仓作业成本含仓储、作业、配送等业务，基本上单件在 0.3～0.5 元，除非所处区域订单密集度、订单量极大，否则很难赚钱，因此不能成为独立的业务模型，一定要有其他业务来支撑，甚至是以社区团购公司的配送业务为辅才能生存；自提点也就是最末端顾客提货的地点，大多是居民家里、门口的保安点、生鲜店、小超市、小饭店等希望能够增加流量的地方，大多数的自提点是需要拉人头引流的，以佣金为主，大部分在 10% 左右，也有达到 20% 的情况或商品。因此，通过整体的节点设置，我们可以看到真正意义上的成本降低主要体现在前端的库存成本降低，社区团购公司本身并不购买货物进行存储，不存在沉没成本，但是未来如果共享仓的成本并入中心仓，这块成本也将增加；另外一块可以降低的成本就是末端自提点的成本，可以节约大量的配送成本，而随着物流服务的提升，如果实现了送货上门或者是两次送货，那么运输成本和配送成本都会上升，从而抹掉社区团购服务成本较低的优势。

　　从运输与配送的角度来看，当前的社区团购公司大多提供一次配送，基本上从凌晨四五点开始从中心仓往网格仓进行送货，按照当前配送到户的履约情况来看，整体效果并不是特别好，时间达不到、货损率高、丢失或错发情况非常严重。基本上所有的配送业务都是外包配送。随着中心仓与网格仓数量的不断增加，配送距离越来越短，导致配送收入随之降低，这块业务的服务保障越来越难。为了提升物流企业的配送收入，同时为了保障服务质量，未来一定会走向 211 模式（夜里订单次日上午送达，上午订单下午送达），这样无疑会使客户满意度提升。

　　从仓、配整体模型的建立上可以看出，成本与服务时效都能对终端客户形成有力支撑，是当前较好的一种模式。因此可以说，物流仓配是社区团购履约率的最重要保障，只有这样才可以说"好物流好履约，好履约有客户，有客户才能有流量，有流量才能有未来"。

5. 社区团购面临的问题与解决之道

　　虽然说社区团购的物流仓配整体模型是成立的，能够对履约起到很好的支持作用，但是，当前的社区团购公司整体的物流管理水平却依然存在很多问题。下面就当前的问题进行简单分析并尝试给出解决办法。

　　其一，服务承诺问题。

社区团购模式对于服务实际上是两种模式，一种是单点聚集发货模式，一种是产地直发模式。无论是哪种模式都尽量不要给出具体的明细化的服务承诺，明确的服务承诺代表着确定性，模糊的承诺代表着可能性，确定性所要付出的成本是非常高的，因此，对大多数的客户而言，单点聚集模式基本上是次日送达，尤其是对于上班族而言，实际上在第二天晚上下班能取到就足够了，不要轻易提高服务标准，包括一日两次配送、送货上门等，如果提供这样的服务标准，必然导致成本模型发生变化，就不可能达成"1元成本底线"的效果，从而使得履约成本大幅提升，最终导致毛利降低、客户感受度变差等后果。

其二，商品SKU品类、量级以及品质管理问题。

对社区团购业务而言，应尽量遵循"双15法则"，单件均价不宜提升过高，虽然说有些公司在尝试茅台酒和金条的售卖，但是必须明确这些人是否是你的客户群体，不能因为个别人的需求提供普遍性商品服务；另外就是你能够保证自己的东西是真的，然而在所有的手段不足以支撑的情况下，到了客户手中有可能商品被换了，所以围绕着你的客户提供适合的产品是最好的；另外就是量级问题，突破上万的SKU数量对于社区团购公司将会是非常恐怖的事情，精选在500品之内将会是最有效的，客户选择、供应链把控也是最得力的，除非你真的想把自己变成一家电商零售公司，否则不要轻易尝试；最重要的运营问题之一就是商品品质管理，尤其是针对生鲜商品，品相、克重、大小、色泽、成熟度、日期等都很重要，一定要招聘有经验的管理人员，还要尽量配备简易的快检设备，对于农药残留进行检测。食品安全问题是未来的主要民生问题之一，在这一点上千万不要心存侥幸。

其三，节点设置问题。

节点设置中心仓和自提点的问题较多，中心仓尽量在城市周边，在北京、上海这样的地区，合规合标仓库的成本非常高，但是社区团购公司本身并不存储商品，所以是极大的浪费，如何实现共享仓和中心仓的有效联动，实现中心仓的快速接驳、跨仓作业模式，将会是一个重点运营问题；而对于自提点而言，一个小区十几个自提点的情况较为普遍，邻里关系将来可能会出现问题，这一点需要不断地进行优化。

其四，仓库内部运营问题。

这是所有的社区团购公司都存在不足的一点，因为当前的社团公司普遍不存货，在一定的时间段会出现收货、库内拣货、检验、打包、分货、发货等作业的重叠，从而造成现场混乱；同时由于波次管理设置不合理，导致收发作业和车辆排布出现混乱，现场发错货的情况经常发生；另外就是库内商品准确率极低，有个别公司仅仅是标品的商品准确率也才达到80%，更何况是生鲜品。在个别公司，据说商品数量的盘点、报损看现场管理人员的心情。大多数社团物流业务都在夜间操作，对现场管理人员和操作人员的身体素质要求较高，而所有的公司都是将人力外包，造成健康问题无人顾及。

其五，流程缺失、技术和硬件条件落后等问题。

社区团购模式是较新的一种模式，至今许多公司都处于摸着石头过河的状态，没有进行经验的总结，甚至有公司连组织架构都没有梳理，软件管理程度之低让人感觉不到是科技公司。

以上仅就当前存在的一些主要问题进行解析，就像前面所说的关于挖墙脚、权力寻租、资源浪费等情况，相信随着社区团购业务的不断发展，管理的精细化会不断深入，管理水平和技术实力也会不断提升，最终会使物流仓配真正成为社区团购通路的重要支撑，为满足客户履约做出自己重要的贡献。

6．社区团购的未来发展之路探索

通过一张图片可以尝试推演社区团购的未来，如图 8-14 所示。

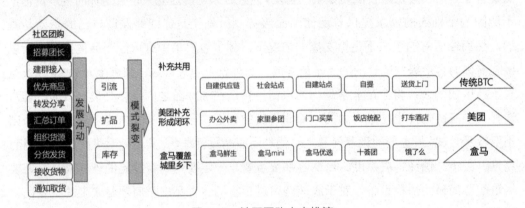

图 8-14　社区团购未来推演

招募团长、优选商品、汇拢订单、收货发货是社区团购公司应该做的事情；建群拉人、优选上品、转发分享是团长该做的事情。

在当前情况下，各家社区团购公司主要销售的是以日常生活必需品和一些休闲食品为主的商品类别，所以才会造成生鲜商品是社区团购主流的假象，实际上生鲜商品仅仅是社区团购引流的商品。

在这种情况下，当人流聚集到一定程度时，平台就会逐步发挥效应。当前的商品品类限制也会被突破。今天能够卖菜了，明天想不想卖鸡蛋？明天想卖鸡蛋了，后天想不想卖手机？卖手机之后想不想卖黄金？卖完黄金之后，想不想卖茅台？有极个别的社区团购公司已经开卖黄金和茅台了。

现在社区团购的一般品类是 700 个 SKU，但是个别公司已经突破到 2000 个 SKU，用不了多长时间将直奔两万 SKU 而去，二者已经差不多是沃尔玛的 SKU 数量了，Costco 的 SKU 也不过 5000 个而已，那之后 10 倍、20 倍的增长呢？引流完了之后，不断地扩充品类，扩充品类之后变成全品类，全品类之后，从现在的计划性变成库存存储性。那它跟电商有什么区别？

再看几家互联网巨头。做一件事情，无论是新开业务还是收购，有几个要考量的因素：一是业务能够相互补充；二是业务能够共用部分资源，从而实现成本降低。美团是能够形成闭环的，吃穿住行，外卖和餐饮，美团大众是能够形成闭合的，从个人消费的美团买菜 App，到商家买菜的快驴 App，都与美团大众生活电商平台的吃住行游购娱业务形成场景闭环；阿里盒马是城里已经有鲜生，乡下最好能够有优选，形成城里、城外的闭环；拼多多有一种天然的屌丝情结，京东是害怕被人抄了老家。这些企业可以实现新业务的价值递增，但是除了商品的扩充，服务是否需要提升？服务要往前一步，走到人家门口，这和落地配、和现在的京东物流有啥区别？根据趋势发展，橙心优选可能是最先倒闭的那一个，最终能够剩下的不外乎美团优选、盒马生鲜体系、京东体系和拼多多吧？不过那个时候也已经不是现在的社区团购了。

在路径推演上，到了最后我们会发现所有事情最终都恢复到原点，又变成了全品类的电商模式，自提慢慢又变成了上门服务。所以，未来的社区团购将会恢复传统的 B2C 模式，只不过中间绕了个弯，最终造成的将是巨大的社会资源浪费。

这就是未来——悲哀而又无奈的社区团购的未来。

8.7 家居行业：巨头入局，S2B2C 泛滥

家居行业是一个特殊的行业，消费频次低，单价高，个性化程度高，不论是在海外还是在国内，家居行业都是电商浸透率最低的行业之一，浸透率与生鲜相当。

家居行业包含了装修设计、装饰建材、成品家具等，通常装修一套房，少则十几万元，多则百万元，这也为这个行业博得了"暴利行业"的名声。

从表面来看，家居行业暴利不假，一张普通的木床出厂价 600 元，卖到消费者手里价格要超过 2000 元，加价 3～4 倍并不鲜见。从表面来看，家居行业又是薄利行业，工厂、经销商、零售卖场天天吼着赚不到钱，这个行业的市场集中度一直不高，也是这个原因。家居行业消费频次低，商品体积大，在淡季闲置空间和闲置人力都会摊到每一件出售的商品上，从而导致商品加价率高。归根结底是因为这个行业低效。

（1）S2B2C 平台兴起，为消费者提供拎包入住服务。

S2B2C 电商平台成为上游家居制造商或者装饰公司在互联网时代的新玩法。

家居行业普遍的玩法是打造 S2B2C 平台，集合不同种类的产品供货商，为分销商和终端消费者提供更多产品选择。

平台方为装修公司提供整装销售设计系统和 BIM 虚拟装修，提升了中小装修公司的谈单效率和成交效率。整装销售设计系统帮助家居品牌和装修公司实现快速设计，优化设计效率，并为消费者提供 VR 沉浸体验，以"所见即所得"打消客户顾虑，极

大程度地提高了谈单、成交效率。BIM 系统将模拟整个装修流程，并在后续实际装修中提供全流程作业指令，指导装修公司获知不同装修阶段各自需要的辅材、主材、工种员工类型等信息，节约成本，优化装修效率，缩短工期。消费者则可以通过 BIM 系统打造的 3D 模型切实感知在不同时间点的装修效果。此外，消费者通过平台可以与装修企业线上协同，减少与材料供应方、装修方、监工方反复确认的精力投入。

欧工软装打造了 S2B2C 平台，整合中小零售商的产品，利用平台撬动更大的销售市场，形成产业供应链的共享。

尚品宅配旗下的 HOMKOO 整装云平台，整合家居品牌方、装修公司等供应资源，帮助中小型装修公司实现从半包、全包向整装的改变，为家装消费者提供一站式拎包入住的整装服务。

司空造物则以平台化、系统化、专业化、定制化为方向，打造家居产业资源整合平台，平台集合了设计师平台、装修施工平台、定制化供应链平台，构建产业伙伴共生、共赢、共享的利益共同体。

除了以上几个平台，全屋优品、家具大师等同样以 S2B2C 平台对产业资源进行整合。S2B2C 平台的出现，为不具备全屋定制能力的家具企业、中小家装企业拓展销售渠道提供了更多选择，也为消费者提供了更多样的选择。

平台看起来很美好，做起来却并非易事。一是要求平台方拥有强大的研发能力，为各协同方提供足够优秀的协同工具，帮助装修公司与家居方和消费者协同，完成设计、搭配、打单、履约一体化服务。二是要求平台方拥有强大的营销能力，能吸引足够多的终端消费者，在平台形成交易，只有这样平台才能造活。三是要求平台方拥有资源整合能力和运营能力，将不同类型的上游家具供应商和不同能力的装修公司整合在平台，为消费者提供服务。四是平台还要全方位地为伙伴提供增值服务，比如仓储服务、物流服务、金融服务等，以提升交易效率。

（2）家居零售商，一站式、全渠道、生态化。

宜家是全球家居行业的龙头企业。其从 1948 年开始进入家居业，在家居业的经营历史近 80 年，在漫长的经营过程中，宜家形成了一套特色鲜明的经营模式：在郊区开设家居主题商场，门店采用迷宫式的动线设计，提供精美的产品图册、种类繁多和注重性价比的产品，方便消费者一站式购齐。

在中国，宜家正通过开设小店和互联网渠道，向更细分的消费群进行覆盖。2020 年 7 月 23 日，宜家上海静安城市店开业。和此前动辄数万平方米的标准"蓝盒子"不同，上海静安城市店的总面积仅 3000 平方米，位于上海核心商圈南京西路。

《每日经济新闻》记者专访宜家中国区业务拓展副总裁 Francois Brenti。对于开设静安城市店的初衷，Francois Brenti 说："在 15 分钟之内和消费者形成互动，我们的愿景是离中国的消费者更近一些。"对于开设天猫旗舰店，Francois Brenti 说："现在开设宜家天猫旗舰店,我们认为是探索和学习的合适机会,也能让我们距离中国消费者更近。所有的尝试其实都回到了一点——我们希望更快提高宜家的可达性。宜家其实是从传统的零售转型到了相对来讲比较完整的全渠道状态,希望通过这样一个完整的选择方案,更好地服务我们的顾客。"Francois Brenti 表示,宜家将中国视为最重要的市场之一,多渠道、数字化是其寻找新的业绩增长点的尝试,也是这几年中国零售重要的发展趋势之一。

红星美凯龙、居然之家、富森美家居等国内同行在品类规划和门店选址布局上都与宜家比肩。与宜家不同的是,在品类上,国内同行都涉足了建材销售业务;在开店选址上,国内同行不光开大店,还在交通更便利的商圈开设小店,方便消费者就近选择,提升了消费群覆盖的密度。

家居业不仅应该离消费者更近,还应该解决消费频次的问题,用低价带动高价、用高频拉动低频同样是家居零售商们在实践中形成的经营法则。

餐饮和饰品是构成这个经营法则的重要工具。宜家是全球排名第六的餐饮连锁品牌,餐饮占商场整体收入超过 5%,中国宜家餐饮业务的贡献则接近 10%。宜家的餐饮区不仅可以为商场消费者提供休息和就餐服务,还能提升到店频次,增加消费者在商场内的逗留时间,带动家居、饰品等产品销量。此外,家具是耐用品,更换频次低,消费者在首次购物后很难形成家具的复购,而家居饰品更换频率普遍在 3~6 月,在商场增加这类商品的陈列面同样能够带动消费者的到店频次。

国内家居零售同行在拥抱新零售和数字化转型方面热情度更高,可与互联网企业进行深度合作。

2018 年,阿里以 54 亿美元投资居然之家,2019 年以 43 亿美元入股红星美凯龙。阿里巴巴携其电商、物流、金融等生态资源为家居零售企业提供全方位的新零售服务。2020 年 11 月,另一家居龙头富森美则与躺平智造签约。躺平智造是阿里巴巴的家居数字化业务,躺平智造与躺平 App、躺平家居、躺平设计家、躺平供应链一起构成了整个家居全链路数字化解决方案,为家居企业提供获客、销售、设计、生产、履约等服务。

红星美凯龙除了开展家居零售业务,还在上下游展开生态布局,形成产业平台。其投资了建材品牌、定制家居、智能家居、家装服务等与家居行业关联的业务线。比如,其投资的成都东泰商城、亚细亚建材、良木道都以建材为主;其投资的欧派、诗尼曼、威法家居、艾格家居、佰丽爱家则是定制家居;其投资的紫光物联、三维家、智慧家、美屋、智谛智能、德施曼则与家居智能化相关。

(3)互联网巨头入局会带来新变局吗?

阿里巴巴对家居领域投以重金。一方面,家居行业电商化浸透率低,投资家居能为阿里巴巴的主营业务带来新的增长点。另一方面,与阿里生态化的布局有关,其通过投资头部企业带动各行业的产业数字化升级，丰富阿里生态的竞争力。

除了投资居然之家、红星美凯龙等龙头家居企业，阿里巴巴还入股了家居行业信息化厂商百材互联、三维家，此外，阿里还拥有家居垂直电商平台极有家，并发布天猫智能音响，打造躺平系列数字化平台，包含躺平 App、淘宝躺平频道、躺平设计家、躺平供应链等产品。阿里的家居布局形成了集设计、供应链服务、线上与线下零售为一体的产业链平台。

较消费互联网而言，产业互联网更新鲜，对家居行业而言成熟的案例并不多，作为拥有海量消费者和海量商家的互联网企业，资源整合的能力和互联网运营的能力足够强，但对产业特性的理解，对相关方利益的分配，同样需要摸爬滚打。起码阿里巴巴的入局对家居行业而言会形成鲶鱼效应，促进更多的企业关注产业平台的建设，进而推动家居行业整体竞争力。

（4）供应链精细化的忧思。

宜得利建立了家居制造 + 物流 + 零售一条龙体系，实现从产品规划到送货上门，宜得利参与产业链全部活动力求将成本降到最低。宜得利在日本建立了最大的物流中心，1980 年就引入立体式自动仓库，提升运营效率。推广高密度保管型的自动仓库，仓储空间为一般使用吊车的自动仓库的 2 倍、厂棚式仓库的 3 倍，且每日能节省 50 名员工的工作量。为了控制海外贸易费用、削减商品保管成本，宜得利研发出独有的库存管理与商品稳定供应体系、海外装运 / 运输系统、国内店铺实行的小批量配送系统，进一步提高生产效率、削减成本。

宜家在控制成本方面同样经验丰富，其从供应链的每个细节着手优化成本结构。

在设计和制造上有别于传统家居公司的先设计后定价，宜家是先定价后设计。宜家团队是先确定产品策划方向，再传达给产品经理，由他们使用宜家的"价格矩阵"法确认在市场上有竞争力的未来产品线，也就是新产品的价格。在确定价格以后，宜家在全球范围内寻找合适的生产商。在完成上述流程后，宜家利用内部竞争方式挑选设计师，为产品寻找最后的设计方案。设计师们的竞争集中在"谁的设计成本更低"，设计方案确定之后，最终确定供应商，并商定在成本最低又保证质量的情况下交付。比如 SÖDER-HAMN 沙发，宜家通过设计使得它在生产过程中不需要使用任何胶水。最终这款沙发在原材料环节节约了 5% 的成本，在生产环节降低了 2% 的成本，物流环节减少了 10% 的成本，加起来就得到一个市场上性价比最高的沙发。

宜家还采用一种"模块"式设计方法降低成本。宜家的家具由不同模块组装而成，设计师可以分块设计，采购时可以根据不同模块选择合理的供应商。例如，桌面产品来自欧洲，配套桌腿来自中国。

在物流上，宜家对全球物流仓储进行全局调度，以控制物流成本。宜家供应链统筹所有资源，从每家商店提供的实时销售记录开始，反馈到产品设计研发机构，再到贸易机构、代工生产商、物流公司、仓储中心，直至转回到商店，宜家严格地控制着物流的每一个环节，以保证最低成本。宜家的配送中心和中央仓库集中在海陆空的交通要道，以便节省时间。同时，为了降低成本，宜家在1956年就推出家居的"平板包装"，同时抽掉枕头的空气，开发适合的托盘运输杯子，以降低仓储空间和物流成本。

美克家居在2012年启动美克家居智能制造（MC+FA）项目。美克家居智能制造一方面借助自动化生产设备和信息技术手段等构建智能制造平台，另一方面通过标准化、模块化产品设计平台的开发优化生产工艺，用大规模生产的优势满足消费者个性化的需求。

对于美克家居的智能工厂，IBM总结了三个基本特征：一是"不许动"（Don't touch），所有的生产全是自动化调度；二是"不落地"（Don't drop），所有厂间物流都通过AGV（自动引导运输车）和RGV（有轨制导车辆）智能物流运输，从仓库到加工单元所有的物料都不会落地，自动派送到仓库；三是"不返修"（Don't repair），整个智能工厂的目标是精准到通过高效自动化设备，自动识别原材料不良的地方，方便在做裁切的时候避开。尤其是针对复杂工艺，比如实木家具制造中的雕花工艺，通过智能机器人完成并保证生产质量和生产效率。披露数据显示，智能化改造和供应链优化的实施让美克家居的后备库存周转天数提升了30%，配送周期下降到了9天，订单平均交付周期下降了13%，供应链绩效得到了明显的提升和改善。

中国家居业近20年高速增长，对供应链各环节的管理比较粗放，这也是看似暴利的行业因为低效变成薄利行业的原因。

8.8 医药行业：两票缩链与一码通天下

医药供应链一般是由药品生产厂家、省级代理、市级代理、县区代理、医药配送商、医药公司或药店、终端患者这几个环节组成。中间的代理环节可以合并或者省略，例如有的医药公司不通过省级代理而直接向药品生产厂家批发药品。

供应链是指围绕核心企业通过对信息流、物流、资金流的控制，从采购原材料开始，制成中间产品以及最终产品，最后由销售网络把产品送到消费者手中，将供应商、制造商、分销商、零售商、最终用户连成一个整体的功能网链结构。

从传统供应链定义角度而言，我们都要从核心企业的上游开始论述，但是医药供应链的核心企业更多以医院或者药店连锁企业为中心，因此，大多数医药供应链从上游药品生产厂家到末端患者整条链路进行分析。

1. 我国医药供应链整体现状概述

2017年，我国医药物流总额就达到了3.02万亿元，同比增长11.3%；2018年，我国医药物流总额达到3.35万亿元，同比增长11.13%；2020年，医药物流总额突破了3.8万亿元。2018年，我国医药物流总费用为613.92亿元，同比增长12.9%；2019年，我国医药物流总费用为677.71亿元，同比增长10.39%，受宏观经济下行和医改政策等因素的影响，同比增速回落。从宏观角度而言，我国医药供应链和物流服务规模体量巨大，一直都以每年10%以上的速度递增。

从我国医药供应链的历年发展来看，主要呈现以下几个特点。

（1）国家政府监管部门对于行业监管的力度不断加大。

2016年以来，我国在医药领域实施两票制、税收、一致性评价等政策，给医药供应链带来了巨大变化。2018年，长春长生疫苗事件在引发社会关注的同时，也影响了相关政策的调整。2018年10月26日，全国人大常委会审议药品管理法修正草案，为强化疫苗监管新增了6个疫苗条款。2018年发布的《关于药品信息化追溯体系建设的指导意见（征求意见稿）》《医疗器械标准规划（2018—2020年）》等多项政策使得行业监管力度持续加大。

（2）医药供应链整体呈现去中心化的趋势。

两票制的推行使得医药供应链链条缩短，链条节点上的医药生产、医药流通、终端结合更加紧密，规模性生产企业拥有更强优势，部分传统流通配送企业向供应链服务商转型，产业园区聚集效应更加明显，药品配送效率大大提高，医疗服务水平得到提升，供应链扁平化趋势显著，呈去中心化。

（3）医药供应链行业整合速度加快，头部企业功不可没。

自两票制推行以来，通过整合产业上下游，增加市场份额、完善市场布局、多元化经营等活动的外延式发展受到青睐，区域整合加快调整，境外并购事件频发。数据显示，截至2018年9月底，医药企业并购超过1200件，金额超过560亿元。

（4）医药供应链配套的供应链金融主体增多。

自两票制实施后，中间垫资环节减少，信贷资源向融资能力强的大型企业集中。随着企业之间的授信、应收账款资金池的建立、线上供应链金融的推广，新兴业态不断涌现，医药供应链金融布局主体增多。不少企业在此方面均有动作，比如华润河南医药与中信银行、华润招商银行合作，开展了自办自贴和电子商业承兑汇票模式；用友供应链金融针对医疗卫生行业代理商布局了融资产品"医采E融"。

（5）为之服务的医药冷链物流基建持续扩大。

据不完全统计，截至2017年，医药物流仓库总面积达到1480万平方米，较2016年增加了21%，冷库面积为74万平方米，阴凉库面积为747万平方米。自有在用医药运输车辆为25 028辆，较2016年增长17%，冷藏车为3890辆，较2016年同比增长25%。随着两票制等政策的影响，以及专业化第三方医药物流的快速发展，物流基建规模继续扩大。

总的来看，我国医药供应链发展取得了较大成绩，但是我们也必须清醒地看到，目前中国医药供应链行业仍然存在很多问题与挑战。

医药供应链及物流领域的整体成本过高。由于医药物流运输条件相对严苛，同时又存在返程空驶等问题，整体成本较高。据报道，我国医药物流平均每单处理费用是美国的3倍。

医药产业的区域发展不平衡。分会数据显示，截至2017年年底，全国投入运营的各种类型的医药健康产业园已经超过400家，目前初步形成以长三角、环渤海为核心，珠三角、东北、中东部地区快速发展的空间格局，区域发展不平衡进一步凸显。

医药供应链各环节相关标准缺乏。目前，医药物流相关标准覆盖面积不广，尚存许多空白区域，如第三方医学检验、院内物流等细分领域，亟须相关标准的制定。

医药冷链及供应链服务的专业人才匮乏。一方面，目前医药物流企业中复合型高中端人才匮乏；另一方面，国内相关高校并未开设相关课程，技术人才、管理人才的培养不足，医药物流梯度人才建设亟待加强。

医药供应链相关企业的创新能力不足。当前我国大力推行创新创业，我国医药行业存在同质化严重、个性化服务缺乏、市场主体运营模式固化等挑战，医药供应链整体创新能力不足。

在新的环境下，我国医药供应链发展具备以下几个特点。

（1）医药供应链、产业链的生态共享平台化。

互联网、物联网、大数据、云计算等技术推动供应链发展，未来医药供应链将呈现以资源共享、互融互通的医药信息平台为载体，与商业银行、信托、保险、担保等金融实体为依托，聚集持有人、经营企业、使用企业、药品监督管理部门、消费者等要素，采用智慧化的物流技术手段，共同构建动态高效、共生共享、多方互赢的医药供应链生态圈态势。

（2）供应链的主体组织结构网格化。

随着药店连锁率提高、分销渠道整合、两极分化明显，零售药店向直接面向病人的药店、连锁药店、智慧药房等模式转型，医药供应链企业由单一线性结构转向动态网状拓扑结构，由单一的"串联"转向"并联"，同时随着"一带一路"等国家战略的推进，医药供应链行业将逐步建立互联互通的全球医药供应链体系。

（3）医药供应链服务水平专业化。

随着分级诊疗制度的推行，医院职能定位更加精准，对专业化医药物流服务要求更加迫切。未来将涌现一批运力要素聚集、网络布局合理、辐射带动明显、多仓高效协同、可实现跨区域配送的典型第三方医药物流企业或联盟，提供差异化、定制化、柔性化的医药供应链服务。

（4）医药产业链与供应链的物流标准化。

提升医药物流标准化与提升物流服务质量、运营效率，降低物流成本息息相关。

目前中国物流与采购联合会医药物流分会正在编制《医药冷藏车温控验证性能确认技术规范》《体外诊断试剂温控物流运作规范》和《医院院内物流一体化服务规范》。未来分会将继续推进物流标准化工作，引导医药物流逐步走向标准化、规范化和现代化。

（5）供应链与产业链上下游信息技术智慧化。

医药供应链与互联网深度融合，企业边界被打破，信息技术倒逼产业链强化供应链协同。信息技术的智慧化在医药物流上主要体现在智慧医药和智慧物流两方面。线下医疗服务互联网化和以企业为主导，通过线上提供医疗服务。实现多码并存、来处可查、去处可追、药品信息化追溯体系的建立，结合无人车、无人仓等先进技术，打造标准化、规范化、技术化的智慧医药物流。

真正意义上的核心问题包括以下几个方面。

（1）信息共享的机制不健全，供应链上下游企业之间的信息互不相通，信息孤岛依然存在。

（2）标准化程度仍旧不高，在实践中存在很多问题。

（3）降本增效的压力加大，在成本居高不下和利润较低的双重压力下，降本增效成为医药流通企业的必答题。

（4）创新能力不足，如何开发新的服务模式，提供差异化、个性化、定制化的服务，是药品流通行业所面临的问题之一。

（5）医药流通人才匮乏。

针对以上问题进行梳理，在医药供应链领域，真正需要解决的3个问题分别如下。

第一，主体变化，也就是要不断做大做强头部流通企业，相对于美国的头部流通企业掌控美国90%的药品流通量，我国的头部流通企业所掌控的份额相对较低，因此不断加大头部企业的并购，同时引入新经济主体和智慧企业的参与势在必行。

第二，强势贯彻两票制，不断缩短流通链条，降低各环节费率，有效提升整体供应链的效率和成本。

第三，坚决走商品条码和电子监管码两码合一的道路，全系列产品、全产业链与供应链统一配置电子设备，供应链上下游企业统一进行系统联通，保证商品的真实性、有效性和可追溯性，从而实现行业的效率提升和问题保真追诉问题。

2. 供应链流通主体的变化——国并民进网购趋势明显

国家对于医药供应链具有较深刻的认识，只是因为牵涉利益方过多，并没有真正深入贯彻并解决这一问题。随着国计民生的问题不断凸显，医药流通企业改革的压力也越来越大，因此，从2016年开始不断针对两票制的流通环节和税收问题进行整改，从而使得整个药品流通行业格局出现前所未有的波动和调整，大企业越来越大，小企业加速消失，行业集中度不断提高。可以说，医药流通企业的改革已经进入了深水区。

无论是"两票"制从价格延伸到价值链的重组,还是"4+7 带量采购"进一步规范药品价格,都使得传统赚中间价的贸易模式被重组,"以药养医"模式不再存在,药企毛利进一步压缩,小的分销商和代理商生存愈加艰难。

而且,因为国家对于药品集中采购、集中竞价的措施实施要求有一定的承担水平,中小企业在这种情况下很难继续有效生存,再考虑到供应链金融的效率较低和成本较高的现象,加快供应链主体的整合、并购重组已经是一个不争的事实。

国内医药流通领域的集中化速度不断提升,中国物流与采购联合会医药物流分会推算的数据显示,2018 年国药、华润、上药、九州通 4 家全国性的医药批发企业占流通市场总额的 34.12%,比 2017 年上升 1.98 个百分点。其中并购是华润、上药等龙头企业实现规模和业绩增长的主要手段。

华润医药 2018 年年度业绩报告显示,华润医药 2018 年投资并购多家企业。据掌链不完全统计,2018 年华润医药至少完成了对 9 家医药生产和销售公司的股权收购,包括上海国邦医药有限公司 51% 的股权;一年 3 次增资东阿阿胶,加强制药业务的整体优势;重组昂德生物以整合旗下生物药业务资源;等等。华润医药 2018 年投资清单如表 8-5 所示。

表 8-5 华润医药 2018 年投资清单

企业名称	占股比例
上海国邦医药有限公司	51%
江苏南山医药有限公司	70%
连云港德众药业有限公司	70%
国药广安医药有限公司	70%
湖南省湘中制药有限公司	86%
东阿阿胶股份有限公司	31.26%
昂德生物药业有限公司	51%
英特集团	16.67%
江中集团	51%

进入 2019 年,其资本布局依然火热,4 月 10 日华润医药对江中集团历时 1 年的收购之旅画上句号。江中药业更名为华润江中,华润医药成为控股 51% 的大股东。同时,华润江中经营范围也有变动,变为中药材采购、中成药的生产等。对此,华润医药也

表示，上述收购是扩大中国医药行业的市场占有率策略的一部分，借此为公司现有的营运提供人力资源、经济规模及协同效益。自2007年以来，华润医药先后收购东阿阿胶、华润三九、华润双鹤，加上江中药业，至今旗下已有4家上市公司。天眼查资料显示，目前其有实际控制权的企业数量达659家。

相比华润医药聚焦特色药，上海医药似乎更看重分销领域。值得一提的是，2017年在收购康德乐完成后，其不少上海医药的药品分销业务已经超过华润医药。随后2018年，上海医药继续大手笔通过收购扩张分销业务版图。据不完全统计，其先后收购了辽宁省医药对外贸易有限公司、上药控股贵州有限公司、上药控股遵义有限公司、海南天瑞药业有限公司。另外，上海医药通过收购惠州市上药同泰药业有限公司、江苏大众医药物流有限公司、四川瑞德药业有限公司等地方性流通企业，完善全国网络布局。

相比之下，国药在2018年相对低调。不过其在2018年7月份以51.078 9亿元收购控股股东国药集团持有的中国科学器材有限公司。至此，国药集团医疗器械领域的整合也在加速。

除了上述大型医药集团通过并购方式进入细分流通领域，一些区域性批发企业为了渗透市场终端，也通过资本不断进入下游零售领域。当然，从产业链条的角度来看，这都是为了强化自身供应链优势。

头部企业不仅自身有规模扩张要求，政策层面也对头部企业做大做强给予了支持，比如商务部于2016年12月发布的《全国药品流通行业发展规划（2016—2020年）》就指出，要提升行业集中度，鼓励药品流通企业通过兼并重组、上市融资、发行债券等多种方式做强做大，加快实现规模化、集约化和现代化经营；地方性的政策也相继跟上脚步，如2017年7月，山东食药监局发布《关于进一步促进药品流通行业转型升级创新发展的意见（征求意见稿）》，提出促进药品流通企业兼并重组、探索药品流通新模式，并进一步放宽企业并购重组门槛；2018年9月，安徽食药监局也发布了《推动药品流通企业转型升级创新发展实施细则（征求意见稿）》（以下简称《意见稿》）。《意见稿》显示，全国百强药品生产、经营企业，具备药品现代物流条件的药品批发企业（集团），安徽省药品生产、批发企业（集团）年纳税额在1000万元（含）以上的，都可以实施兼并重组。

这些政策在一定程度上促使中小企业向大企业靠拢，或联合重组兼并，只有二选一。现实的数据显示，福建省药品流通配送商数量已由2012年的176家减少到2016年的40家，77%的配送商已经"消失"。而按照规划，最终全国医药商业企业的数量可能只保留2000多家，也就是说，可能有11 000多家代理商将消失。

虽然国家鼓励头部医药企业，尤其是大型国有医药企业，比如国药、上药、华润等医药巨头进行兼并重组，但并没有妨碍国家对于民营医药供应链巨头企业如九州通的发展，以及新型主体和创新企业的进入。近些年随着医药供应链市场热度的兴起，加上互联网、电子商务、大数据、即时送等模式的从旁促进，再加上国家在2016年提出可以由专业的第三方配送公司参与，医药物流领域的格局开始发生变化。一些专业的第三方物流相继进入医药行业，分食万亿级大蛋糕。比如，中国邮政、顺丰、京东等第三方物流巨头纷纷加速进军步伐，叮当快药也做得风生水起。

其中，中国邮政是最早涉足医药物流配送领域的第三方物流机构之一，在2006年，宁夏邮政中邮物流公司便参与承担了宁夏药品配送，并很快获得了《药品经营质量管理规范》（GSP）认证证书。之后，中国邮政还相继在甘肃、内蒙古、安徽等地试点药品配送。2015年，中邮旗下医药公司又被福建省作为基本药物配送企业。

顺丰方面，集团在2014年单独成立了医药物流事业部，并在同一年成立了冷运事业部，专注食品和医药冷运配送。目前，顺丰医药也已取得了GSP认证及第三方物流许可。2018年，顺丰速运北京区还与北京医院最终确定了医院物流全方位解决方案，并达成深度合作意向。

京东则在2013年时便自建了京东医药。发展至今，京东医药物流已经在山东、湖南等全国各地开展了业务，并和国药集团、红运堂等多家集团达成合作。同时京东还与北京华鸿有限公司签署了合作协议，双方将在仓储管理、配送服务等医药物流领域展开合作。值得一提的是，国际物流巨头DHL也瞄准了我国医药物流市场，与上海医药达成战略合作。

作为医药新零售的标杆性企业，叮当快药通过自建物流自营叮当智慧药房，创立了"药厂直供、网订店送、网订店取"模式。如今其数百家自营门店依托互联网电子围栏技术，在多家重点城市实现全城覆盖。其在2019年还将AI技术与医药新零售相结合，面向消费者提供更加个性化、智能化的精准服务。同时，叮当快药还宣布与华润医药商业系统内的公司深化合作形式，结为战略合作伙伴，打通药品供应全链路。

然而，在市场大战如火如荼地行进时，其原有的弊端和新生的问题也在同步制约着行业发展。就医药运输中关键的冷链体系而言，其仍处于尚未建设完整的阶段。医药冷链物流成本居高不下、利润率较低（0.6%～0.7%）、基础设施较落后、信息化程度较低、市场监管体系不完善等难题都亟待解决。

通过智慧供应链改革，加强信息化建设和智慧服务体系、智能操作体系，将医药物流拆零技术、冷链箱周转体、物流全程可视化信息系统等方面不断优化升级，同时从医药物流企业智慧化运输、智能调度到产业链终端的智慧药房等，全行业正在打造信息化的智慧供应链，从而不断地降低成本，优化整体供应链的成本结构，使得行业的整体发展提升成为当前巨头和新进入者面临的重要问题。甚至可以说，技术赋能下的智慧物流和智慧医疗供应链的建造成为医药供应链改革的核心。

3. 供应链环节改革——多级混乱到大幅压缩供应链环节的两票制势在必行

2017年1月11日，国务院八部委共同发布《关于在公立医疗机构药品采购中推行"两票制"的实施意见（试行）》的通知，要求进一步深化医疗卫生体制改革，在公立医疗机构药品采购中落实两票制。两票制的实施是医药行业供应链流通环节的深刻变革，将会对银行在医药供应链环节的融资模式产生深远影响。

所谓两票制是指药品生产企业到流通企业开一次发票，流通企业到医疗机构再开一次发票。两票制的实施对于规范药品流通秩序，压缩药品流通环节，降低虚高药价有着重要的意义。两票制的实施范围仅限于公立医院医疗机构，不包括药店及民营性质的医疗机构。药品生产企业或科工贸一体化的集团型企业设立的仅销售本企业（集团）药品的全资或控股商业公司（全国仅限1家商业公司）、境外药品国内总代理（全国仅限1家国内总代理）可视同生产企业。

药品流通集团型企业内部向全资（控股）子公司或全资（控股）子公司之间调拨药品可不视为一票，但最多允许开一次发票。对于特别偏远且交通不便的乡镇、村医疗卫生机构配送药品，允许药品流通企业在两票制的基础上再开一次药品购销发票，以保障基层药品的有效供应。

两票制改革后，医药流通环节将呈现渠道扁平化的特点，医药流通企业行业集中度提高，中小流通企业逐渐退出，大型流通企业从中获益。

从图8-15中可以看出，两票制实施后，医药供应链流通环节将会重构，层级大幅压缩。在多票制模式下，药品从医药生产企业发出后，会经过大包、省代等各级代理商，最后经医药配送商到达医院、药房等终端，医药流通中间环节较多；推行两票制后，药品直接经医药配送商到达医院、药房等终端，整个医药供应链流通环节仅涉及一家医药流通企业。在特殊情况下，部分医药生产企业甚至可以不经流通环节，直接向医院开立发票，将生产的药品自行配送至医院，实现生产、销售、配送一条龙服务。

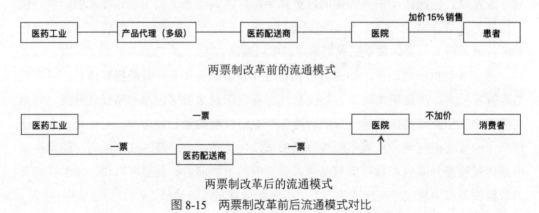

图 8-15 两票制改革前后流通模式对比

医药供应链流通环节的压缩将会对医药流通企业产生直接影响，大型医药流通企业会从中受益。两票制实施后，医药流通企业将直接连接上游医药生产企业和下游零售终端，在医药供应链中承担信息流、物流、资金流的枢纽作用。具体来讲，在物流方面，医药流通企业连接着上游医药生产企业，承担药物的集散、配送和渠道库存作用；在信息流方面，医药流通企业下游直面医疗机构等终端客户，既能帮助上游医药生产企业实现"以销定产"的物料生产计划，又能实现医疗终端市场的信息收集和反馈，不断调整产品策略；在资金流方面，为保障医药供应链的正常运转，医药流通企业须协助生产企业降低应收账款，保障其现金流，承担医院到厂家这一过程中的资金垫付功能。

同中小型流通企业相比，大型医药流通企业具备强大的资金垫付能力，可保障上游药企应收账款；具备符合GSP规范仓储、配送和终端网络覆盖；有强大的商务和销售团队支持并保障药品的渠道管理。不难预料，两票制的推行将引发医药流通企业的集聚整合，未来会有越来越多的医药流通企业面临因业务减少、合规检查不过关被吊销执照，部分面临被收购、转型或者被淘汰等问题。从长远来看，医药流通行业经营环境将会不断改善，行业集中度将会持续提高。

两票制的实施将会给医药流通企业带来两方面的融资需求变化，一是流通企业融资需求加大，二是信贷资源向大型医药流通企业集中。

两票制实施前由于存在大包及省代等中间垫资环节，整个医药供应链融资需求相对较小；两票制实施后，随着大包及省代等中间环节退出，医药生产企业回款周期延长，现金流趋于紧张，医药流通企业将承担起为医药生产企业垫款的职能，因此，医药流通企业对于银行的供应链融资需求将会有较大的增长。

两票制改革后，银行信贷资源将会越来越集中于少数大型的医药流通企业。根据优胜劣汰机制，两票制实施后中小型流通企业由于缺乏竞争力，将会逐渐退出流通环节，医药供应链流通企业将会集中于国药、上药、华润、广药和九州通等全国性的大型医药流通企业，以及部分省市非常强的区域医药配送龙头，信贷资源也将会优先配置给该类目标客户。

随着两票制的推行，医药流通企业的集中度将会逐渐提高，大型医药流通企业一方面具有庞大的上下游客户资源；另一方面，其自身的公司治理、财务管理较为完善，企业信息化水平较高，更易于开展在线供应链融资业务。因此，银行可以积极与国药、上药、华润、广药和九州通等大型医药流通企业的供应链平台对接，采用银企直联模式为其提供线上融资服务。将医药融资由线下转到线上可以将医药行业信息流、物流、资金流有机整合，在核心企业明确约定提供信用支持和信息交互的前提下，结合电子供应链的商业运作和交易结算特点，为医药供应链上下游客户提供电子化表内外信贷业务，全方位改善客户体验。

两票制的实施，大幅缩短了供应链各操作和经营主体，极大地提高了作业效率，但也应该注意以下两点问题。

（1）严格客户准入，加强信用风险管理。供应链融资的风险具有易传导性，银行应该加强医药流通企业及其上下游客户的信用风险管理。医药流通企业方面，银行应严格客户准入，甄选资金实力雄厚、具备符合GSP规范的仓储、配送设施，终端网点覆盖全面，有强大的商务和销售团队支持保障药品的渠道管理的企业作为目标客户。同时，通过查看以往交易记录、调阅财务报表和电话调查等多种手段，筛选核心流通企业上下游客户中优质的交易对手续做供应链融资，确保信用风险可控。

（2）完善环节管理，防范运营风险。银行应根据医药供应链融资的特点，有针对性地制定严格的操作规范和监管程序，确保业务操作有章可循。同时，全面加强从业人员业务培训，保证业务合规操作，从根本上杜绝因内部管理漏洞和操作不规范带来的风险。为了保障医药供应链金融中物流、资金流与信息流传递的真实性和准确性，最大程度降低人为因素的干扰，银行应加大信息科技技术软硬件的投入，借助ERP系统平台、EDI等信息处理技术，将供应链的上下游企业与银行系统线上对接，降低因信息传递失真而产生的操作风险。

4．供应链信息孤岛的打破——生产、流通、销售，一码通天下

两票制的出现可以大幅减少药品流通环节并且能够在一定程度上促进阳光工程，但是两票制却不能杜绝医院、药店进口假药、非正规药的可能性，如何解决这个问题呢？其根本就在于编码的全产品化、运转的全链路统一化、两码合一的便利化，从而真正意义上实现药品的可追溯，也只有这样才能实现真正意义上的大数据管理、操作的智能化，以及通过RFID高效操作，解决整体效率问题。

我国的条码自动识别技术经过多年的推广应用，已逐渐成为商业超市售货结算及自动化管理的必备手段，商业自动化管理的进程在很大程度上依赖条码自动识别技术的应用水平，而条码质量的好坏是保证该技术应用的关键因素之一。因此，条码质量管理一直是我国技术监督工作的重要内容，颇为社会各界关注。

医药产品的商品条码主要包括零售医药产品的商品条码、非零售医药产品的代码与条码符号表示，零售医药产品的标识代码只可采用EAN/UCC-13或EAN/UCC-8两种结构。中国医药产品一直都是产品条码和电子监管码两码进行管理。

首先，简单介绍一下电子监管码的内容。中国药品电子监管码是对药品实施电子监管，为每件最小销售包装单位的药品赋予的电子标识标签。每件药品的电子监管码唯一，即"一件一码"，好像人的身份证，也就是药品的电子身份证。

目前，国家食品药品监督管理局开始启用的电子监管码为20位，由一组规则排列的线条与空白以及对应数字字符"码"，按照一定的编码规则组合起来的，表示一

定信息的药品标识符号。在进行辨识的时候，是用条码阅读机扫描，得到一组反射光信号，此信号经光电转换后变为一组与线条、空白相对应的电子信号，经解码后还原为相应的文字，再传入电脑。它是通过在计算机系统的数据库中提取相应的信息而实现的。药品生产企业通过电子监管码将药品的生产、质量等源头信息传输到监管网数据库中，流通企业通过监管码进行进货检查验收，并将进货信息传输到监管网数据库中，在销售时将销售信息传输到监管网数据库中，这些数据信息可供消费者进行真假与质量查询，供政府进行执法打假、质量追溯和产品召回管理，供企业了解市场供求情况、渠道销售情况和涉假信息，也可供消费者借助短信、电话、网络以及终端设施等形式查询药品真实性和质量信息。消费者可以获得的信息有药品通用名、剂型、规格、生产企业、生产日期、生产批号、有效期等。

中国药品电子监管是产品质量安全进行"源头治理、全程监管、预防为主"的指示精神，国务院为加强产品质量和食品安全工作提出建设"两个链条、两个体系、一个网络"的监管网络与信息技术平台，是为保障公众用药安全，不断提高监管水平，利用现代信息技术、网络技术和编码技术，对药品质量实施监管的科学创新，实施药品"电子身份证"监管制度，体现了中国政府对人民利益和企业利益的高度重视。

电子标签为每个最小包装的药品赋予唯一的电子监管码，实现"一件一码"管理，将监管码对应的药品生产、流通、使用等动态信息实时采集到数据库中，通过覆盖全国的无缝网络、支持数百万家企业数千万亿件产品的超大型数据库和专业化的客户服务中心，为政府从源头实现质量监管建立电子档案、对市场实现跟踪追溯、索证索票、实施进货检查验收、建立购销电子台账和问题药品召回提供了信息技术保障，最终建立了从原料进厂、生产加工、出厂销售到售后服务的药品全过程电子监管链条，建立了从种植养殖、生产加工、流通销售到使用的药品全过程电子监管链条，为建立药品质量和安全的追溯和责任追究体系提供了信息技术平台，建立了覆盖全社会的药品质量电子监管网络。

药品电子监管码具有5大特点。

（1）一件一码。突破了传统一类一码的机制，做到对每件产品唯一识别、全程跟踪，实现了政府监管、物流应用、商家结算、消费者查询的功能统一。实现了对每一盒、每一箱、每一批重点药品生产、经营、库存以及流向情况的随时掌握，遇到问题时可以迅速追溯和召回。

（2）存储信息动态预警。为突破药品质量信息和流通动态信息无法事先印刷的局限，药品电子监管网对药品动态信息实时集中存储在超大规模监管数据库中，同时满足了生产、流通、消费、监管的实时动态信息共享使用需求。对企业超资质生产和经营预警；药品销售数量异常预警；药品发货与收货数量和品种核实动态预警；药物滥用和疾病的流行趋势预警。

（3）全国覆盖。由于药品一地生产、全国流通销售的特点，只有做到全国统一、无缝覆盖的系统网络平台，才能满足全程监管的要求。药品监管和稽查人员可以通过移动执法系统，如通过上网，或通过手机便利地在现场适时稽查。

（4）全程跟踪。监管网对药品的生产源头、流通消费的全程闭环信息采集，具备了质检、工商、卫生、药监等各相关部门信息共享和流程联动的技术功能，为实现对药品的质量追溯、责任追究、问题召回和执法打假提供了必要的信息支撑。监管执法部门可以及时掌握相关药品假冒的信息并迅速采取执法行动，对质量问题进行流程追溯和责任追究，对问题和缺陷药品进行及时准确的召回管理，将政府监管、企业自律和社会监督很好地结合起来。

（5）消费者查询。可以借助短信、电话、网络以及终端设施等形式方便地查询药品的真实性和质量信息。消费者可以获得的信息有药品通用名、剂型、规格、生产企业、生产日期、生产批号、有效期等，如果发现问题可以与当地的食品药品监管部门联系。

接下来，我们再介绍一下医药商品条码。零售商品的13位商品条码（目前主要是EAN-13/8）是国际组织公布的非强制标准，是一类一码，主要用于POS扫描结算，不能分辨真假和记录产品质量，不能实现产品流通跟踪，也不适用不在超市销售的药品。药品电子监管码是国家规定的药品标签标识，是一件一码，可以实现对药品生产、流通、消费的全程监管，实现药品真假判断、质量追溯、召回管理与全程跟踪等功能。

药品在完成生产下线后，进入药品监管码管理中心。相关人员填写使用登记，即监管码激活动作。监管码必须在生产包装都完成后激活，这样可以准确记录生产日期等动态信息，更重要的是，这是防止监管码被非法盗用印刷的一个工作环节。电子监管码激活后就能够查询出监管码所对应的药品信息。

通过以上关于电子监管码和商品条码的介绍，我们可以明确电子监管码本身也是条码的一种，只不过电子监管码管理的颗粒度精细化到最小单位——"件"，而条码管理的颗粒度精细化到最小单位——"品"，二者是一物一码和一品一码的关系。

很多人可能对于医药商品的外包装并没有过多的关注，总认为去医院开药或者到药店拿药没有什么令人担心的。实际上有过一组调研数据，在1500种药品汇总中，80%的OTC药品外包装都印有药品条形码（bar code for drugs，BCD），而处方药上面印有BCD标志的不到30%，医院用药大部分以这一类为主，为什么呢？读者可以思考一下这个问题。

通常，人们购买的药品上面除了外包装有个条码，还有可能存在一个人工单独贴的条码；还有就是化学名称、英文翻译名称以及一些约定俗成的名称都不统一，一品多名的现象比比皆是。其根本原因就在于条码的互相不认同、不互通，没有一个共同的标准，以致生产企业、流通企业、医院、终端药店都有自己的码制需要分别粘贴，造成了大量的重复工作,也给终端消费者造成了很多困惑等。

当然,药品电子监管码和条形码确实是不同的,具体表现在以下几个方面。

(1)作用不同。药品电子监管码管理系统是针对药品在生产及流通过程中的状态监管;条形码是为了区分不同商品,即一个商品项目只能有一个代码,或者说一个代码只能标识一种商品项目。不同规格、不同包装、不同品种、不同价格、不同颜色的商品只能使用不同的商品代码。

(2)强制性不同。申请注册行为完全是自愿的。依法取得企业法人营业执照或营业执照的生产者、销售者可根据自己的经营需要申请注册厂商识别代码;药品电子监管码赋码是强制性的。2010年6月17日,国家药品监督管理局(CFDA)发布了《关于做好基本药物全品种电子监管工作的通知》,凡生产基本药物品种的中标企业,要在2011年3月31日前加入药品电子监管网,按规定做好赋码、核注核销和企业自身预警处理的准备工作。

(3)监管机构不同。国家质检总局、国家标准委负责组织全国商品条码的监督检查工作,各级地方质量技术监督行政部门负责本行政区域内商品条码的监督检查工作;药品电子监管码监管机构为国家药品监督管理局及地方药品监管部门。

但实际上,电子监管码和条形码从设定规则上或者形式上完全可以实现统一,出现当前问题的根本原因在于二者的上级管理单位不同。但是从商品管控的角度而言,从流通效率的角度而言,可以直接将电子监管码作为条码使用并且直接达到一件一码的效果,管控到最小颗粒度,这样既能减少医药生产企业的重复工作,又能使医药供应链从前到后都可以统一追溯,实现真正意义上的安全。

通过电子监管码和商品条码的统一,两码合一最终达到一码通天下的效果。再将这种管理方式和国家监管网进行有效对接,就能够实现真假好坏优劣及各个物理环节的追溯。

同时,生产企业和流通企业还可以迅速了解产品市场情况,保护知识产权,实现品牌推广、掌握物流信息;消费者可以借助短信、电话、网络以及终端设施等查询产品真实性和质量信息;监管执法部门可以及时掌握有关产品假冒违法的信息并迅速采取执法行动,对质量问题进行流程追溯和责任追究,对问题和缺陷产品进行及时准确的召回管理,将政府监管、企业自律和社会监督很好地结合起来,推动和谐社会的建设。

只有达到这种效果才能真正打破信息孤岛,否则,我们将会一直在一条错误的道路上团团转。这不仅仅是工商总局和医药总局两个国家政府部门的事情,更是涉及亿万民众生命安全、有效追溯、行业效率、成本节约的事情。

5. 九州通供应链助力武汉新冠肺炎疫情的管控

九州通医药集团连续多年位列中国医药商业企业第4位,民营第1位,2019年实现含税销售收入超过 1100 亿元。在 2019 年年末至 2020 年的武汉新冠肺炎疫情中，作为湖北省防控应急物资统一采购储备企业之一，九州通充分发挥自身丰富的上下游客户、健全的医药行业供应链体系、专业的物流信息技术、强大的营销配送网络等优势，以及覆盖全国的 B 端、C 端电子商务与互联网平台，动员全集团 21 000 多名员工奋战在抗击疫情第一线，其中湖北区域公司 5800 余人，武汉区域 3100 余人；先后投入资金 40 余亿元，采购 1.5 亿余件（盒、套）抗疫物资，有力地保障了武汉乃至全国的各种防疫物资和药品的供应工作。

疫情期间九州通共向社会提供了合计超过 300 万包预防方、60 万包治疗方、20 多万包康复方。面向全国共计采购中药材 728 批次，共 1600 余吨。除了满足湖北供应，还面向全国的 33 家中药材需求企业进行抗疫品种的供应。

所有的付出都来自于九州通的供应链协同平台，这个平台的供应链基本模型是集团内部实行全国管理一体化，管理规则、管理系统、物流系统全国统一，真正做到内部二级公司（省级）、三级公司（地市级）、配送站的协同，提升各级公司管控的严谨性，降低经营风险；集团外部通过信息平台建立与供应商、B2B 电商的高效协同。九州通供应链协同如图 8-16 所示。

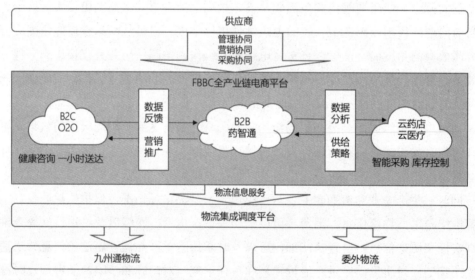

图 8-16　九州通供应链协同

具体而言，九州通集团以 B2B 和智药通 App 为核心，从厂家（F 端）到九州通（大 B 端）到零售商（小 B 端）到消费者（C 端）的 FBBC 平台整个连通。

连通小 B 端的是云药店和云医疗，覆盖了零售终端单店客户、中小零售连锁客户、小型代理商客户、非公诊疗客户（民营医院和诊所），核心服务是智能采购决策、智能库存控制、大数据会员动销。

延伸到 C 端的是 B2C 和 O2O 平台，基于 O2O 的 1 小时送达体验、更实惠的综合购买成本和日常健康资讯与咨询服务，帮助药师和药店对接C端的健康医药消费目标人群。

与上游供应商通过智药通App实现市场管理平台、营销协同平台、采购协同平台。与下游九州通物流和第三方物流通过物流集成调度平台提供的物流信息服务进行协同。

九州通通过自己的ERP云平台，上游链接供应商，下游链接需求端。从供应商端，资源通过ERP平台相衔接。从需求端，九州通长期与很多分销商、零售店、医疗机构等保持合作，尤其是新冠肺炎疫情期间，为隔离点和医疗机构提供服务，是一个庞大并动态发展的体系。九州通形成了一个完整的医药供应链生态。

九州通因为一直在供应链协同平台方面持之以恒地付出和不断完善，所以在突发事件发生的时候，在全国用工都不足的情况下组织了能满足70%需求的工人，以及整合了运力资源等，反映了紧急情况下高效的资源整合能力。平时建立的供应链关系在面对急速放大的需求时起到了很大作用，这是资源整合能力和快速响应能力的体现，这种能力只有通过综合协作才能实现。另外，在这次保障事件中，九州通也让人们了解到其不再只是一个医药配送公司，更是一个大型医药供应链服务平台。九州通的供应链模式创新是高度集成的，这种组织模式的创新是对社会的贡献。同时，其技术手段的创新也在一定程度上得到了检验，在紧急情况下，很多技术都是第一次部署的，供应链效率得到了保障和提高。在一定程度上，九州通的供应链服务水平处于中国医药供应链服务先进水平行列。

8.9 跨境电商：进来的是幸福，出去的是富裕

跨境电子商务是指分属不同关境的交易主体，通过电子商务平台达成交易，进行支付结算，并通过跨境物流送达商品、完成交易的一种国际商业活动。跨境电子商务作为推动经济一体化、贸易全球化的技术基础，具有非常重要的战略意义。跨境电子商务不仅冲破了国家间的障碍，使国际贸易走向无国界贸易，同时它也正在引起世界经济贸易的巨大变革。对企业来说，跨境电子商务构建的开放、多维、立体的多边经贸合作模式，极大地拓宽了进入国际市场的路径，大大促进了多边资源的优化配置与企业间的互利共赢；对于消费者来说，跨境电子商务使他们非常容易获取其他国家的信息并买到物美价廉的商品。

我国跨境电子商务主要分为企业对企业（即B2B）和企业对消费者（即B2C）的贸易模式。在B2B模式下，企业运用电子商务以广告和信息发布为主，成交和通关流程基本在线下完成，本质上仍属传统贸易，已纳入海关一般贸易统计。在B2C模式下，我国企业直接面对国外消费者，以销售个人消费品为主，物流方面主要采用航空小包、邮寄、快递等方式，其报关主体是邮政或快递公司。供应链管理与传统的物流管理在存货管理的方式、货物流、成本、信息流、风险、计划及组织间关系等方面存在显著

区别，这些区别使得供应链管理比传统的物流管理更具优势。从存货管理及供货物流的角度来看，在供应链管理中，存货管理是在供应链成员中进行协调，以使存货投资与成本最小。从成本方面来看，供应链管理是通过注重产品最终成本来优化供应链的。跨境电商的供应链服务可以帮助企业拓展海外市场，拉近企业与客户之间的距离，建立企业与客户之间的业务流程的无缝集成，最终达到生产、采购、库存、销售以及财务和人力资源管理的全面集成，令物流、信息流、资金流发挥最大效果，把理想的供应链运作变为现实。

在经济全球化浪潮下，中国跨境电商在近年来不断发展，市场规模持续扩大。海关数据显示，2019 年通过海关跨境电商管理平台验放的零售进出口商品总额达 1862.1 亿元，同比增长 38.3%。尽管遭受新冠肺炎疫情冲击，跨境电商进出口在 2020 年一季度仍实现了 34.7% 的增长，展现出其更大的发展空间。与此同时，跨境电商亦沐浴"政策春风"，2021 年的政府工作报告即提出，为促进外贸基本稳定，要加快跨境电商等新业态发展。至此，跨境电商已连续 6 年被写入政府工作报告。

2020 年，我国以及全世界经济虽然都受到新冠肺炎疫情的严重影响，但是，据海关初步统计，2020 年中国跨境电商进出口为 1.69 万亿元，增长 31.1%。其中，出口为 1.12 万亿元，增长 40.1%；进口为 0.57 万亿元，增长 16.5%。通过海关跨境电子商务管理平台验放的进出口清单达 24.5 亿票，同比增长 63.3%。2020 年"双 11"期间，全国通过海关跨境电商进出口统一版系统共处理进出口清单 5227 万票，同比增长 25.5%；处理清单峰值达 3407 票/秒，增长 113.2%，各项指标均创新高。

为了配合抗疫需要，2020 年海关总署创新开展跨境电商企业对企业（B2B）出口试点，增设了"9710""9810"贸易方式，现已在北京等 22 个直属海关开展试点，将跨境电商监管创新成果从 B2C 推广到 B2B 领域，并配套便利通关措施。同时，为有效支持中欧班列发展 10 条措施，支持利用中欧班列运力开展跨境电商、邮件等运输业务，在疫情期间，海关支持邮政部门开通进出境临时邮路，累计开通临时出境口岸 15 个、临时进境口岸 13 个，积极输运进出境邮件和跨境电商商品。

1. 跨境电商的出现是为了打破当初小件商品贸易的壁垒

我国跨境电商的发展是在传统国际贸易的基础之上，针对终端消费者而独创的一种电子贸易方式，主要针对的是单次 2000 元以下的商品，年度跨境零售个人额度调整为 26 000 元。

跨境电商的发展并不是一蹴而就的，是在个人代购和外贸企业转型的过程中通过共振而逐渐发展起来的。这是一个一直伴随灰色通关和正品入关，开放与紧缩、政策支持与打压，直至确定发展方向、发展模式以及不断鼓励，并最终形成一种万亿级市场的过程。

个人代购市场主要从 2000 年左右开始，典型形式是海外的留学生或工作的国人每年帮家人或朋友带一些国内没有的物品；到了 2007 年，随着电子商务和淘宝创立全球购，个人代购逐步变成了一种趋势，在海外的国人或其他人员通过自身获取国外商品的资源在全球购上开店从而供应国内民众；2008 年，三鹿奶粉事件导致国人对我国的奶粉产生不信任感，大量的奶粉海外代购促使这一行业迅速发展；随着 2014 年海关总署 "56 号文" 生效，个人物品将按行邮税进行征税，未经备案的私人海外代购将被定为非法，根据政策要求，跨境电商整个过程的数据需要纳入 "电子商务通关服务平台"，与海关联网对接。此外，进出境货物、物品信息也要提前向海关备案。"其实，大的企业平台已经早有准备，阿里巴巴在海外进行了多起并购，其中不少和电子商务相关，京东也是如此。它们计划走出去，跟国外合作，将经营规范化。" "56 号文" 对于国际规模性的正规跨境物流电商是一件好事，更好地规范了行业中的企业。统计数据显示，2013 年，中国海外代购市场的交易规模超过 700 亿元，2014 年市场规模超过 1500 亿元。

同时，海外代购已不局限于简单的生活用品：由单一名牌箱包到生活用品再到奢侈品，消费者所用商品都可通过海外代购实现。多样的品种、低廉的价格、较高的质量是海外代购兴起的主要原因。在国内，由于进口时较高的关税和部分代理商的垄断，化妆品、电子产品、奢侈品等产品的价格普遍偏高。按照相关规定，位列海外代购首位的化妆品要收 50% 进口税，而数码产品、手表类征收 30% 的进口税，金银首饰及文化用品等商品征收税率最低为 10%。除了进口关税，目前我国进口产品进入流通环节还要收取 17% 的增值税。所以随着互联网电商平台的发展和普及，一部分中国人选择借助代购渠道购买这些商品，足不出户依然可以买到远远低于境内市场价格的商品。

虽然海外代购已经走出灰色地带，但是其并不是跟跨境电商平台交易，还是存在很多假货、被骗以及走私等情况，同时售后服务很难保证。用户没有直接和海外电商平台交易，售后服务也需要依赖中间人，无形中增加了退换货的难度。还有关税和物流的不确定性，也是摆在人们面前的问题。以上这些问题促使很多代购主体逐渐转移至跨境电商平台，成为合规的企业或者经营人，以便保证客户的权利。

介绍海外代购这一背景的原因是明确海外代购并不是真正意义上的跨境电商，海外代购是跨境电商的一部分或者是一个引子（引起跨境电商或者是分裂出规范的跨境电商模式），但它绝不是跨境电商，同时，跨境电商也不仅仅是个人代购合法化行为的结果。

虽然说海外代购不是跨境电商，但是进口跨境电商是在海外代购的引导和刺激下，在国家的鼓励和行业技术、模式的推动下迅速发展起来的。跨境电子商务简称跨境电商，是指分属不同关境的交易主体通过电子商务平台达成交易、进行支付结算，并通过跨境物流送达商品、完成交易的一种国际商业活动。进口跨境交易就是企业通过合法的途径，把国外物美价廉的商品进口到国内，再通过电商平台售卖给国内的消费者。

恰恰是认识到海外代购主体繁多且以个人为主，存在许多问题，因此从 2014 年海关总署"56 号文"开始，强化国家管理，同时财政部等发布税改，"正面清单"发布，跨境电商开始变革历史的趋势显而易见。首先，跨境电商的发展随着需求的增大一定逐渐向正规的公司化运营发展；其次，跨境电商是一个受政策影响很大的行业。

随着 2015 年"互联网+"时代的来临，跨境电商已经站到了资本市场的风口上。跨境电商有望成为对冲出口增速下台阶的利器。近年来，随着国际贸易条件的恶化，以及欧洲、日本的需求持续疲弱，中国出口贸易增速出现了下台阶式的减缓。而以跨境电商为代表的新型贸易近年来的发展脚步正在逐渐加快，并有望成为中国贸易乃至整个经济的全新增长引擎。

以上是跨境电商进口模式的由来。而中国大宗 B2B 跨境电商的发展始终以出口为主，进口为辅，同时随着跨境电商针对个人的进口模式的大发展，跨境电商的 B2C 出口模式也在不断发扬光大。

出口跨境电商的发展主要是从 1999 年阿里巴巴成立真正拉开发展的序幕的。最初，阿里巴巴中国供应商只是互联网上的黄页，将中国企业的产品信息向全球客户展示，定位于 B2B 大宗贸易。买方通过阿里巴巴平台了解卖方的产品信息，然后双方通过线下洽谈成交，所以当时的大部分交易是在线下完成的；2000 年前后，少量国人开始在 eBay 和 Amazon 等国外平台尝试跨境电商，但并没有形成规模。此阶段主要是网上展示、线下交易的外贸信息服务模式，主要的功能是为企业信息以及产品提供网络展示平台，并不在网络上涉及任何交易环节。

到了 2004 年，跨境电商功能不断增加、模式不断健全。在这个阶段，跨境电商平台开始摆脱纯信息黄页的展示行为，将线下交易、支付、物流等流程实现电子化，逐步实现在线交易。相比黄页阶段，跨境电商在线化更能体现电子商务的本质，借助电子商务平台，通过服务、资源整合有效打通上下游供应链，包括 B2B（平台对企业小额交易）以及 B2C（平台对用户）两种平台模式。跨境电商 2.0 阶段，B2B 平台模式为跨境电商主流模式，通过直接对接中小企业商户实现产业链的进一步缩短，提升商品销售利润空间。

2013 年成为跨境电商重要转型年，跨境电商全产业链都出现了商业模式的变化。随着跨境电商的转型，跨境电商发展的"大时代"随之到来。

加之 2015 年"互联网+"时代的来临，跨境电商已经站到了资本市场的风口上。中国在 2015 年出台文件支持跨境电商，在全国设立跨境电子商务试验区，也在全国设立贸易自由试验区，积极地探索跨境电商的管理制度，各地也出现跨境电商保税区。这些都是政策利好的消息。

2018 年 11 月 21 日召开的国务院常务会议决定延续和完善跨境电子商务零售进口

政策并扩大适用范围，扩大开放进一步激发消费潜力。国务院 93 号文件再次批准 22 个跨境电子商务试验区，截至目前在全国有 35 个跨境电子商务试验区，这是规模巨大的市场机会。政府极力鼓励中国企业走出去，中国产品借助跨境电商平台出海实现经济增长，这些都对中国经济发展有巨大影响力，无论政府还是企业都是受惠者。到 2020 年，国家初步划定 50 个已经开展跨境电商业务的示范城市外加海南全岛可以开展跨境电商业务，这就更加扩大了消费者群体，提高了其购买力度和便捷性，从而使得我们的跨境电商做到了"买全球、卖全球"，也符合国家提高国民幸福指数的要求。

以上是进口跨境电商和出口跨境电商两种模式的发展路径以及最终的统一管理道路。为什么跨境电商会取得较快的增长？这主要是因为政策开放，从 2012 年开始，政策开始逐步推动跨境电商行业发展；品牌垄断、传统模式零售背景下，海外品牌在国内拓展需要依靠本土代理，而本土代理自然要通过垄断优势获取超额利润，所以造成终端销售价格的虚高；周期不同，在美国，商品一个季度内未卖出就进入奥特莱斯，此时同款产品才刚刚在中国上线，进一步扩大了不同地域间的价差；从品质品类优势来看，新崛起的中产阶级消费者对品质的要求较高，他们对国外产品更为信任，某些品牌和商品品类仅在国外有售，国内没有引进，随着消费水平的提升，中国消费者开始追求更丰富的商品品类；从沉重的税负来看，世界银行的数据显示，2013 年东亚部分国家和地区的商品综合税负，中国以 63.7% 位居首位，比第二位的日本高出 14%；消费升级，人均 GDP 和收入的持续提升，使国人对品牌品质的需求升级，海外商品填补消费升级的空白（以母婴用品为例，奶粉和纸尿布都是高端品牌增速显著），同时国内的监管和产能也跟不上海外商品需求；世界扁平化趋势明显，随着互联网的发展，世界的扁平化和世界村的趋势越来越明显，导致以前开店模式的壁垒消失；我国工业品门类齐全，供应链产业链配套完善，从而可以形成快速整合能力进而供应全球，这一点我们后面有专门案例作为介绍。

针对跨境电商 B2C 模式，海关总署根据 B2C 和 B2B 分别制定了相应的海关监管方式：B2C 模式下的海关监管代码为 "9610" "1210" 和 B2B 模式下的海关监管代码为 "9710" "9810"，如图 8-17 所示。

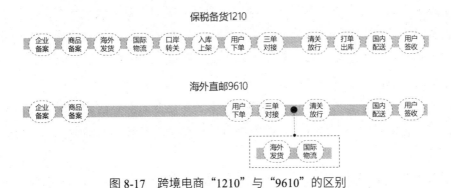

图 8-17 跨境电商 "1210" 与 "9610" 的区别

2014年，海关总署发布第12号公告，"9610"全称"跨境贸易电子商务"，俗称"集货模式"，即B2C（企业对个人）出口。该模式能够化整为零，灵活便捷，满足境外消费者需求，具有链路短、成本低、限制少的特点。该监管方式适用于境内个人或电子商务企业通过电子商务交易平台实现交易，并采用"清单核放、汇总申报"模式办理通关手续的电子商务零售进出口商品。"9610"出口就是境内企业直邮到境外消费者手中。此种模式针对的是已销售品。

2014年，海关总署发布第57号公告，"1210"全称"保税跨境贸易电子商务"，简称"备货模式、保税电商"。该监管方式适用于境内个人或电子商务企业在经海关认可的电子商务平台实现跨境交易，并通过海关特殊监管区域或保税监管场所进出的电子商务零售进出境商品。"1210"相当于境内企业把生产出的货物存放在海关特殊监管区域或保税监管场的仓库中，即可申请出口退税，之后按照订单由仓库发往境外消费者。而所谓的1239监管代码没有对城市做具体要求，意味着只要"符合海关特殊监管区域或保税物流中心（B型）"两个条件即可。此种模式针对的是未销售品。

2020年，海关总署发布75号公告，"9710"简称"跨境电商B2B直接出口"，是指境内企业通过跨境电商平台与境外企业达成交易后，通过跨境物流将货物直接出口至境外企业，并向海关传输相关电子数据的模式。

2020年，海关总署发布75号公告，"9810"简称"跨境电商B2B出口海外仓"，是指境内企业先将货物通过跨境物流出口至海外仓，通过跨境电商平台实现交易后从海外仓送达境外购买者，并向海关传输相关电子数据的模式。

两种方式规定，只要货物值低于5000元，在不涉证、不涉检、不涉税的情况下，可以优先处理，快速清报关，操作简单便捷，可以大幅提升企业运营效率。

2021年，随着全球经济的复苏，中国外贸仍有望保持不错的增速，但随着基数的抬高，这一增速有可能逐步回落，当前需要高度关注出口企业持续升高的成本。6月7日，海关总署公布的数据显示，5月份，中国进出口总值为3.14万亿元，同比增长了26.9%，同比增长了20.8%。其中，出口为1.72万亿元，同比增长了18.1%；而进口为1.42万亿元，同比增速高达39.5%。

成本上升、有效需求放缓是5月份出口增速回落的主要原因，一方面，海运价格连续刷新纪录，原材料价格持续高企，人民币升值也抬高了出口企业的成本；另一方面，5月份PMI中新出口订单指数失守荣枯线，前期高速增长的防疫物资与"宅经济"产品增速纷纷回落，包括口罩在内的纺织品出口下降了10.3%。

与此形成鲜明对比的是，进口保持强劲增长，这一方面是因为人民币升值刺激了进口，另一方面是因为全球大宗商品价格继续走高，铁矿砂、原油和大豆等商品进口量价齐升。

展望未来，随着基数的抬高，中国外贸增速可能稳中有降，当前应避免汇率大幅波动对中国外贸尤其是出口的冲击,同时,需要高度关注外贸出口企业持续升高的成本。

中国物流信息中心总经济师陈中涛在接受《21世纪经济报道》记者采访时指出,当前外贸企业正面临着全要素的成本上升问题,这并不局限在原材料领域,还包括人力、国际物流、海运等诸多方面,其主要原因在于全球性的流动性宽松,为了应对输入性通胀的压力,人民币出现了升值,然而这又进一步抬高了外贸企业的汇率成本,外贸企业正遭受多重成本挤压。

陈中涛指出,2021年5月进口增长强劲,首先是因为当月人民币汇率明显上升,这有利于刺激进口。"近期有观点认为需要通过人民币升值来平抑输入性通胀,当前应避免汇率大幅波动对中国外贸的冲击,尽管这会提振进口,但是会抬高出口企业的成本,挤压很多出口企业本就不高的利润。事实上这一抑制效应已经开始体现在出口数据上。"

陈中涛对未来的预期更为乐观,5月份美国、欧盟的PMI持续升高,疫情在印度等新兴市场国家的扩散减缓了中国出口份额的回落速度,原来的制造业外迁趋势暂缓,全球产业链反而加速向中国聚集,比如中国外商直接投资自2020年以来一直在走高,2021年4月这一数字增长了39.55%。

为什么要引述上面这段内容,是因为其涵盖了跨境电商进口与出口的内容核心本质,同时也包括了大宗贸易和个人零售交易的总额。外贸交易量的进出口与各国本身的需求和供应能力具有决定正相关的关系,但是同时还会受到其他众多因素的影响,而这其中汇率对短期的影响较为重大。2021年6月9日,人民币中间价报为6.3956,上一交易日中间价报为6.3909,在岸人民币上一交易日收报为6.3972;而2019年8月份最低值为美元对人民币汇率为7.1297~7.1911,从这之后一直到今天,美元兑人民币属于走低态势。言外之意就是人民币越来越强,对于普通民众而言,人民币更值钱了,所以才力度加大地买,跨境进口无论是大宗TO B业务,还是跨境个人零售业务都属于高速增长的态势。因此,在短期内跨境电商零售业务所带来的幸福感与汇率具有相反的作用,从国家的角度而言这可能会使出口受到影响,但是个人进口购买所获得的幸福感却会增强。

2. 跨境电商供应链全链路主体描述

供应链是指在产品生产和流通过程中所涉及的原材料供应商、生产商、分销商、零售商以及最终消费者等成员通过与上游、下游成员的连接组成的网络结构,也即由物料获取、物料加工,并将成品送到用户手中这一过程所涉及的企业和企业部门组成的一个网络。

通常,供应链分为采购、生产、销售、物流和逆向回收5个部分,在整体的流程环节中,主要包括以下几个基本主体。

（1）上游供应商。供应商是指给生产厂家提供原材料或零、部件的企业。

（2）中间生产商。厂家即产品制造商，是产品生产的最重要环节，负责产品生产、开发和售后服务等。

（3）下游流通商。主要是针对商品进行分销与零售的商流转移的企业。

（4）全程物流商。物流企业不仅仅包括下游销售部分，还包括逆向物流和采购物流等内容，在整体供应链中凡是涉及货物位移的内容都从属于物流范畴。

（5）末端消费者。购买或者使用的群体可能是个人，也可能是企业。

跨境电商供应链是为完成跨境电商业务配套的产业主体进行构造的网络结构。跨境电商供应链与传统的供应链从供应链运作参考模型（SCOR）的本质而言并没有发生变化，依然遵循采购、生产、销售、物流、回收5个主体部分内容。但是，因为跨境电商的业务实施主体分别位于两个或者多个国别，国与国之间的贸易政策不同，所涉及的服务主体众多，涉及个人（商户）、企业商户、消费者、生产商、流通商、贸易商、港口码头、海运、航空运输、空港码头、国家海关等各类型主体；同时，整体供应链链条较长，如果将跨境供应链全链路的模型以电商平台企业为核心进行描述，仅上游海外的贸易代理商到国内最末端的消费者环节至少得有10个经营主体，有的甚至可以达到15个经营主体。尤其是在供应链过程中的采购模块会形成海外采购（自采制、代理制、买手制等），而物流模块则会包括海外仓储（自建、合作、联营等）、国际物流（包机、包船、包板、集装箱等）、保税发货（A型或B型海关监管等）、国内快递（自建、合作）、国际快递（自建落地配、合作、国际快递公司），以及全球售后在内的跨境供应链全流程服务体系，可想而知，这是一个多么庞大的运营服务体系。

跨境电商供应链冗长、运营主体众多，并且给人非常零乱的感觉，最根本的原因是划分维度较多。下面我们对跨境电商供应链的各个功能或者流程模块进行分类，并对其中的代表性企业进行简述。

根据供应链SCOR模型（见图8-18），我们先看第一个大的方面——运营主体，也就是跨境电商的电商主体。

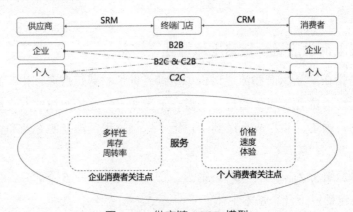

图8-18 供应链SCOR模型

首先，从商品进出口角度而言，可以分为进口跨境电商与出口跨境电商。

进口跨境电商的购买主体为国内客户，商品的所有权主体是国外企业，当然涉及海关保税的操作便捷度而言，可能货物的实体会在本国的监管仓，但是此时货物的所有权依然在国外，并没有完税，只有真正发货后才能完税，为进口跨境电商服务的配套供应链就是进口跨境电商供应链；反之，出口跨境电商供应链的购买主体为国外客户，商品的所有权主体是国内企业。在进口与出口跨境电商中，还有一种类型，那就是通过数据和算法，提前采买商品囤积到两个国别的仓库中，从而实现本地销售。

其次，从商品品类角度而言，可以分为全品类跨境电商和垂直品类跨境电商。

全品类跨境电商提供的是所有你能想到的各类目商品，而垂直品类的跨境电商基本上只做某一类目的商品或者是某几个类目的商品，比如说当前最典型的跨境电商代表 Shein，就是典型的垂直类跨境电商。

再次，从网站建设的角度而言，可以分为自建站模式和平台方式。

自建站也称为独立站，以 Shein 为代表，浙江执御、深圳飒芙都属于这一类，它们建立自己的网站，自己独立运营，同时也会在其他平台上开店；而平台则主要是以天猫国际、速卖通、eBay、Wish、亚马逊等为代表的平台企业，大多自己并不运营，更多的是提供规则或者是提供其他增值服务，如物流服务、金融支付服务等，形成闭环，吸引更多的企业和个人到上面开店或销售。

从次，按照代购和直发进行分类的模式。

一种是海外代购平台，在这种模式下，平台运营不会深度涉入采购、销售以及跨境物流环节。入驻平台的卖家一般都是有海外采购能力或者跨境贸易能力的小商家或个人，他们会定期或根据消费者订单集中采购特定商品，在收到消费者订单后再通过转运或直邮模式将商品发往中国。海外代购平台走的是典型的跨境 C2C 平台路线。代购平台通过向入驻卖家收取入场费、交易费、增值服务费等获取利润。这种方式的优势是为消费者提供了较为丰富的海外产品品类选项，用户流量较大。但也有很大的劣势，那就是消费者对于入驻商户的真实资质抱以怀疑的态度，交易信用环节可能是 C2C 海代平台目前最需要解决的问题之一；对跨境供应链的涉入较浅，或难以建立充分的竞争优势。

还有一种就是直发/直运平台模式，这种模式又被称为 drop shipping 模式。在这一模式下，电商平台将接收到的消费者订单信息发给批发商或厂商，后者按照订单信息以零售的形式对消费者发送货物。由于供货商是品牌商、批发商或厂商，因此直发/直运是一种典型的 B2C 模式。直发/直运平台的部分利润来自商品零售价和批发价之间的差额，相对于海外代购平台模式而言，这种方式对跨境供应链的涉入较深，后续发展潜力较大，但是招商缓慢，前期流量相对不足，所需资金体量较大。

最后，按照订单采购或采购囤货进行区分，那就是订单式模式和囤货式模式。

订单式模式是当所在国别的消费者下单后，服务主体临时采购进行发货的模式；囤货式模式就是预估订单量，然后集中采购存放至目的地国别的仓库进行发货的模式。这两种模式和第四种分类有异曲同工的地方，优劣势也相似，不再多说。

第二个大的服务方面是物流服务。跨境供应链的物流服务主体可以分为仓储、运输、末端配送3个方面。

首先，在仓储方面，进口部分可以没有仓，直接清关完毕后进行全国分发；还有一种方式就是可以先行预估采购后放到国内的跨境保税仓库，等客户下单发货后再进行完税业务，然后分发，这种方式在国内大型进口跨境电商企业应用较多。另外就是对于出口部分的跨境电商，和国内也是同样的道理，在国外也可以没有仓，在国外清关完毕后直接向所在地中转或分发；同时也可以在国外建设仓库，建仓的模式有自购土地建库，也有租赁仓库自己运营，还有可以和当地的合作伙伴联合运营，等等。

其次，在运输方面，包括航空运输、海事运输、国际铁路运输。航空运输的主体一般是国内、国外的航空公司，但是为了保证航空运输资源的稳定性，很多都是采取包机或者包板的方式，无论是资源稳定性还是价格稳定性都比较可控，但是货源一旦出现问题则会出现亏损。我国国内航空运输对于带电产品管控严格，大部分都要到香港地区或者陆运中转至东南亚进行发运；海事运输主要以集装箱运输为大宗货物运输的载体，时间周期较长；而铁路运输更多的是体现在一带一路的相关国家比较多。

最后，在末端配送方面，在国内进口跨境方面大多是和我国的邮政、通达体系、顺丰、京东物流或者菜鸟体系进行合作，较为方便；在出口跨境方面则较为复杂，国内的货物一旦到了国外，大多是和当地的邮政企业、国际快递巨头以及当地的小型快递公司合作。在国内有一家专门做海外落地配建设的公司叫"云途"，这是一家非常独特的在海外自建落地配网络的跨境物流服务商，发展迅速，服务质量非常好，这一点比国内众多快递巨头做得都好，后面有详细介绍。

物流方面的"头程"—"干线"—"末程"或"尾程"，分别针对所在国别的国内集货收货业务、中间运输业务和到达地国家的末端送货业务。

除了跨境电商的经营主体、物流主体，金融支付体系的保障也非常重要。金融支付体系大致可以分为两种模式：第一种是平台公司的集成服务，比如像亚马逊、速卖通等都是自己直接和银行或者金融机构做接口，可以为商户、客户、物流企业等提供全套的金融支付服务；还有一种方式就是专业的第三方服务公司，比如PayPal、Visa等，是专业的第三方金融服务公司，各个平台、企业或经营人都可以与PayPal、Visa进行系统对接，从而实现金融服务的支持。

进口跨境电商的代表性企业以天猫国际、京东国际、网易考拉（已被阿里巴巴收购)、顺丰国际、唯品会国际等平台企业为主,再加上各地一些独立的小公司、自建站,或者以在平台上开店的模式提供进口跨境电商销售业务的商店,其中天猫国际和网易考拉的占有率达到了国内市场的 50%;当然,亚马逊、eBay、Wish 等企业也可以向国内客户提供进口跨境电商销售和服务,但不是主体服务者。

出口跨境电商的代表性企业以阿里速卖通、亚马逊、UStobuy、Wish、敦煌网、eBay、Lazada 等为主导。

其中速卖通属于阿里旗下,销售的商品大多数是潮流趋势商品和零部件以及迷你家具、运动健身商品,性价比高,主要针对东欧市场。在速卖通,卖家可以选择体积小、价格低的优质商品销售,相对来说比较好入手,速卖通虽然资源庞大,但是几乎已经达到"饱和"状态,如果单凭一个小电商想打入国外市场,入驻成本不仅很高,还需要花钱做引流,所以保障性很低,而且客单价很低,需要走量。

UStobuy 支持商家开设自营店铺或接入自建站,你可以选择直接在平台开设店铺并上传自己的商品,让买家直接在平台上完成交易,也可以把自建站的产品发布到平台,由平台提供智能化的商品推荐与引流,买家在购买商品时,就会跳转到商家自建站进行付款。物流是跨境电商的重要环节,UStobuy 发挥自有物流渠道的优势,提供面单打印、包裹计费、派送、退货、二次派送等一条龙的全球物流服务,整个流程处于可控范围,既节约了成本,又提高了效率,对商家来说非常方便。

亚马逊平台的特性是以产品为导向,适合做品牌。可是针对中国卖家而言,在亚马逊上只能"跟卖"或"自建";它也允许几个供应商链接一个产品,以便在供应商提交产品后,其他供应商可以在此基础上填写价格以及信息内容并售卖。亚马逊销售的产品大多是标准产品,如电子设备、汽车配件、家居用品和健身器材,但有必要确定是否遵循母公司的品牌上市,以及是否确定侵权风险。亚马逊流量大,但竞争非常激烈,而且平台审核严格,要想盈利需要有较大的资金投入,而且选择好产品是关键。

Wish 是一个这几年刚刚兴起的跨境平台,主要靠物美价廉吸引客户,在美国市场有非常高的人气和市场追随者,核心产品品类包括服装、珠宝、手机礼品等,大部分都是通过中国发货。又因为 Wish 跨境电商平台个性的推荐方式,产品品质往往比较好,这也是平台短短几年发展起来的核心因素。但是,Wish 平台收取的佣金费用较高,产品审核时间长,审核严格,物流发货方式单一,需要长时间才能有收益。

除了上述平台性质的出口跨境电商,还有跨境电商第一股兰亭集势,以敏捷供应链在全球时尚领域攻城掠地的 Shein,拼多多旗下的 Temu,它们都是跨境电商蓬勃发展的代表。

专业的跨境电商物流服务企业在中国有众多的代表性企业,比如一达通、递四方、纵腾等,大多数跨境电商物流服务企业都围绕跨境电商的经营主体提供服务,主要分布在中国沿海地区，尤其是深圳地区汇聚了中国 80% 以上的跨境电商物流服务企业。北京的燕文作业场地集中在天津等地，现在开始进入广深地区。

一达通是阿里巴巴旗下的外贸综合服务平台，也是专业服务于中小微企业的外贸综合服务行业的开拓者和领军者，已成为中国国内进出口额排名第一的外贸综合服务平台。通过线上化操作及建立有效的信用数据系统，一达通一直致力于持续地推动传统外贸模式的革新。通过整合各项外贸服务资源和银行资源，一达通目前已成为中国国内进出口额排名第一的外贸综合服务平台，为中小企业提供专业、低成本的通关、外汇、退税及配套的物流和金融服务。

递四方速递始建于 2004 年 6 月，是一家专业的国际速递公共平台运营商，为客户和合作伙伴提供国际速递渠道及系统平台服务。递四方通过业务合作和资本收购的方式，不断整合世界各地地区性的优秀速递相关资源，铸就递四方多渠道辐射全球的国际速递网络平台。递四方也已经被阿里巴巴收购。

云途是专业的第三方跨境电商物流服务商，可实现全程的网络建设，后面我们会专文介绍。除了这些新兴的企业作为服务主体，包括顺丰、通达体系等也可以提供专业的跨境电商物流服务，但是整体在市场布局和理念上有较大的差别，并不是代表性企业。

从中国跨境电商的进口与出口供应链角度而言，从商业主体、服务主体来看，阿里巴巴体系是中国最为完善也是提供服务最好、参与程度最深和影响最大的公司。从进出口的速卖通、天猫国际、网易考拉，到服务端的一达通、递四方乃至国内末端所掌控的菜鸟配送和通达体系，阿里巴巴体系是中国乃至世界上最大最全的跨境电商供应链拥有者。

在本节最后，单独简单介绍一下海外仓的意义。海外仓是对我国电商企业或者物流服务企业在外国所在地设立的仓库转运中心的统称。海外仓有助于提前备货，大幅缩短递送时间，因此能够有效提升购物体验，同时还能降低物流费用，在售后退货方面可以快速理赔回收或二次转售，能够获得客户的好感；另外就是第三方交易平台对商家存放在其海外本地仓的商品，将给予更高排名权重，获得多的流量支持，更能够有效扩充产品品类，从而协助所在地大力拓展市场开发。因此，我国众多的跨境电商企业和物流服务企业都在积极拓展不同国别的海外仓，如递四方已经在全球建立了几百万平方米的仓库，所以才能更加有力地支持我国进出口跨境电商公司业务的发展。

3. 跨境电商供应链所存在的问题简析

我国跨境电商的发展非常迅速，趋势向好，但是整体业务和供应链服务还存在许多不完善的地方和运营上的矛盾。中物联认为：第一，管理体系不完善，主要是海关与国检、国税等政策不匹配问题严重，电子信息不流畅；第二，法律法规不健全，传统的国际贸易法律法规许多不适应跨境电商的地方应予以修正；第三，跨境电子支付面临制度性困境，主要是因为我国国内金融机构以及支付企业国际化程度均较低，国际影响力小，服务能力不足，尚未被海外电子商务企业、买家普遍接受；第四，跨境物流滞后、成本高，跨境物流系统不发达，物流配送速度慢、时间长，全程追踪监督能力差，退换货难度大，跨境包裹破损甚至丢包等问题突出；第五，跨境电商企业的品牌竞争力不强，大多是什么赚钱卖什么，并没有进行有效的供应链整合和深耕；第六，跨境电商人才稀缺。

同时在跨境电商供应链业务中还存在"小批量采购与稳定、持续供货，高频率采购与传统物流效率，跨品类采购与产品高合格率质检"等矛盾。

但是无论是中物联对跨境电商所存在的问题的认识，还是在跨境电商供应链中所存在的矛盾，我个人认为这些都属于发展过程中的问题和矛盾，我们不能因噎废食。尤其是中物联所认为的物流成本过高的概念本身就是静态的概念和数值，也没有充分考虑我国的产业结构和产品价值，不能动态地看待这些问题，最终一味地讲问题可能会限制行业的发展。

4. 跨境电商的变化趋势以及背后隐藏的规律

跨境电商已经从浅水区的红利期到达部分深水区。跨境电商的竞争已经从前端的销售竞争转移到后端的供应链的较量。只有那些背靠优质供应链的正规军才能向深水区大步向前。

虽然说政策趋势一直会向好，国家也在不断出台各种政策鼓励进出口跨境电商的发展，但是，企业自身也要看到品类、市场、模式、消费、品牌等方面的新机遇。

在未来的发展趋势中，我们必须认识到东南亚市场的增长潜力，积极寻找新兴市场机会；同时关注年轻人的潮流变化趋势，新时代人群的喜好是跨境电商的重点研究对象；个人消费不断裂变导致家庭消费为主体的趋势变化；商品 SKU 的宽度向深度转变，垂直类电商和创新成为新的核心竞争力，且独立站兴起势头火爆；产品贸易向服务贸易转变，在打造供应链的坚实基础下，实现线上、线下业务的不断融合；供应商从过去的简单粗暴代工转到 OBM 输出、品牌输出，突破的同时做相应配套的提高和供应链升级，主要体现在更多的权益保障和对商标、知识产权的保护，差异化的市场打造。

我们除了要认识这些趋势变化，还要认识趋势变化后的规律问题，这些趋势的发展都是行业规律的作用和体现。

（1）贸易端一定会被数字化浪潮改变。数字化已经在影响整个零售行业，给大家足够多的便利。那么整个生产流通制造和贸易端也不可避免地会被数字化浪潮改变。未来，如果一家企业没有把商品、制造能力、贸易能力、服务能力数字化，那么其将会离这个时代越来越远，离智能时代越来越远。整个商业链条一定会从零售到批发到制造到原材料，到一整个商业链条完全实现数字化。

（2）专业才是竞争的关键。现在跨境电商七分靠选品，对供应链来说，新时代的竞争就是专业化的竞争。卖什么都赚钱的时代即将过去，专业化服务，超强整合，深度介入，专业化才能赢得未来。

（3）积极探索新兴市场。一定要看到新兴市场的变化趋势，要勇敢地走出去，东南亚、非洲、中东等都有机会。

（4）开发精品得先关注市场容量。一个没有市场需求和容量的精品只能是孤品，不要做一件没人用的东西。如果说这个类别在市场上的容量还可以，看这款产品现在卖的人又不多，那么就可以尝试着做精品和品牌，否则就停下。

（5）一个好的选品信息化工具很关键。一个很好的工具能够让卖家的思维完整地执行下去，而不至于因为团队中的一些个别人的影响使执行不到位。

（6）产品开发一定要到一个细分类目，把产品研究透彻。卖家首先得具体到某一个大类里面的某一个细分类目，然后在细分领域把这个产品研究透彻，不管是市场容量还是用户群体都是很好的开端。

不仅要了解趋势更要了解趋势背后的规律，这样才能让跨境电商供应链中的经营主体、服务主体占得先机，不断在这个市场蓬勃发展。

5．Shein：神秘的百亿美元独角兽，中国超快时尚供应链的典型代表

有这样一家跨境电商公司：在2021年BrandZ中国全球化品牌排名第11位；IPO估值将近500亿美元；在快时尚领域超过H&M；奋力追赶ZARA；同时是以色列最受欢迎的时尚网站，有62%的以色列人在这家网站上购物；2021年5月17日在54个国家iOS购物应用中的下载量排名第一；在13个国家的Android设备中的使用量排名第一；全球跨境电商独立站第一。实际上，在2021年3月份的时候，它已成为仅次于亚马逊的最受青少年追捧的电商网站，低收入女性青年群体对它的喜爱甚至超过了亚马逊。这是一家在中国非常低调、神秘，名不见经传的极致快时尚公司，它叫"Shein"。

Shein由许仰天于2008年在南京创办，是一家主打女装的跨境快时尚品牌。目前已进入北美、欧洲、俄罗斯、中东、印度等市场，核心业务包括商品设计、仓储供应链、互联网研发、线上运营等。Shein的定位很准确——跨境电商独立站，女装品牌自主化，主攻拉美与中东，谁知道一不小心成了全世界女性的最爱。

Shein的成功有些人仅把它总结为"世界版的拼多多"，这说明全世界低阶民众众多，

即使是美欧日等富裕国家依然有大量的低收入人群，这部分人群以 15～30 岁为主。从表面上看，低价（5～12 美元是主流）、品类多（8 万多件）、更新快（每天 2000 款的上新）、重视口碑和品牌、网红带货模式的鼻祖、低价与严格控制品质都是 Shein 成功的因素。但是，它真正成功的基础和核心竞争力是其供应链的打造和强有力的整合能力。

没有人能想象如今估值在 470 亿美元的 Shein 在 2014 年前甚至没有自己的供应链。但面对猛增的市场需求，许仰天颠覆了此前通过广州十三行服装批发市场采购的方式，转而搭建 Shein 内部设计团队，并在两年内将团队专门从事设计和原型制作的员工扩充至 800 人，以实现 Shein 超快速的生产水平。

2015 年，当 Shein 将其供应链运营中心从广州搬到番禺时，与 Shein 有合作的工厂都和 Shein 一同搬到了番禺。至此，Shein 与其数百家合作工厂聚集在一个生产集群中，产业集群必须满足 2 小时车程范畴，从而保证快速响应和高效联动。Shein 发布的供应商招募计划显示，"FOB 供应商"需要在 7～11 天内交货，并具备承接 100～500 件小规模订单的快返能力。"FOB 模式"指的是由 Shein 平台设计和制作第一件样衣，然后由供应商方面包工包料完成生产。

有人说 Shein 重构了中国服装供应链，这并不夸张。珠三角地区的服装供应链因 Shein 的强势增长而迎来一波新的洗牌，"国内大概三分之一的服装产能都给了 Shein"。在这种情况下，工厂要与 Shein 达成合作并非一夕之功，将快时尚理念贯彻到极致的 Shein 在生产响应速度和订单交付周期上给出了堪称严苛的衡量标准。

这种对于上游供应商的超强整合能力保证了 Shein 的供应链反应速度快、款式多、更新快，Shein 仅服装在售类目就高达 8 万件，女装每天上新就有 2000 款，而被誉为快时尚创造者的 ZARA，官网同期上新仅 14 件；根据顶级供应商的了解，从收到 Shein 的订单到将成品送至仓库只需要 5 天，这是什么概念？曾经 ZARA 以 3～4 周的上新速度颠覆了传统时尚业，作为超快时尚的代表选手，ASOS、Booho 又把周期缩短至 1～2 周，而 Shein 比它们还要快上几天。

目前 Shein 拥有超过 300 家成衣供应商，可以向全球超过 220 个国家和地区市场送货，在世界各地有相应的支持网站。在国内外有 6 个物流中心，另外还设有 7 个客服运营中心，公司雇员数量已经超过 10 000 人，在全球布局了 270 个中转仓，而 Shein 就是通过对应这些全球站点的仓库向各地区消费者配送商品的。

Shein 发往美国市场的货多从广东佛山寄出，从佛山到洛杉矶，整个物流可能得耗上 10 天有余，比亚马逊的次日达慢得多，但 Shein 凭借其低廉的价格拿下了一大批忠实的客户群——Shein 以平均每天增加 2000 个 SKU 的速度俘获了大多数追求快时尚的海外消费者。供应链的核心是唯快不破，在价格面前快又是可以等待的选择，但是在价格又低时间又快的情况下呢？那就是成功的开始。这就是 Shein 的秘密和基因。

将自身定位为跨境电商自建站，以自主品牌为特点，掌控上游供应链资源，控制打版核心模块，在全球主要区域设立海外仓，形成极致供应链周期管控，从接单到发出仅7天，最终重塑了跨境电商服装供应链的现状，这才是真正意义上跨境电商的典型，传统的只以卖货为主的模式必将被未来的发展需要所抛弃。

6．心怡：一家仓储代运营公司如何拓展跨境电商业务

一直以来，心怡科技定位于做电商仓储，主要为天猫国际提供货物供应链服务，同时也与菜鸟在物流方面进行合作，包括香港仓、海外直邮业务和国内保税仓的业务。

在针对仓储的管理过程中，不断地接触跨境电商业务，结合其在全球的仓储客户，通过数字化、智能化的仓储平台根据大数据运算可以提供更多的增值服务，尤其是针对尾货和临期品等。在这种情况下，心怡科技开始和一些母婴用品公司、美妆公司进行授权合作，获得海外品牌授权，以 B2B 订单的形式再把这些货物供给电商平台。而心怡科技本身又是以仓储管理起家，所以开始通过自己的能力和美国老牌第三方物流供应商罗宾逊全球物流合作，从美国业务推向全球；与韩国物流巨头联合，打造全球供应融合链；与全球物流巨头德迅集团合作，组建物流全链路。

通常在跨境进口的整条链路里，品牌方需要和报关行、航空公司、货车公司以及快递公司等沟通，沟通成本巨大。而如果推广物流全链路方案，心怡科技则需要从以前只做仓内的商品打包、分拣等，到现在从商品海外的提货、海运/空运、清关，再到仓库以及最后的配送等所有物流环节，包括供应商、快递公司等的筛选都要为品牌方提供完整的解决方案。

目前心怡科技和美国物流巨头罗宾逊全球物流的合作重心主要在心怡科技的美国仓方面，逐步开展全球供应融合链的布局。所谓融合链就是心怡科技在全球范围内寻找专线专项最强的企业，融合双方各自的强项，打造物流供应链。

心怡科技国际部相关负责人称，罗宾逊全球物流类似中国的货拉拉，它的核心业务是做货物配送，却做不了仓库和维修的业务。但因为它是美国老牌的物流企业，有很多合作的知名品牌客户资源，而心怡科技在美国的海外仓又有布局，这样一来，在与心怡科技达成合作之后，二者就可以进行资源互置。

跨境电商物流服务商是否可以转变为跨境电商的商流经营主体，这一点成功的案例不多，倒是像纵腾、环球易购从电商经营主体转变为物流服务主体成功的案例更多一些，正如顺丰作为快递物流的巨头，一直在碰货，但没有一次做得好。我们也不知道心怡科技物流是否能够成功扩展这块业务，但作为有益的尝试，我们还是报以期待。

7. 云途：一家在全世界专注自建COD的仓运配公司

为何通达体系和顺丰在跨境电商供应链服务中并不能做得风生水起，而一家成立时间短短不过几年的叫"云途"的公司却能顺风顺水？

云途物流（Yun Express）是于2014年成立的专业跨境电商物流服务商，总部位于深圳，为中国跨境电商企业提供全球小包裹直发服务。云途物流品牌拥有1500余名专业的物流服务员工，设有15+集货转运中心，在中国大陆地区设有20+分公司，日均包裹订单量达70余万件，服务范围覆盖全球220+国家和地区。品牌服务涵盖跨境B2C商业专线、邮政小包、国际快递、FBA头程4大板块。2018年营业收入为40亿元，2019年被深圳纵腾（跨境电商公司）收购。

自2014年开始，云途当初有意于欧洲方面的运输业务，它的发展策略很简单，首先，云途和欧洲本土的物流公司合作，委托它们做清关和派送；其次，在有订单量之后，云途会在海外自建转运中心，以降低经营成本。

经过几年的发展，云途可以弯道超车主要有3个方面的原因：第一，最初并没有选择"短平快出"的物流代理型业务；第二，精细化开展本地化运营，比如在海外自建转运仓，寻找当地专业服务商（主要是当地的华人），提升线路的控制力，提升成本管控能力，建立自己的竞争壁垒；第三，重视IT研发以及对硬件和软件两方面的长期投入，以保持企业经营的效率。云途这几年的发展策略与纵腾集团的本土化、全球化发展方向相契合，这也是后期并入纵腾的关键因素。

对于GTG（全球到全球）模式的构建，我们认为"专线+海外仓"的模式会成为主流模式，这是保证客户服务品质、账款回收高效、只要单量增加就不断降低成本的一种方式。尤其是云途被收购后和纵腾集团内部的谷仓（海外仓品牌）的合作会形成真正意义上的"专线运作+海外仓"的模式，是能真正贯彻落实GTG全球一张网的可控模式。

其实，云途的发展在2021年才不到7年的时间，但是它的营业规模却近百亿，这种增速远远超过了顺丰。而顺丰一直耿耿于怀的跨境电商物流服务为何没有达到这种效果呢？其实云途是坚定的自建派，除了中间的干线运输、头程和尾程，它都是自建网络。这就是定力！

8. 万汇链智能：为跨境电商供应链保驾护航

万汇链智能科技（苏州）有限公司是一家为跨境供应链主体、业务运营提供配套服务的生态链信息提供者，其建立了一套基于区块链的分布式跨境贸易全流程业务服务模型，帮助进出口企业、法律、金融、保险、物流服务商、银行、海关等提升服务效率，降低运营成本，如图8-19所示。

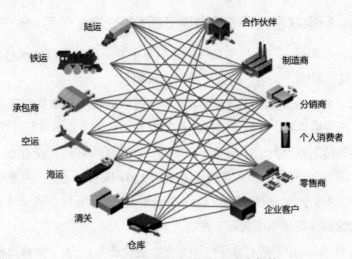

图 8-19 跨境电商供应链协同平台拓扑

供应链协同平台基于大数据、人工智能、区块链技术以及物联网技术打造端到端的生态平台，旨在解决跨境业务相关企业在供应链全流程中的数字化及供应链协同问题，实现供应链的全程可视化，提升企业供应链核心竞争能力。这种新技术支持下的协同平台实现了海关与各相关业务主体数据的自由流通，真实、及时，可以更好地提升整体跨境供应链的速度、降低沟通成本，实现跨境电商供应链的闭环管理。

第 9 章
未来供应链——产业融合共生共赢

我们无法预知未来，但是我们正在掌握现在。面对贸易战的种种壁垒、供应链的几度封锁，强者不是没眼泪，只是能含着眼泪向前奔跑！多留几分激情，少留几分自怜，着眼全产业链效率，着眼全球竞争与协作，重新审视供应链，就是未来供应链之道。

9.1 柔性供应链，以消费者为中心的价值链重构

谈未来供应链，绕不开柔性供应链这个话题。

电商从早期的 B2B 和 B2C 模式不断地向前演进，在这个演进过程里，社交电商、反向定制电商、直播电商各类元素纷纷涌现。这是零售适应消费者需求的过程，这是零售企业在激烈竞争环境中主动求变的过程，这是科技植入对零售改造的过程，柔性供应链在此背景下开始孕育。

1. 抢购、预售、反向定制

众包、众筹的兴起推动了零售业预售和反向定制发展，让消费者充分参与零售供应链。

2000 年，芝加哥的两个年轻人退学创立了一家网站，在网站上艺术家和设计师可以上传自己设计的 T 恤图案，然后由网友投票，得到最高票数的作品会被印在衣服上，每件售价从 18 到 24 美元不等，中标的艺术家则获得相应的报酬，这家网站叫 Threadless。2006 年，一本叫作《众包》（*CrowdSourcing*）的图书将 Threadless 的做法归纳为一种新的商业模式——众包模式，此后，众包盛行于世。Diamond Candles 采用众包方式收集产品创意；可口可乐借助粉丝群开发新口味饮料；Kickstarter 用众包模式为创意方案筹集资金；MADE.COM 将设计师和艺术家的家具设计挂在网上投票；FlyingFlips 则交由网友设计和投票来生产拖鞋；OneJackson 让消费者投票选择设计师展示的童装；还有一家叫作 sketchstreet.com 的网站，服务于一些有服装设计梦想但无

法进行生产的时尚爱好者，给他们提供上传自己设计的服装样式图的渠道，经过用户的投票，网站方会将预订单超过 20 件的优胜作品投入生产并进行出售。

国内，也不泛众包模式的追随者。互联网的文库、问答社区、创意悬赏网站等均属众包的范畴，也不泛有网友用众筹众包模式开餐馆和咖啡厅。

2011 年 9 月 15 日，网红五岳散人发起"我们的饭馆"众筹计划。参与众筹的网友超过 1000 多人，每人出资 5000 元成为"我们的饭馆"的股东。最终，有 1276 人表示要参股"我们的饭馆"，这个数字远超出五岳散人计划招募 100 名股东的想法。

2012 年 6 月 18 日，鞋类定制网站爱定客成立。爱定客早期采用众包设计的模式，由消费者参与设计自己的鞋子，更多用户可参与创意投票，最早的天使投资人是匹克体育 CEO 许志华。

2012 年，广州密码服饰创始人"疯狂的裁缝"（新浪微博昵称）则提出"湿定制"概念，将女装的订货会搬到网站，生产什么完全由消费者说了算，同时将互联网的投票成果向线下延伸，开设线下体验店，由网友投票互动，平台销售，设计师参与分成。

那个时代是电商的黄金时代。

比五岳散人发起的"我们的饭馆"早几天，雷军推出的第一代小米手机以高性价比得到网民的热捧，2011 年 9 月 5 日开放网络预订，两天内预订量超过 30 万台。早期，小米手机的销售路径是小批量抢购，通过媒体大量轰炸和自媒体传播，引发大批量的预订。这种模式能大大降低电子产品滞销带来高额的库存积压风险，后来被多家友商借鉴。

2014 年，众筹平台开始在国内风行。淘宝、百度、京东等互联网平台纷纷上线众筹平台。在众筹平台，消费者可以以更低的价格认购更新鲜的产品，而众筹方能筹集到资金，消费者的反馈以及足够的市场预热为后期大规模推广产品奠定了基础。

2014 年，郭敬明通过阿里巴巴旗下的"娱乐宝"平台为《小时代 3》电影制作筹资。参与筹资的用户有机会参加电影首映式并拿到年收益 7% 的报酬。在电影开拍前，《小时代 3》已经通过娱乐宝平台筹资近千万元。

2014 年年末，毕要公司成立，2015 年 7 月，毕要商城正式上线，这家商城因为是首家 C2M 电商平台被各路媒体关注。毕要精选的制造厂商都是大品牌的代工厂，消费者通过平台向工厂下单，工厂制造后将产品配送到消费者手中。我曾在毕要商城购买过一款旅行箱，性价比不错。

小规模的试水，大规模的预订，撬动供应链进行分批次生产、交付，这大大降低了全链条的风险，也打开了供应链"小单快反"的大门。

2. S2B2C 一单代发

2011 年，微信从无到有，一步步成长为国民软件，微信也从社交工具成为连接万物的生态平台，真正演绎了从树木到森林的过程。

随着微信的出现，手机与人的连接变得更加紧密，新的商机随之产生。2012年4月，微信朋友圈上线，微信用户可以在这个虚拟的圈子里发布自己的动态，也可以浏览朋友发布的动态。在朋友圈这个小小的自媒体，部分人开始发布商品营销广告，微商随之出现。

微商从最早自己组织货源的直销模式，变成代理产品的多级分销模式。微商的顶层扮演着供应源头。伴随微商兴起，S2B2C 模式开始流行。S2B2C 即 supply to business to customer，是从供应商到加盟商，加盟商到消费者的资源整合模式，与线下特许加盟颇为相似，核心是品牌商、加盟店和消费者，在品牌商和加盟商中间可能还有多级分销商。

传统电商面临流量增长的瓶颈，基于众包分销的 S2B2C 很快成为电商的一个细分领域，作为源头的厂商，由早期负责直销变成销售伙伴提供供应链服务，提供商品和物流服务，一件代发成为各厂商吸纳分销伙伴的宣传口号。各个分销商则依靠人海战术，通过各类社交软件、线上渠道进行浸透。大学生、白领、宝妈、实体店的店长和店员纷纷加入微商大军。

天猫、京东两大电商平台掌握了线上零售的主要市场份额，同时也提升了电商的准入门槛，技术服务费和保证金提档，电商平台对品牌、品质要求的提高，导致大量中小卖家无法盈利，逐步退出电商平台。在另外一端，制造业面临产能过剩、出口不畅的影响，同样需要寻找新的销售渠道。拼多多电商平台出现，吸引了在天猫和京东无法持续经营的中小卖家，同时也吸引了产能过剩的工厂直接通过电商平台销售，或者配套为中小卖家提供商品，S2B2C 模式得到进一步发展。

S2B2C 模式表面上是一单代发，背后是供应链的柔性能力。货源质量、商品价格、物流时效、售后服务、交付体验做实了才能走得更远更持久。这也是大量微商从快速兴起到慢慢淡出市场的原因，不具备供应链优势只能走向穷途。

S2B2C 模式从电商领域又移植到实体经济，餐饮、零售等企业利用 S2B2C 向销售伙伴输出品牌和供应链能力，同时形成品牌企业的私有流量池，并进行深度经营。比如，餐饮和奶茶饮品企业通过广告投放和自媒体运营沉淀粉丝群，然后进行招商加盟，通过加盟店进行流量二次分发和再沉淀，基于流量可以拓展更多品牌，实现供应链的复用和消费者的复用。

3. 传统价值链向现代价值链的演进

自 1985 年开始，西方学者开始研究价值链，哈佛商学院的波特在《竞争优势》一书中表示，决定一个企业盈利能力的关键是看企业是否能攫取其为买方创造的价值，或是否能确保这种价值不被别人获取。企业的竞争优势来源于企业在设计、生产、营销、交货等过程及辅助过程中所进行的许多相互分离的活动。企业每项生产经营活动都是其创造价值的经济活动，企业所有的互不相同但又相互关联的生产经营活动构成了创造价值的一个动态过程，即价值链。

传统价值链以企业内部资源为中心，建立品牌、组织原料、进行生产、构建渠道，直至服务到末端消费者手上。企业要比竞争对手有优势，就要以更低的成本执行价值链中的价值活动。

现代价值链则与传统价值链刚好相反，以消费者为中心，从消费者的痛点和需求出发，寻找破解的解决方案，然后组织外部资源，构建企业内部资源，建立协同流程。

传统价值链是产品导向思维，现代价值链是消费者导向思维。

基于现代价值链的模型衍生出的直面消费者、反向定制等商业策略，核心还是价值链的重塑，最终落地离不开工厂的柔性制造和供应链的敏捷管理。零售商或品牌商基于传统分销进行改良出现的S2B2C模式，最终落地也离不开工厂的柔性制造和供应链的敏捷管理。零售商或品牌商为了控制风险推出的预售、众筹，最终落地同样离不开工厂的柔性制造和供应链的敏捷管理。

零售业品牌商的电商化已经完成，而近几年崛起的拼多多、毕要商城、南极电商是电商的进一步浸透，向制造商浸透，向白领以外的消费群体浸透，是白牌的胜利，也是供应链的胜利。

总之，没有柔性的供应链支撑，一切围绕消费者进行价值链重构的美好想象都是泡沫。

9.2 虚实结合，一站式服务与平台经济

从畜牧业到手工业再到商业诞生，物资种类不断增加，到目前人类合成的物资超过千万种。物资种类的增加也进一步促进了各行业分工的精细化。

全球经贸一体化的发展、各地需求多样化、各地供给和生产的多样化，导致分工精细化，多工种跨时空协同成为趋势，大量供应链管理公司诞生。供应链管理公司早期为客户提供某些单点服务，比如采购或者物流，后期逐步为客户提供一站式供应链服务。

下面，我们对有代表性的几个供应链解决方案进行剖析，它们分别是资源整合型虚拟供应链、虚实结合的供应链服务、自建全产业链服务，以及从供应链服务向供应链生态平台的探索。

我们希望通过对案例的分析，能帮助更多供应链公司对未来供应链形态有所启示。

1. 资源整合的虚拟供应链

2001年，可口可乐公司找到一家香港合作伙伴，要求生产一款圣诞节期间促销的

圣诞树玩具。这棵圣诞树约莫1英尺①高,消费者积攒一定数目的可乐瓶便可兑换此赠品。可口可乐市场部人员提供给这家香港公司的只有一个初步的想法和一张草图。

2001年10月,200万棵圣诞树分成7个集装箱运至可口可乐公司,这款促销玩具从设计、生产、质检到交付客户只用了10周时间,该案例成为业界供应链管理经典案例。

这家香港公司就是利丰集团,是业界知名的供应链公司。

可口可乐定制的圣诞树玩具颇为精巧:开启电源,圣诞树响起音乐,树干中会有一盏白色小灯旋转发光,灯光通过装饰物将舞动的星星、可乐瓶、圣诞老人等形象投射到墙上,圣诞树底部的火车也将环绕运行。这款玩具由多个组件组装而成,按常规的方法组织生产,10周的时间几乎不可能完成。

利丰接到任务后,开始分解任务,将玩具用到的电子元件交给台湾供应商,圣诞树的生产则由香港的3家工厂同时生产,利丰负责供应链的全过程管理。利丰的这种资源整合形式被称为虚拟供应链,哈佛商学院称之为轻资产管理。

利丰集团在全球40多个国家和地区拥有15 000多家合规供应商,它们涵盖了设计、生产、运输、市场营销等不同种类。当利丰集团接到订单时,会根据客户需求在15 000多家供应商中选择合适的合作者来构成供应链,帮助客户完成目标,项目结束,这条供应链也随之消失。利丰供应链生态圈如图9-1所示。

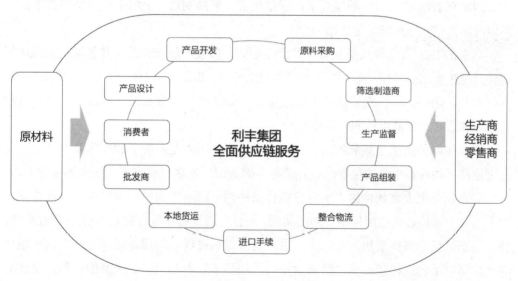

图9-1 利丰供应链生态圈

供应商是利丰集团的虚拟供应链的重要组成,为此,利丰集团建立了严密的供应商管理体系。

利丰对供应商的管理采用了订单控制、推动供应商升级和供应商考核3大部分。

---

① 1英尺=0.3048米

首先，在订单控制方面，利丰分配订单的原则是占该供应商 30% ~ 70% 的产能，这样做的好处是订单量大，供应商重视；此外，订单在供应商能力范围之内，质量和速度有保证。其次，在推动供应商升级方面，利丰激励供应商改进技术标准，提升产能水平和产品质量，让供应商整体能力得到进步。最后，在供应商考核方面，利丰集团质检员检查供应商是否严格按照标准进行生产，为此其雇用超过百名内部监察员对利丰的供应商进行评估，不达标者逐出供应商体系。

利丰集团的价值是为客户提供整体解决方案，即虚拟供应链。利丰将虚拟供应链进行拆解，自己负责产品研发、方案设计、流程管理等环节，生产、配送等部分外包给供应商。

2. 虚实结合的一站式服务

联泰国际集团是世界最大的服装制造集团之一。

针对服装行业"小批量、多款式、交期短、淘汰快"的现状，品牌厂商订货失误就会导致库存积压，进而影响合作伙伴联泰的业绩。基于此，联泰提出"D2S（design to store）"商业模式，即为客户提供"从设计到店铺"全程一站式服务，以成为客户"协同工作的端到端供应链商业伙伴"。

D2S 模式采用虚实结合，与利丰集团的虚拟供应链和溢达集团的全产业链布局都不相同。在 D2S 虚实结合的模式下，联泰负责中游的制造，上游的面料辅料和下游的品牌商零售纳入虚拟链条进行协同。

联泰的 D2S 商业模式是从服装设计开始的。服装产品设计开发并非仅仅是设计师在设计室图板上的工作，而是关系到许多加工环节，如染色、洗涤、缩水、附加工艺（刺绣、水洗、印染）等。服装设计生成的主要步骤还包括款式和概念设计、面料及辅料的开发和选择、样品设计到大规模生产。

联泰国际的上游是服装的面料和辅料供应商，下游是品牌商和零售商，联泰把自己定位在了供应链中游的位置，整合了两头的资源，使客户获得"一站式的服务"。

联泰国际把上游伙伴纳入大供应链体系协同。联泰的面料辅助供应商有几百家，联泰为几十家核心供应商提供一间展品间，并且打通核心供应商的 IT 系统和物流系统，纳入联泰大供应链体系协同。这样，供应商可以通过展品间优先得到订单，就不用到各地拉订单了。这样就形成"群集效应"，加强了联泰与上游供应商的合作，又让采购商可以一站式选到更多的面料和辅料。

联泰国际为下游伙伴提供灵活的供应链。为了减少市场风险，联泰将单一化品种生产改变为运动、休闲、男女装等多品种生产，以响应市场快速变化、客户的多产品线需求策略。多产品线并不是指每个客户都有一条单独的供应链，联泰根据客户的需求和运营模式分类，把特点比较接近的企业放到一起共享一条供应链，"根据不同类型客户分别进行供应链管理"的策略增加了灵活性，以适应多变的客户需求。

供应链服务的业务内容多种多样，包括制造服务、物流服务、贸易服务、金融服务等。前面我们讲的是20世纪诞生的香港知名企业，它们的供应链管理在多年的商业实战中形成了独特的模式，但它们以制造和贸易为核心。国内也诞生了建发、厦门象屿、怡亚通等优秀的供应链公司，它们则提供大宗采购、快消供应链和金融服务，盈利的方式与香港供应链公司有较大的区别。

3. 追求最优品质的全产业链布局

溢达集团是全球最大的全棉衬衫制造及出口商，是棉纺服装行业的"隐形冠军"，而溢达集团的全产业链同样吸引了众多供应链研究者的关注。

溢达集团创立于1978年，业务范围涵盖棉花种植、纺纱、织布、染整、制衣、辅料、包装和零售等，提供"一站式"衬衫服务，每年生产的成衣逾1亿件，除了集团旗下自主品牌，溢达为CK、斐乐、无印良品、耐克等品牌提供布料和成衣制造服务。

溢达集团与业内很多企业不同的地方在于，其采取纵向一体化模式，产业触角伸展到行业的最上游——棉花种植。

溢达集团在新疆开辟棉花生产基地，是全球长绒棉重要生产者之一，此外，它还建立棉纺厂生产高档棉纱。

溢达集团在广东佛山建立针织布厂、染整厂和色织厂。

溢达集团在江苏常州、江苏泰州、浙江宁波、广西桂林等地建立制衣厂。

溢达集团形成了涵盖棉花种植、轧花、棉纺、织布、染整、制衣及制衣辅料的一条龙供应链，完成纺织全产业链布局。

溢达集团的竞争战略是以提供最优的品质为宗旨，产业链向上扩张的原因是从源头把控品质，这也是其成为全球知名品牌首选供应商的重要原因，也是其核心竞争力所在。

4. 平台化和生态化的探索

与早期供应链公司的实业赚钱不同，受互联网的影响，新一代的供应链公司开始平台化和生态化。

怡亚通是国内首家上市的供应链企业，在供应链领域拥有重要影响力。怡亚通的战略从5大供应链业务版块升级为供应链生态平台。

在2017年年报中，怡亚通将业务分为5大板块：生产型供应链服务（包括广度平台、全球采购平台）、流通消费型供应链服务（包括380分销平台、连锁加盟平台）、物流平台业务、宇商金控平台业务、互联网平台业务。

在 2020 年年报中，怡亚通董事长周国辉在致股东部分写道："中国供应链行业在'怡亚通'的带领下历经 24 年实现了从行业个性化服务向平台型服务再向平台生态型服务升级。"同时，怡亚通的业务在"三年的否定自我和战胜自我"的重构下，被定义为大消费供应链平台生态模式，分为品牌运营、分销+营销两大主要板块的业务体系。

怡亚通大消费供应链平台生态模式指的是其供应链平台聚合的品牌商、零售商、物流商、金融机构、增值服务商等群体，为品牌企业提供品牌运营、分销零售等服务，构建扁平化、共享化、去中心化的新流通商业格局。

从财报来看，2020 年怡亚通品牌运营收入 20.6 亿元，分销+营销收入 654.4 亿元，其平台化和生态化的运营威力还未显现，怡亚通的平台之路任重道远。

有人说："第一次工业革命办工厂，第二次工业革命做企业，第三次工业革命做平台。"互联网的发展促进了平台经济的蓬勃发展，阿里巴巴在 2020 年成为第一个销售额超 1 万亿美元的平台经济体。

平台化、生态化这两个词在不经意间成为企业家们奋斗的目标。平台经济连接了人与人、人与物、人与场、物与物、物与场、场与场，整合了资源，提升了商业效率。平台经济融合了产业技术、企业管理、互联网、物联网、金融科技、大数据、人工智能等多种创新要素，重新改变了传统商业的交易链路，创造了新的产业机会。这也是平台经济的魅力，其使企业家们竞相投怀送抱。

随着科技的发展，跨行业甚至跨产业的创新不断涌现，这要求企业具备复合能力，以应对未来的竞争，企业能力无法满足时就会走向开放合作。

随着全球产业分工的精细化，供应链变长，更多跨时空协作成为常态，以企业为中心的供应链必将走向开放，吸引更多企业的参与，形成以产业为中心的全产业链资源整合平台。

同时，由更多有识之士倡导的产业集群化和全产业链平台已经开始崭露头角。对外，平台以产业竞争力最大化为目标；对内，平台以产业效率最大化为目标，以互联网为代表的新一代信息技术为载体，广泛连接产业链成员企业，资源共享、分工协同、优势互补，产业的平台化和生态化可成。

9.3　货通天下，供应链的全球协同

中国成为第二大经济体，经济增长从增量经济发展模式转变为存量经济主导的发展模式，出海赚钱被企业家们列入规划并付储实施。

从中国加入 WTO 开始，更多外资企业进入中国，有关中国企业"出海"扩张的

话题从未停止。中国企业的海外化大致可以分为以下 4 种。

第一种，营销的国际化，请海外明星代言提升品牌的知名度。比如体育用品品牌李宁邀篮球明星韦德代言，并推出专属产品，但本质还是营销，李宁的国际市场并未取得突破；2018 年俄罗斯世界杯前夕，蒙牛集团与足球运动员梅西签约，以世界杯为契机提升蒙牛品牌影响力，为海外市场蓄势。营销的国际化本书不做讨论和分析。

第二种，贸易的国际化，即通过合作伙伴或者平台将中国商品销售到境外。早期很多中小企业通过阿里巴巴的国际站接受国际订单，这就是贸易国际化。当下热门的跨境电商出海，通过国际电商平台和物流服务商、通关服务商等伙伴将商品出售给境外消费者，同样是贸易国际化的代表。

第三种，供应链的国际化，即在海外组织供应链，实现买卖全球。传音控股就是供应链国际化的代表。IDC 数据统计，2020 年传音在全球手机市场占有率排名第 4，在非洲智能机市场的占有率超过 40%，在巴基斯坦智能机市场占有率超过 40%，在孟加拉国智能机市场占有率为 18.3%。传音全部产品均出口销售，在埃塞俄比亚、印度、孟加拉国等地设立工厂，在迪拜、埃塞俄比亚、印度、孟加拉国等海外国家或地区设立物流仓，在全球多个地区设立了 2000 多个售后服务网点。

第四种，通过收并购和合资进行国际化，即由中国企业借力国际化企业的资源，通过国际化企业的品牌、东道、供应链和人才进行国际化扩张。比如，联想集团通过收购 IBM 的个人电脑业务和 X86 服务器业务，与 NEC 组建合资公司，收购德国 MedionAG，完成企业的全球化扩张。

中国货走向世界是过去 30 年来中国在适应全球产业转移和产业分工的结果。中国企业走向海外，中国品牌走向世界，是中国崛起后中国改变全球供应链的开始。

1. 进出口占 GDP 超 30%，贡献巨大

我们来看一组数据，这组数据来自国家统计局公布的对外经贸数据（见表 9-1、表 9-2）。中国的机电产品和高新技术产品出口量和进口量居于对外贸易的第一位和第二位。这也反映出全球供应链产品的互补性，产业分工已经形成你中有我、我中有你的特征。

2019 年，我国出口货物为 17.93 万亿人民币，折合成 2.8 万亿美元，机电产品出口为 1.45 万亿美元，占比达到 51.78%，高新技术产品出口为 0.73 万亿美元，占比达 26.07%。

2019 年，我国进口货物为 14.22 万亿人民币，折合成 2.2 万亿美元，机电产品进口为 0.9 万亿美元，占比达到 40.9%，高新技术产品进口为 0.63 万亿美元，占比达 28.63%。

表 9-1 国家统计局 2015—2019 年主要出口货物金额

单位：亿美元

出 口 货 物	2019 年	2018 年	2017 年	2016 年	2015 年
机电产品出口金额	14590	14603	13215	12091	13107
高新技术产品出口金额	7307	7468	6674	6036	6552
自动数据处理设备及其部件出口金额	1655	1720	1582	1374	1523
电话机出口金额	1260	1422	1274	1171	1255
针织或钩编服装出口金额	605	626	619	650	738
非针织或钩编织服装出口金额	602	645	664	648	707
家具及其零件出口金额	541	537	499	478	528
钢材出口金额	537	606	545	545	628
塑料制品出口金额	483	435	388	357	378
成品油出口金额	384	359	254	194	191

表 9-2 国家统计局 2015—2019 年主要进口货物金额

单位：亿美元

进 口 货 物	2019 年	2018 年	2017 年	2016 年	2015 年
机电产品进口金额	9079	9657	8545	7714	8061
高新技术产品进口金额	6378	6717	5840	5236	5481
原油进口金额	2424	2404	1623	1167	1345
铁矿砂及其精矿进口金额	1013	759	763	580	576
汽车进口金额	484	505	505	445	447
医药品进口金额	357	296	268	221	203
大豆进口金额	353	381	396	340	348
铜矿砂及其精矿进口金额	339	319	264	209	192
自动数据处理设备及其部件进口金额	325	329	276	272	277
未锻造的铜及铜合金进口金额	270	315	255	216	240

从早期的初级工业品出口为主、纺织品出口，到机电和高新技术产品的输出，这是国内产业向价值链上游攀升的例证。

世界贸易组织（WTO）发布的《2020 年全球主要国家贸易动向》报告显示，中国 2020 年出口总额高达 179 326 亿元，占全球出口总额的 15.8%，稳居世界第一大出口国之位。

2020 年，中国 GDP 为 101.59 万亿元，出口额为 17.93 万亿元，进口额为 14.2 万亿元，进出口总额达 32.13 万亿元，占 GDP 比重超过 30%，进出口占 GDP 的比重超过美国、日本等经济强国，从这个层面可以看出参与全球产业大分工对中国国民经济的重要性。

显然，进出口贸易是中国参与全球产业分工的主要方式，是中国人民走向富强的重要支撑。

2. 中国企业的全球化征程

前面我们讲过中国企业海外扩张的几个路径。

严格来讲，通过贸易伙伴或者跨境电商平台将商品卖到境外，这种类型我们在价值链中扮演的是制造方的角色，获利微薄。这类企业以中小企业为主，通过跨境电商平台做海外贸易。

将中国资本、中国品牌、中国标准、中国知识产权、中国管理输出到海外，建立全球供应链体系才能在价值链上赚取更多价值。这类企业是国内的龙头企业，通过海外扩张提升全球市场份额，比如福耀玻璃全球市场占有率约 20%，比如华为手机全球市场占有率一度高达 21.4%。

TCL 的海外扩张先输后赢。

2004 年 1 月，TCL 并购了汤姆逊彩电业务，2004 年 8 月，TCL 并购了阿尔卡特手机业务。彼时，TCL 希望通过并购进行技术共享和供应链整合进入海外市场，特别是利用墨西哥和波兰的工厂分别进入美国和欧洲市场。2005 年和 2006 年，TCL 出现亏损。2014 年，李东生复盘 TCL 并购案时，用"先输后赢"来总结这场海外扩张之旅。2014 年，TCL 有 48% 的业务来自海外，主要增长来自海外。

2020 年，TCL 实业的海外收入占比超过 60%，全球化的供应链体系成形。其在波兰、越南、墨西哥、巴西、印度设有智屏制造基地，在印尼的空调生产基地已经投产。2020 年，TCL 品牌电视机全年销售量位居美国市场第二；TCL 智能移动及连接设备业务在北美、欧洲、拉丁美洲和澳洲等多个重要市场排名前五；TCL 空调出口量位列行业第三。

潍柴控股，围绕主业补短板。

自 2008 年起，潍柴控股先后收购了法国博杜安、意大利法拉帝、德国凯傲和林德液压集团、美国德马泰克和 PSI 公司等多家境外公司，潍柴海外并购的企业全部盈利，潍柴海外并购的成功经验被写入山东省政府工作报告。

跨国并购有一个铁打的"七七定律"，即 70% 的并购没有实现预期的商业价值，其中又有 70% 失败于并购后的整合。潍柴董事长谭旭光总结了潍柴并购成功的几点经验：其一，要明白对方为什么要卖，性价比高不高；其二，明白自己为什么要买，潍柴的并购都是围绕主业补短板;其三,交割完成只是并购的开始,要尊重对方的文化。

字节跳动,技术出海+本土化运营。

字节跳动旗下产品TikTok雄居全球多个国家应用市场的短视频类App下载榜第一名,成为中国互联网企业出海标杆。

2012年字节跳动成立,2015年其国内活跃用户达到7亿,开始布局海外市场,寻找新的增长极。

2018年,字节跳动将全球化战略定义为9个字——"技术出海本土化运营"技术出海指的是字节跳动将旗下的数据挖掘相关的人工智能技术推向全球,本土化运营则指根据当地的文化特色进行精细运营。

2020年,TikTok受美国政策影响面临出售风险,国家商务部、科技部调整并发布了《中国禁止出口限制出口技术目录》,在目录上增加了"基于数据分析的个性化信息推送服务技术"。字节跳动的算法优势由此可见一斑。

在欧洲,"憨豆先生"罗温·艾金森在TikTok发起"#TheMrBean"挑战赛;在日本,TikTok与木下优树菜的事务所展开合作;在韩国,TikTok与网红舞团1 MILLION Dance Studio达成合作;在美国,TikTok里有"硬汉"施瓦辛格的健身视频。TikTok的本土化运营风生水起。

3. 供应链全球化布局,借船出海

供应链全球化布局对中国企业具有3方面的意义。

其一,吸引国外先进技术和研发人才。

伴随国内竞争的激烈化,以及消费者对产品提出更高的要求,国内企业通过供应链向海外延展。布局海外,学习国外先进的管理技术、制造工艺、员工培养方式可以快速将国外先进的技术和研发人才为我所用。

华为是国内研发投入最多的高科技企业,其在北美、日本、欧洲设立多个研发中心,同时华为还与众多顶级大学和科研机构合作。华为的5G技术就离不开俄罗斯数学家在算法上的突破,这也是华为能领先全球的重要原因。

其二,借助地利优势开发海外市场。

有关本土企业开拓海外市场,因水土不服最终折戟沉沙的故事为数不少。

2017年,波司登在英国伦敦开设的首家海外旗舰店宣告关闭。波司登是国内的羽绒服品类之王,只要提到羽绒服就能想到这个品牌,同时波司登为国际品牌North Face、Columbia等提供制造服务,波司登在供应链上的优势显而易见。

福耀玻璃在美国、俄罗斯、德国等地建设工厂,福耀成为德国奥迪、德国大众、韩国现代、澳大利亚Holden、日本铃木等企业的合格供应商,2019年福耀玻璃的海外收入达到48.8%。

其三，合资经营，借船出海合作共赢。

在进军海外市场时，华为创始人任正非意识到，"虎口夺食"必然"刀光剑影"，要么"敌败我胜"，要么"两败俱伤"，与其这样，不如借船出海，合作共赢，随后华为就开始实施全球合资战略。

华为通过与本地企业组建合资公司实现海外扩张。进军俄罗斯市场，华为与俄罗斯贝托康采恩、俄罗斯电信公司合资，打开俄罗斯市场；进军美国市场，华为与3COM公司联合宣布成立华为3COM公司；进军欧洲市场，华为与西门子合资成立西门子华为公司。

4. 海外扩张的汇兑风险与机会

国家推动企业"走出去"，并战略性推动"一带一路"，促进各类企业发展的国际化。货通天下的同时必然会形成汇通天下，资金配置全球化成为必然。

资金配置全球化带来汇率波动成为企业不得不预防的风险。

《21世纪经济报道》统计，截至2021年4月14日已经发布的2020年年报的上市公司中，有1255家出现了不同程度的汇兑损益，合计汇兑损失为108.5亿元，其中63家上市公司2020年的汇兑损失过亿。其中，中国交建2020年净利润为162亿元，汇兑合计损失为13.44亿元，汇兑损失占到净利润的8%。安道麦2020年净利润为3.53亿元，汇兑损失为11.12亿元，汇兑损失是其当年净利的3倍有余。

企业应对汇兑风险可以从以下3个方面着手。

其一，与金融机构合作，比如与银行签订固定价格结汇、远期外汇交易（如远期外汇契约DF或NDF）、外汇掉期（如交叉货币互换合约CCS）、外汇汇率套期保值和外汇期权业务、增加本币对其升值较小的币种作为贸易收汇币种、外汇融资（如与应收账款对应的美元借款、开具远期外汇信用证）等。海尔集团采用彭博的外汇电子交易平台（FXGO）和多资产风险系统（MARS），用于外汇交易和风险管理。

其二，通过进口原材料、生产设备等抵消出口汇兑损失。

有的国家没有外汇，而本地货币汇率波动又大，其想买华为的通信设备怎么办呢？华为提供"以物易物"方案，可用别的东西换华为的通信设备。以物易物在喀麦隆、安哥拉等地区都得到灵活的实施。

其三，建立多币种、多语言、多国家、多时区、多银行的全球化财务系统，对全球资金进行可视化管理。或者引入伙伴，提高全球化的资金管理能力。

为了统筹全球资金，华为在全球设立4大结算中心，1000名会计在财务作战指挥室里，有一个巨大的屏幕显示着全世界各分公司4大结算中心的结账进程，指挥官在那里发起远程会议资源调度。

吉利的全球化通过收并购整合全球资金。2015年，吉利与法国巴黎银行合资成立吉致汽车金融有限公司；2018年9月，吉利集团通过增持股份获得盛宝银行（Saxo Bank）51.5%的股份；2021年6月，盛宝银行收购荷兰在线经纪商Binck Bank已发行总股本的95.14%。

汇兑波动同样会带来新的机会。

跨境支付平台通过科技手段实现跨境电商平台的T+0资金结算，同时快速完成资金兑换流程，以减少平台的汇率波动风险。跨境支付平台与银行通过跨境电商交易付款数据的共享，同时通过大数据比较各银行汇率报价，自动挑选最优汇价帮助跨境电商平台降低汇兑风险。

跨境电商结算周期长，卖家资金周转困难，供应链金融则能缓解这一问题。比如汇付天下推出的"物流贷"，跨境电商平台可用销售款支付跨境物流费用，从而获得更多海外物流仓储空间，突破物流瓶颈。

此外，围绕跨境电商各环节打造配套软件应用，解决跨境电商资金、物流、对账、税务等问题成为新的机会。软件应用可以帮助跨境电商平台快速对账，与银行等机构实现数据共享，为跨境电商平台打造快速提现、VAT（增值税）缴税、供应商付款等一站式跨境支付服务。

9.4 产业融合提升全产业链竞争力

近100年来全球化进程加快，全球的经贸合作、文化交流更加频繁，推动人才、资本、生产资料、信息等要素的加速流动，各地区产业互补互通深度融合，形成你中有我、我中有你的格局。

近30年来数字化这个词从梦想照进现实，从浸透生活到改变生活，从改变消费到推动产业变革，数字化润物细无声地悄然融入各个行业，与实体产业深度融合，形成数字经济。

在百年未有之大变局的背景下，在全球协同合作的大背景下，在数字化驱动产业变革的大趋势下，如何利用新兴技术力量整合产业资源、重塑供应链竞争力、提升中国产业竞争力，是我们与所有读者共同探讨的话题。

在讨论这个大话题之前，我们先梳理几个概念。

产业链是指围绕产业运营，涉及全部上下游企业的集合。产业链包括产业供应链、产业价值链等。

产业供应链是以产业为主体，将产品或服务提供给最终用户活动的网链结构，参与者有设计方、生产资料供货商、原始制造商、品牌商、仓储运输商、分销商、零售商、金融服务机构等。

产业互联网利用信息技术与互联网平台，对产业链资源和生产要素进行优化配置和改造升级，实现互联网与传统产业深度融合，提升产业竞争力。

产业数字化是指通过对产业链上下游的全要素进行数字化，进而重塑产业，提升产业竞争力。产业互联网是产业数字化的早期形态，通过产业的互联网化逐步实现产业的全要素数字化。

1. 产业的未来形态是产业链的融合，是产业与科技的融合

产业链条融合是指通过资源和技术的集约化，整合产业上下游资源，培育产业集群化发展，优化产业资源配置，降低社会协同成本，增强产业链自主可控能力。

产业与科技的融合是指产业复合，以科技手段打通多个领域的技术，促进跨领域创新，提升产业在全球分工的地位和产业竞争力。

产业融合有面向同一消费者的全链资源纵向融合，把原材料企业、加工制造企业和销售服务企业整合到一个大场景。国家层面提倡的三产融合就是把农业、加工、零售服务融合到一个大场景中。这和中粮提出的全产业链本质相同。中粮的全产业链以消费者为导向，从产业链源头做起，经过种植与采购、贸易及物流、食品原料和饲料原料的加工、养殖屠宰、食品加工、分销及物流、品牌推广、食品销售等每一个环节，实现食品安全可追溯，形成安全、营养、健康的食品供应全过程。

产业融合有面向同一产品或场景的横向资源整合，把多种新技术融合到某个产品应用场景中。比如将汽车和新能源、互联网、物联网、人工智能等进行整合，生产无人驾驶的汽车。比如将实体零售店和电子商务、软硬件技术、VR、AR、物流、金融等技术结合，形成新零售。

产业的融合会形成产业与产业之间，你中有我、我中有你，难分彼此的现象。

产业的融合通过高端产业带动低端产业提升产业的竞争力。比如，中国的零售行业在线下零售时代，百货商场大多数采用招商合营制，创新的步伐较慢。电商从搅局到革命，再到融合，大大提升了中国零售的数字化水平，也提升了中国零售业的整体竞争力。

2. 全产业链的整合——资本的力量

民以食为天，粮食安全是人类生存发展的基础，关系到国家安全和世界秩序。

高峰时期国际4大粮商掌控着全球80%的粮食交易量。4大粮商都有着漫长的经营历程，它们像搭积木一样，搭建起了集种植、农资、（精深）加工、仓储物流、订单农业、涉农金融以及销售为一体的巨大网络，并通过联盟建立起泛产业链优势，成为全产业链模式的鼻祖。

国际4大粮商是指美国阿丹米（ADM）、邦吉（Bunge）、嘉吉（Cargill）和法国的路易达孚（Louis Dreyfus），根据英文名字首字母将其简称为"ABCD"。

4大粮商之一的嘉吉是世界上最大的粮食贸易商之一、最大的肉禽养殖商之一、最大的饲料生产商之一，嘉吉已经形成了"农业＋食品＋工业＋物流＋金融"的全产业链生态布局。从整体来看，嘉吉涉及的产业可以分为食品、农业、金融、工业和医疗5个部分，形成谷物产业链（小麦、玉米、大豆、油菜籽、化肥、农业服务）＋食品产业链（全饲料、预混料、宠物食品、肉类、禽类、蛋类、水产、食品和饮料配料、农场综合服务）＋工业产业链（生物工业、钢铁、能源、制盐等）＋物流运输网络＋金融和风险管理＋其他业务为一体的多元化格局，如图9-2所示。

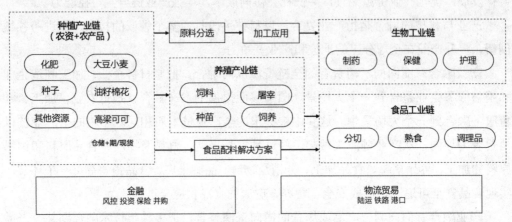

图9-2　嘉吉的全产业链布局

在物流方面，嘉吉干散货运输和油运相结合。嘉吉的干散货船队由超过550艘的各型船只组成，在全球6000个港口进行商品运输和配送。嘉吉的干散货运输船队帮助嘉吉和客户进行铁矿、煤炭、钢铁、谷物、糖、化肥、铝土矿等干散货的运输，业务范围遍及阿姆斯特丹、迪拜、日内瓦、伦敦、新泽西、上海、东京、利马等全球主要港口。嘉吉的油运业务对液体进行运输，与干散货运输形成互补，其运输的产品包括菜油、棕榈油、燃油、轻质油、乙醇、动物油脂等，年石油和菜油运输量高达2.5亿吨。

在金融方面，嘉吉有大量的金融分支机构，其业务范围包括在商品市场运用传统工具进行风险管理以及代理外部投资者进行金融衍生品的交易。具体而言，嘉吉主要的金融分支机构有嘉吉价值投资、嘉吉贸易与结构融资、嘉吉风险管理、黑河资产管理公司等。

在风险管理方面，嘉吉公司在世界60个场所布有GPS通信卫星，具有瞬时可知各国谷物情报和天气信息情报的高效信息收集系统，实时对供应链物流、资金流、信息流进行全程监控。其利用精密的计算模型对风险进行评估，比如嘉吉对系列气候指标进行实时监控和记录，再利用评估模型预估天气因素对产量、收入和利润的综合影响。

2009年，时任中粮CEO的宁高宁提出中粮"全产业链粮油食品企业"。中粮集团从原来的加工贸易向产业整合转型，从多元化业务并存转为有限多元，从以加工贸易为主转为全产业链布局。中粮集团通过并购、控股、公司+农户、合营、建立自主生产基地等方式，建立包括农业服务、种植、收储、物流、贸易、加工、养殖屠宰、食品制造与营销等多个环节的"全产业链"管理，如图9-3所示。

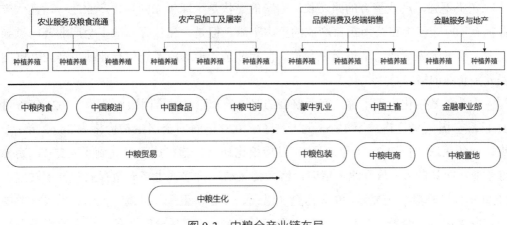

图9-3　中粮全产业链布局

3. 全产业链整合是平台的能力

中粮式的全产业链整合代表的是对粮食安全的战略布局，体现的是资本的意志、企业家精神甚至是国家利益导向。

另一类全产业链整合的方式是平台，用平台这个载体聚合产业资源。

由产业平台定义产业要素的各项标准对产业资源进行整合，提升产业的协同。在产业平台，企业间关联性越强，协同越紧密，资源的配置效率就越高。通过产业平台，将不同环节的优势企业相联系，实现产业价值链上的各个环节最优，让产业整体成本领先，产业效率整体最优，进而提升产业整体竞争力。

在纺织行业，通过百布网的供应链平台连接上下游企业，为成衣厂商提供线上的生产资料采购平台，提升了采购效率，降低了成本。但是，纺织工厂的产能利用率不高。百布通过传感器将织机连上互联网，通过虚拟的云工厂为不同的产线分配订单，以提升产业的资源配置效率。

在陶瓷行业，通过众陶联的供应链平台为陶瓷企业采购生产资料、物流服务提供线上交易平台，通过线上的聚集效应，提升了采购和履约的规模，降低整体成本。但是，陶瓷业原材料的非标化直接制约着成品陶瓷的品质，基于此众陶联建立了多项标准来规范原材料。此外，陶瓷行业属于高能耗高污染行业，众陶联通过生产过程标准化的探索提高单线产能，降低生产损耗，从而降低每平方能耗，促进行业绿色发展。

4. 全产业整合平台的关键因素

全产业整合平台和泛行业平台不同。泛行业平台服务的是产业链的一段，或者是一个场景，全产业整合平台则服务的是全产业链对象。

其一，产业自身的成熟度。

一个产业的成熟度影响全要素整合的可落地性。

龙头不强，产业整合的路还长。中国的光伏是全球领先的科技产业之一，光伏产业拥有 100 余家上市公司覆盖产业的上中下游，但是，光伏行业缺少全产业链的领导企业，这导致光伏产业早年无序竞争、自相残杀，也形成了光伏行业缺少产业互联网类龙头企业的格局。

龙头的数字化意识不够，产业整合的路还长。猪易报价网数据显示，2021 年 6 月 21 日，全国生猪价格跌至 12.55 元 / 千克，2020 年同期全国生猪价格为 34.62 元 / 千克，行情大跌，按照 2021 年 6 月 21 日猪粮比计算，猪粮比已经跌到了 4.53:1，明显低于业内公认的 6:1 盈亏线。猪肉价格大幅波动，将损害生猪养殖行业的健康发展。2020 年前三季度数据显示，9 大猪企（温氏、牧原、正邦、雏鹰、天邦、天康、罗牛山、龙大肉食、金新农）出栏生猪占全国的 7.98%，市场分散。各龙头企业都横向和纵向扩大市场份额，还无法顾及同业资源的数字化整合，整体产业处于无序竞争状态，这导致价格大幅波动。

消费互联网最重要的是流量，也就是吸引足够多的消费者。产业互联网最重要的是优化产业资源，提升产业效率，如图 9-4 所示。

图 9-4　产业与数字化融合的演进

其二，平台自身的软实力。

软实力主要是指平台的服务形式、服务能力、运营能力等。

从服务的形式看，平台的交易能力又可拆分成代购、平台开放和交易撮合等服务形态。代购指平台以自身战略资源为依托，帮助委托方采购，能帮助采购方缩短采购周期，降低采购成本或者提供融资服务等附加能力。比如众陶联就为更多采购方提供原材料的代购服务。平台开放指所有供应商都可以在平台开店，通过自身门店对需求方提供服务。比如众业达的电商平台，供应商直接开店出售自己的商品，以弥补众业达自营商品 SKU 少的短板。交易的撮合是为标准化程度低的商品或者服务提供供需对接平台。平台认证所有供需，以确保双方信息的真实性，而需求方采购的内容往往标准化程度比较低，很难通过平台进行履约，所以平台撮合的履约过程和支付结算是由二者单独约定的。满帮货运就是物流撮合平台。

服务能力是指平台为供应商、采购商以及消费者提供增值服务。服务的内容可以是 SaaS、金融产品、仓储服务、物流服务等。比如家居类平台，为装修公司提供整装销售设计系统和 BIM 虚拟装修，提升了中小装修公司的谈单效率和成交效率。同时，消费者通过 BIM 系统打造 3D 模型切实感知装修效果，减少了与材料供应方、装修方、监工方反复确认的精力投入。比如京东为卖家提供物流、仓储、供应链金融等服务，这大大降低了卖家在供应链的精力投入，可重点放在营销和品牌建设上。

运营能力主要是指平台的自身引流能力，对用户动态平衡和动态不平衡（详细参见 6.3 节）的掌握能力和化解方式。

交易型平台化理想的方式是实现某一垂直产业从制造端到零售端的高效流通，减少中间贸易环节，让渠道更扁平。比如百布网通过平台化减少布料的多级批发商，让流通更加扁平化。

产业融合是指把一个产业的供方、需方、平台方等相关方由弱连接和松散的供销关系、代理关系、竞争关系，变成强协同、紧密合作的共生关系。

9.5 业以才兴——未来供应链的人才需求

我们对当前新经济、新技术、新思维做了许多理论研究、模式分析和实际案例的应用介绍，对于 9 大行业的供应链现状也进行了较为细致的分析。但是不知道大家对供应链到底是什么是否已经有了清晰的认知，或者是否能够真正掌握供应链的"内核"，很多人认为供应链的核心就是"快""省"，其实我们经常犯"把战术当战略"的错误，而"多快好省"只是供应链的表象而已，并不是"核心"。

供应链并不是一个独立的行业，不像"物流"，听说过"物流业"，但肯定没听说过"供应链业"吧？物流是有自己独立的行业覆盖内容的，比如仓储、运输、配送等服务实体及业务最终形成了"物流行业"或者"物流产业"，但是供应链并没有自己独属的行业或是产业。它一定是嫁接在其他行业的基础上谈论的，因为供应链的概念并不是一个实体概念，而更倾向于一个管理概念。

既然是管理概念就一定有自己特定的管理内容或者管理内核。管理是计划、组织、协调、控制的过程，而供应链的管理含义更多的是对供应链功能模块的一种管理，实际而言，它管的到底是什么呢？

中国有一句俗语："关系就是生产力。"这句话恰恰说出了供应链的核心。

1. 将帅无能,累死三军

首先回顾中国与美国两个国家在供应链方面的定义。

2001 年,我国发布的《物流术语》国家标准(GB/T18345—2001)中对供应链的定义为:生产及流通过程中,涉及将产品或服务提供给最终用户活动的上游与下游企业所形成的网链结构。通常的理解是指"产品生产和流通过程中所涉及的原材料供应商、生产商、分销商、零售商以及最终消费者等成员通过与上下游成员的连接(linkage)组成的网络结构;也即由物料获取、物料加工并将成品送到用户手中这一过程所涉及的企业和企业部门组成的一个网络"。

而在网上并不能搜索到美国关于"供应链"的定义,网络上公开的美国供应链方面的定义只有关于"供应链管理"的定义。供应链管理包括规划和管理在采购、生产和所有物流管理活动中涉及的所有活动。重要的是它还包括与渠道合作伙伴的协调与合作,渠道合作伙伴可以是供应商、中介、第三方服务提供商和客户。从本质上讲,供应链管理整合了公司内部和公司之间的供需管理。这是结合了美国供应链管理专业协会、美国工程师协会以及沃尔玛 3 大体系关于供应链管理内容的汇总。

为什么在中国会有供应链定义、供应链管理定义,而美国只有供应链管理的定义呢?实际上这体现了两个国家体系对于事物认知方式的不同。

我们从两个国家涉及的物流、供应链的组织名称中可以简单做一下说明。中国有 3 大主要的涉及物流和供应链的行业组织,分别是中国物流与采购联合会、中国仓储与配送协会、中国交通运输协会;美国也同样有 3 大主要行业组织,分别是美国供应管理协会(Institute for Supply Management,ISM)、美国运营管理协会(The Association for Operations Management,APICS)、美国供应链管理专业协会(Council of Supply Chain Management Professionals,CSCMP,前身为美国物流管理协会)。

中国的 3 大行业组织都分别由当初的国家政府部门主导成立。比如,中国物流与采购联合会实际是由原物资部(现在没了)主导成立的,由 1980 年成立的中国物资经济学会、1984 年成立的中国物流研究会、1995 年成立的中国物资流通协会经多次演变而来,2001 年 4 月变更为现名。即使到了现在,中物联内部的高层管理者也依然具有浓浓的物资系统背景,可以说他们对现代物流与供应链的精髓依然没有深刻把握;中国交通运输协会是在 1982 年,经原国家计委批准,由交通运输、铁道、民航、邮政和军事交通等部门和单位共同发起,现在大多数干部都是交通系统的原政府高级干部退休后兼任;而中国仓储与配送协会则是在 1995 年由原商业部(现在也没了)主导成立的中国商业仓储协会,1997 年更名为中国仓储协会,2016 年 5 月,经民政部核准更名为中国仓储与配送协会。3 大行业组织的发起主导单位、发起目的、管理人员都应该很清楚,大多数管理人员都是非业务类型的干部,只是为了管理自己内部体系的企业而已,而且也必须看到整体成立时间都比较短,最长的中物联也才38年的时间,所以并不能很好地把握物流与供应链的精髓。同时这3大行业组织各有特点,中国仓储与配送协会是最专业的也最老实;中国交通运输协会只做自己那一块的事;中国物流与采购联合会只要是物流与供应链方面的事,就没有它不想干的,实际上对于行业管理,它做得不好,自身的商业化倒做得不错!更为主要的是当前我国的行业组织的关注点更多还是在物流领域,还没有真正往供应链领域延伸。

再来看看美国3大行业组织的发展情况。美国供应管理协会是全球最大、最权威的采购管理、供应管理、物流管理等领域的专业组织,成立于1915年,其前身是美国采购管理协会。美国运营管理协会前身是1957年创建的美国生产与库存管理协会,2004年更改为现名,其侧重于生产、库存管理方面的内容;美国供应链管理专业协会前身为1963年成立的美国实物配送管理协会,后来在1985年更名为美国物流管理专业协会,2005年更改为现名,其主要在教育和思想传播方面影响深远。

通过中、美两个国家各自3大行业组织的由来介绍,我们就知道了为什么在中国对于供应链的定义也就是活动内容比较关注,所以才有专门的供应链词语定义;而美国更看重的是供应链管理的定义。这主要是因为,早期中国行业组织成立更多的是在传统的计划经济体制下思路的体现,是原政府部门管理体系内的企业组织聚合,因此并不需要设计更多的活动管理方面的内容,且许多协会组织管理人员是非业务干部出身,大多是坐办公室的,也根本不懂业务,所以就不可能真正指导行业的发展;而美国3大行业管理组织后期虽然有政府相关管理部门的加入,但早期都是由企业联合主导成立的非政府组织,因此更加关注实际问题的解决方案,一切围绕市场的需要展开相关业务的督导、指导、教育培训等。美国3大行业组织最短的成立时间都已经58年了,并且现代物流与供应链的发源地本身就是美国,后来拓展至全世界,且自第二次世界大战以来的全球经济就是在美国的主导下发展起来的,所以对于物流和供应链的内核认识较为深刻,而这个内核就是对作业活动、上下游企业之间的关系管理最重要的内容。

2. 供应链的核心到底是什么

言归正传,不管我国的物流与供应链行业组织的水平如何,认知如何,都不能影响企业自身的认知,如果我们自己不能正确认知供应链的精髓和内核,必然会在供应链优化过程中失去方向。

供应链实际上就关注两个事情:一是需求预测,二是产品供应。二者是否平衡、是否平滑、是否顺畅、是否能达到一种动态平衡关系,才是供应链管理者最关注的事情。达到这种状态,必然会产生"关系就是生产力"的效果,这就是供应链管理的内核精神所在。任何一个行业从业者都应该充分认识和领悟这一点。

文明在发展过程中,经历了5个大的阶段,分别是文明创世论、文明从生论、文明优先论、文明矛盾论，以及需要构建的文明和谐论。当今社会不是简单的双边关系，而是一个多边关系世界，如何实现不同文明的和谐共生是世界各参与国都应该关注和推动的事情，不能出现人为的划定立场选边站。其实说的直白一些就是，世界政治体需要打造的是一个"和谐的生存关系网络"，在这个和谐关系网络中没有所谓的霸主，只有平等的为了人类的美好生活这一目标共同努力的参与者，无论大与小！虽然也有福山博士的"文明终结论"，但很明显的是世界不可能只有一种文明，如果只有一种文明，世界将暗无生机，将黯然失色，最终只能是群体性灭亡，所以人类不灭文明不会终结；当然，"文明和谐论"也不是你好我好大家好，而是一种真正意义上的君子和而不同，是一种大美与共、各美其美的状态。同样的道理，供应链也绝对不会是只有一种模式，也不能只有一种声音，在一个链条中要有不同的声音，但是所有的不同声音的存在都是为了更好地打造一条优秀的供应链。

供应链管理的目的也在于此，所有供应链上下游的企业都应该平等地为了建设一条顺畅、平滑的"和谐关系链"而努力。"和谐"不是一片和气，不是上下左右的你好我好，如果是这样的和谐，最终一定会损害整条供应链的利益，一定会损害终端客户的利益。因此和谐一定是在为客户提供服务或产品的过程中，所有供应链的关联企业都充分认识各自的作用而共同努力改进各自的问题点，从而达到为满足客户需求而相互联动、优化、改进供应链的最佳状态。

打造有"和谐关系"的供应链条就是供应链管理的核心目的，这也是其真正的内核所在。只有充分认识到这一点，所有的参与主体才会自觉、自发地配合供应链链主企业完成自己体系内应该优化的问题点或待改善点。

3. 如何打造和谐关系链

供应链管理中和谐关系的打造，首先要求所有参与主体平等、可信，具有契约精神。现实社会会存在霸主地位的动物群落、人群和国家群落，供应链链条中同样会存在，我们管这样的核心企业叫"链主"，链主既可以是生产企业，也可以是流通企业，物流企业也可以成为"链主"企业，但是这种情况较为少见。从供应链概念出现以来，链主企业通常是可口可乐、联合利华、宝洁、沃尔玛、亚马逊、华为、比亚迪、阿里巴巴、京东等这些企业；在通常情况下，Fedex、UPS、顺丰等即使做得再大也很难成为独立全链路的"链主"企业，当然在它们各自的上下游业务链中是完全可以成为"链主"企业的，主要看业务链条的内容。在和谐关系链路的打造过程中，链主企业的业务规模再大、实力再强、网络再全，都不能完全以一种高高在上的姿态去打压链路上的参与者，因为从服务主体来看大家都是法人企业，同时都是为最终的目的"客户"而服务的，只有能够真正让大家心平气和地接受并认识到参与改进的好处，才会起到真正的效果。

有这样一则小故事：宝洁、沃尔玛在某个问题上谁都不愿意让步，又谁都不愿意失去对方，总之根本谈不拢。最终此事提交给双方的董事会，双方董事会合议之后，找了一条船，让两个企业的 CEO 上去谈判，谈不拢就不要下来。当然，最终的结果是虽然双方都各有让步，但都基本达到了自己想要的目的。

这则小故事的寓意很深刻，供应链的上下游企业其实都在一条船上，如果仗着自己的地位横冲直撞，有可能最终的结果就是"翻船"，只有在平等的关系下，大家共同取得信任，才真正有可能会为了同一个目标而努力，否则只是一方得利、一方失利，终究有一天，必然会有一方掀桌子！当然了，国内很多企业为什么做着做着就没有激情了呢？就是因为缺乏契约精神，得到改进之后并没有获得相应的分利，或者链主企业干着干着就把链路的成员给干掉了，这一点我们应该向日本企业学习——抱团出海、抱团取暖、抱团作战！

其次，要将"和谐关系"这一精神上升到供应链参与者日常经营的哲学高度。没有从和谐关系的管理哲学高度去考虑这个问题，最终只能是为了配合、为了自己的经营状况被动地去实施，是不可能真正地有效推动供应链发展的，也不可能发挥自己的主观能动性去主动地解决问题，从而最终达到得到一条平滑顺畅链路的目的。在这条链路的建设过程中一定要有我为人人、人人为我的态度，帮助他人其实就是在帮助自己。因此，企业全体成员必须从内心深处认识并接受这一点。

在具体的和谐关系的供应链打造过程中，众多的企业在链主企业的带领下先要确定最高目标，也就是顾客满意度；然后，将最高目标分解成共同细目，也就是要细分成总成本优先、快反柔性、前置期等目标（可以根据需要自我设定，但得围绕最高目标展开，不宜超过 5 个共同目标）。

在确定目标和实施的过程中，要学会均衡适度的思维方法，供应链管理的要点是最大程度地消减不确定性突发事件，是为了减少缺货所造成的损失，同时也要避免因预测失误所造成的库存大量积压情况的出现。因此，所有的问题点都要从供应链全链路的角度去考虑，这样才能使得所有的企业有高度、长周期地优化自己的模块，从而使大家都能够保持均衡态势。在这个过程中，只有找到不确定性的关键环节，找到关键变量，才能有效地提升柔性管理的水平，而这个变量最大的可能性就是"成本和生产率的关系"，这往往也是一个最重要的平衡点。

和谐关系的供应链打造就是"集成整合"的过程，其表现形式是供应链上各组织内外部功能的集成，针对商流、物流、信息流、资金流与人才流的资源、组织、业务、流程进行全方面的重构，即为了完成客户及客户的客户的需求，针对价格、成本、利润、前置期等进行全方位的共同技改的过程。其中，链主对链路成员应负共同进退的责任，务必有契约精神，链路其他成员应该有为共同客户努力做出改进的义务，要相信链主。在双方配合的过程中，一定要实现"资源共享"，可以说，是各类资源的共享，尤其是库存、生产周期等信息,从而实现并达到"透明物流"的效果。最终从表现形式上,供应链给人的感觉就是实现了物流横向与纵向一体化的"透明供应链",也是在朝着"数字供应链"前进的道路上迈出了重要的一步。

和谐关系的透明供应链从业务层面而言,是供应体系的联动,是以客户订单而不是库存为驱动源,实现上下游组织的快速反应(关于这一点,请参看本书关于Shein相应内容),通过强化各个环节的库存最佳管控状态和数量,尽量将个性化延迟到最后一刻。在供应联动的过程中,共同围绕着牛鞭效应(bull-whip effect)、前置期(leadtime)、周转率(turnover)、网络布局(net,生产、转运、供应网络)、产供节奏等关键问题,而采取快速反应(QR)、协同计划/预测/补货(CPFR)、有效消费者反应(ECR)、供应商管理库存(VMI)、联合库存管理(JMI)、销售与运营计划(S&OP)等工具、方法予以有效解决。

通过以上分析我们可以得知,供应链管理更多是一种战略、一种理念、一种工具、一种思维方式,更是一种"关系"。在当今的技术时代、数据时代,打造"和谐关系"的"透明供应链",直至"数字供应链",强化供应链中上下游组织的战略关系,形成一条真正意义上顺畅平滑的关系链,会极大地提升整体生产效率,也才能够真正满足客户的相应需求,不断提升客户满意度。

最后,回到本节最开始的问题,供应链各个环节、模块的具体内容最终还是要回归到相应的采购管理、生产管理、物流管理、营销管理、售后管理等各自的模块中,供应链的概念其实就是告诉大家要有"同坐一条船"的整体思维、整合思维、系统思维、协同思维,这也是供应链不能单独称为"供应链行业"的原因,因为它是一种战略思维和解决工具!

4. 未来供应链的人才素质画像

通过上面对供应链管理本质的介绍,以及在考虑技术与数据两大新兴生产要素迅速普及并不断发挥作用的情况下,再结合我国各行业的供应链发展现状以及未来我国,乃至于全球的政治、经济的环境发展,我们对未来的供应链人才素质或者说所需要的能力尝试着进行画像描绘。

情商出众型。供应链管理的核心在于顺畅平滑的关系链打造,从具体项目上来讲,它是项目管理的一部分,从业务流程的角度来讲是运营管理,从运筹的角度来讲带有商业分析的基础,但终归所有的事情都要由管理者去推动、去协调,尤其是在供应链优化过程中,往往会触及各自企业的利益,很大可能会改变原来的操作模式和习惯,因此各种各样的不配合和刁难比比皆是。在供应链管理过程中,尤其是推动供应链的活动优化,首先需要具备的素质是情商,而且情商一定要高!要有不怕失败、百折不挠的精神;要善于沟通,不能一味地低头做事;同时对于问题的发现和解决要快速敏锐;很多时候供应链的优化都是探索性的开始,因此要有激情并能够一直保持,要有吃螃蟹的精神,要敢于走出舒适区!

复合型人才。不仅在专业技能方面有突出的经验,还具备较高的相关技能,是一种多功能的人才,具有知识、文化、能力、思维、管理等多方面背景。从人才成长的梯度来讲,早期的职业升级以专业为主,后期会慢慢地以管理为主,因此,一专多能、又专又红就会逐渐成为发展的必然要求。在当今技术与管理交叉融合的情况下,对于信息技术、商业分析、数理统计等专业性非常强的背景完全可以与人事管理、财务管理、企业管理、运营管理、物流管理等供应链管理的内容相互融合交叉。

同时,由于供应链管理的范畴非常大,比如其核心专业涵盖了需求和计划两大主体,包括采购计划、物料计划、生产计划、供应商管理与评估、产品质量管理、物流设计与运营;还有非核心的包括项目管理、人事管理、运营优化、财务基础等。可以说因为供应链管理是一门集合性专业,所以从业人员一定要有综合管理的能力,也要求我们对所有涉及的功能模块都要有所涉猎,最终将自己打造成为业务综合型、管理技术复合型人才。

战略前瞻化。当初京东搭建自己的物流运营体系,实施自建物流战略,没有多少人看好,都认为这种模式太重了,但是刘强东依然认为这是适合企业需要以及能够为客户提供更好的服务价值的必做的一件事,它被看作京东区别于其他电商的重要标志。战略定位一定要清晰,并且要有一定的高度,主要是针对核心的问题和事物,能够充分认识到其战略意义。可以说因为有了更好的服务感才有了更多的回头客和好评率。电商只有两种——京东和非京东,就像快递只有顺丰和非顺丰一样。这就是战略确定后的意义所在,今天京东商城已经上市,京东物流也已经上市,虽然说上市并不是成功的标志,但至少从一个阶段的角度而言这是市场对物流战略的认可。

实战基础型。这个世界是干出来的,绝对不是唱出来的!我国乃至于世界上很多大型企业对于供应链人才的需求和培养越来越重视,甚至很多高级管理者,不乏总裁、总经理、CEO 等职位都具有供应链相关的背景,这一点越来越明显。其中最典型的就是沃尔玛,沃尔玛特别看重物流等供应链核心模块人才的背景,如其第三任总裁——麦克·杜克完全是从在一线物流打工开始的,他毕业后拒接了宝洁的工作机会,投身折扣店领域,成为流通领域的物流专家,后来专门负责沃尔玛的全球物流工作,然后又去其他部门工作以扩展商业经验,最终成为沃尔玛的全球总裁。供应链的功能模块除了一些对技术要求较高的商业分析,大多数都和现场脱离不了关系,因此,要想成为一个顶尖的供应链领域的人才,就必须有实战基础,没有这个作为支撑,只能是"嘴尖皮厚腹中空,任尔东南西北风"了。

国际化视野。习近平总书记不只一次地在多个场合提到过"开放",比如在 2018年 4 月 10 日的博鳌亚洲论坛 2018 年年会开幕式上发表的主旨演讲中提到的"中国改革开放必然成功,也一定能够成功""中国开放的大门不会关闭,只会越开越大""人类社会发展的历史告诉我们,开放带来进步,封闭必然落后"。2017年3月5日,习近平总书记参加十二届全国人大五次会议上海代表团审议时强调"中国开放的大门不会关上,要坚持全方位对外开放,继续推动贸易和投资自由化便利化"。2016年9月3日,习近平总书记在二十国集团工商峰会开幕式上发表主旨演讲时强调"中国对外开放不会停滞,更不会走回头路"。2014年12月5日,习近平总书记在中共中央政治局第十九次集体学习时强调"不断扩大对外开放、提高对外开放水平,以开放促改革、促发展,是我国发展不断取得新成就的重要法宝"。

请记住,中国"改革开放只有进行时,没有完成时(2012年12月31日,习近平在十八届中共中央政治局第二次集体学习时强调)"。我们依然要对中国乃至世界抱有希望,改革开放的步伐不会停止,改革开放的大门不会关闭,今天的世界,是你中有我、我中有你,要了解自己也要了解他人,取长补短,共同提高才是供应链人才应该保持的心态。尤其当前的经济全球化、技术全球化、网络全球化的互联网时代,更是一个开放和国际化的时代!供应链人才的封闭必然是供应链的封闭,供应链的封闭必然是产业链的封闭,产业链的封闭必然是企业的封闭,企业的封闭必然是中国的封闭和倒退,所以,只有保持供应链人才的国际化才能保证中国的国际化!

持续学习。知识更新、迭代的速度随着技术的发展越来越快,可以毫不夸张地说,今年的知识可能在明年就会被替换,每年全球的新知识以不低于20%的速度进行汰换,相当于5年之后我们的知识就已经清零了。在这种情况下,我们必须快速学习、持续学习,尤其是新技术对经济、经营的影响,新思想对新环境变换的适应,都需要我们加快学习、加快转化速度。竞争可能会产生内卷,但是躺平一定是有资本的,因为躺平的前提是你需要有"躺"的地方!不持续学习,就没有竞争力,没有竞争力就没有躺的地方,没有躺的地方,何来躺平呢?

趋势判断力。在曙光还未来临的时刻,能透过密布的乌云看到那一丝光线,逐光的人大多数会失败,但真正热爱的不会因为害怕失败而放弃。更何况这个世界充满了各种变化,可能是机遇也可能是陷阱。请坚信你的判断,努力追寻。

技术驱动型。当前世界的知名企业或者新兴企业无不标榜自己是以技术驱动运营、以数据推动运营的。美国在围堵中国的道路上,也是以超过中国新基建和防范中国技术超越为口号,可想而知,技术对于企业、行业、供应链、产业链发展的重要性。在发展的过程中"唯有技术才能打败技术",因此强化技术驱动,通过技术与设备、信息、流程、数据、运营、人员、财务、采购、生产、装备等各个生产要素进行有效结合,不断提升企业效率、供应链效率,才能一直保持基业长青。正如IBM从硬件到软件,一直都是技术驱动,即使是将IBM笔记本卖掉,在软技能方面依然是全球软技术的领先者,依然占据重要的地位。今天的极智嘉完全是一家技术驱动型公司,通过技术的发展推动多产业相关业务的增长和效率的大幅增加、成本的大幅降低，从而促进了一条条优秀供应链的生成。

IT桔子发布的《2020—2021年中国物流行业投融资报告》指出："随着人工智能、大数据、云计算、物联网等技术应用的落地，物流行业运营效率正在不断提升，同时新技术也为物流行业转型和升级带来了机会。"同时，一切也为供应链的发展提供了无限可能，也同样会有效地提高其整体运营效率和质量。

数字化意识。在IT桔子发布的《2020—2021年中国物流行业投融资报告》中，针对中国物流行业投融资交易的子行业分布中，与数字化意识相关的行业有物流信息化、即时配送、物流调度、智能快递柜、物流机器人、仓储机器人、物流SaaS，合计占比约为41%，这充分证明了大数据在供应链物流运营中的核心地位，由此向前后进行延展，围绕着大数据、数据计算的内容会更多。尤其是，并不是很多企业都能够真正展开大数据的优化体系建立，我们真正需要的是具有"数字化意识"，拥有数字化意识远比大数据更加重要，因为数字化意识可以一直持续地在企业运营中应用，紧盯着大数据3个字是不能真正促进企业运营的，因为你的企业并不一定有海量数据，而有了数字化意识能够让你拥有处处提升自己企业效率、改进不良之处的着力点。未来，随着供应链各环节的进一步一体化和智能化，供应链的数智化需求也必然呈现增长的趋势。

问题意识的敏锐性。每一个成功的人士都不仅仅是供应链人才，只要涉及企业管理的方方面面，一定要有问题意识。问题意识并不是让你每天到处挑毛病，并不是给别人找碴儿，这样很难开展工作。问题意识的敏锐性是让你保持对问题的敏感度，能够发现问题并坚持改进的意识，是不放过任何一个可能影响交期、产品质量、服务质量的问题点。正如这个小故事：有个列车巡检员突然有一次在敲击铁轨的检查过程中，听到声音稍微有些不同，迅速向上级请示并进行排查，最后发现有根枕木的螺丝已经松了，如果不解决长期下去将导致严重后果。这就是问题意识，是责任心的表现。因此，将自己打造成为发现和解决问题的高手，不放过任何一丝异常，最终得到的结果必然是客户的信任。

超强执行力。执行力强是职业经理人最基本的素质之一，在这里重点强调一下，老板可以有各种拍胸脯打保证的权利，但是作为职业经理人一定要有帮助老板和企业填坑的能力。不要动不动就问为什么，为什么并不是你不执行的理由，不理解也不能成为你不执行的理由，很多事情需要在做的过程中检验，正如我在文中强调的一句话——"所有的局限都是自我设限"，而执行力就是打破自我设限的基本素质。

资源整合力。供应链是多学科领域的集合，是拥有战略思想的一种实用工具、方法，是多种工具的汇集应用。它涉及上下游所有关联的企业，这些企业都有自己的采购、生产、销售、物流和售后的流程和问题点。因此，在这个过程中一定要有超强的整合力，能够把相关的资源全部进行贯穿，共同为了一个目标而去努力。同时从供应链运营的角度而言，如果不能实现资源的有效整合，就是对资源本身的浪费。浪费也是供应链运营需要消减的内容之一。资源的整合方式多种多样，既有资源的合并同类项，也有资源的有效分拆重组。实现资源的整合，往往从"人机料法环"5个方面展开，更多的是减少重叠、减少浪费，实现资源的互用，从而有效降低整个供应链的成本，减少中间所消耗的沟通成本，提高整体的运营效率。

跨界颠覆力。打破本行业的往往是外来力量。干掉诺基亚的是一款软件，逼得阿里迫于守势的是它看不上的农村下沉市场，使菜摊倒闭的是滴滴。在各种行业里，都或多或少地存在这样的案例。在一个行业待的时间过长之后会存在认知路径的劣势，那就是把一切都当成理所当然，这也是要抱有问题意识的原因。所以，真正的高手有跨界思维，用其他技术手段攻破另外一个行业的壁垒，这在未来会成为常态，尤其是软件专家、硬件专家，或者是掌握一些核心竞争力的人、公司。转变思想之后，可能会对一个你完全想象不到的行业进行革命性的颠覆！正如2021年6月发生的一件事情：让世界认识到中国的环保做得好、中国地大物博、中国动物保护做得好的，不是国家的宣传，而是15头在半年内走了500多千米，依然没有走出云南的大象！

一以贯之型。彼得原理说的是"在各种组织中，由于习惯对在某个等级称职上的人员进行晋升提拔，因而雇员总是趋向于被晋升到其不能胜任的位置"。其实，说得再简单一些，那就是——终归会有人升到他所不能胜任的位置。随着有能力的人的走掉，最终有人通过熬年头或者是突然的原因被提拔上来，这种情况比比皆是。正如我一直提的一个理论——"北极熊理论"：北极熊凿冰窟窿捕鱼，只凿一个窟窿一天只能捕一条鱼，如果凿两个窟窿呢？如果凿三个窟窿呢？如果凿四个窟窿呢？最后，北极熊死了！它是被累死的！

其实，无论是彼得原理还是北极熊原理，都在一定程度上说明了要耐得住寂寞，一以贯之是一种褒义词，可能是吃苦耐劳，也可能是老好人，但不管怎样，一个扛不住时间沉淀的人是不可能得到信任的。我们在这个快速发展的时代还是需要一些坚持的精神的，不要遇到点事情、感觉不快就以离去作为结果，很多时候你会觉得别人不如你，但他已经在一个很高的位置上了，请记住，对于很多企业来说，时间可能代表忠诚，忠诚远高于能力。这就是现实！

5. 未来供应链的人才需求趋势

关于未来对于供应链人才的需求，我们简单分析一下中、美两个国家的薪资和需求量的情况，从而可以很清晰地认识到市场对于供应链人才的需求程度。

近些年，美国供应链领域随着部分业务的回流，从业人员占比基本上达到了37%，雇用了4400万人。而且相关工作的工资明显高于社会平均工资，并且占经济中创新活动的大部分。科学、技术、工程和数学（STEM）类工作代表创新潜力，在供应链领域参与的创新几乎是 B2C 经济的 5 倍规模。另外，美国国内的专利申请也高度集中在供应链行业。

在就业和薪资排名方面，供应链管理专业在美国大学生中以 92% 的推荐率排名第一。2018 年美国供应链管理硕士的年收入中位数为 74 600 美元，这在美国已经是高收入阶层。

国内对供应链人才的需求也很大。500 强企业以及众多国企都有专门的供应链管理部门，且已经创立了各自的全球采购中心。例如 BAT、京东的智慧供应链等。上海在电商、新能源、医疗器械等行业对供应链人才需求强劲；北京的职位需求集中在电子和新技术产业；深圳对供应链人才的需求集中在新零售、智能硬件上；广州对供应链经理的期望在流程优化和成本缩减上。

我国 2018 年的供应链经理（中层岗位）平均年薪在北上广深为 25 万～47.5 万元，上海最高。

2021 年 4 月 21 日，由我国人力资源和社会保障部发布的《新职业——供应链管理师就业景气现状分析报告》中显示，"供应链管理师主要从事互联网/电子商务行业，占比为 22.76%；其次为贸易/批发/零售行业，占比达到 19.36%；制造业和信息技术业占比均超过 16%。另外，交通/运输/物流、建筑业等也有较多从业者；供应链管理师分布在全国各地，北京、上海、广州、深圳、杭州、成都等一二线城市有着较高的聚集。华东地区就业人数占比最高，达到了 47.33%，其次为华南地区，占比为 31.50%。""调查显示供应链管理师的薪资根据行业企业情况各有不同，但平均可达 1 万元左右。""中国供应链发展方兴未艾，供应链人才需求呈逐年递增态势。""报告显示，未来 5 年中国对供应链管理师的需求总量将达到 600 万左右。在新一轮科技革命和产业互联网发展大势下，供应链已经成为企业的一项战略性资产，被称为'第四利润源'，企业之间的竞争将围绕数字供应链、区块链应用、5G 等领域展开，供应链管理师必然成为人才争夺焦点。"

首先需要说明一点，"供应链管理师"的定义是"运用供应链管理的方法、工具和技术，从事产品设计、采购、生产、销售、服务等全过程的协同，以控制整个供应链系统的成本并提高准确性、安全性和客户服务水平的人员"。它的主要工作内容是实施销售和运作计划，进行库存管理，协调供给与需求关系；制定采购策略，对供应商进行整合与评估；负责生产和服务设施选址与布置，实施精益生产；负责运输网络设计与管理，协调仓储规划与运作，实现产品和服务的高效交付与回收；制定供应链信息技术决策，运用数字化技术管理客户、内部供应链、供应商及交易；运用供应链绩效管理工具及方法，对供应链进行评估与改进；提供供应链技术咨询和服务。

通过上述供应链管理师的定义和其主要工作内容的介绍，可以知道这里的供应链管理师更多的是针对相关的技术、分析、规划和管理岗位人员，而不是更加宏观的设计供应链各个环节的所有人员，所谓的 600 万数字无须去了解是如何计算出来的，也可以知道数量巨大。同时，如果参考美国的标准，则中国将近 8 亿的工作人口，近 40% 的供应链参与人数将可能是突破 3 亿的规模量，考虑到中国劳动力的实施情况远比美国更高，那么这个供应链领域的工作人口总数可能会更高。

因此，未来中国对供应链人才的需求量是巨大的，薪资是可观的，能力是复合型的，最好要达到"站起来能说，坐下来能写，走出去能干"的水平！

6. 全球供应链人才培养的摸索

作为一项新职业，企业对供应链管理人才的要求并不低。而企业在人才使用中，因为各自企业的行业特性，供应链管理人才所学习的内容的实用度并不是特别强，而且因为供应链本身所拥有的战略思维能力也是很难一步培养到位的，尤其是还需要了解供应链各模块的细分知识和运作问题，因此，供应链的人才应用适用度并不是特别高，且明显具有高不成低不就的感觉，这是很多企业对于供应链人才的一种普遍认知。

供应链人才的培养，根据笔者的认知应该是一个由学校教育、企业培养、社会继续教育 3 方面共同促进的过程。学校教育以大学专科、大学本科、硕士研究生 3 方面分层教育培养；企业培养是企业自身为人才储备和业务发展而必须做的体系性的事情；社会继续教育是从业人员本身在对知识、经验的梳理之后再次提升的需要，也是社会新知识、新思想、新技术的继续教育的普及过程，这是人类持续学习、自我提升的重要通道。

第一，从学校教育角度而言，进行人才培养。我国的大学专科教育基本上是以培养基础管理人员为主，主要的知识体系是操作类别的以物流为主的相关内容；而本科教育则以培养中层干部为主，主要知识体系以采购、生产、物流和供应链的一些管理理念、解决问题的方法、工具为主；而硕士研究生层次会出现较大的分歧，从数理分析、运营管理、工程管理、理论研究 4 个方向进行深度发展。

我国因为现代物流概念至今不过 30 年的时间，真正设立物流的本科专业是从 1995 年北京物资学院开始；而供应链管理的本科专业设置也是从 2017 年武汉学院、2018 年北京物资学院开始，至今不过几十所学校刚刚有了这个专业，但是普遍专业设置还没有成体系，课程也并不完备，并且也有很多不合理的内容，更多的是把原来的物流管理专业直接翻盘为供应链管理专业而已。而供应链硕士专业的设置则至今都没有出现。

对于供应链专业的描述是"在物流与采购管理、工商管理、市场营销、电子商务、金融、信息网络技术等多个学科基础上，运用大数据、人工智能、深度学习等前沿技术发展起来的一门新兴学科"。其主要的教学内容是"物流管理学""市场营销学""生产运营管理""采购与供应管理""供应链管理基础""供应链协同运营管理""供应链信息管理""电子商务管理"等。这也明显说明供应链专业的设施是一门拼凑型学科。

而反观美国,现代物流理念历经近80年的发展,学科体系建设较为完备,不仅有物流专业和供应链专业本科学位,且设立供应链专业硕士的学校众多,其中不乏哈佛大学、麻省理工学院、斯坦福大学、杜克大学、芝加哥大学这类世界顶尖的学府,也有供应链专业硕士见长的马里兰大学、罗德岛大学和北卡罗来纳大学教堂山分校等学校。

而且,除了在学历的层级上的差距,在专业研究的深度上,欧美等大学是将供应链专业定位成一门需要具备商业知识、工科知识、风险管理知识甚至具备数据分析能力的"全能型"专业来打造,且其教学风格更多的是案例分析,与企业深度绑定,对企业进行长期观察,所以,培养出来的学生动手能力强,实际解决问题的能力也较强。

为了完善我国的物流专业和供应链专业人才培养,我们应尽快采取"时时更新教材内容、掌握最新技术与思想、加强校企合作、企业实训进课堂、校外导师师徒制"等方式完善现在的教育模式的不足。北京物资学院在这方面为打造应用大学做出了许多有意义的尝试,但效果尚待验证。作为以应用为主导的物流和供应链专业,一定不是在象牙塔里面"坐出来"的,而是"干出来"的。另外就是在师资上面,过分地看重博士背景,导致出现了众多的"从校园到校园"的老师,连真正的无人仓储物流都没见过,怎么能教好学生智能化呢?这一点应该参考日本和美国的物流专业老师的任职资格,必须有丰富的企业经验才能带出真正适合企业的学生。

第二,企业培养供应链相关人才。每个企业都有自己的培养体系,无论是对后备人才的培养,还是为了业务能力的提升,包括内部知识库的分享,还有外部新知识的教授,都是根据企业自身的要求而定的,在此不进行详细解释。可以参考图9-5的"人才供应链"培养模型,以使企业在人才培养方面更加具有系统性。

图9-5 "人才供应链"培养模型

第三,关于在职人员的自我提升、继续教育。在职人员的继续教育一般都是工作三五年之后的知识更迭,以及更高层级能力的需要,还有就是将自己的行业经验进行总结后希望得到更加系统的梳理,这部分人群的自我提升、学习意识较强,而且层级也较高,应明确将其定位成"全球供应链人才"体系。

对高端供应链人才而言,当今供应链已经开始具有明显的国际化趋势,未来这种趋势会更加普遍,所以我们希望未来的供应链人才是"全球供应链人才",他们的特征是典型的"多语言、多文化交流、精深而又专业的知识技能、思维方式的集合"。能够在复杂的全球经济中,使用分析性和批判性思维,运用国际化知识和全球视角审视行业问题和发展趋势,在多样化的全球化经济中进行有效的跨文化交流与合作。

在高端供应链人才培养方面,"全球供应链课堂联盟"的教育是非常有必要的。"全球供应链课堂联盟"简称"GSCC",全球供应链课堂联盟由来自 UMD 美国马里兰大学、美国罗德岛大学、ESLI 法国物流高等研究院、DHBW 德国巴登符腾堡双元制大学、BWU 中国北京物资学院等全球物流与供应链教育的知名高校,和来自 SALC 中美物流联合会、FIATA 国际货运代理协会等国际机构的学术和行业领袖共同发起。

未来的全球供应链人才的继续教育一定是多地区、多国别的政治习俗、经济环境、最新模式的交互学习,是线上、线下的交互,是理论学习与实践研学的融合。只有在这种情况下,自我提升才能够真正有意义,也才会更有效果。

通过对以上 3 种方式的介绍,我们希望未来我国供应链人才的培养一定要紧跟市场需求,无论是出于为社会输出合格的毕业生的目的,还是自我提升的需要,都应该以将学生培养成为一个"以实战为基础,具有战略高度,具备技术和数字化意识,能够持续学习,不仅可以敏锐地捕捉问题,还能强有力地执行符合企业资源整合、趋势发展等各项决策,敢于跨界颠覆又能对企业保持忠诚的,具有较高情商的复合型'全球供应链人才'"为目标。

名词解释

ABC 方法：activity-based costing，基于活动的成本分析方法，即作业成本法；抑或 A 类、B 类、C 类商品的商品分类法，通常用在采购和物流管理活动中。

AI：artificial intelligence，人工智能。

AIoT：AI+IoT，人工智能与物联网的结合。

AGV：automated guided vehicle，能够沿规定的导航路径行驶，不需要驾驶员的搬运车。

B2C：business to customer，商家通过互联网向消费者出售商品的一种电子商务模式。

B2B：business to business，商家之间通过互联网交易的一种电子商务模式。

BCI：Better Cotton Initiative，瑞士良好棉花发展协会，2021 年因禁用新疆棉花受到广泛关注。

BCD：bar codefor drugs，药品商品条码。

BD：big data，大数据。

BI：business intelligence，商业智能，通常指用数据辅助决策。

BA：business analytics，商业分析，使用计算机建模、算法、统计等技术对数据进行深度挖掘，以获得商业数据背后所蕴含的深意，经分析提出解决方案的一门学科。

BTO：build to order，按销售订单生产，是对以产定销的改良，用来减少库存积压。

CTO：configure to order，先备料并生产至加工完成状态，待接到客户订单再装配并入库出货。

BTIM：中物汇智研发的一款虚拟仿真教学软件。

bullwhip effect：牛鞭效应，指供应链需求变异放大的现象。

C2B：customer to business，消费者通过互联网向商家定制商品的一种电子商务模式。

C2C：customer to customer，消费者之间通过互联网进行交易的一种电子商务模式。

C2F：customer to factory，消费者通过互联网向工厂定制商品的一种电子商务模式。

C2M：customer to manufacturer，消费者通过互联网向制造方订购商品的一种电子商务模式。

CAD：computer aided design，计算机辅助设计。

CAE：computer aided engineering，计算机辅助工程。

CAM：computer aided manufacturing，计算机辅助制造。

CDC：central distribution center，中央配送中心。

CFR：cost and freight，成本加运费。在装运港船上交货，卖方须支付将货物运至指定目的地港所需的费用，买方购买保险。

CIF：cost insuranceand freight，成本加保险加运费，货价的构成因素中包括从装运港至约定目的地港的通常运费和约定的保险费，故卖方除了具有与 CFR 术语相同的义务，还要为买方办理货运保险，支付保险费，按一般国际贸易惯例，卖方投保的保险金额应按 CIF 价加成 10%。

COD：cash on delivery，货到付款，中国落地配业务的代名词。

CPM：cost per mille，千人展现成本，衡量广告效果的形式之一。

CPC：cost per click，每点一次成本，衡量广告效果的形式之一。

CPI：consumer price index，消费者物价指数，经济监测指标之一。

CFAR：collaborative forecast and replenishment，协同预测和补货。

CPFR：collaborative planning forecastingand replenishment，协同计划、预测和补货。

cross docking：接驳转运。

cross-border E-commerce：跨境电商。

D2C：direct to customer，直面消费者。

D2S：design to store，从设计到店铺一站式服务，指由供应链公司对客户提供从设计到店铺的一站式服务。

DAU：daily active user，日活跃用户数，是衡量互联网产品运营的指标之一。

DCG：durable consumer goods，耐用消费品。

DMS：data management system，数据管理系统。

DNC：distributed numerical control，分布式数控。

DS：drop shipping，零售商无须商品库存，而是把客户订单和装运细节给供货商，供货商将货物直接发送给最终客户。

DT：digital technology，数字技术。

DT：digital twins，数字孪生。

DTC：direct to consumer，直销，是指直接面对消费者的营销模式，它包括任何以终端消费者为目标而进行的传播活动，它与传统媒体如电视广告等的传播方式相比，优势主要体现在更接近消费者，更关注消费行为的研究，更重视对消费者生活形态的把握。

DTO：design to order，接客户订单后，开始设计→生产计划→备料→生产→出货，也就是 ODM 方式。

ECR：efficient consumer response，有效消费者反应。

EDA：electronic design automation，电子设计自动化。

EPC：engineering procurement construction，设计施工总承包，是指公司受业主委托，按照合同约定对工程建设项目的设计、采购、施工、试运行等实行全过程或若干阶段的承包。通常公司在总价合同条件下，对其所承包工程的质量、安全、费用和进度负责。

ERP：enterprise resource planning，企业资源计划系统。

ESB：enterprise service bus，企业服务总线，是企业 IT 集成中采用较多的一种集成技术。

FBA：fulfillment by amazon，亚马逊物流服务，即亚马逊将自身平台开放给第三方卖家，将其库存纳入亚马逊全球的物流网络，为其提供拣货、包装以及终端配送的服务，亚马逊则收取服务费用。

FDC：front distribution center，前端物流中心，就是在区域仓储中心之下在重点区域建设的前端物流中心。

FOB：free on board，离岸价，当货物在买方指定的装运港越过船舷，卖方即完成交货。这意味着买方必须从该点起承担货物灭失或损坏的一切风险，卖方必须办理货物出口相关手续。

FMCG：fast moving consumer goods，快速消费品。

GMV：gross merchandise volume，商品交易总额。

GTG：globe to globe，全球任意一点到全球任意一点。

HMI：human machine interface，人机接口。

IoT：Internet of things，物联网。

IT：Internet technology，信息技术。

JMI：jointly managed inventory，联合库存管理。为了克服 VMI 系统的局限性和规避传统库存控制中的牛鞭效应，供应链中上游企业和下游企业权利责任平衡和风险共担的库存管理模式。

KOC：key opinion consumer，关键意见消费者，对应 KOL（key opinion leader，关键意见领袖）。一般指能影响自己的朋友、粉丝，产生消费行为的消费者。相比于 KOL，KOC 的粉丝更少，影响力更小，优势是更垂直、更便宜。

KOL：key opinion leader，关键意见领袖。通常被定义为：拥有更多、更准确的产品信息，且为相关群体所接受或信任，并对该群体的购买行为有较大影响力的人。

KPI：key performance indicator，关键绩效指标。把绩效评估简化为几个关键指标，易于评估考核。

Lt：leadtime，前置期。

MATLAB：美国 MathWorks 公司出品的商业数学软件，工科生常用软件之一，2020 年 6 月美国禁止国内部分高校和机构使用这款软件。

MAU：monthly active user，月活跃用户数，是衡量互联网产品运营的指标之一。

MBD：model based definition，基于模型的标注，用三维模型标注产品信息，方便制造协同。

MDM：master data management，主数据管理。

MES：manufacturing execution system，制造执行系统。

MMI：mind machine interface，脑机接口。

MTO：make to order，订单生产，即接到订单后再生产，期货模式。

MTS：make to stock，备货生产，即现货模式。

OCR：optical character recognition，光学字符识别，也指将其他介质上的字符识别为计算机可处理字符的技术。

ODM：original design manufacturer，由采购方委托制造方提供研发、设计生产到后期维护的全部服务，采购方负责销售。

OTC：over the counterdrug，非处方药，又称柜台发售药品。

PDCA：plan、do、check、action，即"计划、实施、检查、提升"的循环，这是企业应用最广泛的基础管理工具之一。

PEM：performance excellence model，卓越绩效模式。

PLC：programmable logic controller，可编程逻辑控制器。

PLM：product lifecycle management，产品生命周期管理。

PM：project management，项目管理。

PMCG：packaged mass consumption goods，产品被包装成一个个独立的小单元来进行销售，更加着重包装、品牌化以及大众化对这个类别的影响。

PMI：purchasing managers' index，采购经理指数，是经济监测指标之一。

POS：point of sale，销售点，通常理解为销售终端或终端收银系统。

PR：publicrelations，公关。

PV：page view，页面浏览量，衡量互联网产品运营的指标之一。

QR：quick response，快速反应。

RaaS：retail as a service，零售即服务，无论是商品还是环境抑或是软性的服务态度，最终围绕人、货、场的优化都要回到"零售即服务"这一本质。

RDC：regional distribution center，区域配送中心。

RFID：radio frequency identification，通过无线射频方式进行非接触双向数据通信的一种技术。

S2B2C：supply（supplier）to business to customer，供应商到分销商（零售商）到消费者的商业模式。

SaaS：software as a service，软件即服务，一种软件常见的分发的方式，软件使用方可以直接向软件提供者租用软件。

SCADA：supervisory control and data acquisition，数据采集与监视控制系统。

SCM：supply chain management，指供应链管理或供应链管理软件。

SCOR：supply chain operations referencemodel，供应链运作参考模型，由国际供应链协会（Supply-Chain Council）开发支持，适用于不同工业领域的供应链运作参考模型。

SCP：supply chain plan，供应链计划。

SE：system engineer，系统工程师。

SEM：search engine marketing，搜索引擎营销。

SEO：search engine optimization，搜索引擎优化。

SOP：standard operating procedure，标准作业程序。

SNS：social networking services，社交网络服务。

turnover：周转率。

VMI：vendor managed inventory，供应商管理库存。

VR：virtual reality，虚拟现实技术。它囊括计算机、电子信息、仿真技术于一体，其基本实现方式是计算机模拟虚拟环境从而给人以环境沉浸感。

VUCA：volatility（易变性）、uncertainty（不确定性）、complexity（复杂性）、ambiguity（模糊性）的缩写，中文称为乌卡。

Wi-Fi：wireless fidelity，无线网络技术。

YAU：year active user，年活跃用户数，是衡量互联网产品运营的指标之一。

ZigBee：一种低速短距离传输的无线网络协议，物联网组网应用较多。

波特竞争理论：是指企业在拟定竞争战略时，必须深入了解决定产业吸引力的竞争法则。由五力模型、三大一般性战略、价值链、钻石体系、产业集群等内容组成。

产业链：以产品为对象，为产品提供设计、生产、销售、运营、维保、培训等各类服务的上下游协同方共同构成的关联体。

产业协同：产业上下游各参与方优化资源配置，改善协作流程和方法，进而提升产业效率、应变能力和产业竞争力。

长尾理论：the long tail effect，是网络时代兴起的一种新理论，由于成本和效率的因素，当商品储存、流通、展示的场地和渠道足够宽广，商品生产成本急剧下降以至于个人都可以进行生产，并且商品的销售成本急剧降低时，几乎任何以前看似需求极低的产品，只要有人卖，都会有人买。这些需求和销量不高的产品所占据的共同市场份额可以和主流产品的市场份额相当，甚至更大，通俗理解就是蚂蚁雄兵。

大数据：海量数据的集合。

电子签章：利用图像处理和互联网技术，对电子文件实现签名，保障文件真实、完整、保密和不可修改，效果与纸质文件盖章相似。

动产质押：债务人将动产作为担保物移交给债权人，当债务人不履约时，债权人可将担保物变现以补偿损失。

多边平台：平台提供媒介功能，把两个或多个有着明显区别但又相互依赖的客户群体集合在一起，并创造价值的一种商业模式。比如，美团外卖平台连接了餐厅、骑手、消费者。

二八法则：又名 80/20 定律、帕累托法则（Pareto's principle），即在任何一组东西中，最重要的只占其中一小部分，约 20%，其余 80% 尽管是多数，却是次要的。

甘蔗十段论：京东创始人刘强东认为，消费品行业的价值链分为创意、设计、研发、制造、定价、营销、交易、仓储、配送、售后 10 个环节，其中前 5 个归品牌商，后面 5 大环节则归零售商。在产业里做的事情越多，越有能力和资格去获取行业的最大利益。所以京东不光要做交易平台，还要将业务延伸至仓储、配送、售后、营销等其他环节。

供应链：指在生产及流通过程中，涉及将产品或服务提供给最终用户活动的上游与下游企业所形成的网链结构。

供应链金融：从供应链产业链整体出发，运用金融科技手段，整合物流、资金流、信息流等信息，在真实交易背景下，构建供应链中占主导地位的核心企业与上下游企业一体化的金融供给体系和风险评估体系，提供系统性的金融解决方案，以快速响应产业链上企业的结算、融资、财务管理等综合需求，降低企业成本，提升产业链各方价值。

共生经济：独立的经济组织之间以同类资源共享或异类资源互补为目的会形成共生体，这种共生体的形成提升了共生体及关联方的资源配置效率。比如贝壳找房平台就是共生体，不同的中介可以协同，以便为用户更快地找到合适的房源。

黑天鹅事件：指难以预测且不寻常的事件，通常会引起市场连锁负面反应甚至颠覆市场。

灰犀牛事件：指太过于常见以至于人们习以为常的风险，比喻大概率且影响巨大的潜在危机。

跨境电商：指通过电子商务平台，帮助不同关境的买卖方达成交易，进行支付结算、跨境物流送达商品的交易活动，可简单理解为跨地区或跨国境的电子商务活动。

跨境电商零售业务：是指中国境内消费者通过跨境电商第三方平台经营者自境外

购买商品,并通过"网购保税进口"(海关监管方式代码"1210""1239")或"直购进口"(海关监管方式代码"9610")运递进境的消费行为。其中,"网购保税进口业务"是指在海关特殊监管区域或保税物流中心(B型)以保税模式开展的跨境电子商务零售进口业务。

拉式供应链:以顾客为中心,通过对实际需求较为精确的预测拉动产品生产和服务的供应链。

六星模型:白光利先生通过对众多平台经济的研究提炼的如何成功打造平台经济的一个通用模型,它从"明确理念—有效用户—关键工具—全域资源—有序分工—核心财富"6个模块展开。这6个组成部分按照顺序即可组成流程,又分别强化了各自的功能特点。

马太效应:一种强者愈强、弱者愈弱,富者愈富、贫者愈贫的两极分化社会现象,广泛应用于社会心理学、教育、金融以及科学领域。

敏捷供应链:指在外部环境发生变化的情况下具备更强应变能力的供应链能力。

平台经济:通过虚拟或者真实平台,为各类平台相关方(供求方)提供商业服务的一种经济形式。

前置仓:将仓库设置到离消费者更近的地方,从而实现更快送达的一种解决方案。比如盒马鲜生,门店即仓库,实现周边商圈的生鲜快速送达。

区块链:一种采用分布式存储和非对称加密技术的数据存储技术。

柔性生产:指制造系统响应内外环境变化的能力,响应能力越强,柔性越好。

三层四面:美团商业分析的方法论之一。三层指市场总量、互联网化率、公司占有率;四面指用户量、订单量、收入、利润。

社区团购:依托真实社区开展的一种区域化、本地化、网络化的团购形式。

数字化:把物理世界的万事万物转化成数据,分析其规律,降低风险,提升效率,辅助管理决策。

数字控制塔:针对特定业务活动进行数据搭建的模型或体系,称为"数字控制塔"。

数字孪生:利用物理模型、传感器和运行历史等数据,在虚拟空间对物理世界的物体或空间进行映射,从而反映相对应的实体的全生命周期过程。

条形码:将宽度不等的多个黑条和空白按照一定的编码规则排列,用以表达一组信息的图形标识符。条形码可标识物品名称、厂商等信息。

推式供应链:以制造商为中心,以提高生产率、降低单件产品成本为核心,产品生产出来后逐级向分销商、用户推销的供应链方式。

推广五力模型:本模型是白光利先生针对产品推广(网络平台产品或实物商品均可)而提出的具有普适性的实战模型,推广五力模型的核心是"力量",就是质力、外力、内力、财力、物力五力聚合,形成合力,最终实现产品爆发力的突破,从而迅速占领市场。

物流： 在从供应地向接收地的实体流动过程中，根据实际需要，将运输、储存、装卸搬运、包装、流通加工、配送、信息处理等功能有机结合起来实现用户要求的过程。

物流金融： 面向物流业的运营开发各种金融产品提升物流运营中的资金流动。这些资金包括发生在物流过程中的各种存款、贷款、投资、信托、租赁、抵押、贴现、保险、有价证券发行与交易，以及金融机构所办理的各类涉及物流业的中间业务等。

物联网： 通过各种信息传感器等技术，采集物或场的各种属性和状态，通过网络传输采集信息并管理物或场，实现物与物、物与场、物与人、场与人的互动。

新经济： 诺贝尔经济学奖获得者克莱因教授将美国经济分为3个部分，即传统经济、知识经济及新经济。在他看来，传统经济指制造业；知识经济指教育、文化、科学技术研究与开发等产业；新经济指以网络、信息和通信技术为主体的新兴产业。

新零售： 以新一代信息技术对商品的生产、流通与销售过程进行升级改造，重塑消费体验和商业管理，促进线上、线下深度融合的零售模式。

战略： 是一种从全局考虑谋划实现全局目标的规划，是一种长远的规划，针对的是远大的目标。

参考文献

[1] 德鲁克. 已经发生的未来 [M]. 汪建雄，任永坤等，译. 北京：机械工业出版社，2018.

[2] 陈春花. 价值共生：数字化时代的组织管理 [M]. 北京：人民邮电出版社，2021.

[3] 波德莱尔. 恶之花 [M]. 钱春绮，译. 北京：人民文学出版社，2011.

[4] 夏元. 成渝地区工业互联网一体化发展示范区获批 [N]. 重庆日报，2021-04-28.

[5] 吴秋余. 大数据驱动大未来 [N]. 人民日报，2021-05-10.

[6] 李诗琪. 从"超级蓝盒子"到"瘦身小店"、从实体到天猫家居巨头宜家转型背后凸显客流焦虑 [N]. 每日经济新闻，2020-07-23.

[7] 赵向阳. 利丰集团：没有工厂的生产商 [N]. 中国经营报，2011-12-16.

[8] 宋华. 供应链金融应从狭义走向广义 [EB/OL]. （2019-03-14）. http://scs.toocle.com/detail-197.html.

[9] 马岗. 众包模式，看起来很美？[J]. 今日工程机械，2013（16）：21.

[10] 李剑. 美克家居：集成＋互联，迈向智能制造2025[J]. 哈佛商业评论，2015.

[11] 怒马. 一汽大众、贝壳找房、南极电商、海澜之家的存量突围之道 [J]. 石基商业评论，2021.

[12] 张川. 美团8年，平台迈过了5道坎 [J]. 企业观察家，2019（10）：110-113.

[13] 2020年《世界品牌500强》出炉 中国43个品牌上榜首超英国并有继续上升趋势 [EB/OL]. （2020-12-17）. https://baijiahao.baidu.com/s?id=1686293677184110444&wfr=spider&for=pc.

[14] 四川省政府国有资产监督管理委员会. 华西集团数字建筑供应链平台入选国务院国资委2020年国有企业数字化转型典型案例 [EB/OL]. （2021-03-09）. http://gzw.sc.gov.cn/scsgzw/c100114/2021/3/9/0d7b050da66c4a0399b5ad413da83173.shtml.

[15] 中国半导体行业173页深度研究报告：牛角峥嵘 [EB/OL]. （2021-04-09）. https://www.vzkoo.com/news/6437.html.

[16] 邵海鹏. 全国政协委员徐冠巨：加快建设中国"智慧供应链"系统工程 [EB/OL]. （2017-03-10）. https://m.yicai.com/news/5243662.html.

[17] 2021中国数字经济发展白皮书[EB/OL]. （2021-04-25）. http://www.199it.com/archives/1237607.html.

[18] Gartner Supply Chain Top 25 for 2021[EB/OL]. （2021-05-20）. https://www.gartner.com/en/supply-chain/research/supply-chain-top-25/global-report-2021.

[19] 中国人民大学中国供应链战略管理研究中心、万联供应链金融研究院. 2019中国供应链金融调研报告[EB/OL]. （2019-10-15）. https://info.10000link.com/newsdetail.aspx?doc=2019101590001&from=singlemessage.

[20] 易纲. 易纲行长在第十三届陆家嘴论坛上的演讲实录[EB/OL]. （2021-06-10）. http://www.china-cer.com.cn/guwen/2021061013111.html.

[21] 2018年餐饮供应链研究报告[EB/OL]. （2019-03-26）. https://www.sohu.com/a/303983847_608787.

[22] 顾业强. 两票制改革后医药行业供应链融资模式的变化和对策[EB/OL]. （2018-09-10）. https://www.sohu.com/a/252491317_100240309.

[23] 崔忠付. 我国医药供应链现状与趋势[EB/OL]. （2017-07-05）. https://baijiahao.baidu.com/s?id=1572080978739237&wfr=spider&for=pc.

[24] Vicken. 中国跨境电商的发展简史[EB/OL]. （2015-11-17）. http://www.vicken.net/6737.html.

[25] 2021全球及中国跨境电商运营数据及典型企业分析研究报告[EB/OL]. （2021-05-18）. https://www.iimedia.cn/c400/78701.html.

[26] 2020年中国跨境电商行业市场现状及发展前景分析[EB/OL]. （2021-05-18）. https://bg.qianzhan.com/trends/detail/506/210308-53bde81a.html.

[27] 商流+物流：跨境电商供应链这么玩儿[EB/OL]. （2019-03-13）. https://www.ebrun.com/20190313/324384.shtml.

[28] 黄姗，周卓然. 干掉Zara：中国百亿美元跨境电商SHEIN的供应链之谜[EB/OL]. （2020-09-01）. https://www.jiemian.com/survey/4912957.html.

[29] 美国重大反垄断改革揭开面纱，亚马逊、苹果、脸书、谷歌有可能被拆分！[EB/OL]. （2021-06-12）. https://ishare.ifeng.com/c/s/v0021ufwDIbN-_8tgKpH7gMgoOwOgCNE7UtAR-_WioKHdrp64__.

[30] 王新蕾. 恒丰银行"大商模式"破解外贸中小民营企业融资难题[EB/OL]. （2021-05-10）. http://paper.dzwww.com/dzrb/content/20210201/Articel15005MT.htm.

[31] 淘宝11亿条用户隐私被泄露！含手机号码等重要数据，两男子获刑[EB/OL]. （2021-06-11）. https://baijiahao.baidu.com/s?id=1702249172468821310&wfr=spider&for=pc.

[32] ZHOU H. 一文读懂Gartner的供应链标杆管理[EB/OL]. （2019-10-18）.

http://www.logclub.com/articleInfo/MTI0NjA=.

[33] 习近平这些金句：中国开放的大门越开越大 [EB/OL]．（2018-04-16）．http://guoqing.china.com.cn/2018-04/16/content_50892394.htm．

[34] 新职业：供应链管理师就业景气现状分析报告 [EB/OL]．（2021-04-21）．http://www.mohrss.gov.cn/SYrlzyhshbzb/dongtaixinwen/buneiyaowen/rsxw/202104/t20210421_413242.html．

[35] 物流、供应链管理硕士扫盲 [EB/OL]．（2021-04-02）．https://zhuanlan.zhihu.com/p/152244767．

[36] 沃尔玛总裁杜克：从物流专家到管理者 [EB/OL]．（2010-10-11）．http://news.winshang.com/html/007/7519.html．

[37] 2020—2021中国物流行业投融资报告 [EB/OL]．（2021-06-02）．https://mp.weixin.qq.com/s/KJSGo1iuoK_89wIgbFsp3A．

[38] 人社部发布16个新职业，成为供应链管理师恰逢其时 [EB/OL]．（2020-04-13）．https://www.sohu.com/a/387672276_99900315．

[39] 5个关键步骤，打造人才供应链！ [EB/OL]．（2017-07-26）．https://www.sohu.com/a/160432655_99950818．

[40] 保护本土"二师兄" [EB/OL]．（2021-06-14）．http://tv.cctv.com/2021/04/27/VIDE9BPfraz62ZTHVSQ7P3qy210427.shtml?srcfrom=sogou_vm．